Hansen & Paul Hoepner gemeinsam mit Anna König
mit Unterstützung von Valerie Gorris

Alle an Bord?

Hansen & Paul Hoepner
gemeinsam mit Anna König
mit Unterstützung von Valerie Gorris

ALLE AN BORD?

Ein Boot, 14 Monate, fast 10.000 Kilometer, und nichts läuft wie geplant

Mit digitaler Karte

GOLDMANN

Wir haben uns bemüht, alle Rechteinhaber ausfindig zu machen, verlagsüblich zu nennen und zu honorieren. Sollte uns dies im Einzelfall aufgrund der schlechten Quellenlage bedauerlicherweise einmal nicht möglich gewesen sein, werden wir begründete Ansprüche selbstverständlich erfüllen.

Der Verlag behält sich die Verwertung der urheberrechtlich geschützten Inhalte dieses Werkes für Zwecke des Text- und Data-Minings nach § 44 b UrhG ausdrücklich vor.
Jegliche unbefugte Nutzung ist hiermit ausgeschlossen.

Penguin Random House Verlagsgruppe FSC® N001967

1. Auflage
Originalausgabe Mai 2024
Copyright © 2024: Wilhelm Goldmann Verlag, München,
in der Penguin Random House Verlagsgruppe GmbH,
Neumarkter Straße 28, 81673 München
Redaktion: Chris Thomas
Umschlag: Uno Werbeagentur, München
Umschlagmotiv: © Caroline Mackintosh
Bildrechte (Bildinnenteil): wenn nicht anders gekennzeichnet: © privat
EB · AnG
Satz: KCFG – Medienagentur, Neuss
Druck und Bindung: GGP Media GmbH, Pößneck
Printed in Germany
ISBN 978-3-442-31686-1

www.goldmann-verlag.de

Inhalt

Vorwort... 9

Der Bosporus..................................... 13
Istanbul, 20. Juli 2022, Tag 349

Teil I

Ahoi von der Crew 21

Anna, Paul und Momo auf der Donau.................. 27
Wien, 8. Dezember 2022, Tag 125

Hansens Auszeit.................................. 45
Von Wien nach Berlin, 12. Dezember 2022, Tag 129

Berlin bis Wien 57
Berlin, 5. August 2022, Tag 1

Vor der Abreise 69
Lübeck, März 2022, 142 Tage vor Abfahrt

Anna, Paul und Momo auf der Donau.................. 74
Baja, 8. Januar 2023, Tag 156

Hansens Auszeit.. 86
Berlin, Januar 2023

Berlin bis Wien 96
Minden, 15. August 2022, Tag 10

Vor der Abreise 104
Berlin, 27. Juni 2022, 39 Tage vor Abfahrt

Anna, Paul und Momo auf der Donau................. 109
Plankenburg, 25. Januar 2023, Tag 173

Hansens Auszeit.. 130
Berlin, 2. März 2023, Tag 209

Berlin bis Wien 134
Düsseldorf, 20. September 2022, Tag 46

Anna, Paul und Momo auf der Donau................. 152
Eisernes Tor, 3. April 2023, Tag 241

Hansens Auszeit.. 162
Berlin, April 2023, Tag 248

Berlin bis Wien 163
Neuss, 11. September 2022, Tag 37

Vor der Abreise 176
Berlin, 22. Juli 2022, 15 Tage vor Abreise

Anna, Paul und Momo auf der Donau................. 182
Silistra, 27. April 2023, Tag 265

Hansens Auszeit. 194
Von Berlin nach Konstanza, Rumänien, 25. Mai 2023, Tag 291

Berlin bis Wien 196
Frankfurt, 9. Oktober 2023, Tag 65

Anna, Paul und Momo auf der Donau. 202
Călărași, 27. April 2023, Tag 265

Vor der Abreise 210
Berlin, 1. August 2022, 4 Tage vor Abfahrt

Berlin bis Wien 213
Obernzell, 23. Oktober 2022, Tag 79

Anna, Paul und Momo auf der Donau. 230
Konstanza, 2. Mai 2023, Tag 270

Hansens Auszeit. 236
Timisoara, 27. Mai 2023, Tag 295

Teil II

Konstanza. 249
Konstanza, Juli 2023, Tag 339

Bulgarien und die türkische Grenze. 264
Burgas, 6. Juli bis 18. Juli 2023, Tag 335

Backflash. 278
Wie meine Mama starb

Ahoi Türkei 280
Bosporus und Istanbul, 19. bis 25. Juli 2023, Tag 348

Über das Marmarameer ins Mittelmeer................ 294
Istanbul, 23. Juli 2023, Tag 352

Das Mittelmeer 309
Dalyan, 7. bis 22. August 2023, Tag 367

Samos, Fournoi und Ikaria........................... 320
Chios, 20. August bis 10. September 2023, Tag 380

Backflash... 344
Nordsee, 1998, 8718 Tage vor der Abreise

Ikaria und Mykonos 347
Ikaria, 10. bis 18. September 2023, Tag 401

Mykonos, Tinos & Gyaros 362
Mykonos, 20. bis 24. September 2023, Tag 411

Backflash... 372
Berlin, 2022, 130 Tage vor Abfahrt

Ankunft in Athen 375
Gyaros, 25. bis 28. September 2023, Tag 416

Epilog 389
Berlin, 2. November 2023, einen Monat nach Rückkehr

Widmung & Danksagung 397

Vorwort

Paul

Im Jahr 2012 brachen mein Zwillingsbruder Hansen und ich zu unserem ersten großen Abenteuer auf: einer Radtour von Berlin nach Shanghai. Naiv und mittelmäßig vorbereitet stiegen wir in Berlin auf unsere Räder und kamen entgegen allen Erwartungen, inklusive unserer eigenen, nach 13 600 Kilometern in Shanghai an. Ein Aufkleber auf einer Berliner Bartoilette, den ich vor ein paar Wochen entdeckt habe, fasst unser Erlebnis perfekt zusammen: »Machen ist wie denken, nur krasser.«

Und »Machen« wurde zu unserem Mantra. Bei der nächsten Reise wollten wir noch weniger denken, noch weniger vorbereiten: Wir wollten in 80 Tagen einmal unseren wunderschönen Planeten umrunden und das ohne Geld. 17 Länder und 104 Tage später betraten wir wieder deutschen Hauptstadtboden. 2017 begannen wir, unser nächstes Abenteuer *Zwei im Eis* umzusetzen. Mit einem selbst gebauten, pedalbetriebenen Amphibienfahrzeug sollte es durch Alaska gehen. Für vier Jahre verkrochen wir uns in unsere Werkstatt und entwickelten ein komplett neues Mobilitätskonzept: *Urmel*, wie wir das Fahrzeug tauften, kann rollen, laufen, klettern, rutschen und schwimmen. Wir wollten gerade zur Testfahrt in Norwegen aufbrechen, da kam Corona. Die Welt hielt den Atem an und wir mit ihr. All unsere Pläne wurden durchkreuzt. Aus *Zwei im Eis* wurde *Zwei auf Eis* – bis es uns zu kühl wurde: Wir holten tief Luft und machten das, was wir am besten können: Wir entwickeln Ideen. Wie konnten wir helfen? Was konnten wir tun? Der »SaniBall« wurde geboren, ein auffüllbarer, magnetischer Flüssigkeitsspender zur Handdesinfektion in Form eines kleinen, hochwertigen Silikonballs. Unsere Maßnahme gegen die Plastikflut durch Einmal-Desinfektionsfläschchen.

Und eine weitere Geburt kündigte sich an, diesmal nicht die eines Produktes, sondern die von Momo, Anna und meiner Tochter. Plötzlich sahen wir uns konfrontiert mit der Macht der Routinen und Erwartungen der Gesellschaft. Zwar plädierten Hansen und ich auf unzähligen Vorträgen und Workshops weiter für mehr Abenteuer im Leben, waren aber selbst viel zu lange nicht mehr da draußen. Es kribbelte uns in den Fingern und im Herzen, und wir fragten uns: Sind wir selbst überhaupt noch Abenteurer? Lehnen wir uns jetzt zurück, nur weil die Rahmenbedingungen nicht mehr passen?

Abenteuer mit Baby geht nicht? Glauben wir nicht! Unser neues Abenteuer, *Alle an Bord*, wurde geboren.

Mit einem selbst mit Solarsegeln und Elektroantrieb umgerüsteten Segelboot namens Ulla wollen wir 10 000 Kilometer so nachhaltig wie möglich quer durch Europa fahren – über den Rhein und den Main in die Donau bis ins Schwarze Meer. Von dort soll es über Istanbul und das Mittelmeer gehen, weiter bis zur Mündung der Rhône bei Marseille und dann über den Rhône-Rhein-Kanal und den Rhein zurück nach Berlin. Dabei wollen wir möglichst wenig CO_2 produzieren und, was wir dennoch erzeugen, doppelt kompensieren. Dazu nutzen wir eine Methode namens »Direct Air Capture«, bei der CO_2 mit erneuerbaren Energien direkt aus der Luft gefiltert und dann unter die Erde gebracht wird.

Während wir in die Planung einstiegen, mussten Hansen und ich uns nach zwei Jahren Corona eingestehen: Den SaniBall bekamen wir allein nicht in die Luft. Durch eine glückliche Fügung lernten wir die Unternehmensgruppe Business by Nature (BBN) kennen. Ihr Ziel ist, nicht zeitgemäßen Zuständen in der frühkindlichen Bildung mit einem innovativen, ganzheitlichen Ansatz zu begegnen. Das Match war perfekt, denn: Mit den unterschiedlichen Unternehmen in der Gruppe konnten wir sowohl den SaniBall als auch andere zukunftsfähige Erfindungen und sogar unser neues Abenteuer umsetzen und es zu einem nachhaltigen und pädagogischen Abenteuer machen. Die Idee: Kinder und Jugendliche aus ganz Europa sollen uns bei unserer Reise begleiten und aktiv an der Umsetzung beteiligt werden. Dazu arbeiten wir mit dem Bildungsverein Forum Via zusammen, über den wir Schulklassen an der Planung des Projektes beteiligen. Außerdem wollen wir Kinder und Jugendliche über soziale Netzwerke ansprechen, sie vor Ort besuchen, Workshops mit ihnen machen und ihnen von unserem Vorhaben und Erfahrungen berichten. Über BBN haben wir Kontakt zu Kita-Gruppen bekommen. Finanziert wird das Projekt zum größten Teil aus eigenen Mitteln. Parallel arbeiten wir für BBN aber auch weiter an anderen Projekten im Bereich Nachhaltigkeit und Produktentwicklung.

Heute stehen wir zum ersten Mal nach sieben Jahren wieder davor, auf eine verrückte Reise aufzubrechen, und zwar auf eine gigantische. Einige würden vielleicht sagen: Eine Reise auf einem Boot durch das sichere Europa ist doch kein Abenteuer! Elektroantrieb ist ja auch nichts Neues – und als Familie zu reisen doch wohl auch eher eine Art Urlaub als eine Herausforderung. Und ehrlich gesagt war das auch eine unserer Sorgen, als wir mit der Planung am Anfang standen. Aber mittlerweile ist klar: Die eigentliche Herausforderung liegt in der Kombination dieser

Aspekte: in der Konstellation der Crew, denn dieses Mal starten wir unsere Reise nicht nur zu zweit, sondern in einer Gruppe, mit einem Schiff, das improvisierter und technisch kaum herausfordernder sein könnte, und mit einer nachhaltigen Mission, die uns zusätzlich viel abverlangen wird. Aber so wollen wir es: Unser technisch gewagtes, nachhaltiges und pädagogisches Abenteuer kann ablegen. Alle an Bord?

Übrigens gibt es zu unserem Buch eine digitale Karte. Auf der könnt ihr anhand der Seitenzahl im Buch genau schauen, wo wir gerade waren und zusätzlich tolle Videos und Bilder sehen.

www.hoepner-hoepner.de/aab-karte/

Der Bosporus
Istanbul, 20. Juli 2022, Tag 349

Paul

»Ob wir da drunter durchpassen?«, fragt Hansen gespielt skeptisch. Über uns donnern die Lastwagen und Autos über die Yavuz-Sultan-Selim-Brücke. Sie ist so weit über uns, dass es wirkt, als fliege dieses gigantische Bauwerk. Hansen löst den Blick von der Brücke und richtet ihn wieder auf die Meerenge vor uns. »Krass, dass wir es bis hierher geschafft haben, der Bosporus, Alter!«

Wir haben uns dafür entschieden, unsere Solaranlagenkonstruktion, die Sonnensegel, voll auszufahren und damit rein elektrisch zu fahren. Das machen wir nur, wenn wir weder starke Winde noch heftige Wellen haben. Beides scheint uns heute unwahrscheinlich: Der eher schwache Wind hat in der Meerenge keine Möglichkeit, Wellen über lange Strecken aufzubauen.

In Berlin haben wir unser Schiff mit riesigen Solarsegeln ausgestattet. Von oben betrachtet, sind es vier Einheiten, zwei auf der Terrasse beim Heck, zwei auf dem Steuerstand in der Mitte des Schiffes. Wir können sie wie vier Flügel seitlich ausdrehen und dann mit einer Schubladentechnik weiter entfalten, sodass *Ulla*, wie unser Boot heißt, beinahe auf der gesamten Länge mehr als doppelt so breit wird. Die Konstruktion ist Marke Eigenbau und ein einzigartiger Hingucker.

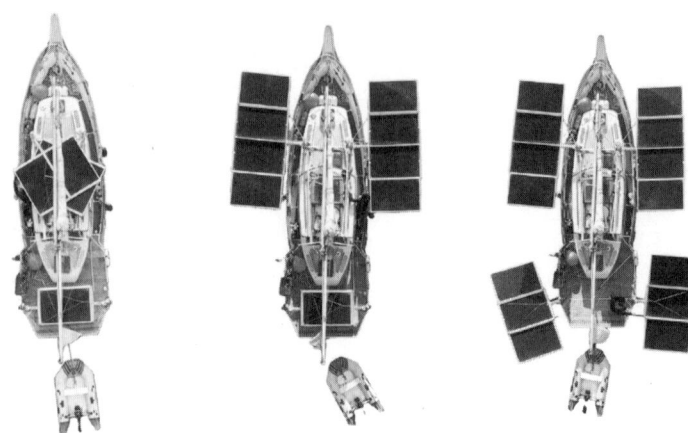

Die Sonnensegel von *Ulla* lassen sich innerhalb von knapp 10 Minuten ausfahren und ergeben dann 28 Quadratmeter Solarfläche mit einer Leistung von beinahe 6000 Watt.

Hier könnt ihr euch im Zeitraffer ansehen, wie das Ausfahren der Sonnensegel funktioniert:

https://www.hoepner-hoepner.de/aab-karte/?seite=sonnensegel

Ich ziehe mir meine Schwimmweste an, binde mein Handy an ihr fest und gehe zum Beiboot, das wir hinter *Ulla* herziehen und *Ulli* genannt haben.

»Ihr kennt die Zeichen?«, rufe ich Hansen und Anna zu. Hansen richtet gerade die Solarsegel noch mal Richtung Sonne aus und zurrt sie fest. Anna steht am Steuer, Momo schläft, und Hansens großer, weißer Schäferhund Ronny macht sich sichtlich Sorgen, dass eins seiner Schafe sich wohl anschickt, die Herde zu verlassen.

»Ja, klar«, antwortet Hansen. »Pfeifen: sofort umdrehen und dich aufsammeln. Handflächen nach unten: langsamer fahren. Handflächen nach oben: schneller fahren. Schreien und winken wie ein Wilder: Achte auf meine Zeichen, du Penner.«

Ich nicke lachend und ziehe das Beiboot zur Terrasse. »Fahrt drosseln«, rufe ich Anna zu. Damit man während der Fahrt in das kleine Schlauchboot steigen kann, muss *Ulla* langsam fahren, sonst ist es zu gefährlich. Als ich *Ulli* halb unter die Heckterrasse gezogen habe, springe ich rein, löse die Leinen und fahre los. Mein Auftrag: großartige Videos von *Ulla* auf dem Bosporus machen.

Die Strömung ist deutlich stärker, als ich gedacht habe, und trägt mich zusammen mit *Ulla* weiter nach Süden Richtung Marmarameer. Ich bin angespannt. Überall sind Schiffe, aber keine Boote, die meine Größe haben. Parallel zu *Ulla* fahre ich in etwa 100 Metern Entfernung und filme, wie sie an gigantischen Tankern vorbeizieht, die riesigen türkischen Flaggen auf den Hügeln, die Brücken, die golden glitzernden Moscheen und die unzähligen eifrigen Fähren. Immer wieder muss ich ausweichen, für ein kleines Schlauchboot wird kein Schlenker gemacht.

Ein besonders großes Schiff kommt nun den Bosporus hoch, und ich signalisiere Anna und Hansen, dass sie langsamer fahren sollen, damit ich *Ulla* vor dem Monster filmen kann. Auch diese riesigen Schiffe machen kaum Wellen, also eigentlich kein Grund zur Sorge. Aber was ich jetzt sehe, macht mir Angst: Hinter dem sicher 350 Meter langen Frachter erscheint ein gigantischer Schlepper, der größte, den ich je gesehen habe. Wir hätten es wissen müssen. Schon oft auf unserer Tour waren Pilotboote und Schlepper die Boote im Hafen, die bei Yachtbesitzern Angst und Schrecken verbreiten, weil sie unverhältnismäßig große und besonders kurze Wellen machen.

Zu allem Überfluss beschleunigt der Schlepper neben dem Frachter, und ich sehe, wie sich eine gigantische Welle aufbaut. Hansen ahnt nichts, er schaut dekorativ in die falsche Richtung.

Anna reißt ihn aus seinen Träumen. Sie kommt aus dem Steuerstand, zieht Hansen an der Schulter und zeigt energisch auf die Wellen. Mir gefriert das Blut in den Adern. Die Strömung geht gegen die Wellen und staut sie noch höher auf. Ihre Kämme glitzern, und sie sind so hoch und spitz, dass sie beinahe brechen. Für *Ulla* an sich kein Problem, aber die Solarkonstruktion ist für derartige Wellen nicht gemacht. Es bleibt keine Zeit mehr, die Sonnensegel einzufahren. Ich sehe, wie Hansen ans Steuer springt und versucht, das Boot seitlich zur Welle zu drehen. Wir haben in der Vergangenheit festgestellt, dass auf *Ulla* und die Solaranlagen bei seitlichem Aufprall weniger starke Kräfte wirken. Aber es ist zu spät. Die erste Welle schmeißt den Bug von *Ulla* in die Höhe. Sie scheint förmlich abzuheben. Dann kracht sie in das Wellental. Die nächste Welle bricht über den Bug, und die Solarsegel werden durch den Aufprall von einer ungeheuren Wucht nach vorne geschleudert und knallen auf die Wanten. O nein, die Befestigungsseile sind gerissen, schießt es mir in den Kopf. Die Solarsegel schwingen jetzt frei, hängen schief. Die nächste Welle wirft sie nach hinten, und im darauffolgenden Wellental krachen sie, durch die gerissenen Befestigungsseile diesmal ungebremst, von ganz hinten wieder gegen die Wanten und … in genau diesem Moment schiebt sich eine große Fähre zwischen mich und *Ulla*. »*Fuuuck*«, schreie ich und gebe Vollgas. Der kleine Außenborder an *Ulli* hat nur vier PS, nur mit viel Geschick kann man damit ins Gleiten kommen, aber bei diesen Wellen unmöglich. Ich muss schnell um die Fähre herumsteuern, um zu sehen, was passiert ist – aber eigentlich weiß ich es schon: Das kann die Solaranlagenkonstruktion nicht überlebt haben. Und die Wanten? Wenn die Solaranlagen die Drahtseile des Masts gekappt haben, dann wird auch der Mast nicht mehr stehen. Ist *Ulla* noch manövrierfähig?

Teil I

Ahoi von der Crew

Wer ist eigentlich Paul?

Paul ist aus dem Lateinischen abgeleitet und bedeutet »der Kleine«. Trotzdem bin ich genau so groß wie mein Zwillingsbruder Hansen, nämlich 1,94 Meter.

Während die Bearbeiterin im Standesamt bei meinem Namen vermutlich innerlich gähnte, mussten meine Eltern bei Hansens Namen kreativ werden, um ihn durchzubekommen. »Wissen Sie das denn nicht? Also wirklich, das ist eine jahrhundertealte, nord…ische Tradition, dass einer der Söhne den Namen des Vaters, Hans, mit dem Zusatz ›-sen‹ für ›Sohn‹ bekommt.«

Keine Lüge, nur beim Wort »nordische« nuschelten sie wohl so, dass es als »norddeutsche« durchging. Und dass sich diese aus Skandinavien bekannte Tradition nur auf den Nachnamen bezieht, blieb auch unerwähnt. Stempel drauf, und aus der frei interpretierten Tradition wurde mein Bruder.

Vor circa sechs Monaten durften Anna und ich einen Namen für unsere Tochter aussuchen. Geeinigt haben wir uns auf »Momo«. Nach der Geburt habe ich herausgefunden: Der Name kommt wohl aus dem Japanischen und bedeutet »kleiner Pfirsich«. Immerhin um eine Frucht tiefsinniger als »der Kleine«.

Bis neun Monate vor Momos Geburt hatte ich keine konkreten Pläne, eine Familie zu gründen, und hätte wohl auch noch einige Jahre gebraucht, wenn ich das Thema Verhütung ernster genommen hätte. Aus Spaß wurde Klaus beziehungsweise Momo. Jetzt wäre es eigentlich angebracht, zu sagen, dass »die kleine Pfirsich« sicher das Wunderbarste ist, was mir bisher passiert ist. Aber ich glaube nicht, dass ein Vergleich mit allen anderen Erlebnissen und Ereignissen in meinem Leben angemessen wäre. Ich kann Pfirsiche weder mit Birnen noch mit Äpfeln vergleichen.

Die bisherigen Birnen und Äpfel meines Lebens waren Familie, Freundschaften, Liebesgeschichten … und Abenteuer. Das erste Date mit Anna, Momos Zeugung, die Abenteuerreisen und die Unternehmungen mit Hansen haben in meinem Leben die meisten Weichen gestellt. Und in diesem Abenteuer kommen all die Weichensteller*innen zusammen. Alle, die mich zu dem gemacht haben, der ich bin: Erfinder, Abenteurer und Papa.

Was diese Tour mit uns als Menschen machen wird, dazu haben wir uns bis jetzt, kurz vor der Abreise, kaum Gedanken gemacht. Anna und Hansen kennen sich bis jetzt nur oberflächlich. Naiv, würden manche sagen und haben damit sicher recht. »Abenteuerlich«, würden wir als Crew sagen. Nach der vielleicht anstrengendsten Zeit meines Lebens, der Vorbereitungszeit dieses Abenteuers, erhoffe ich mir von der Tour gerade nur eine Pause von dem, was in den letzten Monaten Programm war. In nur sechs Monaten vor der Abreise habe ich mit Anna ein Kind bekommen, Hansen hat sich einen Hund zugelegt, Hansen und ich sind Teil der BBN geworden, und ganz nebenbei haben wir noch ein Schiff gekauft und elektrisch umgebaut. Ich erhoffe mir von der Tour eine Pause. Dass wir uns als Crew gut verstehen. Dass wir unsere Ziele erreichen, dass wir wieder in Berlin ankommen, dass wir es in der knappen Zeit schaffen, dass wir keine technischen Probleme haben, dass mit Momo alles gut geht, sie wird sieben Monate alt sein, wenn wir ablegen. Und ich erhoffe mir, dass es so romantisch und schön wird, wie ich es mir mit Anna und Hansen immer erträumt habe. Aber ich weiß, dass es nicht so sein wird. Und das macht mir Angst. Angst davor, festzustellen, dass wir uns dieses Mal übernommen haben. Ich habe Angst davor, dass meine junge Familie diese Tour nicht als Team übersteht, dass Momo das Leben an Bord nicht mag, dass Hansen und Anna nicht warm werden miteinander, dass wir in gefährliche Situationen kommen, dass unser Antrieb versagt, dass wir das falsche Boot für diese Reise haben. Aber am meisten Angst habe ich davor, dass es die letzte Reise sein könnte, die Hansen und ich zusammen machen. Bisher war Hansen mein bester Freund und meine engste Beziehung. Das wird sich nun ändern, und ich weiß nicht, wohin uns das führen wird.

Und Hansen?
Das ist doch ein Nachname, oder?

Ich bin schon immer ein Tüftler, ein Abenteurer, ein Erfinder gewesen. Jemand, der ein Problem technischer Natur als Herausforderung annimmt und recht starrköpfig, ähnlich einer Bulldogge, erst loslässt, wenn das Problem sich entweder gelöst hat oder gelöst wurde.

Ich reise für mein Leben gern. Doch das, was mir jetzt bevorsteht, ist wohl das Einzigartigste, was ich je gemacht habe. Vielleicht weil es gar nicht meine Intention war, mit einer jungen Familie und meinem Hund Ronny zusammen aufzubrechen. Viel eher wollte ich mit Paul durch Alaska reisen. Und jetzt soll es mit einem Boot durch Europa gehen?

Na gut, eins meiner Mottos ist schließlich: Veränderungen sind gut. Versuche, was dich herausfordert! Diesmal zwar nicht mit extremen Höhen, nicht mit extremer Hitze und auch nicht mit entlegenen Wüsten und Bergpässen im Himalaya. Aber zwischenmenschlich. Ich kenne Pauls Freundin Anna kaum, genau wie die Tochter der beiden. Ich kenne auch meinen Hund kaum, ich habe ihn erst vor wenigen Monaten aus Kiew bekommen.

Diese Konstellation? Auf so engem Raum zusammengepfercht? Für so lange Zeit? Das scheint mir eine Herausforderung, die ich annehmen möchte. Dazu noch ein selbst gebauter, auf Solar umgerüsteter Motorsegler? Die technische Komponente, meine Leibspeise, ist dabei, also bin ich's auch. Los geht's!

Die König, Anna

Ich bin Anna, die wohl unerfahrenste Abenteurerin von uns drei Erwachsenen. Ob ich weiß, worauf ich mich hier gerade einlasse? Ehrlich gesagt: nein.

Andere würden mich wahrscheinlich als spontan beschreiben, und damit liegen sie nicht falsch. Ich entscheide oft nach meinem Bauchgefühl. Hansen und ich haben uns bisher nur oberflächlich kennengelernt, eigentlich weiß ich fast nichts über ihn. Unsere Treffen kann ich bisher an einer Hand abzählen.

Ein bisschen naiv, würden andere jetzt sagen, und auch das stimmt. Ist das schlecht? Nein, ohne eine gesunde Naivität hätte ich in meinem Leben die spannendsten Herausforderungen verpasst.

Ich lege großen Wert auf Freundschaften und Familie. Mein perfekter Tag ist ein Tag mit Freunden, gemeinsamer Brunch, vielleicht ein Ausflug ins Grüne, eine Tour durch alle cuten Vintage-Läden Berlins und ein leckeres Essen im besten Thai-Restaurant Kreuzbergs. Paul ist anders, er liebt es, allein zu tüfteln, und mit Shopping kann ich ihn jagen. Deshalb waren meine Freundschaften hier in Berlin auch ein großer Teil meines Alltags. Das jetzt für längere Zeit hinter mir zu lassen, fällt mir schwer.

Freunde würden mich wahrscheinlich als sprudelndes Energiebündel beschreiben, ab und an etwas launisch und meistens ziemlich albern. Ich lebe auf jeden Fall sehr intensiv, durchlebe Höhen und Tiefen gleichermaßen extrem. Das ist manchmal kräftezehrend. Mittlerweile habe ich mich aber daran gewöhnt. Seit ich Mutter geworden bin, fühle ich mich auch geerdeter als zuvor. Ich bin angekommen. Und wer angekommen ist, kann auch wieder aufbrechen.

Nachdem ich viele Jahre als Erzieherin in einem Waldkindergarten gearbeitet habe, entschied ich mit Mitte 20, Soziale Arbeit zu studieren. Direkt im Anschluss an mein Bachelorstudium kam der Master in Theaterpädagogik.

Mein Geld habe ich nebenher als Model verdient. Seit ich denken kann, liebe ich das Theater. Ich mag es, vor und manchmal auch auf der Bühne zu sein, mag die großen Emotionen und die unterschiedlichen Geschichten, in die ich abtauchen kann. Dann kam Corona und hat alles, was mein Leben und meine Freude ausmacht, auf Sparflamme gedreht. Auch mein Master lief nur sporadisch weiter.

Paul und ich haben uns 2019 kennengelernt und direkt schockverliebt. Seitdem haben wir nie wieder voneinander losgelassen. Wie gesagt, mein Studium lag auf Eis, der Winter war kalt, und plötzlich war ich schwanger – upsi. Das kam für uns beide etwas unerwartet, gefreut habe ich mich trotzdem umso mehr.

Ich entdeckte meine Leidenschaft zum Töpfern und legte mir direkt einen Brennofen zu, experimentierte mit Ton und Formen und dem Begriff der Imperfektion. Daraus entstand dann mein Töpfer-Label *Studio Roiii*, wo ich seitdem meine künstlerische

Seite intensiv ausleben kann und die Schönheit der Imperfektion hochhalte.

Meine Mama starb an Krebs, als ich 19 Jahre alt war. Sie war ein absoluter Familienmensch und der Anker unserer Patchwork-Bande. Eine wilde Fotografin, die die Sonne mit in jeden Raum brachte, den sie betrat. Mir war sie eine liebende Mama, lange Zeit meine beste Freundin und mein Vorbild in vielerlei Hinsicht. Ihr Tod war bisher wohl mein schlimmster Verlust. Für mich war schon lange klar, dass ich mir auch Kinder und eine Familie wünsche, und zwar am liebsten drei Stück plus einen Hund dazu. Der Tod meiner Mutter verstärkte diesen Wunsch, weil ich ihr Leuchten an meine Kinder weitergeben wollte.

Diese Reise ist für mich das erste gewagte Experiment in meinem neuen Leben als Mutter, in unserem neuen Leben als Familie. Ich bin krass aufgeregt: Ob wir uns als Team einleben? Momentan ist alles einfach nur stressig. Paul und Hansen sind durchgehend mit dem Umbau vom Boot beschäftigt, und ich kümmere mich fast allein um Momo. Ich kann es nicht erwarten, endlich loszufahren, den Stress hinter uns zu lassen und im Abenteuer anzukommen.

Meine größte Sorge ist, dass es mit Momo nicht funktioniert, dass sie das Leben an Bord nicht mag und wir deshalb abbrechen müssen, dass es weiterhin stressig bleibt, wir uns streiten und ich mich mit Hansen nicht verstehe.

Was aber überwiegt, ist meine Bereitschaft, meinen Alltag in Berlin für eine Weile zurückzulassen, mir selbst zu beweisen, dass auch als kleine Familie ein Abenteuer möglich ist. Ich werde mich mit ganzem Herzen auf diese wilde Reise einlassen. Ein Sprung ins kalte Wasser, mit verbundenen Augen, aus unbekannter Höhe. Aber was soll's: Also, *Ulla*, Leinen los!

Anna, Paul und Momo auf der Donau

Wien, 8. Dezember 2022, Tag 125

Paul

Wir sind seit vier Monaten unterwegs und nun beinahe einen Monat in Wien.

Es ist Winter geworden, das Becken des Hafens ist mit einer leichten Eisschicht überzogen, und der Nebel vermischt alles zu einem trüben Einheitsgrau. Wir sind das letzte Sportboot hier in der Marina an der Donau, in dieser Jahreszeit ist nur Berufsschifffahrt unterwegs. Unser Zeitplan wirkt jetzt lächerlich, beinahe schäme ich mich für die naive Vorstellung, wir hätten die gesamte Route in sechs Monaten schaffen können. Wie lange wir wirklich brauchen werden, steht aktuell in den Sternen. Ich schaue nach oben. Die Sonne geht wohl gerade über Wien unter – ohne Sonnenuntergang.

Hansen ist vor drei Tagen von Bord gegangen. Es geht ihm nicht gut. Nach dem wohl heftigsten Streit in unserer Brüdergeschichte sahen wir keine andere Möglichkeit. Natürlich war es eine gemeinsame Entscheidung und sicher auch die richtige, aber es fühlt sich an, als hätten wir als Crew versagt.

Wie gerne ich ihm helfen würde, wieder der Alte zu werden. Aber das, was er vor sich hat, muss er allein angehen.

Ich stehe mit Akkuschrauber und Säge in der Hand auf dem Kunststoffanleger in der Marina und betrachte *Ulla*, wie sie vor mir liegt. Von drinnen scheint warmes Licht aus den Fenstern. Wenigstens ein bisschen winterliche Gemütlichkeit, denke ich.

Ulla ist eine Fisher Northeastern 30 und etwa zehn Meter lang. Sie ist aus den 70ern, im Design eines früheren atlantischen Kutters. Sie hat nichts von einem modernen Segelboot. Als schwimmende Villa Kunterbunt war sie oft der unbeliebte Schandfleck zwischen hochglanzpolierten Luxusyachten. Hier wird gelebt, und das sieht man. Seit wir sie auf dieser Reise auf dem Rhein flussaufwärts bei Bingen zum ersten Mal gesegelt sind, wissen wir, wie stolz sie aussieht, wenn die Aufbauten errichtet sind, wenn die rot-braunen Segel sich blähen. Aber das haben wir schon lange nicht mehr gehabt, beide Masten sind seit dem Main wieder gelegt. Wie sie nun vor mir liegt, scheint sie in Deckung gegangen zu sein, zusammengekauert. Auf Deck herrscht Chaos. Nur die Schneedecke lässt sie zumindest aus einiger Entfernung ordentlich aussehen.

Ulla ist vom Heck bis zum Bug in vier Bereiche unterteilt: Hansens und Ronnys Kajüte ganz hinten, die durch unseren Umbau zu einer regelrechten Höhle geworden ist und aus nichts als einer riesigen Liegefläche besteht: Man kommt nur kriechend durch eine kleine Tür hinein und hinaus. Mittschiffs davor liegen die Steuerkabine bzw. der Steuerstand mit Momos Krabbelplatz und dem Cockpit, das auf beiden Seiten eine Schiebetür hat. Das ist im Grunde unser Wohnzimmer. Wenn man vom Steuerstand durch einen Niedergang drei sehr schmale und steile Stufen nach unten und vorne geht, landet man in einem schmalen Durchgang im »Salon«. Links findet man ein Bett, das auch als Sitzecke umgebaut werden kann, aber das machen wir nicht mehr. Rechts ist direkt der Eingang zu einer sehr kleinen Toilette und auf derselben Seite eine winzige Kochnische mit Waschbecken und Gasherd. Am Ende des Salons führt eine kleine Tür zur Bugkajüte, in der entweder Anna oder ich mit Momo schlafen und die wie Hansens Kajüte nur eine große Liegefläche ist. Im Steuerstand liegen überall Spielzeug von Momo, Klamotten, Werkzeuge und Segelausrüstung wie Schwimmwesten, Kompass, Fernglas etc. Der Salon ist in kleinen Regalen und einem Netz unter der Decke mit allen Einkäufen und Vorräten befüllt, und hier ist auch die Garderobe. In der Kochnische hängen Pfannen und Töpfe und alles, was man zum Kochen braucht, an der Wand. Die Bugkajüte ist gemütlich mit Fellen und Decken eingerichtet. Und das alles auf nicht mehr als 18 Quadratmetern. Hier nehmen wir euch mit auf eine digitale Führung durch *Ulla*:

https://www.hoepnerhoepner.de/aab-karte/?seite=ullavoninnen

In den letzten Tagen habe ich versucht, das Boot startklar zu machen. Einerseits muss es für den Winter fit gemacht werden, aber vor allem müssen Anna und ich es ohne Hansen sicher fahren können – denn das bedeutet im Grunde »Einhand«. Einer von uns beiden muss bei Fahrt immer bei Momo sein, es sei denn, sie schläft. Ich habe Klampen installiert, das sind Beschläge, mit denen die Leinen befestigt werden, Löcher im Deck geflickt, die Beleuchtung und Elektrik repariert, eine Frischwasserpumpe und einen zweiten Wasserhahn dafür installiert, sodass wir mit Seewasser abwaschen können, Schimmel beseitigt, eine Tür zwischen Salon und Steuerstand eingebaut, um die Wärme besser zu halten, die Impeller-Pumpe der Motorkühlung gewechselt, die Heizung so umgebaut, dass sie auch die Bugkajüte erreicht und die warme Luft auch in entlegenen Ecken zirkuliert, die Wasserkühlung des Elektroantriebs repariert und einen Kettenspanner installiert, Lüftungsgitter im Schanzkleid eingebaut, um die feuchte Atemluft nach draußen zu leiten, ein Schloss an die Türen gebaut, die Rettungsinsel einsatzbereit montiert und vieles an der Einrichtung optimiert, um das Leben auf dem Boot einfacher zu machen. Aber das größte Projekt sind die Solaranlagen. Während ich sie bisher immer mit Hansens Hilfe ein- und ausfahren konnte, muss das nun auch ohne ihn funktionieren, und zwar sicher und schnell. In erster Linie müssen sie dazu in jeder Phase des Aus- und Einfahrens sicher arretiert werden können, ohne frei herumzuschwingen, denn mit ihren etwa 150 Kilo pro »Flügel« können sie ordentlich Kraft aufbauen und sind bei Wellen kaum zu halten. Zuletzt muss ich den genauen Ablauf des Ein- und Ausfahrens noch besser üben, damit es im Ernstfall reibungslos funktioniert. Jeder Handgriff muss sitzen. Nur drei Tage habe ich noch dafür.

Anna nutzt derzeit jede Minute, um nachhaltige Projekte entlang der Strecke zu recherchieren, Verantwortliche anzuschreiben und Besuche zu planen. Bisher haben wir unter anderem eine Schule in Minden besucht, in der die Schüler*innen ein energetisch autonomes Gewächshaus planen, und einen Waldkindergarten in Regensburg, der für unsere Reise die Gastlandflaggen selbst gemalt hat. Als Nächstes steht in Bratislava der Besuch eines Imkers an, der auf seinem Hoteldach Honig produziert.

Ich trete mit dem Fuß gegen das offene Ende einer Leine, mit der *Ulla* festgemacht ist. Sie ist am Steg angefroren. Seit drei Wochen herrscht klirrende Kälte. Mit Handschuhen sind die Arbeiten an der Solaranlage noch schwerer. Ich gehe gerade alles durch, was ich heute noch schaffen muss, da reißt mich Anna aus den Gedanken: »Made? Ham, ham!«

»Ich komme«, rufe ich lachend zurück. Das Essen ist fertig. Anna und ich nennen uns gegenseitig »Made«. Wir beide lieben es, zu essen, wie Maden eben. Ich sterbe vor Hunger. Geduckt klettere ich unter der eingefahrenen Solaranlage über das Schanzkleid auf *Ulla*, schiebe die Seitentür auf, stelle mich in den Steuerstand. »Brrrr«, kommt es von unten, »mach die Tür zu.«

»Krass, Anna, hast du schon gesehen?«, frage ich, während ich meine Sachen ausziehe. »Was denn?« »Der Hafen friert langsam zu, wenn das weiter so kalt bleibt, müssen wir hier raus.«

Ich schwinge mich vom Steuerstand nach unten in den Salon. Momo ist mal wieder auf die kleine Ablage neben dem Bett geklettert und hat ihren zuckersüßen »Ich habe etwas Freches gemacht«-Blick. Über der Ablage sind nur etwa 25 Zentimeter Platz, noch nicht mal Momo kann da aufrecht sitzen, aber sie ist mächtig stolz. Anna guckt sie liebevoll lachend an. Ich setze mich im Schneidersitz aufs Bett im Salon, klappe den Tisch runter und nehme drei dampfende Schalen von Anna an. Es gibt wie so oft »Nuis«, wie wir in Momos Sprache zu Nudeln sagen. Ich hebe Momo auf meinen Schoß und schiebe ihre Schale direkt vor sie. Mit ihren kleinen Speckfingern fängt sie an, sich die Nudeln in den Mund zu schieben.

»Ich muss heute Abend wieder länger machen«, sage ich zu Anna. »Ich will die Solaranlagen fertig machen, dann können wir Ende der Woche los und sind zu Weihnachten in Bratislava.«

»Hab ich mir fast gedacht«, antwortet Anna resigniert. »Kannst du den Moms wenigstens noch ins Bett bringen?«

Wir sind beide ziemlich ausgebrannt. Die Zeit mit Hansen, die vielen Diskussionen, Streits und der Abschied haben uns zu schaffen gemacht. Und jetzt sind wir unter nicht gerade einfachen Bedingungen mit einem Baby im Winter auf einem kleinen Schiff unterwegs. Weit weg von Freunden und Familie. Hier ist niemand, der mit anpacken kann.

Drei Tage später, am Freitag, den 22. Dezember, sind wir bereit zur Abfahrt Richtung Schwarzes Meer. Auf der »Hutablage« im Steuerstand steht sogar ein kleiner Weihnachtsbaum, festgeklemmt mit einem Engländer-Schlüssel. »Oooh, schau mal, Paul, ich habe ein Engelchen für unseren Baum gefunden«, ruft Anna mir aus dem Steuerstand gespielt staunend zu. Ich schaue durch den Niedergang nach oben und muss lachen. Anna hat eine kleine Fingerpuppe, ein rosa Schweinchen, auf die Spitze des Tännchens gesteckt. Momo sitzt neben dem Baum auf dem Krabbelplatz. »Ja was macht denn das Schweinchen da auf dem Baum?«, wendet sich Anna ihr zu. Momo steigt in das Staunen ein, formt ihren kleinen Mund zu einem »O« und zieht die Augenbrauen hoch, ganz wie ihre Mama. »Alle an Bord?«, rufe ich in die kleine Runde. »Schhht«, gibt mir Anna nur zurück. Mal wieder habe ich im Eifer des Ablegens vergessen, dass Momo schläft. Anna würde das nie passieren. Ich mache ein entschuldigendes Gesicht und frage noch mal mit gedämpfter Stimme: »Ich leg jetzt ab, ja? Wir haben alles?« Im Grunde weiß ich ja, dass die Frage überflüssig ist. Wir haben alles mindestens fünfmal gecheckt. Wir fahren elektrisch, alle Batterien sind voll. Es ist ein Segen, dass der elektrische Antrieb im Verhältnis zum alten Dieselmotor fast geräuschlos ist. Die vielen Stunden auf dem Wasser, die wir noch unter Motor fahren werden, sind dadurch so viel erträglicher. Mal abgesehen davon, dass wir sogar im Winter hauptsächlich mit Sonne fahren und sowohl die Umwelt als auch unseren Geldbeutel schonen.

Wir brechen mit einem wunderschönen Sonnenaufgang auf. Ein dünner Nebelschleier liegt über dem Wasser. Wir atmen beide innerlich auf. Nach wenigen Kilometern flussabwärts sehen wir nichts als Natur, getaucht in ein morgendliches, rosa Ambiente.

»Hatte der Typ mit dem Hausboot noch mal geschrieben?«, fragt Anna, während ich mir die Zähne putze. Momo sitzt auf ihrem Stühlchen auf dem Krabbelplatz und verteilt bei dem Versuch, mit dem Löffel ihren Mund zu treffen, Brei in ihrem Gesicht.

»Miloff meinft du? Ja, er weiff beffeid, daff wir heute ankommen«, nuschele ich mit Zahnpasta im Mund, »wir follen anrufen, fobald wir da find.«

In Bratislava gibt es keine Marina, die um diese Jahreszeit offen hat, ein weiteres Problem, das der Winter auf der Donau mit sich bringt. Aber diesmal haben wir Glück gehabt, denn in Bratislava wollen wir das nächste nachhaltige Projekt besuchen: Ein Hotelbesitzer und Imker namens Rasto stellt auf seinem Hoteldach Honig her und hat die Plattform beeconf.com gegründet, auf der er die Welt über die Relevanz von Honigbienen aufklärt und praktische Tipps gibt. Er verfolgt dabei einen nachhaltigen, chemikalienfreien Ansatz und hat bereits eine Goldmedaille in der Weltmeisterschaft für Honigqualität gewonnen. Ein richtig toller Typ!

Rasto wiederum empfahl uns Milosch, der uns einen Liegeplatz an seinem Hausboot angeboten hat, das in der kleinen Marina von Bratislava liegt. Es verdient den Namen »Hausboot« mehr als alles andere, denn es sieht tatsächlich aus wie ein Haus: dunkelrot gestrichen, mit einem roten Dach aus Kunststoffziegeln und sogar von außen verputzt.

Das Interview, das wir mit Rasto zu seinem Bienenprojekt machen, ist wirklich inspirierend. Genau nach dieser Art von Begegnung suchen wir. Wir wollen auf diese Weise Stimmen sammeln, die uns von ihren einzigartigen Projekten und dahinter liegenden Sichtweisen berichten, und diese nach unserer Rückkehr auf unserem YouTube-Kanal veröffentlichen. Rasto ist ziemlich nervös, was ihn gleichzeitig noch viel sympathischer macht. »*Did you know, that one in two batches of honey imported into the EU is suspected to be fraudulent?*«, sagt er und bezieht sich dabei auf eine Studie von FoodWatch.org. »*It is basically nothing else but sugar water.*« Rasto will zeigen, dass Honig unabhängig von der Honigindustrie, ohne Betrug, in hoher Qualität und ausreichender Menge produziert werden kann, lokal und nachhaltig. Die Bienenstöcke auf seinem Hoteldach versorgen das gesamte Hotel und einige Märkte in der Umgebung mit Honig.

Wir finden das Spannungsfeld zwischen seinem kommerziellen Kettenhotel und dem weltbesten, nachhaltigen Honig vom Dach dieses Hotels faszinierend. Am Ende schenkt er uns eine Bienenwabe, als Geschenk für die Waldkinder in Regensburg, einen Kindergarten, den wir auf unserer Reise besucht haben. »*Please tell the children, if they have any questions regarding honeybees, they can get in touch*«, sagt Rasto noch zum Abschied. Vielen Dank!

Als wir am 26. Dezember wieder über die Brücke zu dem Hausboot laufen, an dem *Ulla* liegt, sagt Anna staunend: »Seltsam, als wir ankamen, war das hier so steil, dass ich kaum hochgekommen bin.« Ich stutze einen Moment, sie hat recht. Irgendwas ist anders. »Du täuschst dich nicht«, sage ich. »Der Wasserpegel ist gestiegen, und zwar ordentlich«, sage ich angespannt. »Was bedeutet das? Das klingt nicht gut«, antwortet Anna.

Ich denke laut nach. »Erst mal heißt das nur, dass die Donau mehr Wasser hat. Also haben wir einerseits mehr Platz unterm Kiel, das ist gut. Dann fließt sie sicher schneller, was im Grunde auch gut ist, wir kommen schneller vorwärts. Hmm, eigentlich sind das nur Vorteile«, beende ich meine Überlegungen, leider nicht ganz vollständig.

Als wir am 31. Dezember nach einer kuscheligen Weihnachtszeit mit *Ulla* aufbrechen, ist das Hafenbecken von Bratislava zugefroren. Diesmal ist die Eisschicht deutlich dicker, ein paar Enten laufen darauf herum. *Ulla* schiebt sich langsam krachend hindurch. Die Strömung hat so stark zugenommen, dass wir mit beinahe zehn Stundenkilometern die Donau runtertreiben. Einerseits fühlt es sich toll an, so schnell vorwärtszukommen, andererseits bedeutet es auch, dass wir nicht zurückkönnen. Umkehren ist wegen der Strömung unmöglich, falsch abbiegen wäre also fatal.

Es ist 16:15 Uhr und wird gerade dunkel. Wenn wir jetzt an der Marina vorbeitreiben, kommen wir nicht mehr gegen den Strom zurück. Es bleiben maximal zwei Minuten. Alternativ könnten wir den Dieselmotor starten, aber dafür müssten wir erst die Antriebskette des Elektromotors entkoppeln, wofür ich in den Maschinenraum muss. Das allein dauert etwa ein bis zwei Minuten. Gebannt starre ich auf die Temperatur: 98 Grad, 95 Grad, 93 Grad ... »Sie geht runter«, bestätige ich Anna. Bei 90 Grad probieren wir es noch mal.

Ich übernehme das Ruder. »Jetzt«, ruft Anna. Vorsichtig gebe ich Gas. Ein leises Surren bestätigt mir: Wir sind wieder manövrierfähig. »Woahhh, das war knapp!« Anna legt sich die Hände auf das Gesicht und lässt sie langsam nach unten gleiten. Mit offenem Mund und erleichtertem Blick schaut sie mich an. Im letzten Moment drehen wir auf und kommen elegant um die Hafenmole, viel zu elegant dafür, dass wir beinahe daran vorbeigerauscht wären.

Nach dem üblichen Papierkram mit der Hafenaufsicht machen wir uns bereit für unser sehr gemütliches Silvester. Die Lichterkette, die ich noch in Wien installiert hatte, macht unseren Steuerstand zur Schuldisco. Gemeinsam mit Momo tanzen wir bis um zehn Uhr abends. Als ich in angeheiterter Vorfreude auf ein paar Stunden Zweisamkeit mit Anna Momo ins Bett bringe, passiert das, was fast immer passiert: Ich schlafe ein. Anna lässt mich schlafen, und so wird das Silvester 2022/23 das wohl erste seit Jahrzehnten, das ich träumend verbringe. Es ist eine völlig neue Erfahrung für mich.

Anna

Paul und Momo schlafen noch. Ich sitze im Steuerstand und schaue nach draußen. Die Marina in Budapest sieht runtergekommen aus, nur wenige Meter über uns thront eine gewaltige Autobahnbrücke. Ich kann die vorbeisausenden Autos bis hierhin hören. Ich schnappe mir meinen flauschigen Frotteebademantel, meinen Kulturbeutel und frische Kleidung, ziehe meine quietschgrünen Birkenstock-Schlappen an und mache mich auf den Weg zur lang ersehnten heißen Dusche. Wir sind wie so oft, seit es Winter geworden ist, das einzige bewohnte Boot in der Marina. Über einen schmalen Steg und eine steile Treppe komme ich auf das Gelände. Hier ähnelt die Kulisse eher einem Schrottplatz, alte Auto- und Bootsteile stapeln sich zu hohen Türmen. Ich klettere in den Duschcontainer. Im Abfluss der Dusche schwimmt ein Knäuel aus Haaren und anderen undefinierbaren Kleinteilen. Bah. Mittlerweile bin ich solche Kulissen gewöhnt. Solange ich hier nicht barfuß reinmuss, passt das. Ich genieße die Dusche trotzdem in vollen Zügen und lasse mir Zeit. Sauber eingewickelt in meinen Bademantel und mit einem großen Handtuchturban auf dem Kopf fühle ich mich wie neu geboren. Dampfend und duftend wie ein Glühwein laufe ich zurück zum Boot. Wir haben nicht vor, lange hierzubleiben, wir wollen weiter. Das Meer ruft, und es sind noch mehr als 1500 Kilometer. Natürlich wollen wir auch die Donau genießen, aber unser Kontingent für »Stadtbesichtigungen« haben wir seit Wien aufgebraucht. Mittags machen wir uns zu dritt zu einem Neujahrsspaziergang auf. Wenige Fußminuten entfernt liegt ein wilder Park. Die weiten Wiesen sind mit tief hängenden Nebelschwaden geschmückt, menschenleer. Sicher katern die alle noch aus, denke ich etwas neidisch. Über eine alte Eisenbahnbrücke kommen wir zum nahe gelegenen Zentrum des Viertels Kaszásdűlő, direkt beim dritten Budapester Bezirk. Hier gibt es alles, was wir zum Leben brauchen, Supermarkt und eine kleine, ziemlich heruntergekommene Mall mit Fachgeschäften. Wir fühlen uns auch an diesem Ort schnell heimisch. In jeder Marina entsteht für kurze Zeit ein Gefühl von Zuhause. Ob das auch Sehnsucht ist?

Am nächsten Tag wollten wir eigentlich früh weiter, ohne konkretes Ziel: Die Donau und das Meer rufen. Aber wie so oft kommen wir später als geplant los. Frischwassertank auffüllen, Paul fährt noch mit dem Fahrrad durch die halbe Stadt, um eine neue Gasflasche zu besorgen, im Office bezahlen – los geht's, ach nee, noch vergessen, die Tagesroute zu planen, Systemcheck vom Elektroantrieb, dann noch schnell Zähne putzen ... was? Schon Mittag? Dann erst mal was für Momo kochen, anschließend Mittagsschlaf, aufräumen und abwaschen und schnell den Frischwassertank auftoppen. Erst am späten Nachmittag kommen wir wirklich los. Ich stehe am Steuer und schalte den Elektromotor ein, mittlerweile bin ich darin auch ziemlich routiniert. Seit Hansen von Bord ist, müssen wir alles zu zweit machen, und ehrlich gesagt, hat mir dieser »Zwang« auch ganz gutgetan, Aufgaben wirklich zu übernehmen. Paul macht die Leinen los, stößt uns ab und springt zurück an Bord.

Die Sonne steht schon tief, deswegen haben wir heute nur eine kurze Strecke eingeplant. »Paul, kannst du das Steuer übernehmen? Dann geh ich nach hinten und filme ein bisschen.« Auf der Terrasse erwartet mich eine Traumkulisse. Schon will ich das Handy zücken, doch dann halte ich inne: einmal kurz den Moment aufsaugen. Die tief stehende Sonne taucht das Ostufer mitsamt den prunkvollen Kuppeln des ungarischen Parlaments in ein gleichmäßiges, rötliches Licht, das durch die Beleuchtung der Gebäude golden ergänzt wird. »Wow«, höre ich Paul direkt hinter mir. Er ist mit Momo auf dem Arm nach draußen gekommen, um sich das Schauspiel anzusehen. »Da haben die Beleuchter aber wirklich ganze Arbeit geleistet«, zerstört er die Romantik. Scherzkeks.

Am nächsten Tag steht Beibootschule an. Bisher habe ich mich noch vor dem Fahren mit *Ulli* gedrückt. Das soll sich jetzt ändern. Ich bin nämlich eine ziemliche Schisserin, was das angeht. Diese Angst möchte und muss ich dringend angehen, nicht zuletzt, weil es im Notfall wichtig werden könnte, dass ich es kann. Paul erklärt mir den Motor: »Drei Dinge, um ihn startklar zu machen: als Erstes die Tanklüftung öffnen, dann das Tankventil öffnen und den Not-Aus-Schalter deaktivieren. Ahh, und viertens in den Leerlauf schalten, und … okay, fünftens: Mach dir immer den Not-Aus am Handgelenk fest.«

»Also fünf Dinge?«, frage ich leicht genervt. Irgendwie macht es mich immer wütend, wenn Paul mir etwas erklärt. Für ihn ist das alles ganz leicht, für mich nicht. »Jetzt musst du einfach fest ziehen, und wenn alles funktioniert, geht er an.«

Ich ziehe, nichts tut sich. »Noch mal«, sagt Paul. Wieder nichts.

»Probier mal, ein bisschen Gas zu geben.« Ich drehe den Gashahn auf und ziehe kräftig. Qualmend springt der Motor an. »Geht doch«, sagt Paul. »Ja, suuuuperleicht!«, antworte ich.

Ich muss *Ulli* mit der Schnauze unter die Terrasse steuern, damit Paul an die Klampe kommt, an der er befestigt ist. Nicht leicht, denn ich komme mit der Richtung immer durcheinander. »Anna, einmal durchatmen, es kann nichts passieren.« Und tatsächlich: So langsam komme ich rein.

Insgesamt läuft gerade alles erstaunlich gut. Wir streiten kaum und lachen viel. Irgendwie gibt es mehr Raum für Leichtigkeit und Liebe. Die letzte Zeit mit Hansen war anstrengend. Meistens herrschte bedrückte Stimmung, oder es gab Streit wegen Kleinigkeiten. Für mich war auch schwer, dass Hansen bisher wenig Interesse an Momo zeigte. Sie liebt ihn und will ständig mit ihm spielen und kuscheln. Eigentlich würde ich mir eine engere Bindung zwischen den beiden wünschen. Aber Hansen fühlte sich wohl oft als fünftes Rad neben Paul und mir.

Paul, Momo und ich haben mittlerweile einen routinierten Alltag, fahren zum größten Teil elektrisch und kommen schnell vorwärts. Wenn Paul die Solaranlagen ein- oder ausfährt, stehe ich am Steuer und halte *Ulla* auf Kurs. Momo spielt in ihrem Krabbelplatz.

Heute Morgen haben Paul und ich spontan ein Spiel daraus entwickelt. Er geht auf Position, ich stoppe die Zeit, und los geht's. Paul hangelt sich geschickt auf Deck zwischen den Wanten, Reling und den großen Solaranlagen hin und her, jeder Griff sitzt. Erst die vorderen, dann die hinteren.

Mit einem Bootshaken schiebt er die hinteren Solarflügel nach draußen und bringt sie in die Endposition. »FEEEERTIG«, ruft er. »Wow, ein neuer Rekord, nur sieben Minuten und 43 Sekunden!«, lobe ich ihn. Ganze zwei Minuten schneller als beim letzten Mal. Anfangs hat das ganze Prozedere bis zu 30 Minuten gedauert, auch aus Sicherheitsgründen ein No-Go. Die ersten Monate hatte ich nicht daran geglaubt, dass uns die Sonnensegel weit bringen würden, jetzt bin ich richtig stolz. »So kann's weitergehen«, antwortet er strahlend.

Paul

Unsanft werde ich von dem Ankeralarm aus dem Schlaf gerissen. Der Ankeralarm überprüft anhand unserer GPS-Position, ob wir über eine bestimmte Distanz zum Ankerpunkt hinaus abgetrieben sind. Schon das dritte Mal diese Nacht. Ich schaue auf die Uhr, 05:56, und beschließe aufzustehen. Vielleicht kommen wir heute bis nach Baja, der vorletzten Stadt in Ungarn, bevor wir nach Kroatien einreisen, etwa 150 km südlich von Budapest. Dort gibt es eine Marina, die auch im Winter geöffnet hat. Eine Dusche wäre mal wieder angebracht.

Ich liebe die ruhigen Morgen, auch wenn es mir unglaublich schwerfällt, aus den Federn zu kommen. Vorsichtig schließe ich die Tür zur Bugkajüte, um Momo und Anna nicht zu wecken, und mache mir einen Kaffee.

In einer Decke eingepackt, sitze ich mit meinem Kaffee auf der Terrasse und schaue in die Morgendämmerung. Wir haben in einem kleinen Seitenarm der Donau geankert. Über dem Wasser liegt ein Nebelschleier, ein paar Kormorane fliegen hindurch und hinterlassen ihre Spuren im Nebel. Absolute Stille, nur das Wasser gurgelt leise um *Ulla* und *Ulli* herum. Wie gerne würde ich jetzt hier mit Hansen sitzen. Ich bekomme feuchte Augen. Genau diese Momente hatten wir uns immer ausgemalt, als wir die Tour geplant haben, sie waren es, die uns all die anstrengenden Monate vor der Abreise hatten durchhalten lassen. Aber im Grunde sind sie eine Erinnerung an vergangene Abenteuer. An Momente, die wir gemeinsam erlebt haben. Es ist nicht mehr wie früher. Ich habe jetzt eine Familie mit Anna, Hansen ist nicht mehr die Nummer eins in meinem Leben. Wir sind keine draufgängerischen Junggesellen mehr, die durch die Wildnis streifen. Wir beide wollten dieses Zwillingsabenteuerleben nicht loslassen, haben es mit beiden Händen umklammert. Hätte ich kein Kind bekommen, wäre ich jetzt wahrscheinlich mit Hansen in Alaska unterwegs. Aber ich musste loslassen und habe dabei auch Hansen zurückgelassen. Unsere Beziehung leidet darunter. Sie leidet unter einem gebrochenen Versprechen, das zwar nie ausgesprochen, aber doch Teil unserer Verbindung war. Gerade ist alles sehr neblig in unserer Beziehung, genau wie die Donau, die vor mir liegt. Ich weiß nicht genau, wohin das alles führt, aber ich sehe auch die Schönheit und Kraft dieser Phase. Sie ist ein Ende, aber vor allem ein Anfang, ein Aufbruch.

Ich beschließe, Anna und Momo schlafen zu lassen und allein loszufahren. Vorsichtig hole ich direkt über der Bugkajüte den Anker rein. Die Strömung packt *Ulla* und treibt uns lautlos in die blaue Stunde. Ein Nebelhorn ertönt. Ich schaue auf das Navi und bin überrascht: Wenn ich auf Sicht fahren würde, wäre ich davon ausgegangen, dass die Donau in etwa 200 Metern einen Bogen macht. Aber die Karte sagt etwas anderes. Da sollen wir geradeaus? Jetzt erkenne ich die optische Täuschung: Das, auf was ich zufahre, sah bis eben aus wie ein dichter Waldrand. Aber es ist eine Nebelbank. »Verdammt«, murmele ich vor mich hin. »Okay, denk nach!« Als Erstes das AIS einschalten. Das ist ein digitales Informationssystem, das die Position von Schiffen in der Umgebung anzeigt. Auch wir können auf diese Weise unsere Position anderen Schiffen bekannt geben. Bei schlechter Sicht ist es zwar kein vollwertiger Ersatz, aber es zeigt ungefähr, wann und wo Schiffe kommen, welche Größe und Namen sie haben. So kann man dann in den direkten Funkverkehr mit den Schiffen einsteigen und Details für das Passieren klären.

Jetzt sehe ich in etwa 300 Metern Entfernung einen großen Schubverband aus dem Nebel hervorkommen. Laut AIS trägt er den Namen *Dunja* und ist aus der Ukraine. Ich beschließe, ihn anzufunken, um mehr über die Teilstrecke mit dem Nebel zu erfahren. Die Antwort kommt in gebrochenem English, mit russisch klingendem Akzent: »Ulla, *not good. Bad visibility for two kilometers. Be very, very, careful! Over and out.*«

»Alles okay?«, fragt Anna, die die gähnende Momo auf dem Arm hat, von unten aus dem Salon.

»Nee, wir kommen gleich in heftigen Nebel. Zum Ankern ist es hier zu schmal, wir müssen da durch. Zieh mal bitte Momo und dir Schwimmwesten an.« Das AIS zeigt mir zwei weitere Schubverbände an, die uns auf der Strecke entgegenkommen, *Andrijana* und *Gavrilka*. Der Nebel ist der dichteste, den ich je erlebt habe. Er verschluckt uns und sämtliche Konturen des Ufers. So muss ein White-out sein, geht es mir durch den Kopf. Anna und ich lauschen angespannt, jedes Geräusch kann jetzt ein wichtiger Hinweis sein. Wieder ein Nebelhorn, ich schätze von *Andrijana*. Sie ist noch etwa 600 Meter von uns entfernt. »Steuerbord, steuerbord«, murmele ich und nehme das Mikrofon des Funkgeräts von der Wandhalterung. »*Motor Vessel* Andrijana, *this is* Ulla. *We are heading downstream, about 500 Meter ahead of you. We intend to pass your vessel starboard, starboard, please confirm. Over.*«

»Ulla, *I confirm starboard, starboard.*« Ich bin erleichtert. Wenn wir uns nun möglichst weit links im Fahrwasser halten, sollten wir an *Andrijana* vorbeikommen. Laut AIS müsste *Andrijana* jetzt weniger als eine Schiffslänge entfernt sein. »Siehst du sie irgendwo?«, fragt Anna angespannt. »Nein, aber ich höre sie.« Ein leises Brummen und Stampfen hat sich in die Stille gemischt. Und tatsächlich, jetzt erkennen wir das Schiff. Es ist unbeladen, und der Bug ragt sicher sechs Meter aus dem Wasser, ein Koloss. Wir erschrecken uns beide bei dem Anblick. Der bloße Gedanke, mit dieser Stahlwand zu kollidieren, jagt mir einen Schauer über den Rücken. Kaum ist sie vorbei, kann ich das Ufer wieder schemenhaft erkennen, und der Nebel hebt sich. *Gavrilka* passiert uns kurz darauf, und jetzt erkenne ich sie wieder. Sie hatte uns kurz hinter Bratislava einmal überholt. Die Crew scheint sich auch an uns zu erinnern, sie winkt lachend vom Bug zu uns rüber. »So langsam machen wir uns hier auf der Donau einen Namen«, sage ich erleichtert lachend zu Anna. »Ja, die Verrückten mit den Solaranlagen«, fügt sie ebenfalls erleichtert hinzu. »Solange es nur Frachtschiffe sind und keine Piraten, soll es mir recht sein.«

Vor Piraten auf der Donau sind wir nun schon häufiger gewarnt worden. Was am Anfang klang wie aus einem Kinderbuch, scheint mehr Realität zu sein, als uns lieb ist. Natürlich kommen die nicht mit Augenklappe, Holzbein und Affen auf der Schulter, aber es gibt wohl immer wieder Überfälle auf der Donau auf Sportboote und Frachtschiffe.

Weil wir es nicht bis Baja schaffen, beschließen wir, auch diesmal wieder zu ankern. Die Strömung ist stark in diesem Teil der Donau, und so dauert es, bis wir etwa 15 Kilometer flussaufwärts von Baja, an der Innenseite einer Biegung, eine Stelle finden, wo der Anker hält. Sie ist nicht optimal, weil direkt unter uns flussabwärts eine Untiefe ist. Aber wir beschließen, das geringe Risiko einzugehen.

»Der Pegel soll heute Nacht und an den nächsten Tagen weiter steigen«, sage ich zu Anna, die gerade aus der Bugkajüte klettert. »Schschttt, Momo schläft. Noch mehr Wasser? Ist das ein Problem?« »Nein, ich habe die Ankerleine extra lang gelassen, der hält sicher«, sage ich mit gedämpfter Stimme, »da müsste schon …« Anna unterbricht mich: »Was ist das für ein Geräusch?«

Ich lausche in die Stille. Tatsächlich gurgelt und rauscht es plötzlich. »Es wird lauter«, sage ich und springe auf. »Was ist das?«

»Es kommt von vorne!« Jetzt knarzt das Ankerseil, über den Bug und das Schanzkleid wird das Geräusch wie durch einen Klangkörper verstärkt. Eine bedrohliche Geräuschkulisse baut sich auf. Irgendwas zieht und zerrt am Boot, aber was zum Teufel kann das sein? Der Bug hat sich deutlich nach unten gesenkt, die Küche und Tische sind auf einmal gerade.

»Bleib du bei Momo, ich geh nachschauen.« Ich schnappe mir die Stirnlampe und springe nach draußen. Hier draußen sind das Rauschen und Gluckern noch lauter. Als ich über den Bug nach unten schaue, erschrecke ich. »Eine riesige Insel Treibholz hat sich um das Ankerseil und den Bug von *Ulla* gewickelt. Darin hängen ganze Bäume … mit angenagten Stämmen. Verdammt, das ist kein Treibholz, das ist ein ganzer Biberdamm. Das Hochwasser muss ihn mitgerissen haben. Die Ankerleine ist bis zum Zerreißen gespannt. Immer höher türmt sich das Holz auf. Wenn uns diese Holzflut mitreißt …« Ich wage es nicht, den Gedanken zu Ende zu denken.

Hansens Auszeit

*Von Wien nach Berlin,
12. Dezember 2022, Tag 129*

Hansen

Ich sitze im Zug nach Berlin, der mich innerhalb von wenigen Stunden ohne Umsteigen zurück in die Stadt bringt, von der aus wir Monate mit dem Boot bis nach Wien gebraucht haben. Wien, die Stadt, in der sich alles geändert hat. Geplant war ein kurzer Stopp. Doch was geplant ist und was tatsächlich passiert, liegt, wie auf all unseren Abenteuerreisen, meilenweit auseinander.

Ronny hat sich zu meinen Füßen zusammengekauert und atmet schnell, mit weit aufgerissenen Augen. Es ist das erste Mal, dass ich mit ihm in einem ICE sitze, der gerade, kurz hinter Wien, mit Höchstgeschwindigkeit durch einen schier endlosen Tunnel rast. Der plötzliche Knall bei der Einfahrt in den Tunnel und die damit zeitgleich einhergehende Dunkelheit scheinen in ihm Panik auszulösen. Kein Wunder, wenn man bedenkt, dass er aus Kiew gerettet worden ist, als dort schon Bomben fielen. Wie seine Welpenzeit war, weiß ich leider nicht. Ob er schon immer im Tierheim war oder aufgrund des Krieges dort abgegeben wurde, konnte mir leider niemand sagen. Ich weiß nur, dass seine Angst vor Lärm und Vibrationen wesentlich größer ist als bei allen Hunden, die ich kenne. Wieso muss dann jetzt genau der erste Tunnel, durch den ich mit Ronny fahre, der längste sein, den auch ich je mit einem Zug durchfahren habe? All meine Versuche, ihn zu beruhigen, scheitern schon deswegen, weil ich selber nicht weiß, ob das Licht am Ende des Tunnels wiederkommt.

Mir geht es nicht gut, und das merkt Ronny. Ich fühle mich seit Wochen in einer nie da gewesenen Dunkelheit gefangen. Noch nie in meinem Leben habe ich so schlimme Gedanken gehabt, mich so nutzlos, so schwermütig gefühlt. Mir jetzt einzugestehen, dass ich Hilfe brauche, einzugestehen, dass ich in dem Projekt »Alle an Bord« gescheitert bin, ist hart. Und meine Entscheidung, *Ulla* zu verlassen, um zurück nach Berlin zu fahren, hat meine Stimmung nicht verbessert. Ich habe Paul und Anna gesagt, dass ich eine »Auszeit« brauche und erst im März zurückkommen werde. Jetzt gerade fühlt sich das aber ganz anders an – wie ein Ende meiner Teilnahme an unserem Projekt. Denn so, wie es mir gerade geht, kann und will ich nicht zurückkehren.

So sitze ich mit Ronny im Zug, er panisch, ich tieftraurig. Ein tolles Duo, wir beide, denke ich.

Vor ungefähr zwei Stunden hatte ich die Schiebetür von *Ulla* geöffnet und war hinaus zu meinem Gepäck und den wartenden Anna, Paul und Momo geklettert. Die Stimmung war gedrückt, untermalt von Schneeregen und Nebel. Ich hatte gedacht, ich würde heulen. Paul und Anna würden heulen, Momo würde heulen. Aber nein. Es war ein Abschied mit aufgesetztem Lächeln, dem Versuch, zu signalisieren: Alles wird gut. Es folgte eine zwar feste Umarmung, aber ohne Körperwärme, denn die dicken Wintersachen, die wir alle trugen, waren wie ein weicher Schutzschild, von außen aber nass und kalt.

Ich spürte, wie sich in mir und auch in Paul und Anna etwas löste, als wir uns voneinander trennten. Ich spürte einen Mix aus Erleichterung, endlich loszukommen, und Angst, meine Entscheidung bald zu bereuen. Die nächste Frage, die ich mir stellte, war: Wie verdammt noch mal habe ich mir vorgestellt, das ganze Gepäck bis zum Zug schleppen zu können mit Ronny an der Leine.

Die Zeit im Zug verfliegt. Bahnhöfe, Berge, Dörfer sausen vorbei. Ronny hat sich ein wenig ans Zugfahren gewöhnt und schläft friedlich zu meinen Füßen. Ich habe meine Kopfhörer aufgesetzt und höre mir die Playlist an, die ich Anfang dieses Jahres auf meinem Handy angelegt und im Laufe der Zeit gefüllt habe. Ich hatte letztes Silvester die Idee, jedem Jahr ein Motto zu geben und jedes Motto mit einer Playlist zu untermalen. Dieses Jahr 2022 ist das Motto »Freiheit«. Die Playlist beginnt dann auch mit dem gleichnamigen Klassiker von Westernhagen. Sie ist mittlerweile lang genug, um sie auf einer siebenstündigen Zugfahrt zu hören und dabei darüber nachzudenken, wie sich das Motto »Freiheit« für mich im Laufe des Jahres entwickelt hat. Bei unserem Aufbruch am 5. August in Berlin war es noch eher der Traum, zu reisen, der »Freiheit« definierte. Nun, Anfang Dezember, ist meine größte Erkenntnis, dass ich die Freiheit haben will, zu bleiben, mich zu binden – die Freiheit, auf Freiheit zu verzichten. Aber auch die Freiheit, mich von meinem Bruder und unseren vermeintlich freien Abenteuern zu lösen. Eins steht fest: Mein Motto für das kommende Jahr wird »Heilung« sein. Ich möchte meine alten, längst vernarbten, aber noch nicht geheilten Wunden lecken und den Berg erklimmen, auf dessen Rückseite wieder die Sonne scheint. »Das wird dauern, das braucht Zeit«, hat unsere Stiefschwester Jana mir gesagt, mit der ich in den letzten Tagen viel telefoniert habe. Denn in diesem Prozess gibt es keinen »Tunnel«, keinen schnellen Weg »hindurch«.

Ich werde wach, auf meiner Schulter liegt eine Hand, die mich rüttelt. Ein Schaffner gibt mit Zeichen zu verstehen, dass er mein Ticket sehen will, und als ich meine Kopfhörer abgezogen habe, erklärt er knapp: »Personalwechsel!« Noch im Halbschlaf und etwas verwirrt suche ich nach den Tickets. »Nächster Halt: Berlin Südkreuz«, erklärt er nun etwas freundlicher.

Berlin. Krass. Nächster Halt: Endstation, geht es mir durch den Kopf. Ich zweifle gerade sehr an meiner Entscheidung, die Tour abzu- oder zumindest zu unterbrechen. Wird mich hier nicht der Alltag auffressen? Menschen laufen zu den Türen, der Zug bremst. Ich packe meine Sachen, Ronny ist genauso aufgeregt wie ich.

»Such!«, sage ich, und Ronny flitzt los durch den Wald neben der verlassenen Kaserne am Stettiner Haff bei Altwarp, den Ort, den ich mit meiner Freundin Doris über Silvester als Refugium, um von Berlin wegzukommen, gewählt hatte. Hätte ich Ronny nicht an der Leine, wäre es unmöglich, ihm durch das hohe Gras zu folgen, das sich wie ein weicher Teppich über die hüglige Landschaft legt. Immer wieder liegen umgekippte Bäume im Weg, über die Ronny elegant springt. Meine Zweibeinigkeit ist hier deutlich ein Nachteil. Der Wind bläst von vorne in meine Kapuze und drückt die eiskalte Luft unter meine Jacke. Ronny ist aufgeregt, aber sehr fokussiert. Denn er hat eine überaus wichtige Aufgabe: Finde Doris! Sie muss irgendwo hier sein, und nur dank Ronnys Nase haben wir eine Chance, sie zu finden. Doris und ich haben uns vor ein paar Monaten, als wir mit *Ulla* in Nürnberg waren und sie dort ihre Familie besuchte, kennengelernt. Seither haben wir uns oft gesehen, viele schöne Abenteuer zusammen erlebt und in einer sehr intimen und liebevollen Beziehung gelebt. Jetzt versucht Ronny, ihre Fährte aufzunehmen. Man sieht keine Spuren im vom Winde zerzausten Gras. Man kann nichts hören, weil die Wellen im Stettiner Haff heute größer sind und mit dem Rauschen der Bäume im Kanon einen undurchdringlichen, akustischen Nebel erzeugen. Das Ganze wird noch erschwert, weil

Doris es uns sicher nicht leicht machen will, sie zu finden. Aber Ronny hat die Fährte aufgenommen und rennt mit der Nase dicht über dem Boden zickzack durch den Wald, dreht plötzlich ab, bellt einmal laut, zieht heftiger als zuvor. Er hat sie gefunden! Sie springt auf, lacht und sagt: »Das ging schneller als erwartet.« Doris gibt ihm eine ordentliche Streicheleinheit und ein Stück seiner Lieblingssnacks.

Vor ein paar Tagen haben Doris und ich beschlossen, Silvester zusammen auf »KPT« zu verbringen. Ein magischer Ort. Bevor er der Natur überlassen wurde, war er eine NVA-Kaserne, circa 30 Hektar Land, bebaut mit Wohnriegeln, Hallen, Forschungslabors und Bunkern. Ein paar liebevolle »Freaks« haben ihn wiederentdeckt und nach viel Arbeit kaufen können. Manche der Gebäude sind fast nicht mehr vorhanden, Bäume wachsen aus den Fenstern und Dächern, Moos und Efeu an den Wänden. Wenn die Sonne scheint, erreicht sie manchmal durch die eingestürzten Dächer und Böden die unteren Etagen, die vor langer Zeit vermutlich penibel mit Bohnerwachs geschrubbten Flure, und erleuchtet die in die Häuser eingezogene Natur. Ein feuchter Dschungel voller Leben. Andere Gebäude sind erstaunlicherweise sehr gut erhalten und haben Strom und fließend Wasser. Es gibt Werkstätten, Küchen, Badezimmer, eine von kleinen Tannen gesäumte Terrasse. Die Weitläufigkeit des Geländes gibt einem das Gefühl, die Welt um einen würde nicht mehr existieren. Hier lebt man im Jetzt, geht eisbaden und in die Sauna, wann immer man will. Hier arbeitet man an einer Gemeinschaft, die in der Zukunft ein Zuhause werden könnte. Ich kenne den Ort, umgeben von einzigartigen Wäldern und Gewässern, seit ein paar Jahren und bin zig Male hier gewesen. Dieser Ort ist für mich Frieden und Freude. Und genau diesen Ort kann ich gerade sehr gut gebrauchen. Genau wie Doris. Sie weiß sehr gut, wie schlecht es mir gerade geht. Sie ist auf eine wunderbare Art und Weise für mich da, in einer Zeit, in der ich mehr an mir selbst zweifele als je zuvor.

Der Gedanke, mich mit ihr hier in der Kaserne vor der Welt zu verstecken, Raum und Zeit zu schaffen, um nachzudenken über nötige Veränderungen, war nicht nur verlockend, sondern sofort überzeugend.

Die Veränderung, mit der ich anfangen wollte, war dann eher oberflächlich, aber dennoch von Bedeutung für mich: Haare färben. Und zwar feuerrot. Im Supermarkt schaute Doris erst etwas zweifelnd auf den neuen Inhalt des Einkaufswagens, als ich vom »Beauty and Lifestyle«-Regal zurückkam, grinste mich dann aber an und sagte: »Alles klar, das machen wir dann direkt morgen!«

Keine Ahnung, ob es der Anfang meiner Midlife-Crisis ist oder die Erinnerung an Zeiten, in denen es mir viel besser ging, in denen ich mir regelmäßig die wildesten Muster in die Haare färbte. Vielleicht war es auch einfach ein Statement für mich: Trau dich, was an dir zu ändern. Trau dich, du selbst zu sein.

»Krass heftig, aber geil«, sagte Doris, als sie mir den zusätzlich zum Rot exzellent gemachten Pagenschnitt geföhnt hatte. Der Unterschied war gigantisch. Aber gefiel mir megagut. Offensichtlich habe ich noch den Mut, die nötigen Änderungen in meinem Leben anzugehen, um aus meiner lange verschwiegenen, mich immer begleitenden Depression herauszukommen.

Jetzt muss ich nur noch einen Therapieplatz finden und den oder die Therapeut*in ein paar Wochen kennenlernen, denke ich. Danach könnte ich die Therapie auch online von Bord aus weitermachen.

Ich sitze mit Doris Arm in Arm am Lagerfeuer auf der Terrasse von KPT. Es ist bitterkalt. Ein mondloser, aber sternenklarer Himmel erstreckt sich über uns. Ronny ist nach einem für ihn anstrengenden Tag der Fährtensuche in respektvollem Abstand zum

Feuer eingeschlafen. Mit der Nase unter seinem Schweif sieht er aus wie ein Husky, der sich vor dem Schneesturm schützt. Katja, Jan und Anna, ebenfalls seit Jahren aktiv bei KPT, sitzen uns gegenüber. Die drei sind mit die herzlichsten Menschen, die ich kenne. »Morgen machen wir den ganzen Tag Sauna«, sagt Jan, der schon mitbekommen hat, dass es mir nicht gut geht. »Wir fangen das Jahr damit an, uns zu verwöhnen.« Und dabei wird nicht die Wärme der Sauna die Hauptrolle spielen, sondern die Wärme der Menschen, die nichts anderes bewirken, als einem gutzutun, die mit Stille mehr sagen als manch anderer mit vielen Worten.

Das Feuer lodert hoch und erhellt flackernd die erste Reihe der Bäume, die den Platz umgeben. Dahinter ist es stockdunkel. Wir starren in das Feuer, das, wie der Glühwein, unsere Gesichter und Hände erwärmt. Ich bekomme das Gefühl, dass sich heute Nacht tatsächlich etwas ändert. Und zwar zum Guten. Ich habe Hoffnung, dass mein Plan der »Heilung« wirklich Früchte tragen könnte.

Noch ein paar Sekunden, dann wird das Jahr 2022 Geschichte sein, und ein neues beginnt. Doris hat ihren Kopf auf meine Schulter gelegt, ich den meinen auf ihren. Dann ist es so weit. Sie stochert mit einem Stock in der Glut. Funken fliegen durch die Nacht. »Das ist unser kleines Feuerwerk«, sagt sie. Mit herzlichen und warmen Umarmungen wünschen wir uns allen gegenseitig, dass dieses Jahr fantastisch wird. Wir stoßen an auf uns, auf diesen magischen Ort, der so viel positive Energie versprüht, dass ein Feuerwerk dagegen blass aussehen würde.

Als sich die Flammen des Feuers zwischen die Glutreste zurückgezogen haben, ziehen wir uns zurück in unsere kalten Schlafzimmer. Wir heizen den Ofen ein, der unter dem Hochbett steht, sodass er für die nächsten Stunden Wärme spendet, und kriechen unter die vielen Decken.

In dieser Nacht träume ich, wie ich durch einen Wald renne, wie ich jemanden suche. Doch diesmal ist es nicht Doris, diesmal ist Ronny nicht dabei, um mir zu helfen. Diesmal suche ich nach meinem Vater. Ich renne durch den Wald, und je näher ich glaube an ihn heranzukommen, desto dichter wird der Wald. Als ich weiß, dass er nur wenige Meter vor mir steht, ist der Wald so dicht, dass ich nicht zu ihm durchkomme. Ich wache auf, liege auf dem Rücken. Ruhig öffne ich die Augen, schaue an die Decke, die ich in der Dunkelheit nur erahnen kann, weil ich weiß, dass sie da ist. Eine unsichtbare Barriere. Genau wie sie zwischen mir und meinem Vater ist, denke ich. Ich weiß, dass sie da ist, ich kann sie aber nicht sehen, ich weiß nicht, ob ich sie irgendwie durchdringen kann, und ich weiß nicht, wer sie gebaut hat. Aber ich weiß, dass sie im Laufe der Jahre, wie der Wald im Traum, immer dichter geworden ist. Ich nehme mir vor, meinen Vater an diesen Ort, die Kaserne, einzuladen. Vielleicht schaffen wir es hier, uns endlich wieder näherzukommen.

Nur noch zwei Tage, bis Doris und ich wieder abreisen nach Berlin, und natürlich musste noch irgendwas schiefgehen. Ich sitze mit schmerzverzerrtem Gesicht im Warteraum vom Krankenhaus in Ueckermünde. Blut drückt sich durch den in der Eile provisorisch angelegten Verband an meiner linken Hand. Doris sitzt neben mir und versucht, mich aufzuheitern.

»Die geben dir bestimmt gleich ein Schmerzmittel«, sagt sie zu mir. »Das dauert sicher nicht mehr lange.«

Gerade war ich noch am schönsten Strand des Stettiner Haffs eisbaden. Jetzt sitze ich hier. Wie schnell sich das Leben ändern kann. Vor allem wenn man glaubt, man könne zwei ernsthaft kämpfende Rüden fast nackt und dennoch unversehrt auseinanderzerren.

Ronny hatte sich mit dem Hund von Katja, Vuki, von Anfang

an eher schlecht verstanden. Beide nicht kastriert, beide jung und voller Ehrgeiz. Wir hatten die letzten Tage schon versucht, sie aneinander zu gewöhnen. Aber da Ronny die Kaserne frecherweise als sein Revier sah, obwohl Vuki schon lange vorher da war, war der Ärger programmiert. Als wir dann das Gelände der Kaserne verlassen hatten, um eisbaden zu gehen, verbissen sie sich wirklich heftig ineinander. Vor Angst, einem der beiden könnte etwas passieren, stürmte ich nackt zu den beiden zurück. Ronny versuchte ich mit der linken Hand nach rechts wegzudrücken, während mein rechtes Bein Vuki nach links schieben wollte. Und wow, es funktionierte. Ich war voller Adrenalin und froh, dass mein Plan aufgegangen war. Erst dann sah ich, wie von meiner linken Hand Blut in den weißen Schnee tropfte. Dann kam der Schmerz. Sowohl meine Hand als auch mein Bein pochten und bluteten. Während das Bein eher oberflächlich verletzt war, hatte eins der beiden Mäuler die Hand heftig erwischt. Die ganze Hand war unbeweglich und steif. Jeder Versuch, Finger zu krümmen, um einen Bruch oder die Verletzung von Sehnen auszuschließen, war mit noch heftigeren Schmerzen verbunden. »Herr Hoepner, bitte ins Zimmer vier«, höre ich eine undeutliche Stimme durch die steinernen Flure schallen und mache mich auf den Weg. »Die Wunden können wir leider nicht nähen«, sagt der Arzt zu mir. »Bei einem Hundebiss sind so viele Bakterien in der Wunde, die muss offen bleiben, und röntgen müssen wir die Hand leider auch. Da könnten Knochen verletzt sein.«

Eine Stunde später sitze ich also, vollgepumpt mit Antibiotika und Schmerzmitteln, mit einem dicken Verband an der Hand wieder in der Küche der Kaserne. Gebrochen ist zum Glück nichts. Aber der pochende Schmerz in der Mitte meiner linken Hand löst in meinem Kopf eine Gedankenspirale aus, die sich so tief in mein Gedächtnis schraubt, dass ich wie so oft in letzter Zeit auf längst verdrängte, durch Lügen versteckte Erinnerungen stoße. Dinge, die ich getan habe, von denen nur mein Bruder weiß. Alle anderen habe ich angelogen. Das frisst mich langsam auf.

»Ich mache dir jetzt erst mal einen Tee, leg du mal die Beine hoch«, sagt Doris, als wir wieder in der Kaserne angekommen sind. Sie ist einfach immer für mich da, wenn es mir schlecht geht. Und leider habe ich das Gefühl, dass ich ihr nur sehr wenig zurückgeben kann. Wir lernen uns in einer Phase in meinem Leben kennen, die ich selbst als eine der dunkelsten beschreiben würde. Ich glaube, das Mindeste, was ich ihr geben muss, ist Ehrlichkeit.

Ich schaue sie an und fange an zu weinen. Ich weiß nicht wie, aber ich muss es ihr sagen. Ich muss endlich über meinen Schatten springen und mich Menschen, die mir nahe sind, öffnen. Zeigen, was ich wirklich bin, und in meinen Augen ist das gerade nichts Gutes.

Sie schaut mich besorgt an, greift meine Schultern: »Lass es raus, Hansen!«, sagt sie wohl wissend, dass es hier nicht um die Bisswunden geht.

»Weißt du, Doris, die Narbe an meiner linken Hand, da bin ich nicht beim Schnitzen ausgerutscht. Und mein krummer Finger an der rechten Hand war auch kein Unfall.« Ich weiche ihren Blicken aus. Es ist mir so verdammt peinlich. »Ich ... ich habe das lange vor mir selbst versteckt, bis ich selbst glaubte, dass es so war. Aber in Wirklichkeit habe ich mir das angetan. Ich habe mir ein Küchenmesser durch die Hand gestochen. Ich habe gezielt mit der rechten Hand gegen einen Balken geschlagen, sodass mein Finger zersplittert ist.« Plötzlich werde ich sehr ruhig. Meine Tränen verharren auf den Wangen, es folgen keine weiteren, um sie ins Rollen zu bringen. Etwas hat sich gelöst in mir. Ich fühle mich leichter. »Das Schlimmste dabei ist«, fahre ich mit leiser Stimme fort, »dass ich das nicht aus einer Wut heraus getan habe. Sondern sehr ruhig und gut durchdacht. Das Messer habe ich desinfiziert. Ich habe ein Handtuch unter meine Hand gelegt, damit sich die Spitze nicht umbiegt oder abbricht und das Scheißmesser nicht kaputtgeht. Ich habe mehrfach gezielt, in beiden Fällen. Habe den Schlag mit der Hand gegen den Balken geübt. Erst leicht, dann etwas fester. Bis ich sicher war, ich treffe mit dem kleinen Finger. Ich habe mich schon oft aus Versehen schwer verletzt, und ich habe die Schmerzen gehasst. Aber in diesem Moment waren sie mir egal. Ich hatte das Gefühl, dass es sein musste. Dass es keinen anderen logischen Weg gibt, als das jetzt zu tun.«

Ich sinke in mich zusammen. Eine unglaubliche Müdigkeit überkommt mich. Doris nimmt mein Kinn und dreht meinen Kopf zu sich, schaut mir in die Augen, um mich dann wortlos zu umarmen. Ich weiß nicht, was sie denkt, was sie jetzt über mich denkt. Aber ich spüre, dass sie mich hält. Und mehr brauche ich gerade auch nicht.

Ich denke zurück an Wien, an meinen letzten Arztbesuch. »Ihr Herz hat zwar eine leicht nach links versetzte Achse, aber an sich scheint alles in Ordnung zu sein. Wie geht es Ihnen denn sonst so? So was kann auch psychische Ursachen haben«, war die Diagnose, die ich dort von einem Kardiologen bekommen hatte. Seit Wochen plagte mich ein Druck auf der Brust, ein Schmerz, der bei Stress immer schlimmer wurde und mir schlaflose Nächte bereitete. Neben den Schmerzen bedrückte mich aber auch noch etwas anderes, etwas, was ich so noch nie gefühlt hatte. Seit einem heftigen Streit zwischen mir und Paul kurz vor Wien war meine Stimmung immer weiter gesunken. Ich dachte viel über meine Gesundheit nach, über den Tod und, was mich am meisten erschreckte, über die Erleichterung, die dieser auch für den, der stirbt, mit sich bringen würde. Ich erwischte mich immer wieder während meiner Spaziergänge mit Ronny bei sehr dunklen Gedanken. Diese Gedanken waren einfach da, und dann war es wie eine Sucht, ich musste sie zu Ende denken.

Eine Abwärtsspirale setzte sich in Gang. Ich konnte fast nichts mehr leisten, schlief kaum noch, fühlte mich wie ein Versager. Auch der Druck auf der Brust wurde heftiger. Der Kardiologe hatte wohl recht: Es könnte die Psyche sein. Ich entschied mich, Jana per Videocall anzurufen. Sie ist Psychologin, vielleicht würde sie mir helfen können.

»Hansen!«, munterte sie mich auf. »Du hast den vermutlich schwersten Schritt eben gemacht, nämlich über deine Gedanken mit jemandem zu reden. Zu zeigen, dass es einem nicht gut geht, ist leider immer noch sehr schwer in unserer Gesellschaft. Aber ab jetzt kannst du daran arbeiten, dass es dir besser geht. Ab jetzt kannst du dir helfen lassen. Herzlichen Glückwunsch zu deiner ›Ferndiagnose Depression‹.« Sie sagte das mit gewohnt liebevoller Ironie und lachte herzlich. Auch ich musste jetzt kurz grinsen, was ein seltsames Gefühl war, weil es mich sofort an der Ernsthaftigkeit der Lage zweifeln ließ. Wie kann man lachen, wenn man depressiv ist? Jana sah mir diesen Gedanken wohl an. »Es ist nicht verboten«, kommentierte sie das Zucken meiner Mundwinkel.

Das Gespräch mit ihr trage ich bis heute in meinen Gedanken mit mir. Es gibt mir den Mut, meine Gedanken in Worte zu fassen und wie eben mit Doris über meine Probleme zu reden.

Seitdem ich in Berlin angekommen bin, suche ich nach einem Therapieplatz. Leider bisher ohne Erfolg. Aber zu wissen, dass es jetzt bergauf geht und ich mit Menschen, die mich halten wie Doris, über meine Gedanken reden kann, hat zumindest den Schmerz in meiner Brust verschwinden lassen.

Berlin bis Wien
Berlin, 5. August 2022, Tag 1

Anna

Heute ist der Tag der Tage. Mein Blick schweift ein letztes Mal durch unsere Wohnung, ich habe nur noch eine kleine Tasche. Unser ganzes anderes Gepäck für sechs Monate Bootsleben mit Kleinkind haben wir gestern zum KAOS gebracht. Das KAOS ist eine Coworking-Kommune, in der Paul und Hansen ihre Werkstatt haben. Ich packe die kleine Momo in die Trage, und los geht's, Tür zu. Was für ein absurder Moment, denke ich. Wir sehen uns in sechs Monaten.

Ulla liegt an einer Kaimauer in Schöneweide. Vor dem Boot türmen sich bereits die Sachen. »Achdujemine, Paul, wie soll das da alles reinpassen?« Paul wischt sich den Schweiß von der Stirn. »Wir müssen Tetris spielen. Unten im Boot gibt es noch Stauraum – das wird schon.« Wie meistens hält Paul die Stimmung oben. Ich kenne wirklich niemanden, der so viel positive Energie versprüht wie er. Bei Paul ist das Glas nicht nur halb voll, es steht direkt neben einer Quelle.

In *Ulla* stapelt sich jetzt alles übereinander. »Hansen, hast du das Babyphone irgendwo gesehen?«, rufe ich nach hinten zu ihm, der kopfüber in seiner Kabine werkelt. »Ich glaube, das liegt unter der Brötchentüte auf dem Dashboard.« Mein Blick wandert über eine Flasche Tomatensaft, Nusspackungen, Kabelberge, Laptopständer, eine leere Flasche Sekt, Klopapier, eine schmutzige Tasse, ein Staubsaugerrohr, eine Mütze ... Chaos! Ganz hinten an der Scheibe sehe ich eine Brötchentüte und dahinter tatsächlich das Babyphone. Jetzt bringe ich erst mal Momo zum Mittagsschlaf in die Bugkajüte, bevor ich weiter mit einräumen kann. Sie ist der einzige fertige Ort auf dem ganzen Schiff. »Ich fahre nicht los, wenn Momo keinen ruhigen und entspannten Rückzugsort hat!«, habe ich schon vor Wochen zu Paul gesagt. Wenigstens das ist fast wie geplant fertig geworden. Momo saugt gierig an meinem Nippel und gibt ein zufriedenes Grunzen von sich. Wenn sie so selig an meinem Busen trinkt, erinnert sie mich immer an ein kleines wildes Tierchen. Ich ziehe vorsichtig meinen Arm unter dem schlafenden Kind hervor und robbe mich so leise wie möglich rückwärts aus der Kabine. Paul ist weiterhin höchst motiviert und bestens gelaunt. Ich glaube, der ganze Druck der letzten Wochen fällt gerade von ihm ab – bald geht es los! Ich habe deswegen eher ein Grummeln im Bauch. Schon krass, dass ich meine Freunde richtig lange nicht sehen werde. Langsam lichtet sich die Unordnung, und irgendwie schaffen wir es, dass der Hauptteil der Utensilien, die eben noch herumstanden, nach und nach einen Platz in *Ullas* Tiefen bekommt, aber von »fertig« sind wir weit entfernt. Im Grunde werden wir auf einer Baustelle losfahren.

Freunde und Familie sind gekommen, wir sitzen vor *Ulla*. Meine Freundin Christina zeigt lachend auf ein anderes Boot: »Schau mal, das seid ihr in sechs Monaten, wenn ihr hier wieder ankommt.« Ich sehe einen alten Kahn, voll beladen mit Schrott, und muss lachen.

Auf den letzten Drücker montieren Paul und Hansen noch den aus Holzresten geschnittenen Namen auf beiden Seiten des Bugs. Noch bevor der Kleber getrocknet ist, wird *Ulla* getauft werden. »Immer auf den letzten Drücker«, kommentiert ihr Vater Hans die Aktion, wir lachen. Nora, Paul und Hansens Mutter, macht die Taufpatin und schickt uns folgende Worte mit auf die Reise, während Paul andächtig den Sekt über Bug und Schanzkleid entleert: »Reise, reise! Und immer eine Handbreit Wasser unterm Kiel! *Go, leave, with all my love! Let the winds fill up your sail, and may your courage never fail!* Hiermit taufen wir dich auf den Namen: *Ulla*.« Es folgt ein dreifaches »Hipp, hipp, hurra«, und alle liegen sich in den Armen.

Mit den letzten Sonnenstrahlen legen wir ab – leider unter Diesel, den Elektroantrieb haben die Jungs nicht fertigbekommen. Paul steht am Steuer, und ich sitze neben ihm mit Momo auf dem Arm. Ich winke mit ausgestrecktem Arm Richtung Ufer, wo die Gruppe Menschen steht, die uns wild zum Abschied zurückwinken.

Unser Zielort ist für heute die Rummelsburger Bucht, die Luftlinie nur wenige Kilometer vom Startpunkt entfernt ist. Wir erreichen sie mit dem letzten Licht des Tages. Nach Pasta und Pesto zum Abendessen bringt Paul Momo in ihre kleine »Mauschelhöhle«.

»Was für ein verrücktes Gefühl, wir sind einfach unterwegs«, flüstere ich Paul und Hansen zu, während wir zusammen auf dem Deck sitzen und in die Dunkelheit blicken. »Und jetzt sind wir mitten im Abenteuer angekommen«, erwidert Paul, glühend vor Reisefieber, und rückt ganz nah an mich heran, um mich in den Arm zu nehmen. Hansen, der neben Paul sitzt, rückt jetzt auch näher ran und zieht Paul witzelnd in seine Richtung. Wir müssen laut lachen. »Was für eine weirde Herde wir sind«, sagt Paul, der jetzt mich auf der einen Seite und Hansen auf der anderen Seite im Arm hat.

»Dass wir es tatsächlich geschafft haben ...«, flüstert Hansen beinahe ungläubig. Um uns herum sind lauter schwimmende Hausboote, Wassergärten und andere selbst gebaute Schwimmkörper zu sehen. Die Rummelsbucht in Berlin zieht kreative, andersdenkende Menschen an. Hier passt *Ulla* perfekt ins Bild, die Kulisse erinnert mich an ein Theaterfestival. Durch die Dachluke können wir die kleine Momo sehen, die ganz entspannt träumt. »Wenn sie nur wüsste, was sie erwartet«, raune ich zu den Jungs. »Der Rhein, die Donau und dann, in wenigen Monaten das Meer. Übernachten in kleinen Häfen. In schnuckeligen Restaurants frisch gefangenen Fisch essen …« Paul spricht uns allen aus der Seele. Ich stimme ein: »Türkisfarbenes Meer, Delfine, Sonnenschein, griechischer Wein …«

»Jede Nacht in einer anderen einsamen Bucht, Lagerfeuer und wilde Strandspaziergänge mit Ronny …«, spinnt Hansen die Hoffnungen weiter und fügt im gleichen vorfreudigen Ton hinzu: »Endlose … Streits, technische Pannen, Stürme, Krankheiten … und wahrscheinlich Kälte.« Wieder müssen wir lachen.

Natürlich wissen wir, dass es beide Seiten geben wird. Aber jetzt gerade schauen wir auf das Wunderschöne, das Einzigartige und Begeisternde, was uns auch bevorsteht.

Paul

Der erste Teil unserer Strecke führt uns über die Spree mitten durch Berlin, unter den Brücken entlang, die wir sonst nur vom Land aus kennen, durch das Regierungsviertel, am Hauptbahnhof vorbei. »Tschüss, Olaf, tschüss, BVG, tschüss, Bundestag, tschüss, Berlin«, sage ich leise.

Als wir beim Grunewald aus dem Schleusenkanal kommen, öffnet sich vor uns zum ersten Mal eine größere Wasserfläche.

Sofort muss ich an das Meer denken. Wie wird das sein, wenn wir aus der letzten Schleuse ins Schwarze Meer einfahren? Auch wenn das hier nur ein kleiner See ist, hat eine solche Wasserfläche immer gleich etwas Gewaltiges.

Auf einmal stoppt *Ulla* abrupt. Alles fliegt durcheinander, ich kann mich nur mit Mühe auf den Beinen halten. »Was war das denn?«, ruft Hansen, der sich gerade noch an den Wanten festhalten konnte. Ich bin perplex. Ich stehe am Ruder, ich habe die Verantwortung, was zur Hölle habe ich übersehen? Wir sind auf Grund gelaufen!

»Wie konnte das denn passieren?«, fragt Anna, die mit Momo aus dem Salon nach oben klettert. Ich schaue mich um, und tatsächlich habe ich ein großes Warnschild einfach übersehen. Ich könnte mich ohrfeigen. Was ist, wenn jetzt etwas kaputtgegangen ist? »Schau bitte mal in die Bilge, ob da Wasser reinkommt«, raune ich Hansen zu, sodass Anna es nicht mitbekommt. Die Bilge ist der tiefste Ort im Schiff. Ein Wassereinbruch wäre hier als Erstes zu sehen. Ich will keine unnötige Panik verbreiten, aber wir kennen das Boot einfach nicht gut genug, um einzuschätzen, ob dieser Aufprall folgenlos bleibt. »Nichts«, meldet mir Hansen zu meiner Beruhigung. Ich atme durch. »Okay, ich versuche, uns freizufahren.« Als es mit sanften Rückwärtsschüben nicht funktioniert, gebe ich langsam mehr Gas, aber nichts tut sich. *Ulla* steckt fest und rührt sich kein bisschen.

»Ich habe eine Idee«, sagt Hansen plötzlich. »Ich fahre die Solaranlagen auf einer Seite aus, dadurch bekommen wir Krängung, und der Kiel müsste zumindest ein paar Zentimeter höher kommen.« Wir willigen ein. Es dauert eine Weile, bis Hansen alles startklar gemacht hat, aber dann kommt der spannende Moment. Der vordere, linke Solarflügel dreht sich, begleitet von einem Knarzen und Quieken, zur Backbordseite raus, und *Ulla* neigt sich tatsächlich ein bisschen zur Seite. »Jetzt«, ruft Hansen, der sich zusätzlich am Handrail auf dem Dach des Steuerstands nach außen hängt. Ich gebe Vollgas rückwärts. »Sie bewegt sich«, ruft Anna aufgeregt, und tatsächlich kommen wir frei. Das wird mir eine Lehre sein. Irgendwie gut, dass es hier passiert ist und nicht auf dem Meer oder der Donau. Bei Strömung und Wellen ist der Grund für ein Boot noch viel gefährlicher, nicht umsonst besagt eine alte Seefahrerweisheit: »Das Gefährlichste auf dem Wasser ist das Land.«

Auch wenn wir hier als Crew unsere erste Herausforderung gut gemeistert haben, bleibt die Stimmung angespannt. Hansen hat sich seit Stunden in seine Kabine verkrochen und bläst Trübsal. Egal wie Anna und ich versuchen, die Stimmung zu heben, Hansen bleibt einsilbig und miesepetrig. Anna und ich beschließen, dass wir ihn in seiner Höhle schmoren lassen wollen. Wir ankern in einer kleinen Bucht auf der Havel und versuchen, für uns das Beste aus diesem wunderschönen Teil der Reise zu machen. Aber die Stimmung bleibt im Keller.

»Was ist denn los mit ihm? Warum redet er nicht mit uns?«, fragt Anna. Ich kenne Hansen gut. Der Druck und Stress der letzten Wochen waren einfach zu viel für ihn. »Gib ihm etwas Zeit, dann kommt er schon auf uns zu«, sage ich. Anna nickt stumm. Ich sehe, dass sie Tränen in den Augen hat. Haben wir uns diesmal vielleicht wirklich übernommen?

Hansen

Ganz ehrlich: Die ersten Tage an Bord sind der Horror. Chaos beherrscht *Ulla*, alles ist durcheinander. Ein zahnendes und damit viel schreiendes Kleinkind, übermüdete Eltern, ein Hund, der aufgrund der neuen Umstände viel Aufmerksamkeit braucht, und ein Single, der gerade feststellt, dass er mit einem verliebten Pärchen auf einem Boot eingepfercht ist. Ich bin völlig fertig. Innerhalb weniger Tage hat sich meine Euphorie, endlich losgefahren zu sein, in Frust verwandelt. Die technischen Probleme häufen sich und sorgen für ständige Streits zwischen Paul und mir. So langsam dämmert mir, dass diese Tour ein großer Fehler sein könnte. Was habe ich mir bloß dabei gedacht? *Ulla* ist winzig für eine solch große Crew. Es gibt kaum Privatsphäre. Und auch wenn Momo mit ihrem kleinen Körper zunächst weniger Platz einnimmt, so habe ich doch das Gefühl, dass alle Utensilien, die ein Kind benötigt, den Bauch von *Ulla* überfüllen.

Ich versuche, meine Gedanken zu sortieren. Es tut weh, zu merken, dass sich die Beziehung zu meinem Bruder so stark verändert hat. Liegt es an der neuen Konstellation, in der wir unterwegs sind? Es sind nicht mehr Paul und Hansen, die Zwillinge, die gemeinsam durch dick und dünn gehen. Vielmehr habe ich das Gefühl, das Team »Anna + Momo + Paul« spielt gegen Team »Hansen + Ronny«. Und das ist kein schönes Gefühl. Resigniert belege ich *Ullas* Klampen. Ich gebe Ronny zu verstehen, dass wir jetzt an Land gehen. Nur leider ist auch das nicht leicht. Ich schaue den schmalen, mit Metallgittern belegten Steg an. Er ist wesentlich höher als *Ullas* Reling, und Metallgitter sind genau das, was Ronny hasst. Freiwillig würde er niemals auf diese filigran wirkenden, semitransparenten, hoch über dem Wasser liegenden Dinger springen. Wenn er aufgeregt ist, tut Ronny allerdings oft unüberlegte Dinge. Gepaart mit seiner Tollpatschigkeit führen diese Stunts nur selten zum Erfolg. So auch jetzt. Ronny läuft an den Bug, springt neben den Mast und läuft von dort aus zurück zum Steuerstand. Bevor ich verstanden habe, was er vorhat, ist es schon zu spät. Mit einem extrem waghalsigen Sprung stößt er sich von *Ulla* ab und springt Richtung Steg. Aber leider nicht weit genug: Beim Abstoßen ist er auf dem glatten Glasfaserdeck mit den Hinterpfoten abgerutscht. Er schafft es also nur mit den Vorderpfoten auf den Steg und knallt mit seinem Bauch an dessen Kante. Er strampelt mit den Hinterläufen und versucht, einen Halt zu bekommen. Erfolglos. Ich versuche, nach ihm zu greifen und ihn zu stützen, und schaffe es tatsächlich, den Kamikaze-Hund auf den Steg zu drücken. Ronny schüttelt sich und sprintet danach sofort vom Steg, ich klettere hinterher. »Zum Glück scheint dir nichts passiert zu sein«, sage ich zu ihm. »Das hätte echt schiefgehen können.«

Ich beschließe, mich mit Ronny Richtung Wald und Wiesen zu begeben. Er braucht dringend Auslauf. Genau wie ich, denke ich. Im Grunde hat Ronny mir einen Spiegel vorgehalten: Auch ich will von Bord, zweifle, ob es möglich oder sinnvoll ist, was wir hier machen. Ronny hat gerade etwas getan, von dem ich und vielleicht auch er dachten, es sei nicht möglich. Er hat Ängste überwunden und den Sprung ins Ungewisse gewagt. Eine unangenehme Entscheidung gefällt, um das zu erreichen, was er wollte.

Schon nachdem ich wenige Meter vom Boot entfernt bin, merke ich, wie ich etwas tiefer atmen kann. Pappeln, deren erste gefallene Blätter den kommenden Herbst ankündigen, säumen den kleinen Feldweg, auf dem Ronny nun fröhlich und energetisch mit nach hinten gerichteten Ohren vor mir hertrabt. Ich denke daran, was Paul mir vor langer Zeit mal gesagt hat, als ich vor einer schweren Entscheidung stand: »Leichte Entscheidung, schweres Leben, schwere Entscheidung, leichtes Leben.« Wie wahr sich das jetzt gerade anfühlt! Schon die paar Meter, die ich jetzt vom Projekt »Alle an Bord« weg bin, erleichtern mich ungemein. »Allein an Bord«, denke ich mir in diesem Moment. Ehrlich gesagt bin ich dann lieber allein einsam als in einer Gruppe. Die Vorstellung, den riskanten Sprung zu wagen, die ich seit dem ersten Tag unserer Reise und sogar beim Ausbau schon ständig in meinem Hinterkopf hatte, schleicht sich nun wieder sehr präsent in den »Vorderkopf«. Abbrechen ist kein Aufgeben, im Gegenteil. Abbrechen ist auch ein Erfolg. Es ist ein Erkennen, dass man seine Grenzen überschritten hat. Die weniger mutige Entscheidung wäre, sich selbst aufzugeben, einfach weiterzumachen, innere Grenzen zu ignorieren, um den Erwartungen anderer gerecht zu werden.

Wir sind in der Nähe von Magdeburg angekommen. Vor mir liegt jetzt eine Wiese, die uns im abendlichen Sonnenschein und leichtem Wind rötlich wogend zu einem Spaziergang abseits der Wege einlädt. »Ab«, sage ich zu Ronny in leisem, aber leicht gepresstem Ton, und er schießt wie ein Blitz los, springt elegant über den Graben auf die Wiese und fängt an, sein »Freudentänzchen« aufzuführen. Sich nicht für eine Richtung entscheiden könnend, springt er über die Wiese wie ein Welpe, schlägt Haken wie ein Hase, überschlägt sich, wälzt sich, taucht im hohen Gras ab und wieder auf, um dann flach über dem Boden wie auf der Jagd zu lauern. Ich merke, wie sehr mich seine Art beflügelt. Es ist, als wollte er sagen: »Papa, lass den Kopf nicht hängen.« Zusammen laufen wir weit in die Wiese hinein. Erstaunlicherweise gibt es hier keine Mücken, die Feinde jeder Romantik. Das dichte Gras streicht an meinen Beinen entlang, hält mich davon ab, schnell zu laufen, und bringt mich zu einem bedachten, langsamen Gang. Im Alltag laufe ich immer schnell, denke ich. Und hier werde ich sanft gebremst. Immer wieder läuft Ronny voraus, checkt die Gegend, dreht sich zu mir um und teilt mir so mit, dass er bei mir ist. Mit ihm bin ich weder allein noch einsam. Mit ihm kann ich alles wagen.

Auf dem Rückweg im Dämmerlicht geben uns ein paar auffliegende Enten mit lautem Schnattern ihre Empörung über unseren späten Besuch zu verstehen. Ich fühle, wie die Traurigkeit wieder in mir hochkommt. Der Zweifel an unserem Vorhaben wächst. Als ich am Boot ankomme, verdeckt die Dunkelheit meine geröteten Augen. Ich klettere an Bord und leuchte Ronny mit meiner Handylampe dahin, wo er hinspringen soll. Ronny zögert, doch dann lockt ihn wohl der Gedanke an sein gemütliches Nest in unserer Kabine und bringt ihn dazu, sich diesmal in einem eleganten Satz zurück an Bord zu begeben. Ich öffne ihm die Schiebetür zum Steuerstand, und er begrüßt Anna und Paul freudig. Ein Gruß, den ich in diesem Moment so nicht bieten kann. Stattdessen gehe ich, den Kontakt zu beiden vermeidend, am gemütlich wirkenden Schein des Steuerstandes vorbei und klettere durch die Heckluke in meine Kabine. Ronny kommt zu mir, legt sich in seine Ecke über dem Ruder. Er ist müde vom langen Tag. Er schaut mich an, ich erwidere seinen Blick, lege meinen Kopf dicht an seinen. Schon nach wenigen kurzen Streichelzügen über seine Nase, zwischen seinen Augen zu den Ohren ist er eingeschlafen. Es war ein anstrengender Tag für uns beide. Die Gemütlichkeit des langsam atmenden Hundes überträgt sich schnell auf mich. Noch in T-Shirt und kurzer Hose schlafe auch ich ein.

Momo schreit. Es ist sechs Uhr morgens. Für mich gar keine humane Zeit, um aufzustehen. Der Spruch »Früh aufstehen ist wie Düsseldorf, nicht Mainz« fällt mir ein. Ich habe mich schon oft über ihn totgelacht, aber jetzt ist mir gar nicht danach zumute. Es ist unmöglich, zu schlafen, wenn ein Kleinkind keinen Meter Luftlinie entfernt und nur durch einen Vorhang von mir getrennt wütet. Ich schiebe entnervt meine Decke zurück und klettere nach draußen. Die Sonne ist gerade aufgegangen und strahlt von der anderen Seite auf die Pappeln. Sie ist, während ich geschlafen habe, einmal um die Welt gerast, um mich nun anzugrinsen, als sei nichts passiert. Sie hat in der Zwischenzeit alle Länder der Welt gesehen und fast alle Menschen. Und ich hänge auf diesem Kahn fest, der sich heute erneut sehr langsam Richtung Mittellandkanal weiterschieben wird. Ich schaue die Sonne an und kann mich ihres Anblickes nicht erfreuen. Sie wird uns heute wieder zum Schwitzen bringen, die Kajüten erhitzen und unsere Gemüter vermutlich auch. Bei so einem Start in den Tag ist programmiert, dass heute etwas richtig schiefgeht. Und genau so kommt es.

Nachdem wir eine zwar von meiner Stimmung getrübte, aber relativ reibungsfreie Fahrt bis in den Nachmittag hatten, eskaliert alles an einer Schleuse. Schleusen bedeuten immer Stress, weil es nicht ohne ist, mit einem Boot wie *Ulla* hineinzufahren. Meine Laune wird nicht besser, als ein Seil von einem schlickigen Poller abrutscht und auf mich draufklatscht. Ich stinke wie vergammelte Fischsuppe. In der Hitze des heutigen Tages genau das, was ich nicht brauchen kann. »Verdammt, wieso machen wir das überhaupt!«, platzt es aus mir raus. »Das ist doch wirklich die beschissenste Idee, die man haben kann. Mit einem Minischrottkahn zu fünft durch das scheißlangweilige Europa.« »Mann, Hansen, jetzt mach mal nicht jede Mücke zum Elefanten. Du hast seit Tagen schlechte Laune, und das ist so krass anstrengend für uns«, ruft Anna zu mir heraus. Paul gibt ihr mit seiner für mich deutlich zu erkennenden Körpersprache schweigend recht. Ich fühle mich sofort wieder wie das fünfte Rad am Wagen. Wieso verstehen Paul und Anna nicht, wie doof die Situation für mich ist? Wieso haben die beiden so viel weniger Zweifel als ich?

Danach eskaliert der Streit. Es ist klar, so geht es nicht weiter. Diesmal hat sich nicht *Ulla* im Schlamm festgefahren, sondern unsere Truppe im Schlamassel. Die Schieflage des Projektes ist eindeutig: Wir drohen zu kentern.

Der nächste geeignete Steg wird zum Tagesziel erkoren, und sobald wir festgemacht haben, trennen sich unsere Wege für den Abend. Mir ist egal, dass es hier, kurz vor Wolfsburg, von Mücken nur so wimmelt. Mir ist egal, dass die Sonne sich in einem ironisch schönen, feuerroten Untergang erneut von mir auf Weltreise verabschiedet. Ich denke an all die Sonnenuntergänge, die ich mit Paul auf unseren Reisen gesehen habe. Denke an die Länder, die wir bereist haben, die Menschen, die wir getroffen haben. Auch das wird Geschichte sein, wenn ich die Tour beende. Unsere gemeinsame, freie »Junggesellen«-Zeit endet mit meiner Entscheidung, abzubrechen. Sie wird nicht wie die Sonne morgen wiederkehren.

Vor der Abreise

Lübeck, März 2022, 142 Tage vor Abfahrt

Hansen

Fünf Liter Wodka. Was für ein Geschenk von Reinhard an uns, um den Kauf noch vor der Bezahlung zu besiegeln! Fünf symbolische Liter, für jedes Lebewesen, das sich in Zukunft an Bord dieses Schiffes befinden wird. Fünf. Eine Zahl, die so viel mehr Bedeutung bekommen wird in den nächsten Monaten. Denn fünf Bedürfnisse, fünf Meinungen und fünf »Spaces« gilt es zu vereinen.

Ich stehe mit allen, die in Zukunft an Bord sein werden, vor einem Schiff im Norden Deutschlands, das gerade noch nicht mal schwimmt. Es liegt auf einem Trockendock in Lübeck. Wir wissen, dass der Motor läuft, wir wissen, dass es vermutlich schwimmen wird. Wir erahnen die Arbeit, die es uns machen wird, bis es nicht nur sich selbst über Flüsse und Meere tragen kann, sondern auch unsere Pläne, unsere Träume … und uns.

»Da könnten wir zusammen drauf leben«, ist Pauls Kommentar. »Das ist eine echt stabile Basis.«

Stabil ja, denn das Schiff des Modells »Fisher Northeastern 30« ist für die See gebaut. Aber wird unsere Crew darauf stabil sein? Haben wir genug Platz, ist es das, wonach wir suchen?

Wir haben zu diesem Zeitpunkt schon viele Schiffe besichtigt, und alle hatten Vorteile und Nachteile. Günstig, aber zu klein.

Riesig, aber zu schwer für Elektroantrieb. Perfekt, aber zu teuer. Dieses Schiff hat die wenigsten Nachteile und die meisten Vorteile. Angefangen mit dem wunderschönen, himmelblauen, fast zehn Meter langen und drei Meter breiten Rumpf über den hohen, abenteuerlich wirkenden Bug, den teilweise hölzernen Aufbau, die insgesamt runde, freundliche und einladende Form bis hin zu dem gemütlichen Inneren, das erstaunlich viel Platz bietet. Alles in dunklem Holz gehalten, kombiniert mit moosgrünen Polstern. Ein wirklich uriger Kahn.

Reinhard, der Besitzer dieses Schiffes, macht einen vertrauenswürdigen Eindruck und ist zudem ein typisch nordischer, sympathisch wirkender Kerl, dem es gefällt, was wir mit seinem Schiff vorhaben. Nach den ersten groben Checks finden Paul und ich, dass die Basis für unser Projekt vor uns steht. Ein einzigartiges Schiff und für unser Budget erschwinglich.

Abends stellen wir uns unsere Reise vor. »Ich sehe genau vor mir, wie dieses Schiff durch die erste große Welle im Schwarzen Meer sticht«, sagt Paul. »Wie wir bei Sturm ins Steuerstand stehen und die Scheibenwischer die Gischt von den Fenstern wischen, wie wir bei Hitze und Sonnenschein in türkisblauem Wasser in kleinen griechischen Buchten ankern.« Es fühlt sich an, als hätten wir unser Schiff gefunden.

Und als der Kauf abgeschlossen ist, der Schlüssel übergeben und der Pakt besiegelt ist, wird ein Traum Realität.

Paul

Ulla setzt sich langsam in Bewegung. Das erste Mal, dass ich sie fahre. Was für ein Moment! Ich bin unfassbar aufgeregt. Noch vor zwei Tagen habe ich meinen Motorbootschein absolviert.

Alles ist neu, unbekannt. Die Abenteuerlust brennt in mir wie ein wunderschönes, wildes Lagerfeuer. Gleichzeitig bin ich traurig, dass Anna und Momo diesen Moment nicht teilen können. Hansen und ich sind mal wieder auf einem gemeinsamen Abenteuer, vielleicht das letzte für eine lange Zeit. Wir beide wissen das und genießen die Zeit in vollen Zügen.

Über die Elbe, den Mittelandkanal und die Havel kommen wir in fünf Tagen nach Berlin, die Überführung läuft nach Plan, aber eine Sorge treibt uns schon um, seit wir den Plan geschmiedet haben, unser Boot im KAOS in Berlin umzubauen. Das Problem: Wir haben keinen Liegeplatz. Zwar können wir das Boot für eine Weile an einer Kaimauer direkt hinter einem Tiernahrungsgeschäft festmachen, aber es ist unsicher, wie lange das gut geht, legal ist es nicht. Als wir anlegen, empfängt uns Anna mit Momo. »Was machen wir, wenn sie uns hier wegjagen?«, fragt Anna. »Keine Ahnung, sehen wir dann ...«, antworte ich. Wir haben keinen Plan B. »Wir müssen jetzt erst mal mit den Vermietern beim KAOS klären, ob wir unser Boot hier aufs Trockene legen dürfen«, sagt Hansen, als er die Leinen festmacht.

»Kann ich am Wochenende das Boot nehmen?«, fragt Hansen mich am Telefon ein paar Tage später. »Ich wollte mit einer Freundin auf den Müggelsee fahren.« »Aha, mit *einer Freundin*«, antworte ich lachend. »Du hast also ein Date?« »Kann ich es nun haben oder nicht?«, fragt Hansen genervt. Natürlich kann er es haben. Ursprünglich war diese Tour so geplant, dass auch Hansen mit einer Freundin, seiner Freundin, dabei ist. Leider hat die Beziehung nicht gehalten, und jetzt sieht es so aus, als würde er als Single mitkommen. Das bringt die ganze Konstellation natürlich etwas aus dem Gleichgewicht. Er ist seit Monaten im Dating-Modus, und ich würde ihm so sehr wünschen, dass er die Frau seiner Träume findet.

Ein paar Tage später meldet sich Hansen wieder. »Es gibt gute und schlechte Nachrichten«, legt er sofort los. »Die gute: Die Vermieter des KAOS haben zugestimmt, dass wir unser Schiff auf ihrem Gelände umbauen dürfen. Die schlechte: Sie wollen, dass das Schiff nicht länger als fünf Wochen da liegt. Dann müssen wir fertig sein. Ich habe für übermorgen einen Kran bestellt, ab dann tickt die Uhr.«

Drei Tage später stehen Anna, Hansen und ich vor der aufgebockten *Ulla*. Die Euphorie und Vorfreude ist riesig, endlich kann der Umbau losgehen.

Anna

»Wann kommst du heute?«, schreibe ich Paul. Wir wollten eigentlich wenigstens am Wochenende einmal zusammen zu Abend essen.

»Schaffst du sieben?« Paul antwortet mir erst gegen Mittag. »Ich kann es gerad echt noch nicht abschätzen, wir müssen heute zumindest mit der Planung der Kajüten fertig werden und ein paar Simulationen für die Solaranlagen machen, sonst sind wir wieder komplett aus dem Zeitplan raus.« Das ist die Art von Antworten, die ich seit Beginn des Bootsausbaus vor einem Monat bekomme. Wir sind noch nicht mal losgefahren, und ich habe das Gefühl, alles läuft aus dem Ruder. Ich bin nonstop mit Momo allein, habe sie von morgens bis abends, rund um die Uhr. Natürlich ist es für die Jungs auch anstrengend, aber ist das der Sinn der Sache? Dass wir völlig fertig mit den Nerven in dieses Abenteuer starten? Seit Wochen höre ich immer die gleichen Sätze von Paul: »Wir sind immer noch an den Solaranlagen, es gab einen Konstruktionsfehler … Mist, das dauert heute wieder mal länger, ich komm erst nach Hause, wenn du schläfst … Sorry, hier ist schon wieder ein neues Problem aufgetaucht …« Ich habe keine Ahnung, woher ich weitere Reserven nehmen soll, um die nächsten Tage allein mit Momo zu schaffen. Ich dachte, das sei eine Notlösung für ein paar Tage, doch mittlerweile sind wir seit Monaten in diesem Modus, und ich mache mir Sorgen um Paul. Ich habe ihn noch nie so fertig gesehen.

Anna, Paul und Momo auf der Donau

Baja, 8. Januar 2023, Tag 156

Paul

»Ein Biberdamm hat sich um *Ullas* Ankerseil gewickelt«, sage ich außer Atem und mit gedämpfter Stimme zu Anna, um Momo nicht zu wecken. »Komm mal bitte mit raus, wir müssen schnell eine Lösung finden, das ist gerade echt kritisch.«

Ich weiß, dass solche Ansagen Anna leicht in Panik versetzen, aber der Ernst der Lage lässt keine Beschönigungen zu. Es ist die erste wirklich brenzlige Situation, in der wir zusammen stecken, und ich bin heilfroh, dass Anna besonnen und klar reagiert.

»Was ist denn der Worst Case?«, fragt sie. Ich muss beinahe lächeln. Anna hasst es, wenn Hansen und ich Worst-Case-Szenarien durchgehen, als würde es uns Spaß machen. Ich bin aber überzeugt, dass uns diese Gedankenspiele schon oft geholfen haben, Schlimmeres zu verhindern.

»Worst Case?«, frage ich nachdenkend. »Wenn unser Ankerseil reißt, dann treiben wir mitsamt dem Biberdamm die Donau runter, genau auf die Untiefen. Motor starten können wir nicht, weil die Gefahr besteht, dass sich das Seil oder Äste in der Schraube verfangen und wir dann antriebslos und ohne Anker auf der

Donau treiben. Dann müssten wir *Ulla* mit dem Beiboot evakuieren und ihrem Schicksal überlassen.«

»Können wir nicht die Ankerleine entlasten, indem wir den Motor starten und gegen die Strömung fahren?«, fragt Anna.

»Im Grunde eine gute Idee, aber es besteht die gleiche Gefahr: Was machen wir, wenn der Biberdamm oder Äste davon sich im Propeller verfangen?«, überlege ich weiter. »Wir müssen eine Möglichkeit finden, den Biberdamm loszuwerden, ohne die Schiffsschraube zu gefährden.«

»Einfach mit dem Bootshaken wegdrücken?«, fragt Anna.

»Ja, lass uns das probieren«, antworte ich. »Aber erst mal Schwimmwesten an, leg Momos auch bereit, und wir sollten einmal kurz den Ablauf durchgehen, wenn das Ankerseil reißt.« Während ich Anna die Schwimmwesten reiche, fahre ich fort: »Als Erstes sollten wir den Dieselmotor starten, um sicherzugehen, dass er anspringt. Wenn der Anker nachgibt, haben wir etwa drei Minuten, bevor wir auf die Untiefen flussabwärts treiben.« Ein lautes Knarzen geht durch *Ulla*. Ich mache eine Pause. »Lass uns draußen weiterplanen, wir müssen die Situation im Blick behalten.« Während wir beide aufs Deck treten, gehe ich den Ablauf weiter durch. »Als Nächstes sollten wir versuchen rückwärts von dem Holz wegzukommen, in einer leichten Kurve, die Donau raus ...« Ich zeichne einen Bogen über das Heck nach backbord. »So kommen wir in tieferes Wasser, und der Biberdamm treibt neben uns statt über uns.« Das Rauschen des Wassers ist jetzt so laut, dass wir unsere Stimme heben müssen. Um uns ist nur schwarze Nacht, kein Licht, aber auch keine Schiffe – wenigstens das.

»Und wenn das nicht funktioniert? Was, wenn der Biberdamm im Ankerseil verheddert ist?«, fragt Anna weiter.

»Dann müssen wir das Ankerseil kappen, und wenn wir dann

immer noch im Biberbau sind ...« Ich stocke. »Lass uns jetzt erst mal versuchen, ob es mit dem Bootshaken geht.«

Ich drücke und drücke, nichts tut sich. Mit aller Kraft ziehe und schiebe ich. Nichts. Ich versuche, einzelne Äste herauszuziehen. Mit Erfolg, aber so brauchen wir Stunden, um das Holz loszuwerden, und schon jetzt brennen meine Unterarme vor Erschöpfung.

»So geht es nicht«, sage ich keuchend zu Anna, die mir die ganze Zeit mit der Taschenlampe Licht gibt und versucht, das Ufer im Blick zu behalten. »Wir sind noch nicht abgetrieben«, bestätigt sie mir immer wieder. Ich richte mich auf. Planlos schaue ich Anna an. Absurd, wie schnell es gehen kann, denke ich. Es muss doch eine Lösung geben. Anna sieht meinen verzweifelten Blick. Dann erinnert sie sich an etwas: »Hatte uns nicht Akki mal gesagt, dass man ein antriebsloses Boot in einem Fluss auch mit einem Anker manövrieren kann?« Akki ist ein Schiffsmechaniker, den wir in Düsseldorf getroffen haben und der uns einiges an wertvollen Tipps mit auf den Weg gegeben hatte.

Die Idee ist gut. Nein, sie ist perfekt! Laut denke ich weiter: »Die Strömung am Ruder reicht, um das Boot ein gutes Stück nach links oder rechts zu versetzen. Wir können versuchen, hin und her zu steuern und den Biberdamm quasi abzuschütteln.« Noch während ich spreche, macht sich Anna auf den Weg zum Ruder. »Zuerst in Richtung Flussmitte«, rufe ich ihr hinterher. »Falls das Seil reißt, sind wir dann wenigstens weiter vom Ufer weg!« Gebannt schaue ich über den Bug auf den Biberdamm. *Ulla* dreht sich langsam nach links Richtung Backbord. Das Rauschen nimmt zu, aber der Biberdamm hängt weiter fest. Die Ankerleine läuft jetzt beinahe quer zu *Ulla*. »Noch mal zurück«, rufe ich Anna zu. Sie dreht das Steuer. Ich nicke. Das Rauschen lässt nach. Als ich wieder über den Bug schaue, sehe ich, wie sich der Biberdamm langsam in die Strömung wälzt. Natürlich!, denke ich aufgeregt. Dadurch, dass wir nun kurz mit der Strömung treiben, geht der Druck aus den Ästen. »Weiter Richtung Ufer«, rufe ich Anna zu. Das Manöver ist riskant, weil wir auf diese Weise in noch flacheres Wasser kommen, aber das Holzknäuel hängt schon sehr seitlich vor *Ulla*, und eine kleine Drehung in Richtung Ufer könnte es ganz lösen. Das ist unsere Chance. »Weiter, weiter«, rufe ich. Mit einem Gurgeln löst sich der Biberdamm, wird seitlich an *Ulla* vorbeigedrückt und verschwindet in der Schwärze der Nacht. »Er ist weg!«, rufe ich Anna zu, »wir haben es geschafft!« Wir umarmen uns. »Momo hat die ganze Zeit durchgeschlafen«, sagt Anna erleichtert lachend. Sie schnieft. Ich schaue ihr ins Gesicht: Sie hat Tränen in den Augen. »Das haben wir echt gut gemacht«, sage ich zu ihr. »Das war eine richtige Feuertaufe.« »Ja, wirklich«, sagt Anna und wischt sich die Augen trocken. Ich bin so erleichtert, aus gleich zwei Gründen: weil wir die Situation unbeschadet überstanden haben, aber auch, weil ich jetzt weiß, dass wir beide im Ernstfall gut miteinander funktionieren.

Der Alltag aus Berlin bleibt auch hier nicht ganz fern von uns. Momo ist nun schon 14 Monate alt und soll bald in den Kindergarten kommen. Um nach unserer Rückkehr nicht noch Monate warten zu müssen, bewerben wir uns schon jetzt. Anna schickt gerade massenweise Mails raus.

»Wo schlafen wir eigentlich heute Abend?«, fragt sie beiläufig. Es ist Mittag, am Morgen haben wir die kroatische Grenze passiert.

»Mit etwas Glück schaffen wir es bis Vukovar, auf den Satellitenbildern von Google Maps sieht es so aus, als wäre da ein kleiner Hafen. Da liegen auf den Bildern auch zwei größere Schiffe, also auch tief genug für uns. Hatte sich von den Marinas, die du angerufen hast, eine zurückgemeldet?«

Anna hatte schon am Vormittag versucht, einige als Marina gekennzeichnete Orte auf der Strecke zu kontaktieren. Leider hat niemand geantwortet.

Anna hat schon heute Vormittag versucht, einige als Marina gekennzeichnete Orte auf der Strecke anzurufen. Leider hat sich kein einziges Mal jemand gemeldet.

»Mama«, kommt eine piepsige Stimme von unten. Wir schauen uns lächelnd an. Momo ist aus dem Mittagsschlaf erwacht. »Ich gehe«, sage ich zu Anna, »kannst du das Ruder übernehmen?« Ich hole Momo aus ihrer Höhle und setze mich mit ihr auf das Bett im Salon, um ihr ein Buch vorzulesen. »Fuff«, sagt sie, und ich verstehe: »Ah, das Buch von der Eule mit der Beule? Das mit dem Fuchs? Ja?« Das Buch hat uns Friedrich, ein gemeinsamer Freund aus Berlin, bei einem Besuch in Wien mitgebracht, und Momo liebt es über alles. Ich höre, wie Annas Handy klingelt.

»Anna König«, meldet sie sich. Um die Hände frei zu haben, stellt Anna das Telefon auf Lautsprecher. »Hallo, hier ist die Marina, ich rufe an wegen der Mail.« »Paul, da ist eine Marina am Telefon«, ruft Anna aufgeregt. »Kannst du das übernehmen? Du hast die Bootsdetails besser im Kopf.« Ich gehe mit Momo in den Steuerstand. »Hallo, das ist ja toll, dass Sie Deutsch sprechen«, sage ich erstaunt. »Das ist wirklich selten.« Mein Gegenüber zögert. »Ähm, also wir sprechen hier alle Deutsch!« Ich bin verwirrt. Jetzt schaue ich auf die Nummer, sie hat die deutsche Vorwahl. Ich bin ratlos. »Ähm, entschuldigen Sie, wir haben wohl versehentlich Ihre Marina in Deutschland angerufen, wir sind aber gerade in Kroatien und suchen eigentlich eine Marina hier in der Nähe.«

»Ihr sucht eine Marina? Also, ich heiße Marina, ich dachte, ihr sucht einen Kinderladen?« Die Frau am Telefon ist jetzt auch maximal verwirrt, dafür fällt es uns wie Schuppen von den Augen. »Marina vom Kinderladen Minifee«, sagt die Frau am Telefon. Mit einem lang gezogenen »Jaaaa, genauuu …« nimmt mir Anna jetzt das Gespräch mit einem vielsagenden Blick ab und signalisiert mir mit der flachen Hand vor dem Kopf das grandiose Missverständnis. Sie klärt Marina kurz über die Verwirrung auf und steigt dann ins Gespräch mit ihr ein, während ich unten das Buch mit Momo weiterlese. Das Gespräch dauert eine halbe Ewigkeit. Plötzlich gibt es einen Ruck, und *Ulla* hebt sich ein paar Zentimeter an. Das war keine Welle, dafür war der Ruck zu hart. »Anna«, rufe ich hoch in den Steuerstand, während ich Momo absetze und nach oben eile. »Ups«, sagt sie nur, noch immer telefonierend. Ich fasse es nicht. Anna hat im Gespräch die Farben der Tonnen verwechselt und fährt gerade komplett abseits der Fahrbahnmarkierung. »Bist du wahnsinnig?« »Schhhht«, signalisiert sie mir und zeigt auf das Telefon. »Marina, ich ruf dich gleich zurück, ja? Sorry«, sie legt auf. Ich explodiere: »Bist du wahnsinnig? Wie kann das passieren?«, fahre ich sie an, während ich das Ruder herumreiße, um zur Fahrrinne zurückzukommen. Erst jetzt scheint Anna zu verstehen, was gerade passiert ist. »Oh, fuck. Das tut mir leid«, sagt sie jetzt kleinlaut. Ich beruhige mich wieder. »Schon gut, ist ja nichts passiert. Aber so was kann ganz übel enden.« Von Anna kommt ein übertriebenes, lang gezogenes »Sorrryyyyy«, gepaart mit einem breiten Grinsen. Ich muss lachen. »Frau Kapitänin, hiermit setze ich Sie kraft meiner Position als Erster Offizier wegen Unzurechnungsfähigkeit ab und befördere Sie auf direktem Weg in die Kombüse«, sage ich in gespielt ernstem Ton. »Aye, aye, zur Feier des Anlasses schlage ich vor: Nudeln mit Tomatensoße«, kontert Anna meinen Befehl.

»Welchen Anlass genau feiern wir denn?« Ich stehe auf dem Schlauch.

»Wir haben einen Kinderladen!«, ruft Anna jubelnd. »Also vorausgesetzt, die wollen uns noch nach dem seltsamen Gesprächsende eben. Am besten, ich rufe sie gleich noch mal an.«

Wir sind in Vukovar angekommen, und ich habe das Gefühl, der ganze Ort angelt gern. Ein gemischter Querschnitt der Gesellschaft, junge und alte Menschen, sitzen den ganzen Tag auf ihren Bötchen am Hafenbecken und ziehen einen Fisch nach dem anderen aus dem Wasser. Wir liegen mit unserem Boot längs neben dem Tonnenleger des Wasserschifffahrtsamtes mit dem vielsagenden Namen »Connecting Europe«. Als wir gestern Abend hier ankamen, winkte uns ein aufgeregter, freundlicher Mann auf einem winzigen Fischerboot zu unserem Liegeplatz. »Er wird schon wissen, ob das okay ist«, habe ich zu Anna gesagt. Normalerweise würden wir uns nicht einfach neben ein Berufsschiff legen, das jederzeit ablegen kann. Aber dass Regeln hier im Osten Europas etwas weniger dogmatisch betrachtet werden, haben wir auch schon gelernt.

Kaum hatten wir festgemacht, kam der nette Mann zu uns herüber und stellte sich vor. »Hallo, ich bin Marinko«, sagte er in fließendem Deutsch mit Akzent. »Ihr seid Deutsche?« Ich bin immer wieder erstaunt, wie viel Herzenswärme manche Menschen mit nur wenigen Worten und Gesten ausdrücken können. »Wie lange wollt ihr bleiben?«, fragte er, ohne eine Antwort abzuwarten.

Ich versuchte eine Antwort: »Hallo, Mar...«, der Name war mir fremd.

»Marinko!«, wiederholte er. »Wie heißt ihr?« Jetzt kam auch Anna mit Momo auf dem Arm nach draußen. Marinko streckte beide Arme aus und sagte: *»Oh kako lijepo!«*

Ich antwortete auf seine Frage: »Ich bin Paul, das ist Anna, und die Kleine hier ist Momo.«

»Momo«, wiederholte Marinko staunend und liebevoll zugleich.

»Wo kommt ihr her?«, fragte er weiter. »Seid ihr die ganze Strecke von Deutschland hierhergefahren?«

»Ja, die ganze Strecke«, antwortete ich, mal wieder selbst etwas erstaunt über die Distanz. Nach einem langen Tag auf der Donau und insgesamt einer anstrengenden Zeit mit wenig Schlaf habe ich oft keine Lust auf Small Talk. Aber bei Marinko war das anders. Er glühte richtig vor Neugier, und so erzählten wir ihm unsere Geschichte. Schon in diesem Moment wusste ich, dass wir hier einen echten Freund gefunden hatten. Und ich hatte mich nicht getäuscht.

»Ich möchte dir etwas Gutes tun. Komm, ich schenke dir Fisch. Wie viele möchtest du? Fünf? Zehn? Fünfzehn?« Ich schaute Marinko ungläubig an. Ich hatte ja gesehen, was für Prachtexemplare er aus dem Wasser gezogen hatte. »Wir sind nur zu zweit, plus ein kleines Kind. Wir essen nicht mehr als vier Fische, maximal.« Er nickte lächelnd, dann gab er mir fünf von seinen besten, fettesten Fischen und fügte hinzu: »Und wenn du Geld brauchst, kein Problem. Ich bin nicht reich, aber ich kann dir auch Geld geben. Ich habe den Krieg hier in Vukovar erlebt, bin geflohen und zurückgekommen. Teilen ist das Wichtigste im Leben, das weiß ich jetzt.« Was für ein toller Mensch. »Trinkt ihr Wein?«, fragte er beim Wegrudern noch und fügte, ohne meine Antwort abzuwarten, hinzu: »Morgen bringe ich euch Wein.«

Als ich am nächsten Tag aufstehe, sitzt Marinko schon wieder in seinem Boot und angelt. Ich winke zu ihm rüber, und sofort kommt er angerudert.

»Schau mal, das war mein Ergebnis gestern«, zeige ich ihm ein

Foto meiner Bratkunst. Er lacht. »Oh, du musst den Fisch seitlich einschneiden, wie bei einem Würstchen. Dann hast du auch kein Problem mit den Gräten, und er brät gut durch ... warte«, sagt er und verschwindet in seiner winzigen Kajüte. Ich kann nicht sehen, was er macht, aber das Boot schwankt hin und her. Dann geht die Luke im vorderen Teil seines Bootes auf, und da steht er mit zwei perfekt vorbereiteten, in Mehl und Paprikapulver gewälzten Fischen. Ich muss lachen.

»Hast du das Boot selber gebaut?«, frage ich, weil es nicht aussieht, als wäre es irgendeiner Serie entsprungen. »Ja, der Rumpf ist von einem Ruderboot, aber der Aufbau ist von einem Trabi. Die Luke hier war die Heckklappe.« Wieder verschwindet er in seinem Boot. Diesmal kommt er mit zwei Flaschen Wein und einer Bierflasche wieder. »Hier«, sagt er wie immer lachend. »Der Wein ist perfekt mit dem Fisch, und das hier ...«, er lässt mit einem Plopp die Flasche Flensburger aufspringen, »... ist selbst gebrannter Schnaps. Probier mal!«

Ich bin etwas überrumpelt. Es ist neun Uhr morgens, um die Uhrzeit trinke ich normalerweise keinen Schnaps. Aber Marinko hält mir die Flasche so liebevoll hin. Was soll's, denke ich und nehme sie. Der Schnaps brennt mir in der Kehle, tapfer schlucke ich ihn ... und muss gestehen, sehr lecker im Abgang und schön warm.

Anna

Mein Geburtstag steht an. Eigentlich zelebriere ich ihn jedes Jahr mit meinen engsten Freunden. Dann koche ich zu Hause für alle; letztes Jahr gab es selbst gemachte Spinatknödel mit knackigem grünem Salat. Ganz viel grüne Hoffnung für mein neues Lebensjahr. Dieses Jahr wird die Party wohl etwas beschaulicher. Na ja, oder eben halt mini, miniklein. So wie jeder andere Tag seit Monaten: Paul, Momo und ich. Bei der Vorstellung grummelt mein Magen. Ich habe gerade immer öfter Heimweh. Einfach mal andere erwachsene Menschen sehen als Paul … Na ja, es ist, wie es ist, und deshalb machen wir das Beste draus und buchen über meinen Geburtstag ein Hotelzimmer in Vukovar.

Während wir die Sachen zusammenräumen, klettert Momo wie so oft auf ihrem Krabbelplatz herum, der mittlerweile kein richtiger Krabbelplatz mehr ist. Wir haben das Sicherungsnetz abgenommen, das sie daran hindern soll, auf den Boden zu fallen. Und eigentlich ist der ganze Steuerstand unser Wohnzimmer geworden. Der Salon, der eigentlich diese Rolle übernehmen sollte, dient nur noch als Küche, Bett und Durchgang zur Toilette und zur Bugkajüte. Den Steuerstand hingegen habe ich gemütlich eingerichtet, mit flauschigen Lammfellen und großen, bestickten Kissen. Plötzlich zupft Paul mich am Ärmel und flüstert: »Anna, schau mal, Momo läuft!« Ich drehe mich um und tatsächlich: Momo ist aufgestanden und tapst mit wackligen Schritten zum Fenster. In letzter Zeit ist sie schon öfter aufgestanden, hat sich überall hochgezogen und ist an der Hand gelaufen. Aber freie Schritte hatte sie noch nie gemacht. »Was für ein tolles Geburtstagsgeschenk, Momo!«, sage ich quietschend vor Freude.

Unser Besuch im Hotel fühlt sich an wie eine kleine Zeitreise. Die Einrichtung ist aus den 70ern, alles wirkt vergilbt, und auf den Plastikblumen auf den Regalen liegt Staub. Na, Happy Birthday, denke ich erst leicht genervt. Doch Glück im Unglück: Unser Zimmer ist ziemlich groß, und wir haben genug Platz, um uns auszubreiten.

Beim Abendessen in der Hotellobby planen wir den weiteren Innenausbau von *Ulla*. Vieles soll neu gestrichen werden. Meiner

Meinung nach in gedeckten Pastelltönen wie Flieder, Creme und Hellblau. Paul lacht. »Du und dein Flieeeder!« Schon bei unserer Wohnungsrenovierung in Berlin wollte ich alles fliederfarben streichen.

»Verrückt«, wechsle ich das Thema, »wie lange Hansen schon weg ist, und gleichzeitig, wie schnell die Zeit vergangen ist. Langsam freue ich mich so richtig darauf, dass er wieder zurückkommt.«

»Ich auch, ich habe richtig Lust auf ein bisschen frischen Wind. Bin gespannt, was er so zu erzählen hat, und mal wieder ein anderes Gesicht als deins zu sehen, wird bestimmt auch angenehm«, erwidert Paul grinsend. Er sagt es nicht, aber er vermisst Hansen. Ich schaue ihn gespielt böse an und kneife die Augen eng zusammen. Wir necken uns gerne und viel. Ich glaube, wenn wir beide nicht diesen gleichen Humor teilen würden und überhaupt alles in unserer Beziehung mit einer riesigen Portion Leichtigkeit nehmen würden, wären wir jetzt schon vor Langeweile und Ärger an Bord zusammengeschrumpelt. Der Geburtstagsabend wird kurz, schon um neun Uhr liegen wir im Hotelbett.

Am nächsten Nachmittag gehe ich mit Momo zu einem Spielplatz und schaue zu, wie sie versucht, die Treppe zu einer Rutsche hochzuklettern. Wie immer macht ihre Zunge dabei gefühlt die meiste Arbeit. Sie ist vollkommen abgetaucht in ihrer Abenteuerwelt. Paul und ich versuchen, sie das machen zu lassen, was sie selbst schafft. Kommt sie die Treppe hoch, darf sie rutschen. Ich denke an die vielen Streits mit Paul in den letzten Monaten. Diese Reise ist eine Zerreißprobe für unsere Beziehung. Aber irgendwie scheint sie uns entgegen der Fliehkraft doch näherzubringen. Vielleicht war es auch das, was mich schon vor der Abreise so gestresst hat: dass ich wusste, dass hier all unsere Unterschiede auf engstem Raum aufeinanderprallen würden. Wie in diesem Teilchenbeschleuniger, von dem Paul mir mal erzählt hat: Entweder beim Aufprall verpufft alles in Energie, und die Materie ist unwiderruflich aufgelöst, oder es entstehen neue Teilchen. Wir sind ein großes Risiko eingegangen, unsere Beziehung zusätzlich zu Momo mit dieser Reise zu belasten. Aber jetzt gerade sieht es so aus, als würde sie der Belastungsprobe nicht nur standhalten, sondern sogar dadurch auf eine ganz neue Ebene gehoben. Vielleicht wäre der Alltag in Berlin zwar harmonischer verlaufen, aber vieles wäre sicher nie oder lange nicht ausgesprochen worden. Und nicht nur die Beziehung zu Paul macht Quantensprünge, auch die Beziehung zu mir selbst. Ich habe hier keine Freunde, mit denen ich mich die ganze Zeit ablenken könnte. Ich werde dazu gezwungen, mich mit meinen Problemen zu beschäftigen. Ein bisschen wie bei Hansen auch, nur dass es bei mir nicht zur Überlastung führt, sondern zu einer Art Stärke. Ich merke immer mehr, welche Kraft dahintersteckt, wenn man sich selbst kennenlernt. Mir wird klar, dass es keinen Sinn macht, jemand werden zu wollen, die ich noch nicht bin, auch wenn ich noch gar nicht weiß, wo ich gerade stehe. Ein bisschen wie Momo vor der Treppe, denke ich. Sie will unbedingt da hoch, aber als Erstes muss sie unten laufen lernen, sonst ist die Wahrscheinlichkeit groß, dass sie es nicht schafft. Als hätte sie meine Gedanken gelesen, lässt sie sich auf den Hintern plumpsen, dreht ihren Kopf zu mir und streckt die Arme aus: »Mama«, sagt sie lachend, richtet sich auf und tapst auf mich zu.

Hansens Auszeit
Berlin, Januar 2023

Hansen

»Tatsächlich erinnere ich mich an Sie. Von letztem Jahr. Wir könnten nächste Woche direkt loslegen.« Was für eine Erleichterung! Nicht nur habe ich wohl einen Therapieplatz, sondern auch noch bei meiner absoluten Favoritin: Frau Frank. Schon vor einem Jahr war ich zu einem Beratungstermin bei ihr gewesen. Damals hatte sie mit wenigen »Hand-« beziehungsweise Gedankengriffen viel aus meinem tiefsten Inneren herausgeholt. Leider hatte sie damals keine freien Kapazitäten, und so beließ ich es bei diesem Termin im Glauben, dass ich das schon selber irgendwie hinbekomme.

Ich denke an das Gedankenexperiment, das mein Vater mit mir gemacht hat, als ich mit ihm Anfang des Monats in der Kaserne am Stettiner Haff war. Er wusste, dass es mir nicht gut ging, und hatte meine Einladung zu einem Vater-Sohn-Wochenende sofort angenommen. Zusammen brachen wir mit meinem uralten Baustellenfahrzeug, einem Peugeot 205 mit rosa Sitzbezügen, in Berlin auf. Die Fahrt dauerte knappe drei Stunden, und unsere Gespräche zeigten, dass es wie in meinem Traum angekündigt dringend nötig war, dass wir uns ausquatschten. Ich war positiv überrascht, wie tiefgründig und ehrlich diese Gespräche waren, aber auch frustriert, dass wir sie erst jetzt führten.

Denn in den letzten Jahren war unsere Verbindung abgeflacht. Wir hatten uns nur selten gesehen, und ich hatte immer das Gefühl bekommen, mich verstellen zum müssen, damit ich in das Leben von ihm und seiner Frau Gabi passe.

Als wir an der Kaserne ankamen, wirkte sie für mich kurz wie ein seelisches Aushängeschild: »Ruinen mit Potenzial.« Umso froher war ich, dass mein Vater von dem Ort sichtlich begeistert war. Wir machten zuerst einen langen Waldspaziergang und übten mit Ronny Fährten lesen. Mein Vater versteckte sich, und wir suchten ihn. Ich dachte an den Traum, in dem ich meinen Vater im Wald nicht finden konnte, in dem eine seltsam undurchdringliche und unsichtbare Barriere zwischen uns stand. Irgendwie fühlte ich mich ihm hier, an »meinem« Ort, wesentlich näher. Und natürlich fand Ronny ihn im »Blindflug«. Ein gutes Zeichen.

»Ich will ein Gedankenexperiment mit dir machen«, sagte mein Vater dann und gab mir, als wir am Kamin in der Küche saßen, Stift und Zettel. »Schreib alle deine wichtigsten Wünsche und Träume auf jeweils einen Zettel«, wies er mich an, ohne anzukündigen, warum. Ich wusste, dass mein Vater den ein oder anderen spannenden »Psycho-Trick« auf Lager hatte. Also legte ich los und schrieb sechs Wünsche auf: soziale Verantwortung übernehmen können, Freiheit, Liebesbeziehung, Familie, finanzielle Sicherheit, Gesundheit.

Daraufhin stellte mein Vater sechs Gläser neben die Zettel, gab mir eine Flasche, mit Wasser gefüllt, und sagte: »Versuch jetzt, deine Prioritäten festzulegen, indem du jedes Glas füllst. Das vollste ist deine höchste Priorität, das leerste ist nicht so wichtig.«

Bevor ich loslegte, verstand ich schon den Gedanken dahinter: Das Wasser in der Flasche würde nicht reichen, um alle Gläser zu füllen, und symbolisierte damit meine Lebenszeit und Energie. Und tatsächlich war die Entscheidung nicht leicht. Ich füllte das

Wasser dauernd von einem Glas ins andere. Zwischendrin waren alle Gläser mal gleich »voll« oder »leer«, dann wieder eins ganz, aber die anderen fast leer. Ich erkannte in diesem Moment, dass zu viele Träume und Wünsche frustrierend sein können, weil man alle leben will, die Zeit aber einfach nicht für alle reicht. Und genau das war schon immer mein Problem.

Ich hatte in den letzten Jahren sehr viel Energie, Zeit und Geld in Projekte mit Geflüchteten gesteckt, hatte mich mit medizinischen Notfällen beschäftigt, mich im Tierschutz engagiert, eine GmbH gegründet, versucht, kein Single mehr zu sein, und dabei meine eigene Freiheit so eingestampft, dass ich 2022 kurz vor einem Burn-out stand. Damals war ich zum ersten Mal zur Beratung bei Frau Frank gewesen, die mich warnte, so weiterzumachen, und mir eine leichte, überlastungsbedingte Depression diagnostizierte.

Einer der Gründe dafür ist sicher, dass meine Beziehung zu Paul aus dem Gleichgewicht geraten war und immer noch ist. Dafür hatte ich vor langer Zeit mal ein gedankliches Bild gemalt. In diesem Bild zieht Paul mich an einem Band hinter sich her und sagt: »Komm jetzt endlich mal, Hansen.« Er zieht mich so schnell, dass ich keine Chance habe, aufzustehen und auf eigenen Füßen neben ihm herzulaufen. In diesem Bild habe ich Angst, den Anschluss zu verlieren, Angst, ihn im Stich zu lassen. Und statt dass er mich loslässt und ich ihn loslasse, zerren und zehren wir gegenseitig unsere Energie.

»Hansen, wir sind so langsam am Limit. Wir versuchen hier, zu zweit mit einem Kleinkind ein Projekt zu stemmen, was auf drei Erwachsene ausgelegt ist. Wir haben zwar eine gewisse Routine in die Tagesabläufe gebracht, aber die ist nicht einfach für uns aufrechtzuerhalten«, sagt Paul am Telefon, als ich ihm eröffne, dass ich einen Therapieplatz bekommen habe und deshalb wohl nicht wie geplant im März wiederkommen kann. Paul zerrt mit seiner Frustration an meinen Nerven. Und ich kann ja auch verstehen, dass Anna und er am Limit sind. Ich bin ihnen dankbar, dass sie die Fahnen hochhalten, dass sie versuchen, trotz meiner persönlichen Probleme diese Tour nicht scheitern zu lassen. Im Winter mit Kleinkind auf einem feuchten, kalten Boot mit vielen bürokratischen Hürden die Donau runterzufahren, ist keine Kleinigkeit. Dennoch halten sie durch. Ich bewundere vor allem Anna dafür, denn für sie ist das Ganze Neuland. Paul und ich haben schon viele Abenteuer erlebt und waren oft in schwierigen, ungemütlichen Situationen. Dass Anna das alles mitmacht, und das auch noch als Mutter eines kleinen Schützlings, ist krass. Je mehr ich sie kennenlerne, je mehr verstehe ich, wieso mein Bruder sie liebt. Einerseits gibt mir das Hoffnung, dass Anna und ich uns auch noch näherkommen werden, dass ich sie als die Liebe meines Bruders und Mutter seiner Tochter in mein Herz schließen kann. Andererseits verspüre ich auch Eifersucht auf die beiden, die sich trotz heftiger Streits und anstrengender Nächte mit Momo immer wieder finden, ihren eigenen, sehr speziellen Humor entwickelt haben und damit irgendwie auch zu meinen Idolen geworden sind.

Ich wiederum hatte Doris in einer Lebenssituation kennengelernt, die mehr als nur kompliziert war. Sie hatte mich ertragen, die Unfähigkeit, meinen Teil zur Beziehung beizutragen, ausgehalten und mir dennoch das Gefühl gegeben, zu genügen. Eben das Gefühl, was ich lange nicht mehr hatte.

Doch obwohl wir eine wirklich liebevolle und intensive Zeit zusammen hatten und viele schöne Abenteuer erlebt hatten, überkamen mich so starke Zweifel an unserer Beziehung, dass wir uns schließlich heute Morgen unter Tränen voneinander trennten. Ich weiß nicht, ob ich vielleicht einfach fürs Alleinsein gemacht bin und das irgendwann einsehen muss. Es gab keine Wut. Es gab einfach nur Traurigkeit. Und das machte es fast noch schlimmer. Wenn irgendwas vorgefallen wäre, was ihr oder mir das Recht gegeben hätte, den anderen zu hassen, wäre es vermutlich einfacher gewesen als dieses schon fast liebevolle, einvernehmliche Ende unserer Beziehung.

Es ist ungefähr eine Stunde her, dass ich aus ihrer Wohnung weggegangen bin, sie noch einmal, während wir beide weinten, umarmt habe. Jetzt regnet es in Strömen. Ronny steht neben mir mit nassem Fell. Er kneift die Augen leicht zusammen und versucht, zu verhindern, dass Wasser in seine Augen kommt, während aus meinen Augen davon gerade sehr viel kommt. Irgendwann merke ich, wie mir der Regen Rücken und Beine runterläuft und sich in meinen Schuhen sammelt. Wasserfest, aber atmungsaktiv, denke ich und gleich darauf: Was ist bei mir nur falsch, dass mein Gehirn sich nicht wenigstens in diesem Moment auf die Trauer konzentriert, sondern von einem Gedanken zum anderen springt, wie Kinder in einer Hüpfburg?

Als ich meine Therapie beginne und das Thema ADS angesprochen wird, erinnere ich mich an eine psychiatrische Untersuchung, der ich mich als Jugendlicher unterzogen habe. Damals sagte mir der Psychiater, dass ich ADHS hätte, und zwar nicht zu knapp. Als er dann aber hinzufügte, »wenn du mein Buch kaufst, wird dir das sicher helfen«, wurde ich skeptisch. Dieses kleine, eher broschürenartige »Heft« sollte 30 Euro kosten. Ich bekam das Gefühl, dass es hier nur ums Verkaufen des Buches ging und nicht um eine ADHS-Diagnose. So habe ich das Thema ignoriert. Jetzt, Jahre später, kommt es in Form einer Depression zurück.

»Achten Sie mal darauf, wann Sie das Gefühl haben, sich verstellen zu müssen, wenn Sie Ihren Vater jetzt besuchen«, rät mir meine Therapeutin bei unserer wöchentlichen Sitzung. Da ich momentan eh nur auf Papiere für Ronny warte, werde ich mit meinem kleinen Peugeot einen Roadtrip machen und gemütlich mit Ronny, dem ich gerade die stressige, lange Zugfahrt nicht antun will, zu meinem Vater nach Radolfzell tuckern. Denn er hat einen Dachschaden an unserem alten Familienhaus festgestellt, und da ich eine Zeit lang als Dachdecker gearbeitet habe, will ich mir das anschauen. Vielleicht kann ich das reparieren.

Wie immer reizen mich solche Projekte. Ich liebe es, zu »bauen« und technische Probleme zu lösen. Außerdem sehe ich es als Chance, bei meinem Vater mal so zu sein, wie ich bin, und bei ihm mit meinem Wissen zu Dacharbeiten zu glänzen.

Ich fahre viel Landstraße, streune mit Ronny durch unbekannte Wälder, schlafe mit ihm zusammengerollt im Kofferraum. Die Zweisamkeit und Ruhe geben mir Zeit, um über das Wiedersehen mit meinem Vater nachzudenken. In der Kaserne waren wir ein gutes Team, aber die Barriere zwischen uns ist noch immer da. Wir haben bisher nur darüber hinweggeredet, wie zwei Nachbarn, die sich über die Hecke freundlich grüßen. Ich hoffe, dass unsere gemeinsame Zeit auf dem Dach nicht nur den materiellen Schaden beheben kann, sondern vielleicht auch eine Übersicht schafft über die Baustellen, die es zwischen ihm und mir gibt.

»Moment mal, warum will ich denn eigentlich vor meinem Vater glänzen?«, frage ich eines Abends den neben mir im Auto liegenden Ronny, der das mit einem fragenden Blick und Hochziehen seiner fast unsichtbaren Augenbrauen kommentiert. Glaube ich, dass ich ohne das meinem Vater nicht genüge? Muss ich ihm etwas beweisen? Keine Ahnung, ob das wirklich so ist, aber dem Gefühl beschließe ich nachzugehen.

»Wir müssen das alles aufreißen«, sage ich zu ihm, als ich mir das Gründach des Hauses von unten anschaue. Ich stehe auf einer Leiter und grabe meine Hand in das moderige Holz, um zu prüfen, wie viel überhaupt noch »übrig« ist. Das Resultat ist leider erheblich schlechter als erwartet.

Tage später haben wir das Gründach von oben abgetragen und sind durch die Teerpappe und Isolation ans Fachwerk gelangt. Die Übersicht ermöglicht mir, die nötigen Reparaturarbeiten einzuschätzen und nach einem weiteren Tag Materialkosten und Zeitaufwand zu nennen.

»Wir könnten das direkt zusammen machen«, schlage ich meinem Vater vor, als wir bei einer Tasse Tee unsere fröstelnden Körper wärmen. Er gibt mir zu verstehen, dass er dafür keine Energie hat und auch nicht glaubt, dass wir das allein schaffen. Ich schlage vor, einen alten Freund um Hilfe zu bitten. Er ist Zimmermann und wohnt in der Nähe. Aber auch das will er nicht. Seine Reaktion ist nicht das, was ich erwartet habe. Ich hatte gehofft, dass er schätzt, was ich anbiete, beeindruckt ist. Stattdessen bekomme ich das Gefühl, er traut mir die Arbeit nicht zu. Auf einmal fallen in mir alle Barrieren. Mit einem innerlichen Bulldozer rase ich auf sein Haus zu. »Warum vertraust du mir nicht?«, frage ich wütend und unter Tränen. »Wieso willst du erst meine Hilfe, aber lässt mich dann nicht helfen? Ich versuche, dir hier eine Menge Geld zu sparen, um deinen Dachschaden zu reparieren. Immer muss ich mich verstellen, um dir zu genügen, nie bist du zufrieden mit dem, was ich mache. Ich muss endlich wissen, woher dieses Gefühl kommt. Und ich glaube nicht, dass ich es mir einbilde, denn es belastet mich seit Jahren.«

Noch nie habe ich so mit meinem Vater geredet, noch nie habe ich mich getraut, meine Schutzschilde gänzlich fallen zu lassen und mich so zu öffnen. Er ist sichtlich perplex. Ich sehe, wie in seinen Augen feuchte Emotionen glänzen. Er war immer der starke, logisch argumentierende Vater, der mich in schweren Momenten mit seiner rationalen Art beruhigen wollte. Ich habe meinen Vater noch nie so gesehen. Er ist nicht wütend. Auch er lässt jetzt seine Schilde sinken, wissend, dass dies der Moment ist, der für unsere Beziehung der bisher wohl wichtigste Moment ist.

»Weißt du, Hansen«, sagt er leise. »Ich habe nie mit dir darüber reden können, weil ich solche Angst hatte, dass du es nicht verstehen würdest. Ich hatte Angst, dich ganz zu verlieren, wenn ich dir das sage. Aber ich will jetzt ehrlich sein mit dir. Du warst immer das schwierigste Kind von euch dreien, du hast die meisten Probleme gemacht, und ich bin eh ein ungeduldiger Mensch. Das wissen alle, die mich kennen. Vermutlich hast du das bei mir aber noch viel mehr gespürt, weil es nicht einfach war mit dir. Ich glaube, das hat sich bis heute bei uns beiden im Hinterkopf festgesetzt, weil wir nie darüber geredet haben. Und das tut mir leid. Aber ich hatte einfach eine unglaubliche Angst davor, mit dir so offen zu reden.« Jetzt bin ich perplex. Hat mein Vater mich gerade Problemkind genannt? Hat er gerade zugegeben, dass ich ihm nicht genüge? Ich spüre, wie in mir eine Wut hochkocht. Wie ich einfach nur weglaufen will, genau wie ich es früher gemacht habe, wenn wir uns gestritten haben. Ich will mich wieder im Wald verstecken vor ihm. »Wir kommen nie wieder«, haben Paul und ich das ein oder andere Mal nach einem Streit in krakeliger Kinderschrift auf Zettel geschrieben und sind dann gemeinsam abgehauen. In mir schreit das Kind von früher auf, es schreit: »Lauf weg.« Gleichzeitig löst sich in mir etwas, was sehr lange verknotet war. Das tut weh, aber dieser unerklärliche Druck, diese Blockade, die ich meinem Vater gegenüber gespürt habe, verpufft gerade.

»Das ist krass«, sage ich, Wut und Trauer gleichzeitig in der Stimme. »Ich brauche Zeit zum Nachdenken.« Ich hole, schweigend und jeglichen Blickkontakt vermeidend, meine Jacke und Schuhe und gehe mit Ronny raus. Ich laufe zum Bodensee runter, kann erst mal gar keine klaren Gedanken fassen. Ich bin stinksauer auf meinen Vater und weiß mal wieder nicht, wie es weitergehen soll. Er versucht mehrfach, mich anzurufen, aber ich gehe nicht ran. Ich laufe mehrere Stunden in Eiseskälte, sowohl gedanklich als auch am See im Kreis. Plötzlich kommt trotz der winterlichen Temperaturen in mir ein Gefühl von Wärme und Dankbarkeit auf. Nein, er hat nicht gesagt, dass ich ein Problemkind bin, er hat nicht gesagt, dass ich nicht genüge. Er hat nur das gesagt, was mich so hat fühlen lassen. Und jetzt weiß ich endlich, woher das Gefühl kam. Ich erkenne, wie sehr meinen Vater dieser Gedanke belastet haben muss, verstehe, wieso er solche Angst davor hatte, diese Gefühle mit mir zu teilen. Meine Wut verfliegt. Mein inneres Kind hört auf zu schreien und scheint auf einmal zufriedener als zuvor zu sein. Ich empfinde fast eine Art Stolz auf meinen Vater. Jetzt erinnere ich mich an die ganze Nachricht, die Paul und ich damals als Kinder auf die Zettel geschrieben hatten, wenn wir mal wieder das Weite suchten. »Wir kommen nie wieder«, aber etwas kleiner und auch weiter unten dann in Klammern: »Sind später wieder da.«

Mein Vater und seine Frau Gabi sind noch wach und sitzen schweigend auf der Couch, als ich die Terrassentür aufschiebe und mich wortlos auf einen Sessel den beiden gegenübersetze. »Ich lass euch beide mal allein«, sagt Gabi und gibt meinem Vater und mir damit Raum, uns auszusprechen.

Anfänglich starren wir beide einfach nur auf den Boden, und die Stille ist fast unerträglich. Dann platzt es aus ihm heraus: »Es tut mir leid, dass ich das, was ...« Ich unterbreche ihn. »Ich habe es verstanden, Papa. Es war genau das, was sich seit Jahren in mir festgefressen hatte. Es tut sehr weh, das zu hören, aber ich bin dir sehr dankbar dafür, dass du es mir gesagt hast. Ich glaube, es ist genau das Richtige gewesen. Ich kann damit so viel verstehen, so viele Gefühle erklären. Ich glaube, es ist der Anfang eines Prozesses, den wir beide jetzt aufrichtig und wohlwollend angehen können.« Ich sehe, wie seine Haltung sich verändert, sehe, wie er aufatmet und auch bei ihm eine lang getragene Last von den Schultern fällt. Wir schauen uns in die Augen, stehen beide fast gleichzeitig auf und umarmen uns fest und warm, vielleicht fester und wärmer, als wir es jemals konnten.

»Weißt du, das ›Paket Hansen‹ war nicht immer leicht zu tragen«, sagt er. »Aber ich habe es immer geliebt.«

»Ich habe noch ein kleines Geschenk für dich«, sagt mein Vater, als ich am nächsten Tag meine Sachen ins Auto geladen habe und kurz davor bin, mich zu verabschieden. Die Dachreparatur werde ich dennoch nicht machen, denn ich brauche Zeit, um das alles zu verdauen. Er geht in sein Zimmer und kommt mit einer alten, abgewetzten Lederjacke wieder heraus. Es ist die Jacke, die er mindestens so lange getragen hat, wie ich denken kann. Für mich ist diese Jacke ein Stück meines Vaters, eine schöne Erinnerung an ihn und alle Abenteuer, die wir zusammen erlebt haben. »Die würde ich dir gerne schenken, ich trage sie kaum noch und fände es schön, wenn du das für mich übernehmen könntest«, sagt er grinsend, als ob er wüsste, wie viel sie mir bedeutet, und fügt hinzu: »Ich liebe das ganze ›Paket Hansen‹ mit allem, was dazugehört.«

Er kennt mich eben doch verdammt gut, denke ich und freue mich unglaublich über dieses so besondere Geschenk. Den ganzen Weg zurück nach Berlin habe ich sie an und trage sie wie eine Trophäe. Ich bin stolz über meine Ehrlichkeit, über meines Vaters Ehrlichkeit und unsere endlich überwundenen Barrieren. Vielleicht ist aus ihnen nun eine wärmende, schützende Jacke geworden, die mich an jedem Tag, an dem ich sie trage, an den Moment erinnern wird, an dem sich die Beziehung zwischen uns geöffnet hat. Ab hier kann diese nur besser werden.

Berlin bis Wien

Minden, 15. August 2022, Tag 10

Hansen

»Was ist das denn?«, rufe ich zu Paul, der gerade am Steuer steht und Momo das Lenkrad halten lässt. Ich sitze auf der Reling und schaue den Mittellandkanal bei Minden entlang nach vorne. »Da kommt ein riesiger Kahn auf uns zu, aber der hat die Schiffsschraube und Steuer vorne.«

»Schaut mal, Anna und Paul«, korrigiert Anna. Dass ich oft nur Paul adressiere, muss zugegebenermaßen seltsam wirken. Genauso schwer wie dem herannahenden Kahn, der bei genauer Betrachtung anscheinend rückwärtsfährt, offenbar ein Wendemanöver auf einem schmalen Kanal fällt, scheint es mir und Paul zu fallen, alte Muster abzulegen. Wir zwei sind, auch nach Jahren der Beziehung zwischen Anna und Paul, gerade bei technischen Themen sehr schnell wieder in unserer »Werkstattwelt«, in der nur wir beide Lösungen, Baupläne und Fantasien stricken. Dadurch muss es für Anna noch schwerer sein, sich bei all den technischen Aufgaben an Bord nicht nur als Babysitterin und den Rest aller täglichen Aufgaben erledigende Hilfskraft zu fühlen. Ich verstehe ihren Frust, auch wenn ich manchmal gerne mit ihr tauschen und mit Momo »einfach nur« auf dem Bett liegen und ein Buch lesen würde. So haben wir alle unseren Frust: Ich bin frustriert, dass Paul und Anna mich als Single täglich mit dem

Thema Familie konfrontieren. Anna ist frustriert, dass Paul und ich sie aus unserer Technikwelt ausschließen. Und Paul ist frustriert, dass Anna und ich nicht miteinander warm zu werden scheinen. Tatsächlich gestaltet sich Letzteres schwieriger als gedacht. Ich hatte einen holprigen Start mit Anna, denn zunächst scheinen wir nur eine Gemeinsamkeit zu haben: die Liebe zu Paul.

An Deck zumindest hat sich in den letzten Tagen einiges getan. Ein kleiner Kräutergarten ist neben dem Mastfuß entstanden, bunte Blüten kleiner Pflanzen zieren hier und da die Reling. Manches hat seinen Platz gefunden, manches noch nicht. Und ich? Gerade fühlt es sich sehr gut an, nach einem ausgiebigen Spaziergang mit Ronny meinen Fuß wieder auf Deck zu setzen. »Ich habe Essen fertig gemacht, hamham«, sagt Anna zu mir und zeigt danach mit ihrem Zeigefinger auf ihren offenen Mund. Ich schmunzle. Ich mag ihren Humor. Er ist ein Mix aus echter Herzlichkeit und gespielter, theatralischer Debilität. Vielleicht lohnt es sich ja doch abzuwarten. Vielleicht lohnen sich die Streits, die Kompromisse, die zig Male, die Ronny mittlerweile aus Unerfahrenheit und Tollpatschigkeit ins Wasser gefallen ist. Vielleicht sind nicht nur die technischen Probleme bald vorbei.

Gerade kämpfen wir mit der Lichtmaschine. »Das Ding können wir abschreiben«, sagt Paul frustriert und knallt das Multimeter auf den Boden der Tatsachen. »Mist«, sage ich. »Woher bekommen wir jetzt ein neues? Das ist so ein altes Teil, da findet man doch niemals zeitnah Ersatz. Und ohne sind wir aufgeschmissen.«

Da unsere Solarsegel bisher keinen Strom produzieren, weil wir sie noch nicht verkabelt haben, sind wir auf die Lichtmaschine angewiesen, um unsere Bord- und Starterbatterie zu laden. Ohne die beiden können wir abends kein Licht machen und den Motor irgendwann nicht mehr starten. Nach intensiver Recherche finden wir einen Schrottplatz, der relativ dicht am Kanal liegt.

»Ja? Was brauchst du an diesem heiligen Sonntag?«, sagt eine so überraschend freundliche Stimme, dass ich kurz denke, das ist der humorvoll eingerichtete Anrufbeantworter. Aber nein, tatsächlich hat jemand den Hörer abgenommen. Ich bin baff und stottere erst etwas, bis ich unser komplexes Anliegen vermittelt habe. »Ich denke, ich habe da was für dich. Ich melde mich gleich wieder«, ist die Antwort. Wenige Minuten später klingelt mein Telefon. Heinz bestätigt, dass er noch von einem alten Mercedes eine passende, zwar alte, aber unverwüstliche Lichtmaschine habe. Meine Augen leuchten. Wie viel Glück kann man bitte haben?

Wenige Stunden später, die sonntägliche Sonne ist noch nicht mal dem Horizont nahe gekommen, hängt Paul schon wieder im Motorraum. Diesmal aber jubelt er. »Krass, ganze 14 V! Dass Teil läuft wie eine Flunder!« Ich stelle mir kurz eine Flunder mit Beinen vor und lache laut.

Anna

Wir sind am Rhein angekommen. In Duisburg war die letzte Schleuse. Hier ist alles ist viel gewaltiger als auf den Kanälen zuvor. Was uns leider auch zum ersten Mal bewusst wird, ist, wie niedrig der Wasserpegel des Rheins ist. Die Landungsbrücken ragen steil nach oben, und an der Böschung kann man erkennen, dass hier das Wasser normalerweise mehrere Meter höher steht. »Das ist die größte Dürre auf dem Rhein seit über fünfhundert Jahren«, sagt Paul. Als Beweis hält er mir einen Artikel aus der *Süddeutschen Zeitung* unter die Nase. »Und ausgerechnet diesen Sommer fahren wir mit einem Segelboot hier entlang.«

Als wir *Ulla* als Reiseboot ausgewählt haben, war eines der wichtigsten Kriterien ihr Tiefgang. Sie hat einen Langkiel, das bedeutet, dass sie weniger Tiefgang hat. Aber mit einem solchen Niedrigwasser haben wir natürlich nicht gerechnet.

»Oh wow, das ist echt kein kleiner Kanal mehr! Was für eine krasse Strömung, schau mal, wie schnell das Wasser an uns vorbeifließt«, sagt Hansen sichtlich ergriffen. Paul steht am Steuer. Ich sehe ihm an, dass er die Stimmung hochhält, aber sich auch über irgendetwas Sorgen macht.

»Alles okay?«, frage ich ihn.

»Ja, nur ...« Er überlegt. »Ich bin mir grad nicht sicher, ob wir das packen.« Jetzt schaut auch Hansen überrascht.

»Wie meinst du das?«, fragt er.

»Keine Ahnung«, druckst Paul rum. »Also, was machen wir denn zum Beispiel, wenn uns der Motor abkackt? Dann treiben wir hier zwischen all den riesigen Kähnen einfach den Rhein runter? Rudern kannst du bei *Ulla* vergessen. Wir haben zwar laut Tankanzeige noch etwas Sprit im Tank, aber wie genau ist die denn bei einem fünfzig Jahre alten Boot? Wir müssen hier schon ziemlich krass Gas geben, um gegen die Strömung zu kommen.« Wir haben momentan noch nicht mal eine Rettungsinsel oder ein Beiboot. Das müssen wir uns schnellstmöglich zulegen.

Irgendwie hat er recht. »Okay, dann lass uns bitte mal kurz den Worst Case durchgehen«, springt Hansen jetzt auf Pauls Überlegungen ein. »Nein, bitte nicht«, sage ich energisch und ängstlich, »das ist wirklich das Letzte, was ich jetzt gebrauchen kann.« »Okay, okay«, beschwichtigt Hansen. »Wir sind jetzt nicht gerade über den Niagarafällen unterwegs. Bis zum nächsten Hafen sind es nur zwei Kilometer. Wir fahren jetzt einfach die gleiche Drehzahl wie auf dem Kanal, dann kommen wir zwar später an, aber können sicher sein, dass der Motor mitmacht.«

Wie viel Sprit noch genau im Tank ist, als wir endlich hinter die Hafenmole von Duisburg abbiegen, weiß keiner von uns, aber eins weiß ich sicher: Die beiden kriegen einen Einlauf von mir, was Sicherheit angeht. Ich will mich darauf verlassen können, dass wir keine leichtfertigen Risiken eingehen, und »eventuell zu wenig Sprit im Tank auf dem Rhein« klingt für mich wie ein ziemlich dummer Anfängerfehler. Dass das kein reines Paul-und-Hansen-versuchen-mal-was-Neues-Abenteuer mehr sein kann, muss jetzt mal klargestellt werden.

Paul

Mit unserer Reise wollen wir unter anderem zeigen, dass es möglich ist, nachhaltig und sogar CO_2-negativ auf einem Boot durch Europa zu reisen. Gleich zu Beginn mussten wir aber schon einen Kompromiss eingehen: Unsere selbst gebauten Solarflügel und der Elektroantrieb waren nicht rechtzeitig zur Abreise fertig geworden. Länger damit warten konnten wir aber auch nicht, weil wir vermeiden wollten, im Winter auf dem Meer unterwegs zu sein. Also sind wir mit Diesel losgetuckert. Zwar war von vornherein geplant gewesen, dass wir das CO_2 kompensieren. Dennoch wollen wir den Ausstoß reduzieren, wo es geht. Vor der Abreise haben wir deshalb bereits 1000 Kilo über Direct Air Capture kompensiert.

Heute wollen wir endlich wenigstens unseren Elektroantrieb fertig bauen, sodass wir zwar noch nicht mit Solarkraft, aber immerhin elektrisch fahren können.

»Was schätzt ihr, wie lange ihr dafür braucht?«, fragt Anna mich, während ich mit Hansen eine Kiste mit Kabeln und Bauteilen sortiere. Wir hatten in der Eile der Abfahrt einfach alles zusammengeworfen, jetzt stehen wir etwas ratlos vor dem Haufen, der genauso gut Schrott sein könnte.

»Puuuhh«, sage ich lang gezogen, »also …« Hansen fällt mir ins Wort: »Ich denke, wir können morgen Nachmittag fertig sein.« Anna schaut ihn zweifelnd an. Sie kennt unsere Zeiteinschätzungen. Eigentlich brauchen wir immer doppelt so lange für alles.

Mittlerweile bin auch ich zu meiner Einschätzung gekommen und gehe sie laut durch: »Für die Verkabelung, denke ich, brauchen wir sechs Stunden, für das digitale Dashboard und den Gashebel noch mal fünf. Dazu kommt die Programmierung des Motor-Controllers, dazu brauchen wir die Hilfe vom Hersteller. Wenn der gut erreichbar ist, dann würde ich sagen, noch mal drei Stunden. Also ja, bis morgen Abend schaffen wir es.«

Tatsächlich sind wir am nächsten Nachmittag so weit, dass wir zum ersten Mal den Gashebel umlegen können. »Achtung«, sagt Hansen aufgeregt zu mir, »bist du bereit?« Anna steht mit Momo auf dem Steg und kaut auf ihrer Unterlippe. Sie fiebert genau wie wir in diesem Moment mit. »Ja!«, antworte ich, »aber gaaaanz langsam! Ich will erst mal alles in Bewegung sehen, bevor du Gas gibst, okay?« Hansen schaltet den Motor ein und gibt etwas Gas. Tatsächlich drehen sich die Welle und der Motor. »Wooooohahah«, jubele ich, und Anna und Hansen klatschen ab, während ich den Motor und das Antriebsritzel im Motorraum im Blick behalte. »Wie leise das ist«, sage ich staunend und grinsend. Dann stehe ich auf und gehe raus. »Ich schau mal, ob wir Schub haben, im Vorwärtsgang müsste die Vorspring sich jetzt eigentlich spannen.« Die Vorspring ist eine diagonal vom Bug nach hinten zum Steg gespannte Leine. »Nichts«, sage ich enttäuscht. Die Leine hängt schlapp herunter. Ich gehe an Land und schaue durch das Wasser auf den Propeller. »Der dreht sich, gib mal mehr Gas«, sage ich zu Hansen. Langsam geht Hansen immer weiter, bis er auf Vollgas ist. »Das kann doch nicht sein, die Leine ist immer noch lasch, keine Verwirbelungen hinter dem Boot.«

»Ist das normal?«, fragt Anna und deutet auf die Achterspring, die in die entgegengesetzte Richtung zur Vorspring läuft. Sie ist auf Maximum gespannt.

»Stooopp!«, rufe ich Hansen zu, ohne ihr zu antworten. »Wir haben den Gashebel falsch rum programmiert. Das war der Rückwärtsgang!«

Auch wenn das erst mal nach einer einfachen Aufgabe klingt, schaffen wir es leider nicht ohne die Hilfe des Herstellers, der jetzt im Wochenende ist, das Problem zu lösen. Verstärkt wird es dadurch, dass sich nichts tut, wenn wir mit dem Gashebel in den Rückwärtsgang gehen. Nach mehreren Stunden geben wir auf und beschließen, das Wochenende zu nutzen, um weiterzufahren.

»Sollen wir einfach versuchen, auf dem Rhein zu ankern?«, fragt Hansen, als wir am nächsten Tag langsam aus der Marina in Duisburg fahren. »Können wir machen, hinter den Buhnen müsste das gehen.« Wir hatten versucht, eine Marina ausfindig zu machen, die noch genug Wasser für uns hat, haben aber keine gefunden. »Zur Not müssen wir in einen großen Hafen und uns da festmachen«, füge ich hinzu.

»Schau mal, Paul, da vorne ist noch eine Marina«, sagt Anna jetzt zu mir und zeigt auf eine kleine Einfahrt hinter einer Mole. »Die ist nicht auf der Karte«, antworte ich, nachdem ich unsere Position geprüft habe. »Sieht irgendwie so aus, als ob die noch Wasser hätte«, füge ich dann hinzu. Eine Aussage, für die ich mich später ohrfeigen könnte.

Wir beschließen, ganz langsam gegen die Strömung seitlich in die Einfahrt zu queren. Plötzlich rumpelt es. »Steine!«, rufe ich laut, als ob wir dafür irgendeine Routine festgelegt hätten. Zu allem Überfluss scheinen wir uns mit dem Heck verfangen zu haben, wodurch sich *Ulla* jetzt langsam quer zur Strömung legt und ordentlich zur Seite neigt. Ich kriege Panik: Was, wenn uns die Strömung auf die Steine treibt und umkippt? Was, wenn wir uns hier festfahren und nicht mehr wegkommen? Wenn uns die Steine ein Leck in den Rumpf drücken? *Ulla* neigt sich weiter zur Seite und rumpelt jetzt seitlich immer weiter flussabwärts über die Felsen. Ich überlege nicht lange und mache das, was mir in diesem Moment am sinnvollsten vorkommt, was es aber leider nicht ist: Ich gebe Vollgas rückwärts, um *Ulla*, die mit dem Heck in Richtung Fahrwasser zeigt, wieder in tieferes Gewässer zu bringen. Das alles passiert so schnell, dass ich es weder mit Hansen noch mit Anna abstimmen kann.

»Was machst du da?«, brüllt jetzt Hansen und will den Gashebel auf Neutral stellen. Aber es ist zu spät: Ein schreckliches Krachen ertönt. Es klingt wie eine überdimensionale Kaffeemühle, in die man Steine statt Bohnen gefüllt hat. *Ulla* treibt jetzt wieder frei im Fahrwasser, aber uns allen ist klar, dass sie nicht unbeschadet geblieben ist.

»Das war unser Propeller«, schreit Hansen stocksauer, drückt mich zur Seite und übernimmt das Ruder. Ich bin perplex. »Wenn die Schraube jetzt im Arsch ist, dann sind wir in genau der Situation, die wir vorgestern auf jeden Fall vermeiden wollten«, schimpft er weiter, »antriebslos auf dem Rhein.« Er hat recht. Viel besser wäre es gewesen, wenn wir uns auf Steinen festgefahren hätten, als ohne jede Steuerungsmöglichkeit bei Jahrhundertniedrigwasser in einer Fahrrinne, die gerade schmaler nicht sein könnte, den Rhein runterzutreiben. Anna hält Momo fest auf dem Arm.

»Schwimmwesten an ... jetzt!!«, höre ich Hansen noch.

Vor der Abreise

Berlin, 27. Juni 2022, 39 Tage vor Abfahrt

Anna

Ich bin in unserer Berliner Wohnung. Die kleine Momo liegt neben mir und atmet ruhig und gleichmäßig. Sie macht gerade ihr zweites Vormittagsschläfchen. Zum Glück, dann habe ich noch kurz Zeit, um wieder runterzukommen. Neben mir stapeln sich Bauklötze und schmutzige Babyklamotten, das Frühstück steht noch auf dem großen, runden Tisch mitten im Wohnzimmer, und die Pflanzen lassen durstig ihre Blätter hängen. Ich bin wieder einmal zu nichts gekommen – wie so oft gerade. Stillen, wickeln, trösten, schlafen: Die kleine Momo bestimmt meinen Alltag. In der Zeit, in der sie schläft, die ich eigentlich für andere Dinge nutzen könnte, bin ich meistens unter ihr ans Sofa oder Bett gefesselt. Die kleine Maus schläft momentan nämlich eigentlich nur AUF Mama. Glücklicherweise konnte ich sie vor dem Telefonat mit Paul vorsichtig auf dem Sofa ablegen. Sie liegt genauso da, wie ich sie vor 15 Minuten abgelegt habe, und wird voraussichtlich noch mal so lange schlafen. Mein Blick fällt auf einen kleinen blauen Engel mit gepunktetem Kleid, der an unserer Wohnzimmerlampe baumelt. Ein Erbstück meiner Mutter Olivia, sie liebte Engel in allen Formen und Farben. Meine Mutter war von ganzem Herzen eine Feministin. Für mich war also klar, wenn ich Kinder bekomme, ist mir eine gleichberechtigte

Erziehung und fünfzig-fünfzig geteilte Care-Arbeit zwischen mir und meinem Partner superwichtig. Paul und ich hatten in grundlegenden Erziehungsfragen bisher keine schlimmen Meinungsverschiedenheiten – zum Glück. Aber meine Idealvorstellung von fair aufgeteilter Elternschaft zerbröckelte nach und nach, als Momo geboren war. Allein durch mein Stillen wurde das unmöglich. Mit der Geburt verschob sich allerdings auch mein persönlicher Anspruch. Momo und mich verbindet dieses dicke, zauberhafte Band. Manchmal fühle ich mich nicht mal mehr wie eine eigenständige Person. So als würden unsere beiden Herzen im gleichen Rhythmus schlagen und ich nur richtig zur Ruhe kommen, wenn sie in meiner Nähe ist – auf meinem Bauch liegt und leise vor sich hin schnarcht. Wie so oft merke ich, wie stark Idealvorstellungen von der Realität abweichen können. Bevor ich selbst Mutter wurde, konnte ich nicht absehen, wie es sich anfühlen würde. Ich denke immer noch, dass es wichtig ist, sich die anfallende Care-Arbeit fair zu teilen, so gut es geht. Ich weiß aber mittlerweile auch, dass es eben nicht eine einfache, allgemeingültige Lösung dafür gibt.

Ein Windstoß reißt mich aus meinen Gedanken, unsere doppelten Altbaufenster schlagen laut aufeinander. Der kleine Engel in der Mitte des Raumes dreht sich, getragen vom Wind, in meine Richtung. Mein Blick fällt direkt auf die kleine Momo. Puh, schläft noch, denke ich erleichtert. Ich nehme mein Handy in die Hand und tippe auf »Paul Adventure«, um anzurufen.

»Wir schaffen das. Ich schaff das. Ich wünsche mir nur einfach mal eine kurze Pause – wenigstens einen Nachmittag zu dritt, dass ich mal durchatmen und in Ruhe duschen kann«, sage ich zu Paul, der beim ersten Klingeln das Telefonat angenommen hat.

»Puh, ich bin so froh, dass du anrufst! Ich wollte mich auch gerade bei dir melden. Ich habe schon alles mit Hansen besprochen, wir machen heute früher Schluss, und ich komm gleich nach Hause. Du hast ja recht, wir können alle mal eine Pause gebrauchen. Ich radle in zehn Minuten los, freu mich auf dich.«

Hansen

Paul und ich waren gestern in Berlin beim Hauptstadt-Podcast zu Gast, einer kleinen lokale Podcast-Show mit Wolfgang Patz als Moderator, um von unserem Projekt zu berichten. Irgendwann kam die Frage auf, was wir noch bis zu unserer Abfahrt zu erledigen hätten. Wir fingen an, unsere Baustellen aufzuzählen, und die Moderatoren fingen an zu lachen. Zu Recht: Unser Zeitplan ist, sagen wir mal, ambitioniert. Paul und ich sind zwar motiviert, aber manchmal packt mich die Sorge, ob wir es schaffen, alles bis zum Abfahrtstag zu bewältigen.

Ein superwichtiger Umbau ist unsere Jütanlage, ein System, mit dem wir den Mast jederzeit auch ohne Kran legen und stellen können. Ansonsten müssen wir wegen der vielen Brücken den Mast bis zum Meer gelegt haben und können auf den großen Flüssen unseren Antrieb nicht mit Windkraft unterstützen. Weil für dieses Schiff eine solche Anlage nicht vorgesehen ist, müssen wir selbst eine entwickeln: eine Lösung, die es bisher nicht gibt. Das birgt natürlich eine Menge Risiken, vor allem weil hier gigantische Kräfte am Start sind. Das Gelenk des Systems und auch der dazugehörige Flaschenzug werden im Normalfall mit bis zu einer Tonne Gewicht belastet, ohne dynamische Kräfte wie Impulse durch Wellen, Wind oder anderem gerechnet. Wir müssen daher zur Sicherheit von mindestens drei Tonnen Maximalbelastung ausgehen. »KISS« ist da ein guter Ratgeber: »*Keep it simple, stupid!*«: Nach nur einem Tag Schneiden und Schweißen haben wir einen Mastfuß konstruiert, der zwar hässlich ist, aber dafür unzerstörbar und weit überdimensioniert für unser Vorhaben. Sicher der richtige Ansatz, weil wir die Anlage erst unterwegs testen können, und dann ist es zu spät für Optimierungen.

So geht es uns mit den meisten Umbauten, von denen wir noch eine lange Liste vor uns haben: Die Einrichtung muss rausgerissen werden und größtenteils neu gebaut werden, die Frontscheibe gewechselt und zu einem Klappfenster umgebaut werden. Nach Bau der Heckterrasse brauchen wir eine neue Reling, eine Schanzkleidabdeckung und eine Seitenverkleidung. Alles muss babysicher umgebaut werden, die Bordelektronik repariert, die Batterie gewechselt und ein Durchlauferhitzer für Warmwasser eingebaut werden: Außerdem müssen Bilgenpumpe und Wasserkühlung für den Elektroantrieb installiert werden, die Wände neu verkleidet werden, eine Küche muss gebaut und die Toilette repariert werden. Und nicht zuletzt muss der Elektroantrieb entworfen und eingebaut werden, genau wie die riesigen Solarsegel. Wenn wir Anfang Juli loskommen wollen, müssten wir das in nur fünf Tagen schaffen. Um zu erkennen, dass das nichts wird, muss man kein Hellseher sein. Mit dem Vermieter des Grundstücks, auf dem *Ulla* gerade noch liegt, konnten wir immerhin zwei weitere Wochen für den Trockenliegeplatz verhandeln. Was dann nicht fertig ist, wird im Wasser gebaut werden müssen, was unverhältnismäßig aufwendiger ist. Nebenbei macht Paul noch alle Scheine, die wir für diese Reise brauchen, neben dem Führerschein für das Meer auch noch zwei Funkscheine. Unter diesen stressigen Umständen besteht ein großes Risiko für grundlegende Fehler, das ist uns allen bewusst.

Berlin ist gerade sehr heiß. Auch das Innere unseres Schiffes heizt sich tagsüber heftig auf. Mal wieder stecke ich bei über 40 Grad kopfüber im dunkelsten und dreckigsten Teil unseres neu erworbenen Bootes: der Bilge. Hier, im tiefsten Teil des Boots, hat sich aus Öl, fauligem Wasser, verrotteten Holzresten, rostigen Werkzeugen und weiterem undefinierbarem Schleim eine Art Ursuppe gebildet. Ein bisschen wie der Abfluss einer öffentlichen Dusche, der seit Jahren nicht gereinigt wurde. Mein Ziel ist eigentlich, die verdammte Schraube zu finden, die mir eben aus der Hand geglitten ist, und irgendwas glänzt da unten auch. Allerdings nicht silbern, sondern golden. Als ich es mit einer Spitzzange angewidert in den Lichtkegel meiner Stirnlampe befördere, kann ich es kaum glauben: »Ein goldener Ring?«, sage ich zu mir selbst. »Ein echter goldener Ring!« Ich richte mich auf, ziehe meine Handschuhe aus und putze den Fund erst mal an meinen Socken ab. »*Ulla*«, lese ich auf der Innenseite in geschwungener Schrift. Der ist sicher was wert, denke ich jetzt und dann: Mist, jetzt habe ich die Aufgabe an der Backe, den ursprünglichen Besitzer zu finden, und als Letztes schlussfolgere ich: Wenn das ein Hochzeitsring ist und er mir gerade von diesem Boot überreicht wurde, dann muss der Name des Bootes wohl *Ulla* sein. Aufgeregt erzähle ich Anna und Paul davon, und die beiden sind meiner Meinung: Dies war ein Hochzeitsantrag von *Ulla* an uns! Was für ein perfekter Zufall: Wir hatten nämlich bereits geplant, den Namen des Schiffes durch eine Kindergartengruppe in Regensburg bestimmen zu lassen, hatten bisher aber auf der Liste der möglichen Namen nur einen: Elvira, den Namen des Schiffes von Käpt'n Blaubär. Keine fünf Minuten später erzählen wir den Kindern in einer Videobotschaft davon und geben ihnen die Wahl. Die Entscheidung kommt in einem zuckersüßen Antwort-Video und ist im wahrsten Sinne des Wortes einstimmig: »Ulla, Ulla, Ulla«, rufen die Kinder darin im Chor. Paul, Anna, Momo, Ronny und ich würden mit *Ulla* die Gewässer Europas erobern!

Anna, Paul und Momo auf der Donau

Plankenburg, 25. Januar 2023, Tag 173

Anna

Es ist arschkalt. Seit wir Vukovar verlassen haben, läuft unsere Heizung auf Hochtouren. Ohne wäre es nicht mehr möglich, an Bord zu leben. In der vordersten Bugkabine kommt noch immer nicht genug heiße Luft an, finde ich, manchmal wache ich mitten in der Nacht auf und bibbere vor Kälte. Die kleine Momo und ich sind meist eng umschlungen unter unserer dicken Daunendecke und kuscheln so die Kälte weg. Wir sind jetzt kurz vor der serbischen Grenze und verlassen dann zum ersten Mal die Europäische Union. Mittlerweile haben wir Neuigkeiten von Hansen und Ronny: Die beiden wollen zwar zurückkommen, werden das aber nicht vor März schaffen. Das bedeutet für Paul, Momo und mich weitere Monate allein an Bord. Wie es aussieht, müssen wir die ganze Strecke bis nach Belgrad ohne die beiden fahren.

In Vukovar hatten wir einen wunderschönen und gleichzeitig traurigen Abschied von unserem neuen Freund Marinko. Morgens hatte er Paul mit seinem alten Volvo abgeholt und war mit ihm an die Schiffsmeldestelle und zur Polizei gefahren. Vor der Ausreise aus der EU müssen hier wichtige Dokumente erstellt und eine Freigabe erteilt werden. Dank Marinko hatte Paul einen

Übersetzer dabei, der gleichzeitig die Mitarbeiter vor Ort persönlich kannte – Jackpot für uns, ohne ihn wäre das ein Riesenkrampf geworden.

Und dann kam der Abschied. Ich legte ab, und Paul machte die Leinen klar. Marinko kam noch mal mit seinem winzigen Fischerboot um die Ecke gesaust und winkte aufgeregt. Er hatte eine Flasche selbst gebrannten Rakija dabei, die er uns zum Abschied mitgeben wollte. Momo hatte auch ein Bild mit bunten Strichen für Marinko gemalt. Wir tauschten die Geschenke über dem Wasser aus. Paul lehnte sich zu Marinkos Boot, das jetzt genau neben unserem schwamm. Die beiden umarmten sich fest. Wer weiß, ob sie sich jemals wiedersehen? »Seid vorsichtig«, sagte Marinko noch, »und schickt mir Bilder von Momo!« Beide hatten Tränen in den Augen. Er ließ sich etwas von unserem Boot abfallen, sodass ich entspannt aus dem Fischerhafen fahren konnte. Wir winkten immer wieder in seine Richtung. Mittlerweile hatte Marinko sein Handy gezückt und filmte unser Losfahren, er folgte der dicken *Ulla* mit seinem winzigen Bötchen, bis uns die Strömung packte und Marinko in der Hafeneinfahrt zurückblieb, laut hupend und wild winkend. Wir schickten ihm Luftküsse und ließen *Ulla* laut tönen. »Leb wohl, mein Freund!«, ruft Paul nach draußen.

Momo schläft, und Paul und ich hören wie so oft ein gemeinsames Hörbuch. Jeder von uns hat einen der kabellosen Kopfhörer im Ohr, so lässt sich die stundenlange Fahrerei besser aushalten. Gerade hören wir *Der Schwarm* von Frank Schätzing. Eine düstere und brutale Geschichte, wie sich langsam herausstellt. Gerade werden Touristen von einer Gruppe Orkas niedergemetzelt. »O nee, das reicht mir jetzt, Paul, ich glaube, wir müssen das Buch wechseln«, sage ich und ziehe mir den Stöpsel aus dem Ohr.

»Geht doch jetzt erst richtig los«, sagt Paul grinsend, nimmt sich meinen Kopfhörer und steckt ihn sich demonstrativ ins Ohr. Ich schnappe sein Handy und drücke auf Pause: »Nee, Freundchen, zusammen oder gar nicht«, sage ich triumphierend. »Du, ich, susaaammen«, sagt Paul absichtlich debil und mit übertrieben verliebtem Blick. Ich muss laut lachen. Albern wie eh und je verbringen wir so Stunde um Stunde an Bord. Manchmal habe ich das Gefühl, mein Gehirn löst sich auf vom Blödsinnreden. Das ist auf der Donau zum Dauerprogramm geworden. Aber jetzt endlich liegt Serbien nur noch wenige Stunden entfernt, da wird sicher alles gaaanz anders … nicht? Als wir an der Grenze ankommen, empfangen uns die Zollbeamten mehr als freundlich. »Wir können hier sogar übernachten, meinte der eine gerade«, sagt Paul fröhlich, als er mit den Papieren von der Zollstation zurückkommt. Er stinkt dabei wie ein alter Aschenbecher. »Wo warst du denn noch, kurzer Abstecher in die Kneipe?«, frage ich. »Haha, so könnte man es wirklich nennen! Die haben da Kette geraucht in dem Büro, sind aber total nett und wir jetzt offiziell in Serbien!«, freut er sich und schaut sich verwundert um. »Komisch, sieht fast aus wie Kroatien.«

Die beiden Beamten aus dem Patrouillenboot sind besonders herzlich. »*Come, come*«, winkt der eine uns zu ihnen in den winzigen Steuerstand. »*Siit, siit*«, sagt er, als wir vor einem Tisch stehen, auf dem Gläser und eine Flasche Schnaps drapiert sind. Ich lehne dankend und lachend ab und erkläre mit Handzeichen, dass ich Momo noch stille. Paul opfert sich selbstlos: »Einer muss ja hier die lokalen Gepflogenheiten mitmachen.« Auch hier wird durchgehend drinnen geraucht. »Ich geh mal mit Momo rüber, du kannst ja noch hierbleiben, ja, Paul?«

Der nimmt mein Angebot freudig an, mal etwas Abwechslung tut uns allen gut. 15 Minuten später kommt er angeheitert zurück:

»Ich bin rausgeworfen worden«, sagt er ungläubig, »gerade wo es angefangen hat, Spaß zu machen.«

»Wie, warum denn?«, frage ich besorgt.

»Nein, nein, hat schon alles seine Richtigkeit«, erklärt Paul. »Die müssen in zwei Stunden raus, einen Kahn kontrollieren. Sehr pflichtbewusst, die beiden.«

Zwei Tage später sind wir in Novi Sad. Draußen schneit es in dicken weißen Flocken. »Schau mal, Momo, da ist Schnee«, sage ich im Singsang zu ihr und stimme das Lied »Schneeflöckchen, Weißröckchen« an. Ich kenne eigentlich alle Kinderliedklassiker aus meiner Zeit als Erzieherin, und davon profitiert jetzt Momo. »Wow, so viel Schnee hatten wir noch nie, seit wir unterwegs sind«, sage ich staunend zu Paul, der unten in der Küche steht und für uns beide Kaffee macht. Draußen ist alles mit einer dicken, frischen Schneedecke überzogen. Langsam bedeckt er auch unsere Fenster und das Deck, wie gemütlich. Momo staunt mit großen Augen. Ich freue mich gerade richtig auf den Winter.

Paul hat nur seine Unterhose und ein Tanktop an und ganz verstrubbelte Haare. Wir sind gerade erst aufgestanden. Sein Gesicht ist noch ganz verknautscht und er schaut mich aus müden, aber fröhlichen Augen an. Ich betrachte Pauls Gesicht. Ich könnte ihn stundenlang anschauen. Seine blauen Augen, die etwas kurzen Augenbrauen, die er gerne beim Erzählen wild nach oben zieht. Seine vollen Lippen, einen richtigen Knutschmund hat er, seine Zahnlücke zwischen den Schneidezähnen und vor allem sein Lachen, das sein ganzes Gesicht zum Leuchten bringt. So ein schöner Mann, denke ich. Mit niemand anderem könnte ich mir diese Reise vorstellen.

Durch einen lustigen Zufall haben wir Trša kennengelernt, einen Videoproduzenten, der von Anfang bis Ende alles selbst macht: Idee, Storyboard, Drehbuch, Kamera, Ton, Schnitt – alles.

Er hat unter anderem eine Serie mit insgesamt 90 Folgen auf YouTube produziert, in der Kindern und Jugendlichen die Natur nähergebracht werden soll. Endlich mal wieder ein tolles nachhaltiges und pädagogisches Projekt! Heute gibt's für uns deshalb Landgang. Wir fahren mit ihm und seiner Frau Gagar auf ihr gemeinsames Stück Land, einen riesigen, verwunschenen Weinberg – ihr gemeinsames Eigentum, wie sich herausstellt. Nachdem Trša mit Gagar in die Gegend gezogen war, hatten sich Freunde von ihm dazugesellt und immer mehr Hektar dazugekauft, bis der Gruppe irgendwann der gesamte Berg und das Tal gehörte.

Sie sind wahnsinnig sympathische, naturnahe und bodenständige Menschen. Wie Trša ist Gagar superherzlich. Sie spielt in jedem seiner Filme mit und kümmert sich außerdem um das Set-Design. Insgesamt ist das hier eine richtig süße Clique. »So leben wäre ein Traum«, sagt Paul immer wieder, und ich denke ähnlich. Inmitten solcher Natur erlebt man die Jahreszeiten viel intensiver, und der triste Winter wirkt dort alles andere als trostlos. Die wilden Weinberge, dazwischen mal ein Weingarten und unzählbare Lianen, viele kleine Steingärten und ein wilder Wald daneben. Keine Zäune, überall kleine Häuschen oder Schuppen aus Holz. Es ist märchenhaft.

Das Lehmhaus der beiden besteht aus einem einzigen Raum mit einer wunderbaren Terrasse mit Blick über das ganze Tal, an dessen Ende die Donau sich wunderschön durch die Natur schlängelt. Das Haus ist ein richtiger Hingucker. An der Wand sind Glasbausteine eingebaut, dadurch funkelt die Sonne in den Innenraum. Die Regale sind aus dem Lehm der Wände herausgeformt, darauf stehen kleine Figuren wie Fische oder Masken und Gebilde aus bunten Federn. Dazu ein Ofen, ein Sofa, eine Sitzecke und ein kleiner Tisch.

Nach der ausführlichen Führung über das Gelände gibt es Brot mit Ei und Pilzsoße, gekocht und zubereitet auf dem Holzofen, dazu selbst gemachten Wein. »Die Trauben bleiben einfach liegen, bis aus ihnen der Saft hinausläuft, der die Basis des Weins bildet«, erklärt uns Trša in gebrochenem Englisch. Ich trinke nur ein paar Schlucke, weil ich ja noch stille. Der Wein schmeckt leicht sprudelig, erfrischend und superlecker. Ich vermisse immer mehr die Freiheit, mal wieder entspannt ein, zwei Gläser zu trinken. Trša ist ein richtiger Feinschmecker. Alle Zutaten, die er uns serviert, erscheinen mir sehr ausgewählt und besonders. Zu allem kennt er eine spannende Geschichte, und so sitzen wir hier bis spät in den Abend, essen und trinken.

»Wir müssen Momo bald ins Bett bringen«, sage ich zu Paul. Der ist mittlerweile sichtlich beschwipst. Natürlich lassen Trša und Gagar uns nicht mit leeren Händen gehen: Es gibt ein Glas Quitten und ein süß eingelegtes Irgendwas. »Das essen wir vor dem Frühstück hier. Wir trinken einen Rakija, dann einen Kaffee, und dann nehmen wir einen Löffel von diesem süßen Gelee. So fängt der Morgen an. Erst dann gibt es Frühstück!«

Erst Rakija, dann Kaffee, wow!

»Mist, wir haben wieder die Wasserprobe vergessen«, flucht Paul einige Tage später, kurz vor Belgrad. Nach dem Besuch einer Schulklasse in Wien haben wir mit Werner vereinbart, dem Lehrer der Klasse, dass wir Wasserproben entlang der Donau nehmen. Dafür haben wir ein möglichst regelmäßiges Muster auf einer Karte angelegt. »Sind schon wieder fünf Kilometer dran vorbei«, sagt Paul mürrisch. Er stoppt *Ulla*, greift in eine Kiste und holt die Probenbehälter raus. »Einmal vor Belgrad, einmal nach Belgrad, das sind sicher spannende Unterschiede«, sinniert er und beugt sich über die Reling, um die kleine Kapsel zu füllen. Die Proben schicken wir regelmäßig an die Klasse zurück, sodass diese dann ihre Analysen machen kann. Seit wir in Serbien sind, hat die Vermüllung der Donau enorm zugenommen. Die Ufer sind gesäumt mit Plastik, teilweise gibt es regelrechte Deponien direkt am Wasser.

»Hast du die Marina erreicht?«, frage ich Paul, während er die pH-Tests macht und alle Daten auf der Karte aktualisiert. »Nein, aber wir fahren einfach hin, für heute Nacht finden wir sicher einen Platz. Da vorne hinter der Halbinsel müssen wir rechts rein, da bei dem Müllberg.« Ich schaue auf die Karte. »Das ist ein Naturschutzgebiet, steht hier«, sage ich überrascht. »Ernsthaft?«, fragt Paul ungläubig. Als wir an der Halbinsel vorbeifahren und in Richtung Hafen einbiegen, traue ich meinen Augen nicht. Die gesamte Insel ist mit einem sicher fünf Meter breiten Müllsaum umgeben. Das Wasser stinkt wie in einer Kläranlage. »Wo sind wir hier gelandet?«, fragt Paul entgeistert. »So was habe ich noch nie gesehen, das ist ...« Ihm fehlen die Worte, mir auch. Langsam schiebt sich *Ulla* durch die Plastikflut, in der mittendrin ein paar Schwäne schwimmen. Skurril und traurig zugleich.

Als wir in der Marina ankommen, müssen wir feststellen, dass es weder Dusche noch Strom oder Wasser gibt. Die Marina ist winterfest gemacht. Nach einiger Recherche finden wir heraus, dass im Nebenfluss, der Save, noch eine Marina ist, die anscheinend auch geöffnet ist, leider etwa zehn Kilometer gegen die Strömung zurück. Uff, das dauert mit *Ulla* Stunden.

»Aber hier können wir auf jeden Fall nicht bleiben«, überzeugt mich Paul. Wir haben vor, mit Freunden von Trša ein paar Tage lang Belgrad zu erkunden und ein, zwei Projekte zu besuchen.

Angekommen in der Ada Marina, in der gleichnamigen Ada Bay, an der eine gigantische Mall namens ... Trommelwirbel ... Ada Mall errichtet ist, werden wir herzlichst von Zoran empfangen. Zoran ist der besagte Freund von Trša. Er kommt mit seinem

Volvo angesaust. »Hello, meine Freunde.« Er breitet seine Arme aus. »Willkommen in Belgrad! Ich rede gleich mit dem Mann, dem die Marina gehört«, sprudelt er weiter, »ihr bekommt hier einen Spezialpreis, weil ihr Freunde von mir seid. Ich kenne ihn gut. Und jetzt kommt ihr erst mal mit, ich zeige euch mein Hausboot. Da könnt ihr euch auch kostenlos hinlegen, wenn ihr wollt. Ist nicht weit von hier.« Was für ein wunderbares Willkommen! An diesem Ort können wir bleiben.

»Ich glaube, ich will abstillen«, sage ich später zu Paul. Der Gedanke kreist schon länger in meinem Kopf. »Die erste Abnabelung von Momo und mir. Ich habe schon ein bisschen Schiss davor.« Besorgt schaue ich Paul an.

»Ja, krass«, sagt er. »Aber du schaffst das, und ich unterstütze dich dabei. Wir machen das Schritt für Schritt«, beruhigt er mich. »Und dann kannst du auch endlich mal die Willkommenskultur pflegen!«

Momo stellt sich auf die neue Situation nicht ganz so schnell ein wie mein Busen. Ich vermeide Brust-an-Brust-Hautkontakt mit ihr komplett, sonst gibt's direkt Gebrüll. Ich zieh mich nicht vor ihr um, damit sie mich nicht nackig sieht, weil auch dann direkt die Tränen kullern. »Bu, buuuu«, ruft sie. Momo ist mittlerweile 15 Monate und weiß schon genau, was sie will. Einfach wird das nicht, das merke ich schon.

Unsere Still-Beziehung war am Anfang nicht einfach. Es dauerte ewig, bis alles reibungslos funktionierte. Danach aber genoss ich das Stillen richtig. So nah werden wir uns wahrscheinlich nie wieder sein. Das Gefühl, wenn dein kleines Baby selig an deiner Brust trinkt, ist wunderschön. Aber jetzt ist es Zeit für ein neues Kapitel. Solange wir hier in Belgrad im sicheren Hafen liegen, möchte ich das abschließen, das ist mein Ziel. Aber es zehrt an unseren Nerven.

»Boah, Paul, nerv mich nicht«, fauche ich ihn schon am nächsten Tag an, als er nach Momos Mütze sucht. Gestresst geht er nach draußen und zieht die Tür mit einem festen Ruck hinter sich zu. Er will mit Momo einkaufen. Die Nacht war mal wieder ziemlich anstrengend – für uns alle drei. »Beschissene Nacht, beschissener Morgen«, denke ich laut vor mich hin, lasse meine Aggression am Küchenschwamm aus und fühle mich dabei, als würde ich eine rohe Kartoffel zerquetschen. Auch wir beide haben gerade einen ausgewachsenen Hüttenkoller. Seit fast vier Monaten hängen wir nur aufeinander – meistens zu dritt. Alles muss nebenherlaufen, Care-Arbeit, Projekte besuchen, Pauls Job bei BBN, Reparaturen am Boot und der ganze Haus-, äh, Bootshalt.

Cherry on the Cake: Ich bin zusätzlich sozial unterversorgt. In Berlin sehe ich meine Freunde mehrmals die Woche, hier telefonieren wir nur ab und zu. Meinen Frust übertrage ich auf Paul. Egal, es kann nur besser werden, denke ich schon ein bisschen weniger wütend und entlasse den Schwamm in sein Habitat, die Spüle.

Als Paul und Momo vom Einkaufen zurückkommen, hat auch er sich wieder entspannt. Er nimmt mich in den Arm, und ich grunze ihm liebevoll ins Ohr: »Made, Made, Freunde?«, fragt Paul vorsichtig. »Made, Made, Lieeebe«, antworte ich, und wir lachen und kuscheln uns zusammen. »Buuu«, steigt Momo ein, und ich halte mir lachend die Hände vors Gesicht. »Mama braucht ihren Körper zurück, aber Mama ist immer für dich da und passt auf dich auf«, erkläre ich ihr liebevoll. Das beruhigt sie. Mal sehen, wie die weiteren Tage verlaufen.

»*No way!*«, rufe ich Paul zu, während ich auf der Toilette sitze. »Ich habe meine Periode bekommen, nach zwei Jahren!« Das ist ein Scherz. Nicht mal zwölf Stunden abgestillt, und der Körper blutet wieder.

Nach zwei Wochen Entzug ist der kleine Busenjunkie clean. Meine neue körperliche Freiheit habe ich direkt zelebriert, und zwar in einer Free-Dance-Klasse ganz ohne »Schnaps«. Maša hatte mich dazu eingeladen. Zusammen mit Zoran, ihrem Lebensgefährten, sind sie unser »Marinko« Belgrads.

Maša und ich verstehen uns richtig gut. Und mal ohne Paul und Momo unterwegs zu sein, fühlt sich an wie ein kleines Abenteuer für sich. Heute bin ich endlich mal wieder: nur Anna.

Bei den Beats in der Tanzstunde kann ich so richtig loslassen und powere mich aus. Von meinem Studium als Theaterpädagogin bin ich es gewohnt, mich körperlich mit Gruppen zu bewegen. »Danke, Maša, das habe ich so richtig gebraucht«, sage ich zu ihr, als wir die eiserne Wendeltreppe vom Tanzstudio herunterlaufen. »Ich wusste, dass du es lieben wirst«, antwortet sie mir in perfektem Englisch. Maša hat viele Jahre in den USA gelebt und spricht die Sprache fließend – Glück für mich, so können wir uns ohne Probleme unterhalten.

Zoran und Maša sind wieder ein Volltreffer. Irgendwie ist es immer so beim Reisen, trotzdem fasziniert es mich: Wie kommt man genau zu diesen Leuten, mit denen man so vibed? Es gäbe so viele Szenarien, in denen wir sie nie kennengelernt hätten. Wären dann andere jetzt an ihrer Stelle? Was würde ich über diese anderen berichten? Ist es ein intuitiver Spürsinn? Schicksal? Glück? Egal, über Gutes muss man sich nicht den Kopf zerbrechen, man darf es auch einfach genießen. Mit Zoran und Maša verbringen wir jede freie Minute, schauen uns die Stadt an, gehen zusammen essen, erfahren vieles über die jüngere Geschichte Belgrads und Serbiens, die Kriege, die junge Generation, die Politik. Das Angenehme daran: Beide sind meist unterschiedlicher Meinung. So bekommen wir ein differenziertes Bild.

Was uns weniger erfreut, ist die rücksichtslose Umweltzerstörung in Belgrad. Die Marina, in der wir liegen, gehört zu den verseuchtesten Orten Europas. Die Landesdruckerei leitet hier ihre Chemieabwässer direkt in einen kleinen Zufluss der Bucht. Alles am Ufer ist tot. Und: Belgrad leitet seine gesamten Abwässer ungefiltert in die Donau.

Maša arbeitet als Projekt-Koordinatorin bei U.S. Forest Service und hat viele Kontakte zu nachhaltigen Projekten, die wir interviewen und auf unserem YouTube-Kanal vorstellen können. Mit ihr zusammen besuchen wir ein wunderbares Projekt, bei dem Jugendliche einer Schule gemeinsam mit lokalen Graffiti-Künstler*innen ein Wandgemälde erstellt haben, das den Wandel von fossilen zu erneuerbaren Energien zeigt. Das Bild fasziniert uns auf vielen Ebenen: Zuerst wird Kohle als Stellvertreter des fossilen Zeitalters nicht als Übeltäter verabschiedet, sondern als Heldin: »Danke für deine unfassbare Leistung, du hast uns weit gebracht, ohne dich wären wir nicht da, wo wir sind. Aber jetzt ist es genug, du darfst in deinen wohlverdienten Ruhestand gehen.« Was für eine schöne Sicht. Könnte nicht genau diese Wertschätzung dazu beitragen, viele Konflikte in diesem Prozess zu lösen? Und dann ist das ganze Mural noch über eine Augmented-Reality-App interaktiv erfahrbar. Wirklich innovativ, bitte mehr davon! Oder die kleine, aber zähe politische Bewegung namens *Ne davimo Beograd (Dont let Belgrad D(r)own)*, die versucht, sich gegen Lobbyorganisationen und korrupte Politiker durchzusetzen und Bauvorhaben, die den Ausverkauf öffentlicher Landstriche und der Umwelt beinhalten, zu stoppen. Mit Zoran und Maša gehen wir auf Demonstrationen dieser Bewegung. Sie sollen den Bergbauriesen Rio Tinto daran hindern, das Tal Jadar, ein einzigartiges Naturreservat, zu einer Minenstadt umzubauen – obwohl Beschlüsse gegen dieses Vorhaben vorliegen. Nachhaltigkeit ist hier etwas anderes als in Deutschland. Es ist underground, es ist riskant, es gibt keine ernst zu nehmenden Parteien, die sich hinter die Proteste stellen. Wir sind tief beeindruckt von all den Menschen, die wir über Maša und Zoran treffen, ihren Geschichten und ihrer Willenskraft in einem, so scheint es, sehr unfairen Kampf.

Paul

Belgrad war der bislang längste Stopp auf unserer Tour. Es ist mittlerweile Frühling geworden, und Hansen ist noch immer nicht zurück an Bord. Einerseits genieße ich die Zeit mit Anna und Momo und unser gemeinsames Familienabenteuer, aber ich würde auch gerne meinen Bruder mal wieder sehen. Zuletzt hat er Probleme mit Ronnys Papieren angedeutet, ohne konkret zu sagen, wie lange das noch dauern wird.

»Wollen wir da drüben die Nacht ankern?«, frage ich Anna und zeige in einem kleinen Seitenarm der Donau auf einen kleinen Strand. Die Bäume bekommen langsam ein saftiges Grün, oberhalb des Strands steht ein Kirschbaumwald in voller Blüte.

»Jaaa«, freut sich Anna. »Lass uns heute mal früher Schluss machen. Ich will mal wieder in die Natur.«

Ich drehe *Ulla* gegen den Strom und fahre seitlich in den Seitenarm. Die Solaranlagen sind ausgefahren, wir fahren elektrisch.

»Hier ist gut«, sage ich zu Anna und stoppe auf, »kannst du das Ruder nehmen? Dann leg ich den Anker.«

»Aye«, antwortet sie und setzt Momo auf den Krabbelplatz ab.

»Versuch bitte, erst mal kurz Position zu halten. Wenn ich dir Bescheid gebe, kannst du auf Neutral gehen.«

»Aye, aye!«

Ich gehe nach vorne. »Hey, Position halten, habe ich gesagt«, rufe ich Anna zu und mache eine genervte Geste. »Siehst du nicht, dass wir abtreiben?«

»Es geht nicht«, ruft Anna nervös zurück. Sie gibt Vollgas. Nichts tut sich. Schnell gehe ich in den Steuerstand zurück und schaue auf die Anzeigen. Der Elektromotor läuft, aber kein Vorschub. Dann ein lautes Rattern. »Ausmachen!«, rufe ich Anna zu. »Das klingt nicht gut.« Weil wir jetzt immer schneller mit der Strömung treiben und ziemlich weit außerhalb der Fahrrinne sind, müssen wir handeln. »Ich schmeiße den Anker«, rufe ich Anna zu, während ich zum Bug hetze. Glücklicherweise hält er sofort. »Und, was ist es?«, fragt Anna ungeduldig, während ich mich mit der Stirnlampe in den Motorraum beuge.

»Fuck, das Kettenritzel hat sich von der Antriebswelle gelöst.« Ich bin frustriert.

»Kannst du mal Deutsch mit mir sprechen?«, fragt Anna genervt. »Was ist denn ein Kettenritzel?«

»Das Zahnrad, das die Kette auf der Achse vom Motor antreibt.« Die Madenschrauben, die das Ritzel in Position halten, haben sich offenbar gelöst, und der Achskeil, ein kleines Stück Metall, das das Ritzel mit der Welle verbindet, ist herausgefallen.

»Und was bedeutet das jetzt?«, fragt Anna ungeduldig. Ich drehe das Ritzel auf der Welle hin und her. »Also, das Achsloch im Ritzel ist von der Achse des Motors ausgeschliffen worden. Das ist am Arsch«, antworte ich. »Ausgerechnet dafür haben wir kein Ersatzteil dabei. Das haben wir ziemlich aufwendig in unserer Werkstatt in Berlin passend gemacht. Kaufen kann man das hier sicher nirgends.«

Anna lässt sich auf die Bank neben Momo fallen und schaut mich ratlos an. »Und jetzt? Kennen wir jemanden, der uns so was machen kann?« Sie hat recht, und die Idee ist sogar schon die Lösung. »Ja!«, sage ich nachdenklich, »Zoran hat einen Freund,

Rudi heißt der, glaube ich. Erinnerst du dich? Der hat mir doch Fotos von seiner Werkstatt gezeigt. Da stehen alle Maschinen, die man dafür braucht.« Ich zücke das Telefon und rufe Zoran an.

»Ich habe grade mit Rudi gesprochen«, platzt Zoran heraus, als er mich am nächsten Morgen anruft, »er kann das machen. Für euch zu einem Sonderpreis von ...«, er macht eine Pause, er weiß, dass das für uns ein wichtiger Faktor ist, so low-budget, wie wir gerade unterwegs sind. »Sagen wir, irgendetwas um die null Euro, plus/minus null.« Er lacht über seinen eigenen Witz. Ich bin baff. Ohne meine Antwort abzuwarten, fährt er fort: »Ihr müsstet nur einen Rohling für das Ritzel bezahlen. Den habe ich schon bestellt, ist in drei Tagen in Rudis Werkstatt. Kostet euch ... 15 Euro.«

»So, mehr können wir jetzt gerade nicht tun«, sage ich zu Anna. »Wir müssen dann wohl erst mal mit Diesel fahren, bis wir das Ersatzteil haben.« »Dann machen wir heute mal frei«, schlägt sie vor. »Lass uns mal an den Strand gehen, den Sonntag genießen.« Viel Überzeugungskraft braucht sie nicht.

»*Whaaaat?*«, ruft Anna entgeistert, als wir mit *Ulli* am Strand ankommen, »das ist ja alles voller Müll!«

Auch ich traue meinen Augen nicht, obwohl wir es hätten ahnen können. Der ganze Sand ist voller Plastiktüten, und im Gebüsch liegen Flaschen, Planen, Netze. Aber so schnell lassen wir uns nicht unterkriegen. Ich fahre zu *Ulla* zurück, hole große Mülltüten und Handschuhe, und los geht's: unser erster River-Clean-up! Eigentlich sollte die Aktion nur eine Stunde dauern, und wir wollten auch nur einen kleinen Teil des Strands von Müll befreien. Aber irgendwie können wir nicht aufhören. Und weil Momo total fasziniert davon ist, ihre kleinen Speckfüße in den Sand zu stecken, und es überhaupt toll findet, dass hier so viel »spannende« Sachen rumliegen, landen wir über drei Stunden später am anderen Ende des Strands, mit acht riesigen, prall gefüllten Müllsäcken. Viel vom Strandtag haben wir jetzt nicht mehr. Und so richtig durchdacht haben wir die Sache auch nicht. Denn die Müllsäcke liegen jetzt hinten auf *Ulla* neben den Solaranlagen, und wir wissen nicht so recht, wie und vor allem wo wir sie loswerden können. Streng genommen ist es jetzt ja unser Müll. Für öffentliche Mülleimer ist es zu viel, und in den Marinas wird es auch nicht gern gesehen, wenn eine Partei tonnenweise Müll ablädt. Mal abgesehen davon, dass es hier auf der Strecke so gut wie keine Marinas gibt. Aber irgendwie auch passend zu uns, den Olchis. Eine ganze Woche dekorieren die Müllsäcke unser Boot, bis wir endlich einen großen Müllcontainer finden – hinter einer Hotelanlage.

»Kniffel!!« Anna schaut mich herausfordernd an. Sie hat schon den zweiten Kniffel in diesem Spiel, damit ist mein Schicksal wohl besiegelt. Heute machen wir Date-Night und gönnen uns eine Flasche Crémant, was viel zu selten passiert in den letzten Monaten. Unser Liebesleben leidet unter der Situation. Sicher liegt es vor allem daran, dass wir ein Kind haben und kaum Zeit zu zweit möglich ist – und das Abenteuer fordert meistens, was noch übrig ist an Zeit.

»Pauel wird bloooond, Pauel wird blond«, stichelt Anna. Wir haben gewettet: Wenn ich verliere, muss ich mir die Haare blond färben, wenn sie verliert, passiert nichts. Eine typische Anna-Wette. Anna geht nach unten und kommt mit einer Packung Blondierung wieder. »Wie? Jetzt? Wo ist die denn her?«, frage ich überrascht. »Hab ich in Belgrad gekauft«, sagt sie grinsend. Ich nehme die Packung und versuche, das Etikett zu lesen. »Das ist alles auf Serbisch«, klammere ich mich an den letzten Strohhalm. Ich bin unsicher, ob ich das wirklich will. Aber Anna hat das schon durchdacht. »Google Translate«, antwortet sie nur knapp. Treffer, versenkt. Ich füge mich, und als ich eine Stunde später in den Spiegel schaue, sehe ich einen anderen Paul. Das wird wohl ein paar Tage dauern, bis ich mich an den Anblick gewöhnt habe. Anna aber ist begeistert. Sie legt mir von hinten die Arme um die Schultern und sagt zärtlich und ironisch flüsternd: »Jetzt hab ich endlich meinen Traummann, blonde Haare waren das Letzte, was gefehlt hat.« Ich drehe mich um und gebe ihr einen Kuss. Ich liebe es, wenn sie so frech ist.

Am nächsten Tag ist richtiges Aprilwetter. Regen, etwas Schnee und sehr stürmisch, zu stürmisch, um die Solaranlagen auszufahren. Zwar ist unser E-Antrieb ohnehin nicht nutzbar, aber für den Bordstrom können wir zusätzliche Wattstunden immer gebrauchen. Wenn der Wind gegen die Strömung geht, bauen sich auf der Donau richtig große Wellen auf. Sicher nichts im Vergleich zum Meer, aber das Größte, was wir bisher hatten.

»Da vorne, da sind ein Restaurant, ein Spielplatz und ein Anleger«, sage ich zu Anna, als ich durch das Fernglas schaue. Immer sind wir auf der Suche nach einer Möglichkeit, ein paar gemütliche Stunden an Land zu verbringen. Aber die Suche ist meist erfolglos. »Echt?«, fragt Anna vorfreudig. »Nein«, sage ich ernst. Es ist zum Running Gag geworden, dass ich Anna mit rosigen Aussichten veräpple. »Nur ein Anleger«, korrigiere ich meine Schwindelei. »Wir müssen aber bei dem Haus dahinter fragen, ob es da tief genug ist, und erst mal mit dem Beiboot rüber.«

»Kannst du das bitte machen?« Anna schaut mich unsicher an. »Das ist mir zu wild«, fügt sie hinzu.

»Okay, ich würde Momo mitnehmen, dann kommt sie zumindest mal kurz an Land.« Momo setze ich mit Schwimmweste ganz vorne ins Beiboot und mache sie mit ihrem Sicherheitsgurt an meiner Weste fest, während Anna mit *Ulla* Position hält. Als ich ein Stück von *Ulla* entfernt bin, werden die Wellen größer. *Ulli* geht hoch und runter. Es fängt in Strömen an zu regnen, und ein eiskalter Wind bläst von vorne. Momo hat sich hinter dem Bug des Beiboots geduckt, mit dem Gesicht nach vorne, und macht keinen Mucks. Ich beschließe, die Fahrt abzubrechen. Bei den Wellen kann ich unmöglich mit Momo an Land gehen, ohne dass wir beide klatschnass werden. Ich mache mir große Sorgen, dass sie nach dieser ungemütlichen Erfahrung das Beiboot meiden will. Das wäre für uns ein ziemliches Drama, weil wir es täglich brauchen.

»Kannst du sie mir abnehmen«, rufe ich Anna zu, als ich zu *Ulla* zurückkomme. Anna sieht, wie Momo sich zusammengekauert hat. Sie denkt sicher das Gleiche wie ich. Ich nehme sie vorsichtig aus ihrer Kauerstellung und drehe sie um. Sie grinst mich an. »Mal«, ruft sie lachend, was so viel bedeutet wie noch mal. Ich fasse es nicht. Das ist wirklich das Letzte, was ich erwartet habe. »Maaal!«, wiederholt Momo ihre Forderung. Wir müssen lachen. Es ist ihr Ernst. Als ich sie Anna rüberreiche, fängt sie an zu weinen. »Boooo«, ruft sie. »Boo? Was meinst du damit?«, fragt Anna. »Boot«, stelle ich fest. Sie will noch mal Boot fahren. »Jaaa«, ruft Momo wieder lachend. Was für eine kleine Abenteurerin sie doch geworden ist! Wenn Papa schon längst aufgibt, fängt für sie der Spaß erst an.

Wir beschließen, uns mit *Ulla* langsam an den Anleger ranzutasten, und tatsächlich ist es tief genug. Am frühen Morgen werde ich davon geweckt, dass *Ulla* heftig gegen den Steck geschleudert wird. Immer wieder. Ich springe auf. Das klingt nicht gut. Auch Anna ist wach geworden. Momo schläft wie immer, wenn es wild wird. »Was ist das?«, fragt sie besorgt.

»Der Wind hat gedreht, und die Wellen drücken uns jetzt gegen den Anleger.« Zwar ist *Ulla* abgefendert, aber bei den Wellen rutschen die Fender immer wieder so weit nach oben, dass *Ulla* ungepolstert gegen den Anleger kracht.

»Wir müssen hier schnell weg«, sage ich hektisch zu Anna. Leider habe ich keine Ahnung, wie. Mit aller Kraft hatte ich versucht, *Ulla* mit dem Bug abzustoßen, aber die Wellen und der Wind sind viel zu stark. Einfach vorwärts oder rückwärts vom Anleger wegzutreiben, würde bedeuten, dass wir direkt dahinter von Wellen und Wind auf die Böschung getrieben werden würden, und da sind nur etwa fünf Meter Platz, bevor wir an der Steinstufe aufsitzen würden.

»Was ist mit dem Anker?«, fragt Anna. Auch wenn Anna technisch längst nicht so versiert ist wie ich, hat sie in den brenzligen Situationen oft die rettenden Ideen. Vielleicht gerade weil sie die Situation anders betrachtet als ich.

»Natürlich, genau! Wir nutzen die Kraft der Strömung mit dem Anker.« Es ist die beste Chance, die wir haben. Ich schmeiße den Anker, so weit ich kann, vom Bug aus Richtung Flussmitte, etwa sechs Meter. Bei der geringen Tiefe hier müsste das reichen. Langsam bringe ich mit der manuellen Ankerwinde die Leine auf Spannung, er hält. »Okay, als Erstes machen wir die Heckleinen los, kannst du das machen?«, rufe ich Anna zu. »Dann langsam vorwärts Gas geben, bis die vordere Leine nicht mehr unter Spannung ist. Sobald ich die gelöst habe, müssten wir von der Strömung über die Ankerleine Richtung Flussmitte treiben.« Anna nickt.

Der Plan funktioniert, und nur zehn Minuten später fahren wir durch die Morgendämmerung die Donau runter. »Wenigstens sind wir richtig früh losgekommen«, freut sich Anna, als sie mir einen heißen Kaffee hinstellt. Es ist ein schöner Moment zu zweit. Nie stehen wir beide vor Momo auf, immer versuchen wir, das Maximum an Schlaf zu bekommen. Aber dieser Zwischenfall hat uns zwei zauberhafte blaue Stunden beschert.

Mit Zoran sind wir regelmäßig in Kontakt. Das neue Ritzel hat er uns an ein Hotel in Kladovo geschickt, die serbische Seite der Grenzstadt Turnu Severin. Vor der Einreise nach Rumänien wollen wir es dort abholen und können dann wohl endlich wieder elektrisch fahren. Maša und Zoran sind wirklich zu unserem Backoffice geworden. Wir nennen sie schon unsere »Miss Moneypenny«, weil es fast den Anschein macht, als würden sie in einer Schaltzentrale nur darauf warten, dass wir ihnen ein Problem reingeben, das sie dann mit Geheimdiensteffizienz lösen. Obendrein füttern sie uns mit kulturellen und landschaftlichen Highlights, die wir nicht verpassen sollen. Das größte ist wohl der Naturpark Eisernes Tor.

»Da vorne geht's los«, sage ich ehrfürchtig zu Anna. Auch Anna schaut schon gebannt zum Fenster raus und wischt alle zwei Minuten das Kondenswasser von der Scheibe. Die Donau verschmälert sich hier von zwei Kilometern Breite auf nur 200 Meter und fließt durch einen sagenumwobenen Canyon. Links und rechts ragen Berge bis in die Wolken, die oberen Teile sind schneebedeckt. Der höchste Gipfel baut sich fast 700 Meter über uns auf, der Grund der Donau liegt 130 Meter unter uns. Es ist leicht neblig. Unterhalb des Đerdap Canyons befindet sich eine Staustufe und Schleuse mit dem Namen »Iron Gate 1«. Bevor diese Staustufe gebaut wurde, war dieser Teil der Donau der gefährlichste. Unzählige Schiffe sind hier verunglückt. Wer seinen Kahn nicht unter Kontrolle hatte, ist an Felsen zerschellt oder von Strudeln in die Tiefe gesogen worden.

Auch wenn von dieser Gefahr durch die Staustufe nichts übrig ist, bekomme ich eine Gänsehaut bei dem Anblick der Steilwände. Ein paar Vögel fliegen durch den Canyon, weit und breit ist kein Schifffahrtszeichen oder Verkehr. Man könnte sich vorstellen, in einer anderen Zeit unterwegs zu sein.

»Paul, das müssen wir unbedingt mit der Drohne festhalten.«

»Wir?«, frage ich ironisch zurück. »Du meinst, ich soll da raus auf das kalte ungemütliche Deck klettern und, statt die Aussicht zu genießen, die Drohne fliegen lassen und mir die Finger abfrieren?«

»Jaha!« Anna lacht. »Komm, bitte, das ist wirklich einmalig.« Ich lasse mich breitschlagen – ein dummer Fehler. Weil es unmöglich ist, die Drohne auf dem fahrenden Schiff zu landen, muss ich sie immer aus der Luft fangen. Dafür ist es absolut essenziell, dass jemand das Boot mit ruhiger Hand steuert. Als die Drohne nach oben verschwindet und ich auf der Fernbedienung die Szenerie von oben sehe, vergesse ich all diese Sorgen. *Ulla* zu beobachten, wie sie ganz klein hier unten durch dieses felsige Nadelöhr fährt, ist wirklich atemberaubend. Wir sind kurz vor der engsten Stelle. Ich beschließe, hindurch und um die dahinterliegende Ecke zu fliegen, um von dort eine Anflugaufnahme zu machen. Und dann erschrecke ich mich zu Tode. Direkt um die Ecke kommt ein riesiger Schubverband. Schubverbände sind die Züge des Wassers. Eine Schubmaschine oder Schuber schiebt meist etwa drei bis vier sogenannte Leichter vor sich her. In diesem Fall sind es sogar deutlich mehr: Dieser hat drei Reihen à drei Leichter. Etwa 40 000 Tonnen schieben sich zusammen mit uns auf die schmalste Stelle zu. Die Breite von etwa 35 Metern ist dabei gar nicht das Problem, aber um die Kurve zu kommen, muss der Schubverband übersteuern, was bedeutet, dass er zeitweise fast quer stehen wird. Bei einer Länge von sicher mehr als 230 Metern ist in dem schmalen Teil mit nur 200 Metern dann kaum noch Platz. Mit allem habe ich gerechnet, aber nicht mit dieser Dimension. »Aufdrehen, jetzt!«, rufe ich Anna panisch zu. »Da kommt ein riesiger Kahn!« Anna zögert nicht und dreht *Ulla* in die Strömung. Sie ist hier so stark, dass wir unmöglich gegen sie ankommen können. Fluchend fliege ich die Drohne zurück zu

Ulla, und als ich um die Biegung komme, erschrecke ich erneut. Auf dem Kamerabild kann ich sehen, dass flussaufwärts gerade ein Flusskreuzfahrtschiff in den Canyon eingefahren ist. Diese »Viking«-Schiffe sehen wir ständig, seit wir auf der Donau sind. Die Situation im Canyon wird dadurch noch schwieriger. Ich steuere die Drohne zurück zu *Ulla*. Plötzlich gehen ihre Distanzsensoren los. »Verdammte Kacke, das darf nicht wahr sein«, rufe ich laut. Ich habe vergessen, sie auszuschalten, und leider kann man das nur nachholen, wenn die Drohne nicht fliegt. Immer, wenn ich sie zu mir hinsteuern will, piepst sie und fliegt zurück. Ich versuche, mich zu beruhigen: »Du schaffst das, ganz ruhig.« Aber wie? Langsam sehe ich den Schleppverband um die Ecke schleudern. Er ist jetzt noch höchstens drei Minuten entfernt. Muss ich die Drohne opfern? Ein lang gezogenes Schiffshorn ertönt.

Hansens Auszeit

Berlin, 2. März 2023, Tag 209

Hansen

Das kann nicht wahr sein. Gerade habe ich eine E-Mail vom Veterinäramt bekommen, dass bei der Einfuhr von Ronny aus der Ukraine nach Europa gravierende Fehler gemacht wurden. Seine Papiere sind ungültig. Es fehlen anscheinend wichtige Daten und Impfnachweise. Ich nehme sofort den »Hörer« in die Hand, um beim Amt anzurufen. Natürlich ohne Erfolg. Also wieder eine E-Mail schreiben und ein paar Tage auf eine Antwort warten, fluche ich innerlich. Spätestens in Belgrad wollte ich eigentlich wieder zu den anderen stoßen. Aber so wie es jetzt aussieht, werden wir das sogar kaum schaffen, bevor sie ins Schwarze Meer einfahren. Den wohl wichtigsten Moment der bisherigen Tour würden wir verpassen. Meine E-Mail formuliere ich entsprechend »mit Nachdruck« und der Bitte, mich schnellstmöglich über ein weiteres Vorgehen und Lösungen für diese Problematik zu informieren. Zwar bekomme ich tatsächlich noch am gleichen Tag eine Antwort, aber keine, die mich freut. Es dauert, wenn ich Vollgas gebe, noch mindestens zwei Monate, bis ich alle Papiere für Ronny habe. Ich kann das nicht glauben. Ohne diese Papiere kann ich nicht losreisen, denn spätestens in Bulgarien brauche ich das Gesundheitszeugnis. Und wenn ich es nicht habe, lese ich online, kann der Hund bis zum Nachweis eingesperrt werden oder sogar, falls er Krankheitsanzeichen hat, getötet werden. Auch wenn in den meisten Berichten steht, dass das eigentlich nie kontrolliert wird, möchte ich ein solches Risiko nicht eingehen. Bis ich loskomme, wird es also Mai – und ich werde nicht dabei sein, wenn Paul und Anna das Meer erreichen. Ich habe einen Kloß im Hals. Einen sehr fetten. Schon wieder könnte ich einfach losheulen. Paul und Anna haben unser Projekt die letzten Monate allein gestemmt, während ich im grauen Berlin meine Wunden geleckt habe. Wenn ich nun auch noch das Highlight der Tour verpasse, den Tag, an dem *Ulla* ins Salzwasser taucht, ihre Nase in den Meereswind streckt und der Wind ihre Segel bläht, muss ich eigentlich gar nicht mehr zurück an Bord.

Ronny schiebt aufmunternd seine Nase unter meinen rechten Arm.

Resigniert lege ich mich trotz früher Stunde und strahlendem Wetter in mein Bett und starre an die weiße, immer saubere und aufgeräumte Decke. Wie schön wäre es, wenn mein Leben so wäre wie diese Decke, wenn eine unsichtbare Kraft für mich aufräumen würde.

»Das hast du mir als Kind schon immer erzählt«, sagt meine Mutter, die wenige Tage später neben mir auf einer Bank sitzt, und lacht. Vor uns liegt ein Park mit uralten Eichen, dazwischen grünes kurz gemähtes Gras. Hinter uns ein kleines Landgasthaus, in dem wir uns für ein Mama-Sohn-Wochenende eingenistet haben. Unsere Hände wärmen wir an zwei in der kalten, frühlingshaften Sonne dampfenden Tassen Kaffee. So gefallen sie mir am besten, die Tassen Kaffee. Denn gerade hat jede Tasse ihren Platz, ohne dass man einen suchen müsste. Und gerade geben sie mir Energie, statt sie mir zu rauben.

Nachdem ich ihr vom Streit mit meinem Vater erzählt hatte, hatte meine Mutter vorgeschlagen, dass wir doch mal wieder etwas zu zweit unternehmen könnten – und jetzt sitzen wir hier. Sie hat viel mitgemacht in den letzten Jahren, aber sich immer wieder aufgerappelt. Erst die Trennung von unserem Vater, dann eine schwere Krankheit. »Muntr holln«, sagt sie immer, wenn man gerade heftige Zeiten durchlebt, was aus dem Plattdeutschen kommt und so viel heißt wie »Munter halten« oder »Ohren steif halten«. Ihre nordische, humorvolle Art hatte schon immer eine beruhigende Wirkung auf mich, und ich finde in ihr, seit ich sprechen kann, einen Menschen, der mir zuhört. Ein Großteil ihrer Familie waren Seefahrer*innen, und ich glaube, da brauchte man gute Nerven und vor allem Zusammenhalt. Ich erzähle ihr von allem, was mich bedrückt, von meiner Depression, von allem, was sich tief unten laut in mir regt. Von der Unruhe, von dem Wunsch, ankommen zu wollen und doch nicht zu wissen, wo. »Ich weiß zwar nicht, wo es langgeht, aber ich werde mich trotzdem beeilen«, kommentiert sie meine Aussage. »Das kenne ich von mir selbst, ich habe lange gebraucht, um zu verstehen, was man dann falsch macht.« Jetzt fängt sie an, mir ihr Herz auszuschütten, und ich höre zu.

Wir sind beide an diesem Wochenende nah am Wasser gebaut, und es lösen sich einige Knoten. Zu lange hat jede*r von uns versucht, nur die Enden der Knoten zu packen und daran zu zerren, was, wie man weiß, nichts hilft. Heute aber ist da kein Gezerre an Enden. Heute entwirren wir mit der meiner Mutter eigenen »Seefahrerinnengeschicklichkeit« die Taue in unseren Herzen. Am nächsten Tag fahren wir zurück nach Berlin mit einem Lächeln im Gesicht und ein paar Knoten weniger. Ich habe das Gefühl, dass meine Therapie nicht mehr nur bei Frau Frank stattfindet, sondern sich so langsam auf mein Leben, meine Freunde und Familie ausbreitet. Ich habe aber auch das Glück, dass meine Familie mich bei diesem Weg völlig unterstützt. Sie hat mit mir die Samen gepflanzt, die jetzt Wurzeln schlagen, durch die Kruste brechen und aus der tiefen, dunklen Erde grüne saftige Blätter sprießen lassen.

Wie es gerade wohl auf *Ulla* aussieht? Ich merke, wie sie mir fehlt. Dieser schnuckelige, hochnäsige Kahn, der im Grunde alles hat, was man zum Leben braucht.

Ich nehme mir vor, alles dafür zu tun, Kompromisse zu akzeptieren, zurückzustecken, um am Ende mit allen an Bord dieses Abenteuer genießen zu können. Ob das klappt? Ich weiß es nicht. Aber genau das ist ja die Definition von Abenteuer: eine Unternehmung mit ungewissem Ausgang.

Berlin bis Wien

Düsseldorf, 20. September 2022, Tag 46

Paul

Wir befinden uns immer noch auf dem Rhein, flussaufwärts von Duisburg. Gerade haben wir alle unsere Schwimmwesten angezogen, und es ist unklar, wie groß der Schaden am Propeller ist.

»Ich versuche, jetzt wieder einzukuppeln«, sagt Hansen, immer noch tobend vor Wut. Er drückt vorsichtig den Ganghebel nach vorne. Ein schreckliches Wummern ertönt, aber *Ulla* scheint langsam in Fahrt zu kommen. »Fuck«, sagt Hansen mit zusammengebissenen Zähnen. »Unsere Schraube ist am Arsch!«

»Aber wir haben doch Vorschub«, versuche ich die Situation zu beruhigen. »Ja, aber wie lange noch?«, antwortet Hansen. »So, wie sich das anhört, ist die Schraube schwer beschädigt, und ich habe keine Ahnung, wie lange die Lager und das Getriebe dieses Rütteln mitmachen.« »Sollen wir zurückfahren?«, frage ich demütig in die Runde. Hansen schaut aufs Handy. »Es ist jetzt kurz vor 21 Uhr, die Sonne geht bald unter. Wenn wir zurückfahren, haben wir sicher zwei Stunden im Dunkeln auf dem Rhein vor uns. Der Duisburger Hafen ist nur zwei Kilometer flussaufwärts. Da sind wir definitiv schneller, auch in dem Schneckentempo.«

»Lasst uns bitte die sicherere Variante nehmen«, sagt Anna jetzt auch wütend. »Kein falscher Ehrgeiz!«

»Vor dem Hafen kommen noch ein paar Fähranleger. Da könnten wir uns zur Not auch festmachen«, überlegt Hansen und schaut in die Runde. Wir stimmen alle zu.

45 Minuten später ist es stockdunkel. Momo schläft. Wir haben unsere Positionslichter angeschaltet und schauen fieberhaft auf den Rhein. Die Strömung hat hier, kurz vor Düsseldorf, weiter zugenommen, sodass wir noch langsamer vorwärtskommen. Das ganze Boot zittert unter der Unwucht der Schraube.

Ich schaue zur Seite und erschrecke mich zu Tode: Direkt neben uns fährt ein riesiger Kahn vorbei. »Hattest du den gesehen?«, frage ich Hansen mit aufgerissenen Augen. »Nein«, grummelt er, »aber der hat sicher uns gesehen.« Wer noch nie nachts auf einem Fluss gefahren ist, kann das kaum nachvollziehen. Die Sicht ist unfassbar schlecht. Egal wie groß die Kähne sind, sie haben alle nur Positionslichter, und die haben die Leuchtstärke einer helleren Taschenlampe. Vor dem Hintergrund der Düsseldorfer Brücken und Skyline ist es beinahe unmöglich, diese kleinen Lichter zu erkennen. Aber wir bekommen Übung. »Da vorne kommt wieder einer um die Biegung«, sage ich angespannt zu Hansen. »Okay, ich sehe ihn«, bestätigt er. »Es sind noch zweihundert Meter zur Hafeneinfahrt«, sagt Anna, die durchgehend die Navigation im Blick behält. »Sind wir denn sicher, dass wir da reinkommen? Ist es da tief genug?«

»Wenn da die großen Kähne reinfahren, dann müssen wir das auch schaffen«, antwortet ihr Hansen, und mal wieder wird gefährliches Halbwissen zur Gefahr. Als wir hinter der Hafenmole sind, gehe ich auf Deck. »Ich leuchte die Ufer ab, vielleicht finde ich eine Anlegemöglichkeit«, sage ich beim Rausgehen. Mit unserem Suchstrahler in der Hand stehe ich auf dem Deck und schaue mich um. »Da vorne, bei der Wasserschutzpolizei«, rufe ich zu Hansen und leuchte mit dem Strahler auf das Schiff. Hansen legt das Ruder an und steuert auf den Polizeianleger zu. *Ulla* stoppt. »Verdammt, wir sitzen auf«, ruft Hansen und fährt rückwärts in tieferes Wasser zurück. »Versuch es mal weiter hinten im Hafen, da ist auch der Frachthafen«, rufe ich ihm zu.

Immer wieder sitzen wir auf, wir ertasten uns geradezu unseren Weg immer weiter in das Hafenbecken. Dann entdecke ich einen Anleger mit einem Motorboot. »Schau mal da drüben, Hansen, wenn wir es da hinschaffen, ist das unser Schlafplatz.« Hansen steuert auf den Anleger zu, aber etwa 20 Meter davor sitzen wir erneut auf. »Wenn es so flach ist, können wir hier auch einfach bleiben«, sagt Anna, »die großen Kähne kommen dann doch sicher auch nicht hier durch, oder?« Wir stimmen ihr zu.

Als wir uns gerade hingelegt haben, höre ich eine Stimme rufen. »Hey ihr, da könnt ihr nicht liegen. Das ist mitten in der Fahrrinne.« Ich kann es nicht glauben. Irgendein penibler Besserwisser will uns jetzt weismachen, dass hier große Schiffe langfahren? »Hallo, hört ihr mich?«, ruft der Mann weiter. Ich bin todmüde und sauer. »Zusammenreißen, freundlich sein«, ermahne ich mich.

Als ich zur Tür rausschaue, steht ein freundlich grüßender und lachender Mann auf dem Steg. »Hallo«, grüße ich knapp zurück, »wir haben unsere Schiffsschraube im Rhein geschrottet und können nicht weiter«, sage ich in der naiven Hoffnung, dass dadurch die Fahrrinne der großen Kähne etwas Platz macht. »Kommen hier wirklich Schiffe durch?«, füge ich ungläubig hinzu.

»O ja, jeden Tag, jede Nacht. Das nächste in …«, er schaut auf seine Uhr, »… etwa 25 Minuten.« Ich bin baff. Aber die Sicherheit des Mannes überzeugt mich. Anna und Hansen sind jetzt auch auf Deck. Der Mann erkennt unsere Verzweiflung und fügt hinzu: »Ich bin übrigens Jan, und das da vorne ist mein Boot.«

Er zeigt auf ein etwa zehn Meter langes Motorboot. »Daneben ist es etwas tiefer, legt euch doch einfach an meins dran.«

30 Minuten später liegen wir, noch immer auf Grund, etwa einen Meter von Jans Boot entfernt. »So reicht das, Feierabend!«, schätzt er die Lage zufrieden ein. In genau diesem Moment schiebt sich ein gewaltiger Kahn langsam in das Hafenbecken. Wenn ich es bis jetzt nicht glauben konnte, dann ist das der letzte Beweis. Die *Terra* manövriert unaufhaltsam genau dort entlang, wo wir eben noch lagen. Steine krachen durch ihre Propeller. Mir wird ganz anders. Ich springe auf Jans Boot rüber und gehe zu ihm. »Verdammte Scheiße«, sage ich mit Blick auf die kolossale Bordwand, die sich an uns vorbeischiebt. »Ja, dat hätte wehjetan.« Ich schaue ihn mit einem gezwungenen Lächeln an, er streckt mir die Hand entgegen. Seine Pranke und fester Händedruck haben etwas Beruhigendes. »Willkommen in meiner kleinen Oase«, sagt er jetzt. »Ihr habt sicher gerade richtig Scheiße gefressen, zumindest seht ihr echt fertig aus«, sagt er lachend in rheinländischem Akzent. »Ihr schlaft jetzt erst mal ordentlich, morgen gibt's Kaffee und wat Deftiges inne Kauleiste, un wat dann an Sorgen noch übrig is, gehen wir dann an.« Ich bin baff. Wie nett kann ein Mensch sein? Wir legen uns hier, ohne zu fragen und etwas pampig an seinen Steg, halten ihn für einen kleinlichen Idioten, der uns nur Stress machen will, und dann stehen wir vor einem Menschen, der die Hilfsbereitschaft und Empathie in Person ist. Unser Schiffbruch ist in der Tat in einem Paradies geendet, mit dem Unterschied, dass wir noch leben.

Jan ist ein Rheinländer durch und durch und mit dem Herzen am rechten Fleck. Er hilft uns bei allen Problemen, mit denen wir derzeit kämpfen. Er kocht gerne und gut, ist wahnsinnig fit, was Boote und die damit verbundene Technik angeht, telefoniert herum und aktiviert sein Netzwerk, damit wir eine neue Schraube bekommen, und fährt uns sogar nach Köln, damit wir dort Ersatzteile und Werkzeug abholen können. Womit haben wir das verdient?

Er wohnt auf dieser kleinen Insel. Sie liegt mitten im Düsseldorfer Hafen. Das Paradies besteht aus einem großen, rostigen Schwimmponton mit gut eingerichteter Werkstatt und einer auf zwei Schwimmkörpern konstruierten Bootsgarage, deren ehemalige Werkstatt er am Ende in eine gemütliche Wohnküche umgebaut hat. Die ganze »Insel« liegt derzeit mit einer Seite auf dem Trockenen, so wenig Wasser hat es hier. Auf den nicht überdachten Flächen hat Jan auf magische Weise einen wunderschön wilden Garten gepflanzt. Sogar einen kleinen Teich hat er hier angelegt. Unzählige Bierkästen stehen herum, dazu diverse Grills.

»So, Leute, das Wichtigste wäre, dass wir erst mal die Schraube abbekommen«, sagt Jan, während er uns mal wieder ein dampfendes Essen auf den Tisch stellt. »Ich habe die Häfen mit Kränen in der Umgebung alle abtelefoniert, für euer Schiff ist leider überall nicht genug Wasser. Außerdem ist der Pegel weitergesunken, kann also sein, dass ihr aus dem Hafen gerade gar nicht rauskommt.«

»Dann müssen wir tauchen«, sagt Hansen.

»Wir?«, fragt Anna spöttisch. »Du meinst, einer von euch beiden?«

»Ja«, sagt Hansen genervt. »Paul oder ich. Das muss jemand mit technischem Know-how machen, aber glaub mir, ich streite mich nicht darum, den ganzen Tag in der Hafensuppe zu schwimmen.«

»Ja, wie immer, geht ja nicht anders«, antwortet ihm Anna. »Ich pass dann auf Momo auf, das kann ich ja.«

Ich verstehe Anna. Niemals hatte ich es mir so vorgestellt. Ich würde ihr wirklich gerne die Care-Arbeit abnehmen, aber unser Zeitplan sitzt uns im Nacken. Ich hasse dieses Dilemma.

Ich stehe auf der Heckterrasse von *Ulla*. Prustend taucht Hansen vor mir auf, ein Stück Plastiktüte auf dem Kopf. Angewidert zieht er es sich vom Kopf, schiebt sich die Taucherbrille aus dem Gesicht und holt tief Luft. »Das wird anstrengend, ohne Taucherflasche! Und die Schiffsschraube sieht aus wie ein Kopfsalat«, sagt er. »Ein Wunder, dass die noch funktioniert hat. Der ganze Grund ist ein ekelhafter weicher Schlamm. Abstützen kann man sich darauf nicht«, fasst er seine ersten Erkundungen zusammen. »Die Sicht ist okay, solange hier nicht wieder die *Terra* vorbeifährt.«

»Hmmm«, denke ich nach. »Wie ist die Schraube befestigt?«

»Mit einer Kontermutter auf die Welle gezogen. Gib mir mal den Engländer«, sagt Hansen, »ich will versuchen, die Mutter abzudrehen. Kannst du beim Getriebe die Welle gegenhalten?« Ich reiche Hansen den riesigen Engländer, den Jan zufälligerweise in seiner Werkstatt hatte. Ein bisschen wie der Schnabel des Pelikans namens Pelle aus der Bilderbuchreihe *Petzi*. Man greift rein und bekommt genau das raus, was man braucht. Immer!

Nach drei Stunden Tauchgang hat Hansen die Mutter endlich gelöst. Als Nächstes versuche ich mein Glück mit einem Schiffsschraubenabzieher, den wir eingepackt hatten. Jetzt erst merke ich, wie kompliziert dieses Vorhaben ist. Wir haben immer nur etwa 30 Sekunden, bis wir wieder auftauchen müssen, um Luft zu holen. Die Sicht ist für die feinen Fummeleien zur Installation des Schraubenabziehers eigentlich zu schlecht.

»Der Abzieher ist direkt zerbrochen«, rufe ich Hansen prustend zu. »Wir brauchen da was viel Größeres und Stabileres.«

Hansen greift in Pelles Werkstatt, und da liegt er: der perfekte Schraubenabzieher für *Ulla*. Nach einigen Tauchgängen haben wir den neuen Abzieher installiert. Mit dem großen Engländer bringe ich Stück für Stück das System auf mehr Spannung. Ich stelle mich dazu unter Wasser in den Schlamm, sinke bis zur

Hüfte ein. Auf einmal gibt es einen Knall, ich rutsche ab und schieße nach oben. »Und?«, fragt mich Hansen, wie jedes Mal, wenn ich auftauche. »Irgendwas hat sich getan«, sage ich aufgeregt. »Entweder der Abzieher ist gebrochen, oder die Schraube ist ab.« Schnell tauche ich wieder unter und tatsächlich: Sie ist gelöst.

Anna, Hansen und ich stehen mit Jans gesamter Freundesclique ratlos neben der Schraube. Alle im Hafen fiebern mittlerweile mit uns mit, alle wollen uns helfen. »Hier irgendwo müsste eine Nummer oder so eingraviert sein«, sagt Akki, während er sie mit einer Drahtbürste bearbeitet. Und tatsächlich finden wir sie. »Verdammt, das ist alles in Zoll, englische Maße«, sagt er jetzt. »Das bekommen wir hier nicht. Entweder, ihr lasst euch eine bauen, das kostet aber sicher dreitausend Euro und viel Zeit, oder …«, er denkt nach, »… oder ihr fragt mal bei der Werft des Bootes, ob die noch eine haben.« »Die gibt es nicht mehr«, sage ich resigniert. »Wir hatten schon mal wegen Bauplänen für das Boot recherchiert.«

»Hatte nicht der Vorbesitzer mal eine andere Schraube installiert? Das hatte er doch erzählt«, wirft Anna jetzt aufgeregt ein. »Ja, aber die hat er ja wieder demontiert, weil sie zu groß war«, sagt Hansen, »der Diesel hat das nur im unteren Drehzahlbereich gepackt.«

»Ihr habt doch aber jetzt einen Elektromotor«, wirft Leo ein, der hier im Hafen auf einem Hausboot wohnt. »Ein Elektromotor hat ganz andere Drehmomenteigenschaften als ein Diesel. Wer weiß, vielleicht passt die Schraube ja dafür. Dann könnt ihr zwar mit dem Diesel allein nie auf Vollgas fahren, aber das soll doch eh nur euer Ersatzantrieb sein, oder?«

»Es ist eure einzige und beste Option«, sagt Christian, der Kapitän einer Schute, der bei Jan immer zum Wassertanken anlegt. Irgendwie bin ich belustigt darüber, wie sich unser Problem hier verselbstständigt und sich dabei nach und nach zu lösen scheint.

Nur fünf Tage später ist die neue Schraube vom hilfsbereiten Reinhard Berner, dem Vorbesitzer, installiert. Weil der Elektroantrieb nach wie vor nicht funktioniert, testen wir sie mit dem Diesel, und tatsächlich fängt der im oberen Drehzahlbereich ziemlich an zu qualmen, aber wir sind weiter zuversichtlich, dass unser Elektroantrieb das Problem lösen wird – wenn wir ihn dann endlich am Laufen haben.

Auch wenn der Aufenthalt bei Jan durch einen Unfall verursacht wurde, bin ich mittlerweile fest davon überzeugt, dass er auch ohne die Havarie notwendig war. Bei Jan und seinem Freundeskreis sind wir in ein dichtes Netz von geballter Rheinfahrerkompetenz gestoßen. Die feucht-fröhlichen abendlichen Runden sind wie ein Intensivkurs in Rheinkunde. Kapitän Christian erklärt uns, wie man auf dem Rhein bei Motorausfall, nur mit einem Anker flussabwärts treibend, weiter steuern kann, und gibt uns gleich noch die obligatorische rote Flagge dafür und seine Nummer, auf der wir ihn jederzeit anrufen dürfen, wenn wir Hilfe brauchen.

Er kennt alles und jeden den ganzen Rhein hoch bis nach Mainz. Jan klärt uns über die Gefahren auf, vor allem auf der Bergstrecke bei der Loreley, die wohl eine echte Herausforderung sein wird: Hier dürfen keine Fehler passieren. Wir haben nach unserem Liegeplatz in Berlin endlich wieder einen Ort mit Werkstatt, an dem wir unseren Elektroantrieb fertigstellen können, und nicht zuletzt bekommen wir noch unser Beiboot *Ulli*, was im Notfall sowohl als Rettungsboot als auch als Landungsboot in flachen Gewässern dienen kann. Fabian, ein junger Freund unseres Gastgebers Jan, hatte dieses kleine Schlauchboot mit

Vier-PS-Außenborder zu verkaufen und es uns für einen sehr fairen Preis vermacht.

Anna

Heute kommen uns meine Freundin Christina aus Berlin und ihr Freund Johannes in Düsseldorf besuchen. Es ist ewig her, dass ich sie gesehen habe.

»Wie geil sieht *Ulla* bitte aus?!«, sagt Christina voller Bewunderung, als sie den Steg zu unserem derzeitigen Domizil bei Jan runtergelaufen kommt. Beide Masten thronen mittlerweile stolz über unserem kleinen Kahn und lassen *Ulla* ziemlich prächtig aussehen. Außerdem ist sie nun unser Zuhause, und man sieht ihr an, dass hier gelebt wird. Wir fallen uns dirckt in die Arme. »Ach, es ist so schön, dich zu sehen!«, freue ich mich.

»Ich bin gerade ziemlich am Limit. Momo bekommt Zähne und wacht nachts alle dreißig Minuten auf. Paul kann mich kaum unterstützen, weil er sich die Nächte um die Ohren schlägt, um das Boot fertigzubekommen und den Elektroantrieb. O Mann, Christl, ich hab diese Tour so krass unterschätzt«, erzähle ich ihr niedergeschlagen und erschöpft. Sie nimmt mich in den Arm: »Wir machen uns jetzt einen richtig schönen Tag, und morgen kommt ihr mit zu Johannes' Ausstellung«, schlägt sie vor.

Am nächsten Tag fahren wir dann gemeinsam mit Momo, Christina, meinem Vater, der in Köln lebt, und seiner Lebensgefährtin zur Ausstellungseröffnung »Controlled burn« von Julian Charriere in der Langen Foundation in Neuss. Johannes ist hierfür der Co-Director gewesen. So haben Hansen und Paul den ganzen Tag Zeit, weiter am Boot zu arbeiten.

»Wir sind wieder total im Stress«, erzähle ich meinem Vater

unterwegs. »Die Jungs müssen jede freie Minute nutzen, um das Boot startklar zu machen, und ich bin 24/7 zuständig für Momo. Ich frage mich wirklich, wann endlich mal alles fertig ist. Momo und ich schlafen gerade in einem Zelt, das wir im hinteren Teil des Steges aufgebaut haben, damit Hansen und Paul auch während Momos Schlafzeiten arbeiten können.«

Der gemeinsame Ausflug nach Neuss war beflügelnd, die Ausstellung beeindruckend und der Ort richtig mystisch. Endlich konnte ich mal wieder richtig abschalten. Und dass Christina mir Momo auch immer wieder abgenommen hat, habe ich auch total genossen.

Um mit Momo so viel wie möglich weg vom Boot zu sein und den beiden den Raum zum Arbeiten zu lassen, bin ich jeden Tag unterwegs, so viel es geht. Ich gehe mit ihr zum Strand, zu Spielplätzen oder in die Innenstadt.

Am darauffolgenden Tag versuche ich, abends beim Spazieren am Rheinufer meine Freundin Jana anzurufen, die immer noch unter »Jay Rumble« bei mir im Handy eingespeichert ist. Ihr Spitzname von früher, als wir 16 oder 17 waren. Momentan führe ich die meisten Gespräche mit ihr, sie ist meine beste Freundin, lebt in Stuttgart und ist auch Mama. Karla, meine Patentochter, ist ein Jahr älter als Momo. Jana kennt alle Details dieser Reise, wir sprechen uns fast täglich und führen so was wie eine »Telefon-Ehe«. Dass wir jetzt auf einem Boot unterwegs sind, macht für sie kaum einen Unterschied – seit Jahren leben wir unsere Freundschaft so intensiv und sehen uns nur ein paarmal im Jahr persönlich, weil wir so weit voneinander entfernt leben. Die Mailbox geht ran. Schade, denke ich, nicht erreichbar.

»Wir brauchen mehr Zeit, sonst wird der E-Antrieb nicht fertig«, sagt Paul bei unserer Krisensitzung am Abend. Ich muss mich zusammenreißen. »Ich kann mit Momo für ein paar Tage nach Köln zu meinem Vater fahren«, biete ich an. Gesagt, getan. Er holt uns am nächsten Tag mit einem weinroten T5 ab. Mein Vater lebt mit seiner Lebensgefährtin Caro in einem süßen Haus in einem äußeren Stadtbezirk von Köln. Leider sind die Tage bei ihnen keine Erholung. Mein Vater ist in sich gekehrt und lässt sich nur schwer zu gemeinsamen Aktivitäten motivieren. Eigentlich ist er die engste Bezugsperson in meinem Leben. Irgendwie hat uns der Tod meiner Mutter auch noch mehr zusammengeschweißt. Zwar schaffen wir es viel zu selten, uns zu treffen, telefonieren dafür umso öfter. Mein Vater ist in meinen Augen einer der klügsten Menschen, er ist wie ein laufendes Lexikon und kennt immer eine passende Anekdote. Seine Welt sind Bücher und Filme – schon immer, seit ich denken kann. Unzählige Stunden hat er mir als Kind vorgelesen, wir haben sogar gemeinsam alle Harry-Potter-Bücher gelesen. Laut meiner Mutter war ich schon immer ein »Papa-Mädchen«, und ich stimme ihr mittlerweile zu, mein Vater und ich stehen uns sehr nah – bis heute und hoffentlich für immer. Umso anstrengender empfinde ich die Stimmung in Köln. Ich kenne diese Seite von meinem Vater. Manchmal habe ich das Gefühl, er würde sich am liebsten in die Welt der Lektüren und Filme absetzen. Er braucht viel Zeit für sich allein. Das kann ich verstehen, trotzdem: Ich bin doch so selten hier.

Dann kommt wieder dieser Gedanke hoch – dass meine Mutter fehlt. Sie würde das ausgleichen. Sie hätte sich darum gerissen, mir Momo abzunehmen. Jedes Mal, wenn ich mich bewusst mit dem Thema »Familie« auseinandersetze, kommt die Trauer in großen Schüben.

Mir gehen tausend Gedanken und Fragen durch den Kopf. Ob Paul, Hansen und ich tatsächlich monatelang auf diesem Miniboot klarkommen? Wir können uns nicht einfach aus dem Weg gehen. Paul und Hansen zicken sich gerade nonstop an, und auch zwischen Paul und mir herrscht meistens eine garstige Stimmung. Wir streiten uns viel mehr, seit Momo geboren ist. Sie ist jetzt acht Monate alt, und wenn es um ihre Erziehung geht, kümmere ich mich viel mehr als Paul. Ich muss ihn oft darauf hinweisen, Dinge zu tun. Kleinigkeiten, auf die ich achte und Paul nicht. »Kannst du bitte Momo wickeln? Setzt du Momo ihren Hut auf? Würdest du mit ihr eine kleine Runde drehen?«

Am nächsten Morgen klingelt mein Handy, Paul ruft an. Er fragt, wie es läuft, aber klingt komisch. »Was ist los?«, unterbreche ich ihn. »Ach, keine Ahnung …«, stammelt er. Ich bohre weiter, weil ich merke, dass es um etwas Wichtiges geht. Dann platzt es aus ihm heraus. »Hier ist einfach totale Krise. Hansen kann es nicht nachvollziehen, dass du so überlastet mit der Arbeit mit Momo bist. Er empfindet die Arbeit hier am Boot als viel anstrengender und würde gerade gerne mit dir tauschen.« Die Aussage haut mich um. »Was denkt er denn, was ich mit Momo die ganze Zeit mache?«, frage ich genervt. »Keine Ahnung, er ist megagestresst und meint, dass du bei deinem Vater ja auch Hilfe bekommst.«

»Er hat wirklich eine absurde Vorstellung vom Elternsein. Supermegachillig, so ein Kleinkind – hat man richtig viel Zeit für andere Sachen. Ich habe hier keine Unterstützung – das kannst du ihm gerne ausrichten!«, sage ich wütend.

»Ich glaub, er ist einfach krass überarbeitet und kann sich nicht vorstellen, was du alles leistest«, versucht Paul, mich jetzt zu beruhigen.

»Aber wie hat er sich das denn vorgestellt, als er Ja zu diesem Familienabenteuer gesagt hat?! Dass Kindergroßziehen superentspannt nebenher funktioniert? Hat er sich einmal konkret damit auseinandergesetzt, was es bedeutet, ein Kind zu haben? Wie viel

Zeit, Mühe und schlaflose Nächte das sind?« Ich explodiere.»Ich versteh seine Sichtweise auch nicht«, sagt Paul traurig.

»Also denkt er, dass ich mich hier entspanne und Däumchen drehe? Das bedeutet ja auch, dass er denkt, dass ich mir in Berlin während der Umbauphase 'ne gemütliche Zeit mit Momo allein zu Hause gemacht habe! Er hat doch mitbekommen, wie krass fertig ich war, wie müde und dass ich nie eine Pause hatte, über Wochen.«

»Anna, keine Ahnung – das meinte er halt. Ich finde es auch ziemlich krass. Ich weiß gerade auch nicht wirklich weiter.« Paul wirkt niedergeschlagen.

»Ich kann mir vorstellen, dass es hier noch um andere Themen geht«, versucht Paul eine Erklärung. »Für Hansen ist die ganze Situation einfach sehr schwer, dass ich jetzt ein Kind und dich habe. Ich glaube, er fühlt sich allein, und das überträgt er auf dich. Ihm fehlt gerade die Empathie.«

Ich sitze im oberen Zimmer des Reihenhauses in Köln, und eine kleine Welt bricht gerade mit diesem Telefonat für mich zusammen. Ich fühle mich von Hansen nicht gesehen, nicht wertgeschätzt für das, was ich momentan leiste, dass wir alle gemeinsam weiterkommen. Ich bin total am Ende meiner Kräfte – auch durch die Dauerbelastung mit Momo und dem ganzen Stress der letzten Wochen. Momentan habe ich selbst mit meiner Rolle als Mutter zu kämpfen, und jetzt diese krasse Ansicht von Hansen um die Ohren gehauen zu bekommen, das lässt mich vollends zusammenbrechen. Die Tränen kullern mir übers Gesicht. Für mich steht plötzlich viel mehr im Raum: Es geht um die Beziehung zwischen Hansen, dem engsten Menschen meines Partners, und mir. Ich glaube, dass er mich als Person ablehnt. Dass er diese Reise lieber ohne mich und ohne Momo, allein mit Paul unternommen hätte.

Hansen

Gerade als ich meine Beine angezogen habe und, von einer unsichtbaren Kraft getragen, den vor mir liegenden Abhang hinunterschwebe, einem weiten grünen Tal entgegen, ertönt ein für die mich umgebende Natur untypisches Geräusch. Wie eine Hexe ohne Besen fliege ich immer schneller. Das Geräusch wird lauter, rhythmisch, piepsend. Aber es ist kein Vogel. Ich schaue mich um und sehe, wie der Himmel dunkel wird. Überall öffnen sich schwarze Flächen, die nach kurzer Zeit alles verschlingen. Das Tal, die Wälder, den Himmel, die Dörfer. Auf einmal ist da nichts mehr außer Schwarz und diesem seltsame, piepsende Geräusch. Ich wache auf, verwirrt, und stelle fest, dass das Piepen von meinem Wecker kommt. Vermutlich ist mein Handy mal wieder irgendwo in der Kajüte in eine Ritze gefallen. Als ich es finde, zeigt es 5:02 Uhr – und mir damit auf ironische Weise, wie lange ich nach dem Handy gesucht habe. Träge schäle ich mich aus dem Bett und stecke meinen Kopf durch die Luke. Am Horizont ist schon ein Schimmer zu sehen. Man hört, dass die Stadt am Aufwachen ist, das Bellen von weit entfernten Hunden und das Stampfen der schweren Maschinen eines wohl bald vorbeifahrenden Frachters. Ich war gestern erst nach Mitternacht im Bett und habe mir die Finger wund gearbeitet an den Solaranlagen. Ich krümme meine steifen Glieder, um mich an dem Rahmen der Luke aus dem Boot zu ziehen. Vor meinem normalen Kajüteneingang stapelt sich ein Mix aus Werkzeugen und *Ullas* Innereien. Paul ist auch schon aus seinem Loch gekrochen und sitzt auf dem Steg mit zwei Tassen Kaffee. »Wir sollten mal aufräumen«, sagt er wie bei uns üblich ohne ein »Guten Morgen«. »Und danach müssen wir dringend mal reden.« Mir schwant nichts Gutes, irgendwas mit Momo oder Anna, vermute ich. Meine Laune, die beim Betrachten der uns heute bevorstehenden Liste von Aufgaben eh schon »in der Bilge«, dem Keller des Schiffes, war, bricht jetzt komplett ein. Das Aufräumen geht zwar schneller als erwartet, aber die Freude darüber verfliegt danach sofort wieder. »Anna kann nicht mehr. Sie ist komplett überlastet mit Momo und braucht mich, um sie zu unterstützen«, sagt Paul. Ich werde wütend. »Wie kann das sein? Sie ist doch bei ihrem Vater und hat dort eine Menge Menschen, die sie unterstützen können. Sie hat ein richtiges Bett, kann mit Momo spazieren gehen, Mittagsschlaf machen und hat auch nachts sicher mehr Schlaf als wir gerade. Versteht sie nicht, wie krass wir uns hier den Arsch aufreißen, um fertig zu werden? Wir fangen um fünf Uhr an und haben dann locker achtzehn Stunden harte Arbeit. Ich würde gerade liebend gerne mit Anna tauschen und, statt unter Zeitdruck meine Knochen bis spät in die Nacht zu schänden, mit Momo auf dem Spielplatz spielen, ihr Bücher vorlesen und spazieren gehen. Aber natürlich geht das nicht. Momo braucht ihre Mama, und Anna kann die Solaranlagen nicht verkabeln.« Noch bevor die Sonne den Zenit erreicht hat, kracht es zwischen mir und Anna. Auf einen heftigen Schlagabtausch über WhatsApp folgt Funkstille. Und Paul steht mal wieder zwischen den Stühlen. Wie immer versucht er, die Streits zwischen mir und Anna zu schlichten. Aber der Tag vergeht, ohne dass wir uns aussprechen. Erst am nächsten Tag nähern wir uns wieder an. Anna hat mir mitgeteilt, dass sie keine Unterstützung von ihrem Vater bekommt und im Grunde allein ist mit Momo. Ich verstehe, dass unsere Leistungen unterschiedlicher Natur sind, körperlich und geistig. Während das Bauen an einem Elektroantrieb körperlich heftiger ist, ist das Versorgen eines kleinen, zahnenden Kindes seelisch belastender. Es tut mir leid, was ich Anna gesagt habe, und auch sie zeigt nun mehr Verständnis für meinen Frust. Ich muss sagen, dass ich Anna sogar ein wenig dafür bewundere, wie sie mit meinen auf Unwissenheit basierenden Anschuldigungen umgeht. Ich glaube, dass solche Auseinandersetzungen auch langsam dazu führen, dass wir uns besser kennenlernen und auf seltsame Art eine Basis für unsere Freundschaft bilden. Wir entscheiden uns dazu, alles zu geben, um schnellstmöglich ablegen zu können.

»Wow! Er steht! Und wie schön und stolz sie auf einmal aussieht«, sagt der schweißgebadete Paul, den Mast betrachtend. »Ja, jetzt ist sie ein richtiges Schiff!«, antworte ich, voller Freude über den Erfolg. Wir hatten die Jütanlage nie getestet und Angst, dass es wie damals würde, als wir im Keller eines Freundes eine Seifenkiste gebaut hatten, die dann aber zu groß war, um sie zur Tür rauszubekommen. Das war einer der größten Fails in Pauls und meiner Erfindergeschichte gewesen.

Wir mussten den Mast heute zum ersten Mal stellen, um effizienter an den Solaranlagen weiterarbeiten zu können. Ab sofort geht alles schneller, denn wir haben viel mehr Platz an Deck. Die Solarsegel sind tatsächlich am nächsten Tag voll einsatzbereit.

»*Equal goes it loose*«, sage ich, meine Spannung mit Humor überspielend. »Na, hoffentlich nicht ›loose‹«, antwortet Paul. Die Schraube ist installiert, die Solarsegel nach langen Nächten verkabelt, und alle Teile des gesamten elektrischen Antriebs sind verbaut. Wir haben alles »trocken« getestet. Solaranlagen ausfahren, check. System unter Strom, check. Solarbatterie lädt, check. Schubentwicklung, check. Unser Dashboard zeigt nur grüne Lämpchen, und somit können wir das erste Mal wirklich mit unserem selbst gebauten elektrischen Antrieb ablegen. Paul nimmt sich eine Plastiktüte und hält sie sich vor den Mund, um bei der folgenden Aussage die Tonqualität einer sehr bekannten, alten Ansage zu imitieren: »Ein kleiner Schritt für einen Menschen, ein gigantischer Schritt für die Menschheit«, schnarrt es durch die Tüte. »Leinen los!«, fügt Anna hinzu, die mit Momo aus Sicherheitsgründen am Ufer bleibt. Während ich am Steuer stehe, nervös an meiner Unterlippe kaue, stößt Paul *Ulla* ab und springt an Bord. Dann nehme ich den Gashebel in die Hand und bewege ihn sehr vorsichtig nach vorne. Ein leises Surren beginnt. So leise, dass man es fast für eine sehr pedantisch fliegende Hummel hätte halten können. Und *Ulla* setzt sich in Bewegung. »Hörst du was?«, frage ich Paul gespielt neugierig. »Nüscht«, ist seine Antwort. Er grinst über beide Ohren. Ich fühle genau, was er gerade fühlt. Wir geben mehr Gas. Man muss wissen, dass wir sowohl die benötigte Kraft des Motors als auch die Drehzahl und Übersetzung selbst berechnet haben. Und genau deswegen ist es so spannend. Wenige Minuten später sind wir auf voller Fahrt voraus. Das im Bordcomputer des Systems eingebaute GPS gibt eine Geschwindigkeit von elf km/h an. Weiter ist alles im grünen Bereich. Paul fängt nun sehr behutsam und nach genau überlegtem Plan an, die »Solarsegel« auszufahren. Das Resultat ist einer der schönsten Momente der bisherigen Tour. Denn alles, was wir uns monatelang theoretisch ausgedacht, geplant und berechnet haben, scheint zu funktionieren. Die Solarsegel sind draußen, scheinen stabil und liefern ganze fünf Kilowatt. Ohne Batterie könnten wir nur mit Sonne gute sechs km/h fahren. Den lieben langen Tag.

Wir jubeln und schreien so laut, dass auch Anna am Ufer es mitbekommt, die sofort einen Freudentanz mit Momo aufführt. Wir sind fertig. Wir können ablegen. Und das »Rhein«-elektrisch. Abends machen wir ein großes Abschiedsessen mit allen unseren Helfer*innen und freuen uns darauf, dass wir, obwohl wir diesen Ort auch zu schätzen wussten, in See stechen.

Am nächsten Morgen geht es sehr früh los rheinaufwärts. Die Dunkelheit, Müdigkeit und der Kater vom Vorabend stören mich dieses Mal aber nicht. Ich muss daran denken, wie es sich als Kind angefühlt hat, wenn man am Morgen aufwachte und wusste: Heute geht es in den Urlaub. »Reise, reise«, sagten unsere Eltern dann immer zu uns, und wir waren hellwach. Und genau so geht es mir heute auch. Voller Elan und Vorfreude stehen wir alle nur wenig später vor *Ulla*. Wir verabschieden uns von Jan, dem Gastgeber in der Not, der uns die ganze Zeit beherbergt hat. Einer nach dem anderen gehen wir an Bord. Leinen los. Die »pedantische Hummel« fängt wieder an zu surren, *Ulla* bewegt sich gemächlich Richtung Rhein. Sobald uns die Strömung erfasst, drehen wir gegen sie, um unseren Anstieg bis Mainz fortzusetzen. Es liegen noch einige Kilometer vor uns, tagelanges Flussaufwärtsschleichen, die gefährliche Bergstrecke, dunkle Kähne, Sandbänke und Felsen. Aber diesmal wird alles gut gehen, diesmal schaffen wir …

Es knallt. Dann ein lautes schleifendes Geräusch. *Ulla* fängt an, rückwärts mit der Strömung zu treiben. Gas geben hat keinen Effekt mehr. »Was ist passiert?«, ruft Paul aus der Küche, der gerade einen Brei für Momo warm macht.

Ich haue auf den Not-Aus des elektrischen Antriebs. Es folgt Stille, keiner sagt was. Es ist ein endlos wirkender Moment der Stille.

Anna, Paul und Momo auf der Donau

Eisernes Tor, 3. April 2023, Tag 241

Paul

Langsam kommt der riesige Schubverband mit zwölf Leichtern um die Ecke des Đerdap-Canyons. Wie befürchtet, übersteuert er dabei so sehr, dass er mit seiner Länge beinahe quer zum Strom steht und die schmalste Stelle fast ganz ausfüllt. Noch immer versuche ich, die Drohne zu retten, ohne Erfolg. Dann habe ich eine Idee: Ich hocke mich ganz flach auf das Heck von *Ulla* und lasse die Drohne etwa 2,5 Meter über der Terrasse fliegen. So ist sie weit genug oben, die Sensoren bleiben stumm. Der Plan: Ich warte, bis sie genau über mir ist, und dann schieße ich nach oben und greife sie mir.

Der erste Versuch scheitert, weil *Ulla* im genau falschen Moment einen Schlenker macht. Bei den Verwirbelungen hier im Canyon ist es schwer, genau die Position zu halten. »Es muss klappen«, fluche ich in mich hinein, »noch mal.« Als ich beim zweiten Mal hochschieße, bekomme ich sie zu fassen. Wild piepend versucht sie an Höhe zu gewinnen und gibt dabei Vollgas. Unfassbar, was für eine Kraft dieses kleine Teil hat. Mit der anderen Hand versuche ich, auf der großen Fernbedienung jetzt an den »Lande«-Button zu kommen. Endlich ist es geschafft. Ich schaue mich um. Der Schubverband ist jetzt etwa 200 Meter entfernt, weniger als eine Schiffslänge.

»Was soll ich machen?«, fragt Anna mich ängstlich. »Ich glaube, das passt so«, sage ich selbst verwundert.

Vielleicht war der Schreck größer als die Gefahr. Und vielleicht ist genau diese Überreaktion das, was uns von vielen Gefahren ferngehalten hat. Letztendlich hatten wir alle genug Platz, um aneinander vorbeizufahren. Keiner auf den Schiffen, weder auf der *Frederike* noch auf der *Viking Freya*, ist sonderlich aufgeregt. Das Signalhorn war wohl nur eine Routine und nicht für uns bestimmt.

»Hinter der nächsten Biegung ist die Schleuse«, sage ich zu Anna und schaue auf die Uhr: »Sechzehn Uhr, die schaffen wir heute nicht mehr, lass uns da vorne in der Bucht ankern.« Ein eisiger Wind weht durch die Schlucht, es hat Minusgrade. »Verdammter April«, fluche ich. Auf *Ulla* wird es merklich kälter. Als ich nach draußen gehe, um den Anker zu setzen, sehe ich schwarzen Ruß durch die Luft fliegen, und es riecht nach verbranntem Wachs. »Hier brennt irgendwas!«, rufe ich aufgeregt Anna zu. »Riechst du das auch?«

Anna streckt ihren Kopf aus der Tür. »Ja, was ist das?«, bestätigt sie meine Befürchtung. »Da, schau mal!« Anna zeigt auf den Abgasstutzen der Heizung. »Ist das normal?« Mein Blick folgt ihrem Finger. Wo normalerweise nur warme Luft mit eventuell etwas Wasserdampf aus dem Abgasschlauch der Heizung kommen sollte, ist die weiße Flanke von *Ulla* mit einer schwarzen Rußschicht überzogen. Mit schwarzem Rauch werden Rußfetzen regelrecht ausgehustet und fliegen durch die Luft. »Nein, das ist nicht normal«, sage ich frustriert zu Anna. »Das ist unsere Heizung, die gerade den Geist aufgibt.« Anna versteht sofort. »Ich schalte sie ab.« Momo steht die ganze Zeit am Fenster und schaut mir neugierig zu. Schnell setze ich den Anker und gehe dann wieder rein zu Anna. Nach einer kurzen Recherche habe ich das Problem gefunden: Die Brennkammer der Heizung muss sich mit Ruß zugesetzt haben. Mittlerweile herrschen in *Ullas* Innenräumen Außentemperaturen. Anna und ich sind in dicken Jacken eingepackt, und Momo schläft unter dicken Decken, wie immer, wenn es brenzlig ist.

Die Reparatur ist kein Hexenwerk, das System ist denkbar einfach. Aber es muss sorgfältig zerlegt, dann in einer ziemlichen Sauerei gereinigt und dann wieder zusammengebaut werden. Immer wieder puste ich mir in die Hände, sie sind eiskalt. Keine gute Voraussetzung für kleinteilige Fummelarbeiten.

»Wie sieht's aus?«, fragt Anna immer wieder, zuletzt etwa drei Stunden später, als ich gerade die Klappe zur Heizungskammer wieder schließe.

»Ist alles wieder montiert«, sage ich knapp. »Jetzt können wir nur hoffen, dass sie funktioniert.«

Anna startet die Heizung über die Fernbedienung. Ich höre den Ventilator hochdrehen, wie die Pumpe startet, und warte auf das Geräusch der zündenden Brennkammer. »Die Pumpe muss erst wieder Diesel ansaugen, das kann einen Moment dauern«, sage ich beschwichtigend zu Anna. Und da, endlich kommt das erlösende Geräusch, und der weiße Dampf aus dem Abgasschlauch verwandelt sich in transparente, warme Luft. »Wenn du so was nicht könntest, wären wir schon längst wieder in Berlin«, sagt Anna sichtlich beeindruckt. »Ja, schade«, sage ich, »dann wird wohl nichts aus nackt aneinanderkuscheln, um uns warm zu halten.« Anna zieht mich zu sich rüber, ich halte meine schwarzen Hände abwehrend zur Seite. »Warte, ich hab doch noch …«, versuche ich, dem Übergriff zu entgehen, aber da hat sie mich schon gepackt, und ich lege meine Hände um ihren Rücken. »Es ist immer noch ziemlich kalt hier drin«, flüstert Anna leise und übertrieben bemitleidenswert. »Ich würde das als einen Notfall bezeichnen.«

Am nächsten Tag sind wir in Kladovo. Es ist eine kleine Stadt, nichts sticht vom Ufer aus besonders ins Auge, außer ein Hotel namens … Trommelwirbel … Hotel Kladovo, meiner Einschätzung nach in den 70ern gebaut: Waschbeton, der lange nicht gewaschen wurde, und vergilbte, wohl mal orange Balkonbrüstungen. Das Ufer besteht aus einer betonierten, schief ins Wasser abfallenden Mauer, alles ist begradigt. Ein paar ausrangierte Kähne sind als Landungsbrücken für die Flusstouristen umfunktioniert worden. Hier müssen wir alles für die Ausreise nach Rumänien klären. Wir beschließen, direkt zu dem Anleger des Zolls zu fahren. Die Ausreise dauert tatsächlich weniger als 20 Minuten, und schon sind wir auf dem Weg zur anderen Donauseite, nach Turnu Severin in Rumänien. Die Einreise sollte, laut dem bearbeitenden Beamten auf der serbischen Seite, ganz einfach sein. Als wir nach einigem Hin und Her endlich den richtigen Anleger gefunden haben und im Büro des rumänischen Zolls stehen, sieht die Lage allerdings ganz anders aus. Mit Google Translate bringen wir in Erfahrung, dass eine Einreise zurück in die EU nur möglich ist, wenn wir alle ein amtlich beglaubigtes Gesundheitszeugnis haben. Außerdem brauchen wir einen »Schiffs-Stempel« für die Dokumente. Das Gesundheitszeugnis muss von einem Arzt im Heimatland ausgestellt worden sein.

»Das kann nicht sein«, sage ich ungläubig zu Anna. Irgendetwas läuft hier schief. Auf den Formularen stehen seltsame Fragen wie: Welche Fracht haben Sie geladen? Wo soll die Fracht gelöscht werden? Fragen, die eher für die Einreise mit einem Frachtschiff relevant sind. Auch die Beamtin ist sichtbar überfordert mit der Situation und weiß bald keinen Rat mehr. Es fühlt sich an, als wären wir das erste Sportboot, was jemals auf diesem Weg nach Rumänien gekommen ist, was gleichzeitig sicher nicht sein kann. Ich beschließe kurzerhand, die Notfallnummer der deutschen Botschaft in Rumänien anzurufen. Diese verspricht, sich sofort mit der Zolldienststelle in Verbindung zu setzen, und nach etwa 20 Minuten sitzen wir in einem tristen Saal, der inklusive Einrichtung und Personal einer Spielfilmparodie über die DDR entsprungen sein könnte. Das »Verhör« geht etwa 20 Minuten. Wir werden bis ins letzte Detail ausgefragt, ob und vor allem welche Drogen wir schmuggeln und welche Waffen wir planen, ins Land zu bringen. Momo sitzt auf meinem Schoß, die Situation ist skurril. Immer wieder stimmt sich die verhörende Beamtin über die Schulter mit dem hinter ihr stehenden, bewaffneten Grenzsoldaten ab. Dann endlich kommt eine sehr freundliche Beamtin und erklärt uns alles auf perfektem Englisch. »*This is standard protocol. Don't worry. I just need to take pictures of you and your boat, in front of your boat, and we are done.*« Sie schnallt sich eine Brustkamera um und geht mit uns zum Boot. Dort drapiert sie uns alle drei vor *Ulla*, startet die Aufnahme und fragt von allen die Identitäten ab. Als wir uns verabschieden, sagt sie noch: »*Welcome to Romania. Ah, please know, you have to be careful here on the waters*«, dreht sich um und geht. Ich will noch fragen, was genau sie meint, bin aber gleichzeitig heilfroh, das endlich alles abgeschlossen zu haben. »Meint sie Überfälle durch Piraten?«, fragt Anna und schaut ihr entgeistert hinterher. »Vielleicht auch nur Untiefen oder so«, sage ich und weiß insgeheim, dass sie das wohl nicht meinte. »Scheiße«, entfährt es Anna, als wir ablegen wollen. »O Mann, was denn jetzt?«, frage ich genervt zurück. »Das da drüben war doch Kladovo, oder?« Anna zeigt auf die serbische Seite, wo wir gerade herkommen. »Na und? Wissen wir doch.« Bei mir klickt es noch nicht. »Da drüben, in einem der wunderschönen Hotels, die du da siehst, liegt unser Ritzel.« Anna kratzt sich an der Stirn. »Aber ...«, fährt sie ironisch fort, »das ist sicher kein Problem, oder? Wenn wir mal eben mit dem Schlauchboot rüberfahren, ein unbekanntes Paket aus einem Hotel abholen und wieder mit hierhernehmen. Ist ja nur die Außengrenze der EU, und die sind hier, glaube ich, nicht besonders streng, was Kontrollen angeht.«

Die nächsten Nächte schlafen wir schlecht. Nicht wegen Wellen, nicht wegen Wind, nicht wegen Ankeralarm oder Momo. Jedes Mal, wenn der Lärm eines Außenborders die nächtliche Stille zerreißt, schrecken wir hoch. Mittlerweile sind wir so weit, dass wir einen Plan für einen möglichen Überfall auf unser Boot entwickelt haben. »Sobald jemand ungebeten an Bord kommt, machen wir Folgendes«, fasse ich es noch mal zusammen. »Du und Momo, ihr würdet euch vorne in der Bugkajüte verriegeln. Ich würde als Erstes den Notfall-Button auf dem Funkgerät auslösen, der übermittelt ein Mayday und unsere Koordinaten an eine Rettungsstelle. Sollten die Täter nur Wertsachen wollen, würde ich ihnen alles geben, was wir haben, ohne Widerstand.«

»Und wenn sie nicht nur Wertsachen wollen?«, fragt Anna besorgt. »Das ist unwahrscheinlich, die wissen auch, dass Körperverletzung oder Schlimmeres nicht einfach mit einem ›dumm gelaufen‹ abgefrühstückt wird«, versuche ich, sie zu beruhigen.

Als ich an diesem Abend endlich einschlafe, träume ich intensiv. Die Situation mit Hansen lässt mich nicht los. In meinem Traum sind wir zusammen in Alaska, mitten im Winter. Hansen will unbedingt die riskante Strecke über einen Gletscher nehmen, was mich rasend macht. Er ist dabei unfassbar beratungsresistent, und all mein Einreden prallt an ihm ab. Ich merke, wie ich aggressiv werde. Dann macht er den Vorschlag, dass wir *Urmel*, unser pedalbetriebenes Amphibienfahrzeug, in der Mitte durchsägen und jeder seinen Weg geht. Schon hat er eine Säge in der Hand. Auch wenn *Urmel* in der Realität tatsächlich darauf ausgelegt ist, dass zwei unabhängige Fahrzeuge daraus gemacht werden können, sehe ich im Traum ein heilloses Chaos. Die Schnüre, Kabel und Seile sind verworren wie ein Wollknäuel. *Urmel* ist jetzt gar kein Fahrzeug mehr. Hansen fängt unbeirrt an zu sägen. »Haaalt, du machst alles kaputt«, versuche ich, ihn aufzuhalten, aber er sägt weiter. Ich versuche, ihn wegzuschubsen, ohne Erfolg. In mir kommt eine unglaubliche Wut hoch. Ich schlage auf ihn ein, aber er lacht nur und sägt weiter. Allerdings ist sein Sägen ohne jede Konsequenz. Das Knäuel aus Kabeln und Seilen scheint sich immer wieder neu zu verheddern.

Auch am nächsten Tag lässt mich der Traum nicht los. Es kommt selten vor, dass ich Wahrheiten in Träumen erkenne, aber diesmal springt sie mir geradezu ins Gesicht. Hansen will einen sauberen Schnitt, nein, er braucht ihn und sieht dabei nicht die Arbeit, die auf uns zukommt, wenn wir uns so voneinander trennen wollen, dass nicht alles kaputtgeht. Ich kenne Hansens Tagträume von einem radikalen Neustart. »Weißt du eigentlich, dass ich schon mal kurz davor war, einfach abzuhauen?«, hatte er mir in Wien bei einem unserer langen Spaziergänge gesagt. »Einfach weg, alles zurücklassen, nichts mitnehmen, neu anfangen. Keine Kontakte mehr zu niemand, am besten meinen Tod vortäuschen.« Er hatte damals Tränen in den Augen, und ich wusste, dass er es ernst meinte. Immer mehr frage ich mich, ob der Realismus, den ich bei Gesprächen über unsere mögliche Trennung als Argument einbringe, wirklich dem Ziel dient, das konkret durchzudenken, oder ob irgendetwas in mir versucht, Hansen von diesem Gedanken abzubringen. Will ich vielleicht gar keine Trennung? Ein weiterer Gedanke überkommt mich, und mal wieder dreht er sich um das Zwillingsdilemma, wie wir es nennen: Einerseits ist es für einen Zwilling immer schwer zu ertragen, wenn der andere etwas anders macht als man selber. Auf der anderen Seite versuchen wir, seit wir denken können, unsere eigene Identität zu entwickeln, weil nichts schlimmer ist, als von anderen als eine Person wahrgenommen zu werden. Aus einem langen Gespräch mit Hansen, das wir auf unserer 80-Tage-Reise in einem Zug in Indien geführt haben, weiß ich, dass er immer das Gefühl hatte, in meinem Schatten zu stehen. Schon damals hatte er versucht, mir sein Gefühl mit einem Bild zu beschreiben: einem Bild, in dem ich vorangehe und ihn hinter mir herschleife. Und mittlerweile muss ich mir eingestehen: Dieses Bild hat eine gewisse Wahrheit. Ich war bei den meisten Unternehmungen das Zugpferd, vor allem wenn es um Strategien ging, um Projektmanagement, um Zeitpläne und Deadlines. In dieser Rolle war ich immer frustriert, wenn Hansen mich ausbremste, wenn ich nicht so schnell vorwärtskam, wie ich es ohne ihn hätte können. Und Hansen war frustriert, weil er derjenige war, der hinter mir herlief und versuchte, sich an mein Tempo anzupassen. Aber warum will ich mich nicht entkoppeln? Dazu habe ich zwei Theorien. Entweder, und das ist die angenehmere Vorstellung, will ich nicht, dass Hansen zu weit hinter mir zurückbleibt, will ihn »pushen«. Oder, und ich hoffe, dass diese Theorie nicht stimmt: Ich will nicht, dass er mich überholt, dass er aus meinem Schatten tritt, weil ich diese Rolle gewohnt bin, weil das immer unsere Dynamik war. Aber egal, was der Grund ist, für mich wird immer klarer, dass wir, zumindest für eine gewisse Zeit, jeder unseren eigenen Weg gehen müssen. Während uns die Radtour nach Shanghai als Brüder wieder zusammengebracht hat, wird diese Reise vielleicht die Tour, die uns im Guten auseinanderbringt.

Anna

Wir liegen vor einer Schleuse, dem Iron Gate II. Es ist stockdunkel. Mitten in der Nacht werde ich diesmal nicht von einem Motor, sondern von mehreren Stimmen geweckt. Zwei Männer unterhalten sich leise auf Serbisch.

Durch die schmalen Fenster über mir fällt ein Lichtstrahl. Ich bleibe stocksteif in meinem Bett in der Küche liegen. Was machen die hier? Warum flüstern sie? Schon öfter bin ich nachts wach geworden, weil draußen Leute vorbeiliefen. Meistens waren die aber nicht interessiert an uns. Diesmal scheint das anders. Ich bin hellwach, und mein Herz schlägt wild. Paul liegt diese Nacht vorne mit Momo in der Bugkabine. Er scheint zu schlafen. Ich richte mich leise auf, und tatsächlich stehen die beiden direkt vor unserem Boot und leuchten es mit einer Taschenlampe ab. Der Lichtstrahl wandert über die Rückwand von *Ulla*, über unsere Polster, die Küche, aber immer oberhalb von mir. Scheiß drauf, denke ich. Erst mal zeigen, dass jemand an Bord ist. Vielleicht vertreibt sie das. Ich stehe ruckartig auf, gehe entschlossen nach oben und mach das Licht an. Die beiden Männer sind weder überrascht noch verschreckt. Sie tauschen sich kurz aus und versuchen dann, mir irgendwas zu sagen, was ich nicht verstehe. Mist, denke ich und schaue an mir herunter. In meiner Hauruckaktion habe ich ganz vergessen, mir richtig was anzuziehen. Warum halte ich mich denn nicht an den Plan, den ich mit Paul für solche Situationen gemacht habe? Jetzt stehe ich da, nur in Unterhose und T-Shirt bekleidet. Durch die geschlossene Tür erkläre ich den beiden auf Englisch, dass wir hier nur eine Nacht schlafen wollten und morgen früh direkt weiterfahren. Keiner versteht irgendwas. Jetzt machen sie Anstalten, aufs Boot zu kommen. Was ist, wenn sie denken, dass ich hier allein bin? Ich signalisiere den Männern mit einer energischen Handbewegung, dass sie warten sollen, und klettere hastig nach unten zu Paul. Unfassbar, der pennt selig und hat von dem Gewusel nichts mitbekommen! Ich rüttle ihn an der Schulter. »Paul, wach auf! Da sind zwei Männer vor unserem Boot, keine Ahnung, was die wollen!«, zische ich ihm gestresst ins Ohr, um Momo nicht aufzuwecken. Paul schreckt sofort auf und schaut mich verdutzt an. »Schnell, komm jetzt!«

Paul springt aus dem Bett und drückt sich an mir vorbei nach oben, ebenfalls nur in Unterhose. Was für ein Bild wir beide abgeben, denke ich – planlos, einfache Beute. Werden wir jetzt wirklich überfallen? Das würde doch anders ablaufen, versuche ich, mich zu beruhigen, aber rationale Gedanken haben bei mir noch nie Einfluss auf meine Gefühle gehabt. Mein Herz schlägt mir bis zum Hals, meine Kehle ist staubtrocken. Paul steht jetzt an der Tür und fragt: »*Is there a problem?*« Ich spüre, wie einer der Männer auf das Boot steigt, *Ulla* neigt sich dann immer leicht zur Seite. Momo, geht es mir durch den Kopf, schnell steige ich zu ihr in die Kajüte und mache die Tür zu. »So hatten wir das doch besprochen, oder?«, versuche ich, mich zu erinnern.

Hansens Auszeit

Berlin, April 2023, Tag 248

Hansen

Ich bin mittlerweile seit fast sechs Monaten zurück in Berlin. Während Paul, Anna und Momo das Abenteuer ohne mich weiter erlebt haben, war ich »Stubenhocker«. Ich merke, wie ich neidisch bin auf die Erfahrungen, die die drei gemacht haben. Wie ich jedes Mal, wenn ich auf Instagram ein Update sehe, gar nicht wissen will, was jetzt schon wieder Schönes, Heftiges oder Einzigartiges passiert ist. Ich hasse dieses Gefühl, denn eigentlich gönne ich den dreien, dass sie Zeit für ihre Beziehung haben, dass Anna sich an Bord einleben, mehr Aufgaben übernehmen kann und nicht nur Mutter sein muss. Ich freue mich, dass die drei ein einzigartiges Abenteuer mit ihrer jungen Familie erleben. Jetzt befürchte ich, dass ich überflüssig geworden bin. Und wenn die drei es allein bis ins Meer schaffen, erst recht.

Ich werde den Moment, in dem hinter mir die Haustür ins Schloss fällt und ich auf dem Weg zum Bahnhof bin, vermutlich ähnlich feiern wie den Erfolg mit unserem elektrischen Antrieb in Düsseldorf. Ich hoffe, dass meine Therapie zumindest teilweise Wirkung zeigt, hoffe, dass auch ich wieder meinen Platz an Bord finde und nicht wie der Antrieb auf den ersten Kilometern den Geist aufgebe.

Berlin bis Wien

Neuss, 11. September 2022, Tag 37

Hansen

»Wo hast du die rote Flagge hingetan?«, ist der erste Satz, der die angsterfüllte Stille beendet. Paul wühlt in einem Haufen bunter Flaggen, die für alle möglichen Situationen sind, aber nicht für diese. Manövrierunfähig treiben wir kurz vor Neuss auf einem der größten Flüsse Europas, dem Rhein. Unser Antrieb ist ausgefallen, und wir haben keine Zeit, der Ursache, die vermutlich eine gerissene Antriebskette ist, auf den Grund zu gehen. Wir müssen schnellstmöglich signalisieren, dass wir nicht ausweichen können. Denn was wir bisher gelernt haben auf dem Rhein und auch von erfahrenen Schiffern gehört haben: Die Großen weichen nicht aus.

»Wir müssen uns organisieren«, sagt Paul, der die Suche aufgegeben hat. »Besteht gerade konkrete Gefahr? Kommt irgendwo ein Kahn auf uns zu?« Zum Glück ist die Antwort auf die Frage negativ. Der Rhein ist an dieser Stelle recht breit, trotz niedrigem Wasser, und die Strömung ist daher moderat. »Wir müssen auf Diesel umschalten, das dauert nicht lange. Wenn es wirklich die Kette ist, müssen wir nur kurz schauen, ob sie den Dieselmotor blockiert, und wenn nicht, können wir ihn einschalten.« Gesagt, getan. Ich krieche unter Momos Krabbelplatz, entferne die Luke zum Motorrad und schaue mithilfe einer Taschenlampe auf unser gerade noch so gefeiertes System. Die Kette liegt tatsächlich gerissen, aber weit weg von der Welle an der Seite der Bilge. Ich signalisiere Paul mit einem »Daumen hoch«, dass er den Motor starten kann. Er springt beim ersten Startversuch an. Erleichtert verweile ich noch kurz in der kauernden Hocke, schließe dann die Luke und stehe auf. Anna fragt: »Ist jetzt alles wieder okay?« Paul nickt und atmet aus. Es ist immer noch kein Kahn in unserer unmittelbaren Nähe, nur einer hinter uns, der ist aber noch weit weg. Somit besteht keine Gefahr mehr, als wir wieder Kurs aufnehmen. Die Stimmung ist dennoch getrübt. Wie schnell man sich an die Stille des E-Antriebs gewöhnt hat! Der Diesel scheint jetzt viel lauter als zuvor und unterstreicht auf ironische Weise unseren Rückschritt.

Der Tag verläuft ab dann zum Glück ohne weitere Probleme. Das Einzige, was uns immer noch bedrückt, ist, dass wir nicht wissen, ob wir es heute in einen Hafen schaffen.

»Wäre es nicht möglich, sich an einem ankernden Schubverband festzumachen? Die haben doch sicher nichts dagegen und ankern ja auch oft über Nacht.« Paul und ich schauen uns an und grinsen. »Das könnte klappen. Im Grunde macht es für die ja keinen Unterschied.« Und als »Schiffer« hilft man sich gegenseitig.

Als der Abend naht, macht Paul, der den Funkschein hat und jetzt seine Chance wittert, zu glänzen, kurzen Prozess und funkt einen im Strom ankernden Kahn an: »*Euphoria* für Sportboot *Ulla* bitte. Kommen nicht in den Hafen wegen Niedrigwasser, bitten um Erlaubnis, längsseits anlegen zu dürfen.« Es dauert keine zwei Sekunden, da meldet sich eine deutlich gerade beim Abendessen gestörte, mampfende, aber dennoch sehr sympathisch klingende Frau. »Sportboot *Ulla*, hier *Euphoria*, komm se steuerbord mittschiffs ran, Ende.« Paul grinst, Anna grinst, ich grinse. Momo und Ronny schauen uns perplex aus ihrer Froschperspektive an.

Alle fünf tummeln sich gerade im Steuerstand. Wir fahren langsam und ruhig an den uns zugewiesenen Platz an der mächtigen Bordwand des Schubverbandes. Die erfahrenen Schiffer an Bord der *Euphoria* geben uns gute Anweisungen, und so sind wir Minuten später fest verzurrt und schalten den Motor ab. Paul grüßt die Schiffer und öffnet die Schiebetür, die wir bei Fahrt geschlossen halten, damit Ronny nicht unbemerkt an Deck kann. Er ist ein wirklich schlechter Schwimmer. Zumindest machte er jedes Mal den Eindruck, wenn er ins Wasser gefallen war. Und gerade im Rhein ist das noch mal gefährlicher als auf Kanälen. Doch jetzt nutzt er den Moment, um zu entwischen. Ich denke mir erst nichts dabei, bereue meine Gedankenlosigkeit aber gleich, als er plötzlich weg ist. »Fuck, Ronny ist gerade ins Wasser gesprungen«, schreie ich und renne nach hinten, klettere an den Solaranlagen vorbei und schaue den Rhein runter. Aber ich sehe ihn nicht. Da höre ich unter mir etwas auf eine sehr typische Art gähnen. Es fängt damit an, dass ein sehr tiefer Ton aus einer Kehle kommt, der sich dann ganz langsam während des Gähnens bis hin zu einem sehr hohen Piepsen entwickelt. Ich nenne es das »Tonleitergähnen«. Ich schaue nach unten, und Ronny sitzt, als ob nichts dabei wäre, »schon mal« in unserem Beiboot. Ich lache laut los, und er erwidert das mit heftigem Schwanzwedeln. »Ich habe verstanden, Ronny, du willst jetzt an Land«, sage ich, froh, dass er nicht ins Wasser gefallen ist, und erfülle ihm seinen Wunsch.

Die Ursache für die gerissene Kette des Antriebs ist schnell behoben, und so fahren wir gerade wieder elektrisch den Rhein hoch. »Hier könnte man ja schon fast segeln«, kommentiere ich den zunehmenden Wind und das hier gerade sehr breite Fahrwasser. Paul grinst mich an. Ein Grinsen, aus dem ich lese: »Die Idee ist bescheuert, aber geil.« Und so setzen wir zum allerersten

Mal auf unserem kleinen Kahn die Segel. Es dauert ein wenig, bis wir alles vorbereitet haben und die Segel gehisst sind, aber der Effekt ist gigantisch. Die Anzeige auf unserem Dashboard, welche den Verbrauch des Elektromotors angibt, geht um fast zwei Kilowatt nach unten. Mit zwei Kilowatt treibt uns der Wind also gerade den Rhein hoch. Und das ist mehr als erhofft. Aber das für uns gerade Schönste ist wohl, dass wir *Ulla* zum ersten Mal segeln. Dass wir sehen, wie sich ihre weinroten Segel blähen. Leider hält die Freude nicht den ganzen Tag an. Der Rhein schlängelt sich zu sehr durch die Landschaft, sodass wir den Wind manchmal auch gegen uns haben. Daher holen wir die »Wind«-Segel vor der nächsten Biegung wieder ein und fahren die »Solar«-Segel aus. Die nächsten Tage schaffen wir so mehr Strecke, als wir gedacht haben. Wir passieren Köln und Bonn ohne größere Zwischenfälle, und alles scheint sich gerade »einzugrooven«. Ronny springt mittlerweile immer ins Beiboot, wenn er aufs Klo muss. Momo hat die ersten Happen Brei vertilgt. Der Tagesablauf bekommt eine gewisse Routine, und mit dieser schwindet auch ein Teil des Frustes, den wir drei Erwachsene an uns gegenseitig ausgelebt haben.

»Das muss ein Zeichen sein«, sagt Anna, die den perfekt dreieckigen Stein, den ich gerade am Strand von Königswinter gefunden habe, in der Hand dreht und betrachtet. Von einer der flachen Seiten betrachtet, ist er tatsächlich so perfekt, dass man vermutlich mit einem Lineal keine Unterschiede in den Seitenlängen messen könnte. »Ein Symbol für unsere Dreiecksbeziehung, die dann ja wohl in Zukunft ausgeglichen zu sein scheint«, sagt Paul grinsend. Ich nehme den Stein, drehe ihn um und deute auf die Stelle, an der eine der Spitzen etwas abgebröckelt ist. »Und was bedeutet das dann?«, frage ich in die Runde. Die Antwort macht den Stein in seiner Symbolik noch aussagekräftiger. »Das bedeutet ganz einfach, dass nichts perfekt ist, jede Beziehung hat Macken, es gibt immer etwas, an dem man arbeiten muss«, sagt Paul und schaut erst Anna, dann mich mit hochgezogenen Augenbrauen an. Wir beschließen, den Stein mitzunehmen und als Glücksbringer prominent auf dem Dashboard von *Ulla* zu platzieren. Er soll uns daran erinnern, dass wir auch etwas dafür tun müssen, damit aus dieser Dreiecksbeziehung keine »Drei-Ex-Beziehungen« werden.

Paul

Die berühmt-berüchtigte Bergstrecke im Mittelrheintal rückt immer näher. Einerseits schauen wir mit Vorfreude auf dieses Weltkulturerbe, die wunderschönen Burgen und Klippen, aber uns wurde auch immer wieder eingebläut, dass hier nichts schiefgehen darf. Die Strecke bei der Loreley ist so schmal, dass vor allem bei diesen Pegelständen nur sehr wenig Platz bleibt. In Christians Worten, des Kapitäns der Schute aus Düsseldorf: »Da ist alles Felsen, unter euch und neben euch. Bremsen oder ausweichen kann da niemand für euch.« Die Strecke geht von St. Goar bis nach Bingen, knapp 30 Kilometer. Der anspruchsvollste Teil ist die Loreley, wo der Sage nach unzählige Kähne an den Felsen zerschellt sind oder von den Strudeln in die Tiefe gerissen wurden. Natürlich ist der Rhein hier längst begradigt, aber auch heute noch nähern sich die Schiffer der Strecke mit Ehrfurcht und besonderer Vorsicht.

Als wir St. Goar passieren, haben wir uns gut vorbereitet. »Das Wichtigste ist, dass der Anker bereitliegt«, fängt Hansen an aufzuzählen. »Wenn wir einen Maschinenausfall haben, schmeißt Paul als Erstes den Anker. Auf den Felsen hier wird er wahrscheinlich nicht halten, aber durch die Reibung können wir in der Strömung flussabwärts steuern. Wenn wir auf Diesel umschalten müssen, geht Anna ans Steuer, ich nehme die Kette runter, und Paul geht zum Anker. Wenn für das Umschalten des Antriebs aus irgendeinem Grund keine Zeit ist, gehen wir das Risiko ein, die Antriebskette zu schrotten und den Motorcontroller zu grillen, alles besser, als auf die Felsen zu treiben oder unter einen Kahn zu kommen.«

Langsam schieben wir uns gegen die Strömung an der Loreley vorbei. »Fünfzig Prozent«, meldet Hansen den Batteriestand wie besprochen zwischendurch. »Bis nach Oberwesel schaffen wir es nicht elektrisch.« Oberwesel ist der nächste Hafen, in dem wir zur Not festmachen könnten.

»Okay, hier kommt eine gerade Strecke«, sage ich und zeige auf einen Abschnitt mit dem Namen Jungferngrund. Wenn wir es bis oberhalb dieser Felsen schaffen, haben wir sicher drei Minuten, um den Antrieb zu wechseln.

»Bis oberhalb der Felsen?«, fragt Hansen wenig überzeugt. »Dann treiben wir ja auf die Felsen drauf, wenn wir antriebslos sind.«

»Dann müssen wir uns oberhalb der Felsen eben so positionieren, dass wir nicht auf, sondern an den Felsen vorbeitreiben würden«, versuche ich, meinen Plan zu retten. »Was bleibt uns anderes übrig?«, frage ich in die Runde. »Paul hat recht«, stimmt Hansen mir zu. Den Dieselmotor starten wir im Leerlauf diesmal schon bei 15 Prozent Batterieladung, nur um sicherzugehen, dass er auch anspringt. Der restliche Prozess läuft dermaßen glatt und routiniert, dass wir einen neuen Rekord aufstellen. »Nur fünfunddreißig Sekunden«, sagt Anna erstaunt, die den Job hatte, Uhr und Rhein im Blick zu behalten.

»Wir haben es geschafft«, jubelt sie und wirft sich mir um den

Hals. Hansen stimmt mit ein: »Das war sie, die Bergstrecke, bis zum Schwarzen Meer wird nichts vergleichbar Schwieriges mehr kommen!« Ich schaue auf den letzten Abschnitt zurück. Man kann an dieser Stelle, bei Bingen am Rhein, tatsächlich sehen, wie der Rhein einen Knick nach unten macht. Wie der Beginn einer Wasserrutsche. Niemals hätte ich gedacht, dass das mit bloßem Auge zu sehen ist, aber hier stehe ich und sehe es.

»Ich würde sagen, heute probieren wir mal was Neues«, sagt Hansen in ironischem Ton, wohl wissend, dass Anna und ich lieber einen ganz »normalen« Tag machen würden, nach all der Aufregung. »Lasst uns heute mal die Solaranlagen ausfahren und versuchen, den ganzen Tag nur elektrisch zu fahren.«

In der Theorie sollte es so funktionieren: Die Sonnensegel können mit 28 Quadratmetern maximal etwa 6000 Watt liefern, natürlich abhängig von Wetter, Jahreszeit und Winkel der Sonne. Letzteres können wir aber gut kompensieren: durch die Einstellbarkeit des Winkels der Sonnensegel. Unser Elektroantrieb hat eine Leistung von maximal 10 000 Watt. Die Batterie kann 10 000 Wattstunden speichern. Wenn wir gleichzeitig über die Sonnensegel Strom erzeugen, können wir die Betriebszeit verlängern. Und wenn wir mehr erzeugen, als wir verbrauchen, wird die Batterie mit dem überschüssigen Strom geladen. Das System ist eigentlich nicht für den parallelen Betrieb ausgelegt, also entweder laden oder verbrauchen. Aber nach unseren Berechnungen und auch nach Meinung des Herstellers sollte es funktionieren.

An Aufregung haben wir in letzter Zeit auf jeden Fall nicht zu wenig. Ich bleibe auf Kurs und versuche, *Ulla* stabil zu halten. Außerdem schaue ich unablässig auf die Anzeige des digitalen Dashboards: Hier müsste mir gleich eine Zahl signalisieren, dass Strom von den Solaranlagen reinkommt.

»Die erste hängt«, ruft Hansen jetzt von draußen.

»Bisher kommt nichts an«, rufe ich zurück und schaue weiter gebannt auf die Anzeige. Als Hansen nach knapp 20 Minuten endlich alles ausgefahren hat, sind wir ernüchtert.

»Und?«, fragt er, neugierig auf der Reling sitzend, durch die Schiebetür.

»Nichts, null Komma null«, sage ich enttäuscht zu Hansen. Das haben wir uns anders vorgestellt. In Düsseldorf hatte es doch funktioniert? Ronny kommt aus Hansens Kajüte gehüpft und schaut mich an, als ob er sagen wollte: Denk mal nach, du Dummerchen.

»Der Laderegler«, platzt es aus mir heraus. »Hansen, wir haben vergessen, den Laderegler einzuschalten, das Gerät hinten in deiner Kajüte.«

»Jaaa!! Achtundsiebzig Ampere!«, rufe ich begeistert. Das entspricht etwa 4000 Watt, um 11 Uhr morgens. Ich gebe langsam so viel Gas, bis der Verbrauch des Motors genau dem erzeugten Strom entspricht. Mit drei km/h fahren wir gegen die Strömung des Rheins flussaufwärts.

»Schau mal, Momo, da drüben, da sind ganz viele Omas und Opas«, sagt Anna zu Momo und winkt einer vorbeifahrenden Fähre, auf der große Aufregung herrscht – wegen uns: Alle machen Fotos von *Ulla*, sie muss von außen wirklich surreal aussehen.

Den ganzen Tag fahren wir nur mit Solar und elektrisch, und unsere Bilanz am Ende des Tages ist: Erfolg auf ganzer Linie!

Anna

Ich sitze eingekuschelt in Pauls Arm, die kleine Momo, nackig schlafend, auf meinem Bauch, vorne auf dem Bug von *Ulla*. Kurz vor Frankfurt auf dem Main leuchtet die Welt um uns herum in traumhaften herbstlichen Farben. Langsam kündigt sich der Sonnenuntergang an. Hansen hat Paul und mich gerade überrascht und uns ein kleines romantisches Date vorbereitet. Der ganze Bug ist ausgeschmückt mit Decken und großen Kissen. Über die Musikbox läuft eine ausgewählte Playlist von Hansen: Schnulzen-Olympiade made by Hansen. Diese besondere Geste von ihm lässt mich wieder hoffen, dass wir als Team zusammenwachsen werden.

»Ich bin gerade so erleichtert, ich glaube, wir können das doch alles zusammen schaffen. Wir müssen uns eben alle bemühen und uns gegenseitig so annehmen, wie wir sind«, flüstere ich Paul zu, der den Kopf auf meiner Schulter abgelegt hat.

»Ich auch. Wir sind ja gerade mal am Anfang der Reise. Überleg mal, was alles noch vor uns liegt. Eigentlich ist das der Hansen, den ich kenne«, fügt er nachdenklich hinzu. »Irgendwie ist das in den letzten Jahren immer mehr verloren gegangen. Ich bin so froh, dass er noch da ist.« Ich drehe mich um und schaue in den Steuerstand. Da steht Hansen, Ronny neben ihm, und schaut verträumt in die Landschaft. »Ich habe leider den alten Hansen nie so richtig kennengelernt«, sage ich etwas traurig zu Paul, »der gefällt mir auf jeden Fall viel besser. Vielleicht müssen wir ihm mehr entgegenkommen und helfen?«

Ich habe meine Füße auf die Reling gelegt und wippe mit meinen Zehen im Wind, es kitzelt angenehm. Paul und ich tauschen einen tiefen Blick, dann küsst er mich etwas umständlich, um Momo nicht zu wecken. »Aua«, flucht er leise. Er hat sich das Knie an der Ankerwinde angehauen. Ich muss lachen, er schaut mich fragend an. »Irgendwie ist das genau das Bild, das unsere Beziehung in den letzten Monaten beschreibt«, erkläre ich Paul. »Momo ist immer auf mir drauf, wir verbiegen uns, um ihr königliches

Wohlbefinden zu gewährleisten – und du bist malträtiert von *Ulla* und der Technik.« Paul reibt sich das Knie, dann lächelt er auch. »Ja, nur ein riesiger Unterschied: Ab jetzt sind wir für Monate die ganze Zeit zusammen.« Den letzten Teil sagt er wie eine Drohung. Wieder muss ich lachen. Unsere Paarzeit kommt in den letzten Monaten immer zu kurz. Umso dankbarer bin ich Hansen gerade. Für mich bedeutet diese Geste aber viel mehr, sie zeigt mir, dass ich Hansen doch wichtig bin und er sich Gedanken macht. Es zeigt mir, dass er sieht, wie überlastet wir beide auch gerade sind, und er ermöglicht uns einen Raum für uns zusammen.

Am nächsten Morgen wache ich schon vor sieben Uhr vor allen anderen auf. Der Nebel liegt wie ein dicker Teppich über dem Wasser. Es ist so ruhig, mir scheint, die ganze Welt um mich herum schläft noch. Ich sitze im Steuerstand und trinke genüsslich meinen morgendlichen Kaffee. Jeden Tag nur eine Tasse, da ich Momo noch stille. Schon jetzt freue ich mich auf den endlosen Kaffeegenuss, wenn ich abgestillt habe. Ich denke noch mal an die wild verwunschene Strecke, die wir zurückgelegt haben. Deutschland kann richtig romantisch sein mit den ganzen Burgen an den Hängen. Die letzten Tage fühlen sich wie eine kleine Zeitreise an, als wären wir in eine magische Welt abgebogen. Da fehlen nur noch die Drachen und Feen, denke ich grinsend. Ich liebe Fantasyfilme und alles, was damit zu tun hat.

Von unten höre ich jetzt Momo und Paul. Die beiden sind auch aufgewacht. Paul klettert mit Momo auf dem Arm zu mir nach oben. Die Kleine streckt direkt glucksend die Arme nach mir aus. Ich nehme das warme Bündel lachend entgegen, und wir kuscheln uns liebevoll Wange an Wange. Paul gibt mir einen flüchtigen Kuss, reibt sich die müden Augen. »Langsaaam, langsaaam«, ruft Hansen von vorne zu. »Also, die Funkantenne wird schleifen, aber der Rest passt«, stellt er dann fest. Tage später sind wir auf dem Main angekommen und fahren gerade unter der ersten Brücke hindurch. Den großen Mast haben wir schon gelegt, der kleine steht noch. Ich schaue besorgt aus der Beifahrertür nach oben zur Brücke, als wir unter ihr hindurchfahren. Die Funkantenne schleift tatsächlich und gibt ein erbärmliches Geräusch ab. Wie Nägel auf einer Kreidetafel, denke ich, ekelhaft. Nur ein paar Spinnweben haben sich in ihr verfangen und wehen jetzt wie eine kleine Fahne im Wind, aber ansonsten keine Schäden.

Auch bei den nächsten Brücken bis nach Frankfurt spielt die Antenne den Staubwedel. Mal klackert sie rhythmisch unter Stahlträgern durch, mal quietscht sie am Beton entlang. Es scheint, als würden wir so durchkommen.

Aber dann kommt die letzte Brücke vor der Marina Westhafen, etwa zwei Kilometer westlich der Frankfurter Innenstadt. Und diesmal schreit Hansen: »Stoooooopp!« Ich gebe einen schnellen Schub rückwärts und *Ulla* treibt langsam von der Brücke weg.

»Da hätten wir uns definitiv den Mast geschrottet«, sagt Hansen, als er in den Steuerstand kommt.

Wir sind den ganzen Tag gefahren und mittlerweile dämmert es. Alles Fluchen bringt nichts. Wir müssen nun auch den kleinen Mast legen. Auch Hansen reibt sich gestresst übers Gesicht. »Gar keinen Bock auf so eine Hauruckaktion gerade«, seufzt er.

Als ich gerade mit Momo an Land gehen will, sehe ich von der Kaimauer aus zwei Wasserschutzpolizisten winken. Shit, nicht das auch noch, denke ich gestresst. Polizei bedeutet in den meisten Fällen Probleme. Paul, Hansen und ich gehen über eine steile Treppe zu ihnen nach oben. Ich habe Momo auf dem Arm und erhoffe mir einen »Babybonus«. Erfahrungsgemäß sind viele Kontrollen entspannter, wenn ein Kind mit dabei ist. Die Polizisten beachten mich nicht weiter und wenden sich Paul und Hansen zu. »Papiere, bitte!«, fordern sie in strengem Ton. »Haben Sie den Kahn vorhin nicht gesehen? Der hätte wegen Ihnen fast eine Notbremsung einleiten müssen!« Paul und ich wechseln einen Blick. Wir wissen genau, von welcher Situation die beiden sprechen, hatten die Lage heute Nachmittag aber lange nicht so dramatisch eingestuft. Für den Kahnfahrer war es wohl prekär genug gewesen, die Wasserschutzpolizei einzuschalten. Hinter Paul erscheint Hansen, der unsere Mappe mit allen wichtigen Papieren in der Hand hält. Oder eher unsere »Zettelsammlung« – von Ordnung kann hier nicht die Rede sein. Paul sucht konzentriert nach den geforderten Papieren. »Hier der Führerschein und die Kaufunterlagen des Schiffs«, sagt er, während er die Unterlagen übergibt.

»Wir benötigen die Zulassung des Schiffs.« Der Ton des einen Polizisten ist mittlerweile genervt. Ich hasse solche Situationen – na ja, wer nicht? Trotzdem wird die Angst in mir größer, dass wir im Aufbruchstress der letzten Monate in Berlin etwas Superwichtiges verpeilt haben.

Paul hat mittlerweile den ganzen Inhalt der Mappe auf der Kaimauer verteilt. »Wir haben eine Funkzulassung. Der Vorbesitzer des Boots versicherte mir, die würde ausreichen. Er ist dreißig Jahre so gefahren«, sagt Paul unsicher.

»In dreißig Jahren Dienstgeschichte habe ich noch nie erlebt, dass jemand nicht wusste, dass ein Boot zugelassen werden muss«, schüttelte der ältere Polizist ungläubig den Kopf.

»Sie sind bis auf Weiteres festgesetzt und dürfen den Hafen in Frankfurt nicht verlassen, bis der Fall geklärt ist. Bei der Gelegenheit werden die Kollegen vom Schifffahrtsamt dann gleich mal überprüfen, ob Ihre Solaranlagen konform sind und ob sie überhaupt so auf dem Dach montiert sein dürfen.«

No way! Nicht auch noch das. Wenn das Wasserschifffahrtsamt, das für solche Dinge zuständig ist, uns aufträgt, die Solaranlagen zu entfernen, oder uns die Zulassung verweigert, dann ist das so ziemlich das peinlichste Ende dieser Geschichte. Wir schauen uns alle ratlos an. »Aber die Solaranlagen transportieren wir nur«, versucht Hansen noch die Kurve zu kriegen. Der Polizist schaut ihm tief in die Augen. Dann sagt er etwas ironisch und beiläufig, während er ihm die Unterlagen zurückgibt: »Umso besser, dann wird das Schifffahrtsamt sicher keine technischen Mängel oder prüfungsrelevanten Umbauten feststellen, oder? Gehen Sie bitte direkt morgen zum Wasserschifffahrtsamt und wenden Sie sich dort an Herrn Mayer!«

Vor der Abreise

Berlin, 22. Juli 2022, 15 Tage vor Abreise

Hansen

Ich sitze gerade gemeinsam mit Paul, einem kühlen Bier und einer mittelmäßigen Pizza beim KAOS am Wasser. Ich muss nicht auf meine Hände schauen, um zu merken, dass sie völlig verklebt sind von Sikaflex, einer Art Silikon. »Pizza Sika«, scherzt Paul und demonstriert mir, wie er ein Stück Pizza, an seinem Zeigefinger klebend, Richtung Mund führt. Gesund ist das sicher nicht. Aber witzig. Immerhin haben wir mittlerweile den Schimmel beseitigt, *Ulla* entrümpelt und damit den Teil der Bauphase verlassen, in dem immer neue Aufgaben hinzukamen.

Am nächsten Tag schaffen wir es sogar, mehr von unserer Liste zu streichen, als wir geplant hatten. Die Versiegelung vom Schanzkleid und die damit verbundene Sikaflex-Orgie ist abgeschlossen, die Batterie für unsere Fotovoltaikanlage ist im Rumpf installiert, der Plan für die Terrasse fertig. Auch die Elektromotoraufhängung haben wir bis spätabends fertig gefräst. Wenn die nächsten Tage auch so laufen, ist unser Abfahrtdatum gar nicht mehr unrealistisch. Das gibt einem Mut und, was noch wichtiger ist, eine Menge Energie.

»O weh, das sieht echt gruselig aus«, sagt Anna, als *Ulla* gerade circa 15 Meter hoch über die Bäume in Richtung Spree »fliegt«. Sie dreht und windet sich im Wind. Natürlich weiß der Kranfahrer, der gerade unser dickes Boot zurück in sein natürliches Habitat bugsiert, genau, was er tut. Aber für uns schwebt da gerade eine Menge »Schweiß und Blut« an scheinbar viel zu dünnen Seilen.

»Touchdown«, sagt Paul, als *Ulla* zum ersten Mal seit Monaten wieder ihren Kiel ins Wasser taucht. Wenige Minuten später sind die Schlaufen des Krans entfernt. *Ulla* schwimmt frei. Die herumstehenden Menschen klatschen und jubeln. Ich springe an Bord. Paul, Anna, Momo und Ronny sind nun auch dazugekommen. Zum ersten Mal stehen wir auf der Terrasse und sehen, wie *Ulla* mit all den Änderungen auf dem Wasser aussieht. Sie glänzt. Sie sieht aus wie die Basis für ein Abenteuer, das man nie vergessen wird.

Paul

Gestern Nacht bekam ich eine Nachricht von unserem Vater. »Paul, seid ihr euch sicher, dass ihr mitsamt Kind und Hund auf dem offenen Meer segeln wollt? Ist das nicht zu gefährlich?« Ich weiß zu schätzen, dass er sich Gedanken macht, er ist mein Vater, und natürlich macht er sich Sorgen. Wie bei jedem unserer Projekte. Allerdings ärgert es mich auch, weil es den Anschein macht, als traue er uns diese Reise nicht zu, als traue er mir nicht zu, verantwortungsbewusst für meine Tochter zu handeln. Natürlich habe ich mir bereits allerlei Gedanken dazu gemacht, und uns allen ist bewusst, dass die Route riskante Abschnitte beinhaltet. Und sicher werden Dinge passieren, die wir nicht vorhersehen können. Aber ich traue mir zu, das zu bewältigen, vor allem weil ich fest daran glaube: Vor Ort lässt sich die Lage einfach besser einschätzen. Wir können unterwegs jederzeit beschließen, dass der nächste Abschnitt zu gefährlich ist. Dann würde ein Teil unserer Gruppe den Landweg nehmen, während Hansen oder ich mit einem erfahrenen Segler das Boot zum nächsten Hafen bringen würden. Eins habe ich auf unseren bisherigen Abenteuern gelernt: Derartige Sorgen sind wie der Scheinriese aus dem Kinderbuch *Jim Knopf*. Je weiter man sich von ihm entfernt, desto größer wird er. Sobald man vor Ort ist, verwandeln sich die Unsicherheiten in Gewissheit, und dann weiß man: Entweder es geht, oder es geht nicht.

Ich stehe in der Werkstatt vor der CNC-Fräse. Alles ist voller Späne: der Boden, die Fräse, ich. Die Späne sind nicht das Problem. Das Problem ist, dass es bereits Mitte Juli ist und wir einfach nicht vorwärtskommen. Ich traue mich kaum, es auszusprechen, aber ich habe Angst, dass wir das Solaranlagenprojekt unterschätzen und nicht fertig werden. »Drei Wochen«, höre ich mich zu mir selbst sagen. Jeder Ingenieur würde lachen, wenn man ihm erzählen würde, was wir in dieser Zeit nicht nur entwerfen, sondern auch bauen wollen: zu zweit! Derzeit machen wir nichts anderes am Boot, gar nichts. Wir arbeiten rund um die Uhr an der Solaranlage. Das ist richtig, denn sie bildet das Herzstück unseres Bootes. Ohne sie müssten wir unsere Tour absagen, das Projekt wäre gescheitert. Unser Ziel ist es schließlich, nachhaltig, mit guten Ideen und alternativen Energien durch Europa zu fahren. Ich bin mir sicher, dass wir zum Ziel kommen werden, die Frage ist nur, wann.

Manchmal packt mich die Panik. Was, wenn wir noch einmal die Abfahrt verschieben müssen? Um die Tour noch dieses Jahr zu machen und nicht im Winter auf dem Meer unterwegs zu sein, müssen wir sehr bald los. Und das ganze Projekt um ein Jahr zu verschieben, wäre mit Momo nicht machbar. Und was, wenn unser Plan mit der Solaranlage doch nicht aufgeht? Was, wenn wir etwas in der Planung übersehen? Der Teufel steckt im Detail.

Eins unserer größten Probleme ist gar nicht die Technik. Wir sind davon ausgegangen, dass wir einen Sprint vor uns hätten, also rannten wir mit voller Kraft los. Jetzt stellt sich heraus, dass wir einen Marathon absolvieren müssen, dessen Ende nicht abzusehen ist.

Anna, die sich rund um die Uhr um Momo kümmert und uns den Rücken freihält, ist genauso am Limit wie wir. Wir sehen uns kaum und kommunizieren wenig. Das Einzige, was sie immer wieder von mir hört: »Die Abfahrt verzögert sich.« Für ausführliche Erklärungen bin ich oft zu erschöpft.

Ich schiebe mir den Schweißhelm aus dem Gesicht. Ich bin klatschnass, weil ich beim Schweißen auch in dieser Sommerhitze lange Kleidung tragen muss. »Ich bin so weit, wir können testen«, sage ich zu Hansen, der gerade mit seinem Freund Harry, der uns fleißig unterstützt, die letzten Nieten setzt.

Der Test wird hier in der Werkstatt stattfinden. Es geht weniger um die Mechanik als um die Stabilität der Konstruktion. Wir wollen einen unserer Solarflügel an den Punkten, an denen er auch später am Boot befestigt wird, an dem Büroeinbau in unserer Werkstatt befestigen und alles mit übertrieben viel Gewicht belasten. Natürlich haben wir das alles schon am Computer in 3-D simuliert und berechnet, aber dieser Praxistest ist die letzte Prüfung, die bestanden werden muss. Gemeinsam heben wir den ersten großen Solarflügel in seine Halterung, ein etwa ein Meter langes, senkrechtes Rohr, um dessen Achse er gedreht werden kann. Das Rohr selbst haben wir mit Schellen an unserem hölzernen Büroeinbau befestigt. Bei erfolgreichem Test wird das an *Ulla* montiert.

»Ich kurbele sie hoch, okay?«, sagt Hansen angespannt. Langsam rattert die Seilwinde, und die Anlage hebt sich. Ein unfassbarer Moment. Mechanisch gesehen kein Hexenwerk, aber die Kräfte, die hier wirken, sind kaum einschätzbar. Allein die nur fünf Millimeter dicken Seile tragen bei maximaler Belastung fast eine Tonne Zug. Zwar wiegen die Anlagen nicht mehr als 150 Kilo pro Flügel, aber die kompakte Bauweise erzeugt große Hebelkräfte. Dennoch: Es scheint zu funktionieren.

»Jetzt der Belastungstest?«, fragt Hansen unsicher, als die Anlage in Position ist. Ich bin auch unsicher. Eigentlich wollten wir testen, ob die Anlage auch hält, wenn sich einer von uns an der Außenseite des Flügels aufstützt. Wenn sie sich dabei verbiegt oder abbricht, haben wir noch mal aufwendige Reparaturen zu machen. »Müssen wir wirklich mit fast achtzig Kilo testen?«, frage ich besorgt, aber Hansen hat die Entscheidung schon gefällt. Langsam stützt er sich immer mehr auf den Rahmen. Das Kunststoffseil fühlt sich jetzt an wie eine Stahlstange, so sehr ist es gespannt. Das Holzständerwerk des Einbaubüros ächzt und kracht. Und jetzt hängen Hansens Füße in der Luft. Man kann sich kaum vorstellen, wie erleichtert wir sind.

»Fertig!«, ruft Hansen überglücklich. »Jetzt nur noch die anderen drei davon bauen und installieren.« Harry lacht. »Nur noch? Also quasi nur noch dreitausenddreihundert Nieten? Und dann nur noch die Dinger zum Boot rüberbekommen, irgendwie, und sie dann, irgendwie, nur noch an dem Boot befestigen? Ein Kinderspiel!« Harry macht sich über unseren Optimismus lustig. Aber es ist »abarbeiten«, wie Hansen und ich es nennen, keine »Kopfarbeit«. Nur eine Frage der Zeit.

»Langsaaam, langsaaam«, steuere ich Hansen, der rückwärts auf die Kaimauer zuläuft. Zwischen uns tragen wir das erste Sonnensegel. Gleich kommt der Moment, in dem wir es zum ersten Mal an *Ulla* sehen werden. Es muss nur noch auf das »Stehrohr«, so nennen wir die Achse, an der es befestigt wird, aufgesteckt werden.

»Stopp«, ruft Hansen jetzt. »Ich muss jetzt runter auf die Terrasse von *Ulla*.« *Ulla* liegt unglücklicherweise an einer Kaimauer und circa zwei Meter unterhalb der Kante, sodass wir immer etwas klettern müssen, um an Bord zu kommen. Hansen legt das Sonnensegel vorsichtig ab. Dann springt er runter. Er springt. Warum springt er?, denke ich noch. Hansen verschwindet hinter der Kaimauer. Ich höre nur ein lautes Krachen, Holz splittert, und dann folgt ein Platschen. Hansen schreit. Ohne Vorsicht lasse ich das Sonnensegel fallen und schaue über die Kante der Kaimauer. Hansen ist durch die Terrasse durchgekracht. Hilflos hängt er in einem Loch zwischen gesplittertem Holz, aus dem überall spitze Schrauben ragen. Ich sehe ihm an, dass er auf den Schmerz wartet. Aus zwei Metern Höhe? Das kann er nicht unverletzt überstanden haben. Und woran hängt er eigentlich fest? Was hat ihn gehindert, ganz durchzufallen?

Anna, Paul und Momo auf der Donau

Silistra, 27. April 2023, Tag 265

Anna

Endlose Sekunden vergehen. Ich sitze aufrecht neben der schlafenden Momo im Bett. Wir liegen an der Kaimauer der »Iron Gate II«-Schleuse. Einer der beiden Männer ist gerade auf das Boot gekommen. Warum sagt denn Paul nichts?, denke ich.

»*Now?*«, höre ich ihn jetzt ungläubig fragen.

»*Now!*«, sagt der eine in starkem Akzent. »Anna, die wollen uns nichts«, ruft Paul jetzt nach unten. »Der eine hat mir eben einen Text auf dem Handy gezeigt. Da kommt gleich ein Frachter, bei dem könnten wir mitschleusen.«

Ich atme auf. Paul fährt fort: »Ich übersetze ihnen jetzt, dass wir bis morgen hier liegen bleiben wollen, weil wir ja noch auf das Ritzel warten. Alles easy. Madenmann klärt das«, sagt er grinsend. »Und nächstes Mal weck mich bitte sofort und nicht erst nachdem du dich in Unterhose präsentierst«, fügt er lachend hinzu.

Heute kommt endlich das lang ersehnte Ritzel an. Wer sonst als ein Freund von Zoran könnte es wohl bringen? Wir haben immer wieder so ein Glück mit den Menschen, die uns während dieser Reise unterstützen. Er kommt mit seinem Auto sogar über die Grenze nach Rumänien und bringt uns das Ritzel direkt an Bord. Rudi, der das Ritzel für uns gebaut hat, hat ganze Arbeit geleistet. Nach nur einer Stunde ist es installiert, und der Elektromotor surrt wieder leise vor sich hin. »Ich habe zur Sicherheit die Madenschraube mit einem Gewinde in der Motorachse versenkt. Das wird uns nie wieder passieren«, sagt Paul überzeugt und wischt sich die Hände an seiner Hose ab.

»Ah ja, die Madenschraube in der Achse versenkt, gute Idee, hätte von mir sein können«, wiederhole ich seine Worte, als ob ich genau wüsste, was er damit meint.

Wir haben beschlossen, von der rumänischen Seite der Donau auf die bulgarische zu wechseln, auch wenn das bedeutet, dass wir spätestens in Silistra, etwa 400 Kilometer flussabwärts, wieder nach Rumänien einreisen müssen. Aber die rumänische Seite der Donau ist in diesem Teil stark industriell geprägt, während es auf der bulgarischen Seite schöne kleine Dörfer gibt, mit Spielplätzen und sogar der ein oder anderen Marina. Weil wir auf der rumänischen Seite kurz vor Widin keine Zollstation für die Ausreise finden, beschließen wir, direkt in Bulgarien zu fragen, ob wir die Ausreise auch dort machen können, zusammen mit der Einreise.

»Hat nicht geklappt?«, fragt mich Paul besorgt, als ich nach nur zehn Minuten in Widin von der Zollstation zurück zum Anleger komme. »Doch«, antworte ich, selbst etwas ungläubig. »Das war die schnellste Abfertigung, die ich je erlebt habe. Stempel rein und fertig.«

Die nächsten Tage sind eintönig. Kilometerlang zieht dasselbe Bild an *Ulla* vorbei: vom Biber zernagte, kahle Wälder, die wie eine Fassade das Ufer säumen, zwischendrin brachliegende Felder und Wiesen und ein gleichmäßig grau in grau fließender Fluss. Gerade steht Paul am Steuer, über unsere Musikbox läuft laut »Für mich soll's rote Rosen regnen« von Hildegard Knef. Ich singe den Text inbrünstig mit und umarme Paul dabei von hinten. Momo sitzt vergnügt hinter uns auf dem Krabbelplatz und steckt ihre Holzringe aufeinander. Wie meistens schaut ihre Zunge ein Stückchen aus dem Mund, wenn sie auf etwas voll und ganz konzentriert ist. So schippern wir als fahrendes Soundboot über die sonst ziemlich verlassene Donau. Menschen haben wir seit der letzten Schleuse keine mehr getroffen.

Paul schnappt sich das gute Fernglas, das wir von meinem Vater für die Tour geliehen haben. Er liebt es, das Ufer zu beobachten. Seit Stunden ist uns kein anderes Schiff begegnet, und ich fühle mich gerade wunderbar frei. Wir sind wieder mal im »Weltentdecker*innen-Modus«. Paul schaut mich lachend an. Er kennt meine wilden Ausbrüche schon, ich bin dann voller positiver Energie und muss diese irgendwie rauslassen.

»Anna, schau mal, da ist ein Restaurant, sogar mit einem Spielplatz daneben, und davor ist der perfekte Bootsanleger!«, sagt er plötzlich aufgeregt.

»Ach, verarsch mich nicht, das sagst du immer.« Ich kenne diesen Running Gag, Paul liebt es, so was bis zum Erbrechen zu strapazieren.

»Nein, diesmal wirklich, ich schwöre«, sagt er lachend.

Ich kneife die Augen zusammen und suche das Ufer ab. Nichts. Ich sehe nur Bäume.

»Hier, nimm das Fernglas und schau selbst.« Paul hält es mir hin. Unentschlossen nehme ich es entgegen – aus Sorge, seinem Scherz wieder mal in die Falle zu tappen.

»Na gut«, grummele ich und setze es skeptisch an meine Augen.

»Ich schau mal durch. Wehe, da ist nichts, dann beiße ich dich ins Ohr.«

Diesmal hat er mich nicht veräppelt. Ganz klein erkenne ich auch ein Gebäude, das nach einem Restaurant oder einer Art Hotel aussieht. Davor ist tatsächlich ein Anleger im Wasser, den Spielplatz erkenne ich zwar nicht – aber wir wollen mal nicht so streng sein.

»Juhu, wir haben ein Ziel für heute Nacht!«, juble ich. Endlich mal wieder entspannt an Land gehen und nicht ankern, wir haben beide richtig Bock!

Es ist absurd: Unser Running Gag wurde zum Leben erweckt. Alles sieht genau so aus, wie wir uns es immer erträumt haben. Popina in Bulgarien hat den perfekten Anleger und dahinter eine kleine Hotelanlage mit Minispielplatz und süßem lokalem Restaurant. Zum Abendessen gibt's eine traditionelle bulgarische Fischsuppe, für Momo Toast mit Käse und ein Bierchen für Paul und mich.

»Hey guys, where are you from?«, fragt uns eine Frau vom gegenüberliegenden Tisch neugierig in perfektem Englisch. Mit ihnen sind wir die einzigen Gäste in dem winzigen Lokal. Sie, Emine und ihr Freund, der, wie wir später herausfinden, Jeff heißt, drehen sich strahlend zu uns herüber.

Die beiden sind mir schon zu Anfang direkt ins Auge gefallen. Er ist an allen sichtbaren Körperstellen tätowiert, hat lange Haare und trägt ein schwarzes T-Shirt mit Comic-Zeichnungen. Emine hat die Haare locker zu einem Zopf gebunden und trägt Tracking-Pants und ein schlichtes Top dazu. Supersympathisch, auf den ersten Blick.

Die beiden haben hier in der Nähe ein kleines Stück Land und renovieren gerade ihr Häuschen darauf. Jeff lebt eigentlich in den USA und ist dort Leader einer bekannten Reggae-, Ska- und Punkrock-Band namens Jaya the Cat. Er ist nur in den Sommermonaten bei Emine, die hier das ganze Jahr lebt.

Nach einem längeren Gespräch und dem spontanen Zusammenlegen unserer Abendessen laden die beiden uns für den nächsten Tag zu sich ein. »Ihr könnt gerne heiß duschen, und ich koche was Frisches für uns. Gerade gibt es überall wilden Spinat«, sagt Emine freundlich auf Englisch. Ich bin regelrecht im Sozialrausch.

Am nächsten Morgen holen sie uns mit ihrem Oldtimer-Jeep ab. Emine nennt Momo liebevoll »*little Creature*«, und die beiden laufen fast den restlichen Tag Hand in Hand durch die saftig grünen Wiesen in der Nähe des kleinen Hauses. Ihr Land liegt etwas abseits eines kleinen Dorfes und ist umsäumt von kleinen Steinwällen, Bäumen, Büschen und einer kleinen wilden Obstplantage. Der Frühling hat das Land im Griff, und überall explodiert das saftige Grün. Es ist so warm, dass wir ohne Jacken herumlaufen können. Wir pflücken wilden Spinat, Jeff zeigt uns eine sicher drei Meter lange tote Schlange, und Paul und ich genießen die Abwechslung und den Frühlingseinbruch in vollen Zügen. Momo kann hier frei herumstrolchen. »Schau mal, unsere Kleine«, sage ich zu Paul und zeige auf unser Mömchen, das gerade einer Katze nachstellt. »Ich glaub, ich will auch aufs Land ziehen. Ich sauge das gerade richtig in mich auf.« Paul sitzt hinter mir auf den Treppen des Hauses und hat seine Arme um mich gelegt. Ich weiß, dass auch Paul diesen Traum hat. »Ich hätte nie gedacht, dass mir diese Reise so viel Klarheit bringt«, sagt er jetzt zu mir. »Ich bin losgefahren mit der Vorstellung, dass es in erster Linie ein Projekt ist. Dass wir eine tolle Reise machen, die auch noch nachhaltig ist, und dabei Europa erkunden. Und natürlich machen wir das auch, aber ich merke immer mehr, dass die innere Dimension der Reise viel mehr wert ist. Was wir hier als Familie erleben, wird uns für immer verbinden, und das macht uns sicher auch stark für die Krisen, die kommen werden.«

»Ja«, stimme ich ihm zu, »und überleg mal, die Beziehung zu deinem Bruder. Wie lange hättet ihr ohne diese Reise gebraucht, euch die Dinge zu sagen und einzugestehen, die jetzt auf dem Tisch liegen? Wenn überhaupt? Und wie wichtig sind diese Themen. Das geht ja an die Substanz eurer Zwillingsidentität. Sosehr sich das am Anfang und in Wien wie ein Versagen der Crew angefühlt hat: Ich bin davon überzeugt, dass es eigentlich nicht besser hätte laufen können. Dass wir jetzt so viel Zeit zu zweit haben, dass wir immer bei Momo sein können, beide ...«

»Ja, krass«, unterbricht mich Paul. »Weißt du, was mir gerade auffällt? Ich habe Hansen sicher seit über zehn Jahren nicht mehr so lange nicht gesehen. Allein das ist beinahe eine neue Erfahrung. Ich hoffe nur, dass sich das alles für ihn auch gut anfühlt. Ich habe Angst, dass er einsam ist und sich verlassen fühlt. Irgendwie fühlt es sich schon so an, als hätte er die Arschkarte in dieser gesamten Situation. Er verpasst das Abenteuer, er hat eine Depression, und sein Bruder wird ihm von irgendeiner dahergelaufenen Tussi weggeschnappt, die dann auch noch ein Kind von ihm bekommt.«

»Hey, Freundchen!«, springe ich gespielt empört auf Pauls beiläufige Provokation an. »Diese dahergelaufene Tussi fährt gleich ihre Klauen aus.«

»So wie die Katze da«, sagt Paul und springt auf. Momo hat die Katze laut quietschend erfolgreich in eine Ecke gedrängt, die wiederum steht nun angriffslustig und mit Buckel vor ihr. Paul setzt sich neben Momo und sagt: »Schau mal, die will das gerade nicht. Katzen sind da ganz eigen. Ein bisschen wie deine Mama«, und schielt mich dabei frech an.

Ich muss direkt laut prusten.

Mittags kocht Emine für uns einen farbenfrohen Lunch. Die heiße Dusche ist wie Balsam für die Seele nach so langer Zeit

Katzenwäsche an Bord. Auch Momo bekommt ein warmes Bad und ist ganz begeistert. Als es nachmittags zurück zum Boot geht, bin ich richtig wehmütig, aber auch aufgetankt.

»*Okay, guys, hold on*«, ruft Jeff jetzt, der das Auto fährt. Er gibt Vollgas. Was hat er vor? Ich schaue nach vorne und sehe eine kleine Brücke, die einen kurzen, ziemlich hohen Hügel formt. »*We will show you how to fly*«, ruft er, drückt sich vom Lenkrad in den Sitz und fängt an zu jubeln. Ich schaue auf den Tacho: 80 km/h, ach du Scheiße, das wird heftig. Es ist zu spät, um zu widersprechen. Wir werden von der Rampe in den Sitz gedrückt, dann sind wir tatsächlich für einen Moment schwerelos und fallen krachend und mit quietschenden Reifen zurück auf die Straße. Jeff jubelt und tobt: »*Woooohohohooo!*« Ich bin weniger begeistert. Paul schaut mich nur mit hochgezogenen Augenbrauen an. Mein ganzer Bauch kribbelt. Jeff bremst den Jeep vor dem Restaurant und lacht uns adrenalingeladen an. »*This was really crazy*«, sage ich nur.

Paul

Anna schaut von ihrem Handy auf. »Ich habe grad auf Instagram gepostet, dass wir bald am Meer sind«, sagt sie. Wir sitzen in Silistra auf einem kleinen Spielplatz in einem wunderschönen Park, beinahe wie ein botanischer Garten. Mein Handy klingelt, und ich nehme es in die Hand. »Das ist Hansen!«, sage ich überrascht. »Bruderherz«, melde ich mich.

»O Mann, ich hab grad euren Post gesehen«, sagt er. Ich kann hören, dass er einen Kloß im Hals hat, und ich glaube, er weint. »Das tut mir so krass weh.« Ich weiß nicht, was ich sagen soll. Natürlich wusste ich, dass die Ankunft am Meer für Hansen ein sehr wichtiger Moment ist, aber ich war davon ausgegangen, dass er sich damit abgefunden hat.

»Dort anzukommen, war für mich eins der Hauptziele der Tour. Bei all dem Stress war das immer das, was mich motiviert hat.« Er schnieft, und auch mir kommen die Tränen. »Alles okay?«, fragt Anna besorgt. Ich nicke nur traurig, sicher nicht besonders überzeugend.

Hansen fährt fort: »Ich weiß, dass ihr euch auch krass drauf freut und dass ihr echt Gas gegeben habt in den letzten Wochen, nur um endlich am Meer anzukommen. Aber ich muss das jetzt fragen: Könnt ihr nicht noch auf mich warten?«

Ich bin verwirrt. Hat er das wirklich gerade gefragt? Weiß er, was er da von uns verlangt? Ich zögere, dann antworte ich überlegend: »Also, das wird schwer, glaube ich. Wann wärst du denn da? Das ist jetzt noch maximal eine Woche, bis wir da sind. Wir sind echt ausgebrannt …« Ich merke, wie ich beinahe wütend werde. Wie kann er das verlangen? Nach all der Zeit, die er hatte, sich um seine Anreise zu kümmern? Es gibt jetzt keine Marinas mehr, bis ans Meer können wir nur noch ankern oder an irgendwelchen Schiffsanlegern festmachen, wo wir jederzeit weggejagt werden können. Wir haben Momo. Wir brauchen eine Pause. »Ich weiß nicht genau, wie lange ich noch brauche«, sagt Hansen jetzt verzweifelt. »Mir fehlen immer noch ein paar Papiere für Ronny. Die sollen diese Woche kommen, aber sicher ist das nicht.«

Jetzt werde ich sauer. »Aber du kannst doch nicht verlangen, dass wir jetzt hier mit Momo für unbestimmte Zeit ankern und darauf warten, dass die Papiere dann irgendwann eintrudeln.« Hansen lässt sich von meinem Ärger nicht anstecken. Er fängt an zu weinen. »Ich verlange gar nichts. Paul, ich verstehe, wenn es nicht geht. Ich wollte nur mal fragen. Ich habe das Gefühl, das

Schönste auf der Tour zu verpassen. Und alles nur wegen dieser Scheiße mit Ronnys Papieren.«

»Ich kann das verstehen«, versuche ich, ihn zu beruhigen, »ich rede mit Anna. Vielleicht machen wir es so: Wir beeilen uns nicht, ans Meer zu kommen, vielleicht klappt es dann ja noch, und wenn nicht: Wir werden ja nicht direkt aufs Meer rausfahren, wir fahren nur ein kleines Stück bis zum Hafen. Zwar kommen wir am Meer an, aber in See stechen wir erst, wenn du wieder dabei bist. Das geht ohne dich gar nicht.«

Ich merke in dem Gespräch mit Hansen mal wieder, wie sehr ich ihn in den letzten Monaten aus den Augen verloren habe. Einerseits bringt das unfassbar viel Gutes mit sich. Der Abstand, die Zeit, die jeder für sich hat, die Möglichkeit, sich frei von unserer oft toxischen Dynamik Gedanken über die Zukunft zu machen, und für mich die Möglichkeit, mich auch auf meine kleine Familie zu konzentrieren. Aber ich sehe auch, dass das Bild, das Hansen mir vor Langem mal im Zug in Indien gezeichnet hat, sich immer mehr bestätigt: Ich habe aufgehört zu ziehen, und Hansen fällt langsam zurück, nicht nur in diesem Projekt. Ich hoffe, dass er nur eine Pause braucht, dass er den Abstand nutzt, um neuen Anlauf zu nehmen. Aber natürlich sind die Trennung und die neue Dynamik vor allem für ihn schmerzhaft.

»Komm mal her«, sagt Anna zu mir, zieht mich zu sich rüber und nimmt mich in den Arm. »In gewisser Weise wird Hansen ja so oder so mit uns ins Schwarze Meer einfahren.« Sie macht eine Pause, ich stehe auf dem Schlauch. Wie meint sie das? »Hast du ihn eigentlich gegossen in letzter Zeit? Hansen?« Ich muss schmunzeln. Sie hat recht. Hansen ist seit Wien die ganze Zeit dabei. Bevor er von Bord gegangen war, hatte er eine obdachlose Zimmerpalme von der frostigen Straße gerettet. Bei seinem Abschied sagte er: »Kümmert euch gut um sie, passt auf sie auf! Das ist euer Ersatz für mich, sie heißt Hansen! Sie muss überleben, bis ich wieder da bin!«

Immer wieder haben wir seitdem mit dem Namen gespielt: »Das restliche Wasser kannst du Hansen geben«, oder: »Hansen sieht aber nicht gut aus gerade«, oder: »Kannst du Hansen noch reinholen«, und zuletzt, als ich sah, dass Hansen gerade kleine saftig grüne neue Blätter bekam: »Schau mal, Hansen scheint sich zu erholen.«

Vielleicht ein Zeichen? Ich bin nicht abergläubisch, aber dass die Pflanze Hansen neue Triebe bekommt und der Mensch Hansen bald wiederkehrt, macht mir Hoffnung. Die alten, welken Blätter loszulassen und mit neuer Kraft auszutreiben, sich selbst neu zu finden: irgendwie ein schönes Bild.

Am nächsten Morgen stehen wir beide vor Momo auf. Die Sonne ist gerade aufgegangen, wir sitzen in dicken Pullis auf der Kaimauer und trinken Kaffee. »Hörst du das?«, frage ich Anna verträumt.

»Die Möwen?«, fragt sie zurück.

»Ja, ich habe grad das erste Mal das Gefühl, dass wir dem Meer näher kommen. Ich weiß, das kann nicht sein, aber ich habe sogar das Gefühl, hier riecht es anders. Das Wasser, die Landschaft, irgendwie fühlt sich alles schon so nach Meer an.«

»Ja, voll! Du hast recht!«

Wir brechen früh auf. Wir müssen heute wieder nach Rumänien einreisen. Zwar kommen wir diesmal aus einem EU-Land, aber weder Rumänien noch Bulgarien sind in der Schengen-Zone.

»Das soll der Zoll sein?«, fragt Anna mich ungläubig, als wir auf der anderen Flussseite in Călărași auf ein runtergekommenes, verrostetes Patrouillenboot zusteuern. »Ja, passt auf die Beschreibung, ein wahrer Seelenverkäufer«, antworte ich. Anna legt uns neben das Boot, ich werfe die Leinen rüber, springe auf den extrem rostigen und verbeulten Kahn und verzurre *Ulla*. Ich schaue am Ufer entlang: Hinter dem Zollgelände beginnt die Donau, sich in eine Art Auenlandschaft zu verwandeln. Wunderschöne Wälder gehen direkt bis ans Wasser, alle in saftigem Frühlingsgrün. Sandstrände heben sich als helle Streifen ab, und ein paar kleine Boote fahren eifrig über das Wasser, gefolgt von Möwen.

»*No, no! Back on your boat*«, ruft da plötzlich ein aufgeregter Zöllner von hinten. Er erklärt mir, dass wir das Boot so lange nicht verlassen dürfen, bis sie alle Papiere gecheckt haben. »Mist«, raune ich Anna zu, »kein guter Start.« Ich reiche dem Zöllner alle Papiere und Pässe, und er verschwindet damit. Keine zwei Minuten später kommt er mit einem Kollegen wieder, der aussieht wie ein Schrank und sich breitbeinig hinter ihn stellt. Werden wir jetzt abgeführt, oder was?, geht es mir durch den Kopf.

»*There is serious problem*«, sagt er todernst, und auch sein Kollege schaut finster. »*In your passport, there is no exit from Romania. You entered Bulgaria in Widin, but you did not exit Romania.*«

Ich bin verwirrt. Ich erkläre, dass wir in Widin den bulgarischen Grenzbeamten extra gefragt hatten, ob das so in Ordnung sei, da auf der rumänischen Seite der Donau keine Zollstation für eine Ausreise war.

»*No, no, this is not okay!*«, wiederholt der Beamte energisch. »*This is a really serious thing. This is no game, you are in big trouble!*«

Ich bin sprachlos. Anna schaut mich besorgt an. Diplomatisch versuche ich, herauszufinden, was denn jetzt passiert, was wir machen können.

Die beiden beraten sich kurz, und er schüttelt den Kopf: »*This is no good, there will be consequences. I guess there will be a trial and you will have to see a judge! The main customs station is in Turnu Severin, where you entered Romania first. You will have to go back there!*«

Fassungslos schaue ich Anna an. Was hat er da gerade gesagt? Das liegt mehr als 500 Kilometer flussaufwärts! Wir würden Monate brauchen, um mit *Ulla* dorthin zurückzufahren. Ich will etwas sagen, aber mir fehlen die Worte. Anna lässt sich auf das Deck sinken. »Mama, Mamaaaa«, fängt Momo gleich an zu schreien. Sie spürt die Anspannung. Bitte nicht jetzt, geht es mir durch den Kopf, bitte, Momo, sei einfach still. Ich überlege fieberhaft.

»*Please wait here*«, sagt der Beamte jetzt und geht mit seinem Kollegen wieder weg.

»Das darf nicht wahr sein.« Meine Stimme zittert, ich fühle mich ohnmächtig. »Das kostet uns Monate, allein die Rückfahrt!«

»Maaaamaaaaaa«, weint Momo weiter. Anna nimmt sie auf den Arm und wippt sie energisch, aber sie lässt sich nicht beruhigen.

»Schschscht, hat der gesagt, dass es einen Prozess geben soll? Mit Richter?«, fragt Anna ungläubig. Sie kann es auch nicht fassen. »Sehen wir etwa aus wie Kriminelle? Schhhht, Schhhhht.«

»Maaamamaaa, Maaamamamaaa!«

Ich stütze den Kopf in die Hände. »Das war's dann. Wir sind so kurz vor dem Meer, und jetzt so was Dummes.«

Hansens Auszeit

*Von Berlin nach Konstanza,
25. Mai 2023, Tag 291*

Hansen

Ich bin in Rumänien angekommen, kurz hinter Arad. In ein paar Tagen werde ich wieder an Bord sein. Die nicht enden wollende Zeit in Berlin liegt jetzt hinter mir. Ach krass, der Typ hat den gleichen Rucksack wie ich, denke ich, während ich einem Mann zuschaue, der gerade den Zug an einem kleinen, für mich unbekannten Bahnhof in Rumänien verlässt. Der hat sogar die gleiche grüne Tupperdose im Seitenfach. Da klingelt es bei mir: Das ist mein Rucksack. Der Mann setzt gerade seinen Fuß auf den wesentlich tiefer liegenden Bahnsteig. Ich bin perplex. Ist das wirklich meiner? Blamiere ich mich jetzt, wenn ich ihn festhalte? Ist es vielleicht nur Zufall? Ich entscheide mich in Sekundenschnelle, den nichts Ahnenden an meinem Rucksack festzuhalten. »*That's my backpack*«, schreie ich ihn an. Er ist sichtbar erschreckt, versucht, mit dem Rucksack wegzulaufen, und reißt mich mit aus dem Zug. Ronny springt mir hinterher. Ohne Leine, denn im Zug brauche ich sie nicht. Ich lasse den Rucksack nicht los. Der Mann entscheidet, seine Beute aufzugeben und wegzurennen. Ich überlege kurz, ob ich ihn aufhalten soll, aber entscheide mich dazu, ihn abhauen zu lassen. Ich schaue Ronny an, schaue meinen Rucksack an, in dem alle meine Wertsachen sind.

Ronnys Papiere, zwei Laptops, ein privater, ein Arbeitsrechner. Alles, was wichtig ist für mich. Mein Herz rast. Der Schaffner, der den Vorfall nicht mitbekommen hat, pfeift zur Abfahrt, und die Türen wollen sich gerade schließen. Ich schaffe es, die neben mir festzuhalten. Mit einem resignierten Zischen schiebt sie sich wieder in die offene Position zurück. Noch mal Glück gehabt, denke ich. So kann der Zug nicht abfahren. Ich steige ein, lege meinen Rucksack in den Durchgang zum Abteil und rufe Ronny zu mir, aber der nutzt gerade die Gelegenheit, an eine Laterne zu pinkeln. Da setzt sich der Zug trotz offener Tür in Bewegung. »*What*«, schreie ich mich selbst an. Wie kann das sein, die Tür ist doch offen? Ich lehne mich aus dem anfahrenden Zug, halte mich mit einer Hand am Griff, und mit der anderen pfeife ich laut. Jetzt reagiert Ronny und kommt zu mir zurück. Leider ist der Zug so viel höher als der Bahnsteig, dass Ronny sich nicht traut reinzuspringen. Er läuft neben dem schneller werdenden Zug her. Ich schreie ihn flehend an, dass er springen soll, aber er macht es nicht. Ich lehne mich weit aus dem Zug, um ihn am Halsband zu greifen, erreiche es auch, ziehe und flupp – es rutscht von seinem Hals ab. Jetzt ist Ronny draußen ohne Halsband, ich drinnen. Der Zug wird langsam, aber sicher zu schnell, um abzuspringen. Ich muss mich entscheiden: Ronny oder mein Rucksack, denn den kann ich von hier nicht erreichen, und bis ich ihn geholt hätte, wäre es vermutlich zu spät, abzuspringen. Ronny erkennt die Lage und gibt noch einmal Vollgas, rennt neben dem Zug her. Jetzt hört zu allem Überfluss auch noch der Bahnsteig auf, und das Gleisbett mit großen Kieseln beginnt. Ronny stolpert und stürzt. Der Abstand zwischen ihm und mir wird immer größer. Es ist zu spät, um abzuspringen, der Zug ist schon zu schnell.

Berlin bis Wien

Frankfurt, 9. Oktober 2023, Tag 65

Anna

Wir hängen in Frankfurt fest, weil *Ulla* keine Zulassung hat. Paul hat sich am Morgen zu Herrn Mayer nach Aschaffenburg aufgemacht. Als er nachmittags zurückkommt, ist er sichtlich erleichtert. »Wow, diese Welt der Wasserstraßen«, schwärmt er. »Irgendwie sind in der Branche alle superentspannt. Das Ganze hat original 'ne halbe Stunde gedauert. Herr Mayer meinte, wir brauchen bei der Größe und dem Baujahr unseres Bootes keine technische Zulassung für Umbauten und hat mir einfach direkt die Zulassung ausgestellt. Für *Ulli* übrigens gleich mit, der muss eigentlich auch ein Kennzeichen haben.« Er lacht und hält mir die fertigen Papiere unter die Nase. Das ist wenigstens geschafft.

15 Minuten nachdem wir voller Enthusiasmus abgelegt haben, knallt es gewaltig zwischen Hansen und mir – mal wieder. Wir fauchen uns an und schmeißen uns unsinnige Beleidigungen um die Ohren. Das Ganze endet damit, dass Hansen sich wütend aufs Deck verzieht. Das wird wieder ein längerer Streit, denke ich entnervt.

Hansen und ich verhalten uns nach Konflikten ganz unterschiedlich. Ich bin, nachdem ich all meine Wut entladen habe, immer wieder schnell bereit, Dinge zu klären, kaum nachtragend und will am liebsten schnell alles wieder »gut« machen. Hansen braucht dafür meist länger. Er zieht sich oft stundenlang zurück, manchmal tagelang, und braucht viel Zeit zum Nachdenken. Es ist sehr schwer, diese unterschiedlichen Herangehensweisen miteinander zu vereinbaren. Ich bekomme schon wieder Bauchschmerzen von dem ganzen Drama an Bord.

Und auch an Paul gehen unsere Auseinandersetzungen nicht spurlos vorbei. Normalerweise ist er immer bemüht, zwischen uns zu vermitteln und eine möglichst faire Position einzunehmen, aber jetzt ist ihm die Hutschnur geplatzt. »Ich kann nicht mehr. Ihr seid die Menschen, die mir am nächsten stehen, und wenn ihr euch streitet, stehe ich zwischen den Stühlen. Wie kann es denn sein, dass zwei Menschen, die ich beide liebe, sich gegenseitig immer so anätzen?« Ich schaue betreten zu Boden.

»Ich weiß, dass die Situation auch für dich schwierig ist. Aber ich kann auch nichts erzwingen, Hansen und ich sind einfach beide ziemliche Knallköpfe«, seufze ich, »ich versuche ab jetzt noch mal mein Bestes, damit es mit Hansen funktioniert. Wir müssen einfach mehr miteinander reden und auch spaßige Zeit zusammen verbringen. Momentan ist es an Bord meistens nur stressig.«

Am Abend kommt es dann endlich zu einem guten Gespräch, in dem wir uns zu dritt vornehmen, mehr Struktur in unseren Tagesablauf zu bringen. Wir sind viele Leute auf wenig Raum, es gibt viel zu tun – da braucht es einfach mehr Ordnung auf allen Ebenen. Momo ist mittlerweile zehn Monate alt und isst seit kurzer Zeit richtig, weshalb es doppelt wichtig ist, klare Abläufe zu haben. Außerdem hat sie gelernt, frei zu stehen. Bestimmt dauert es nicht mehr lang, und sie flitzt im Sauseschritt durch *Ulla* und am Strand entlang. Ich bin so stolz auf unsere kleine Entdeckerin.

Paul

Weil es immer kälter wird, haben wir eine Dieselheizung gekauft. Warum Diesel? Weil elektrisch zu heizen hier schlicht unmöglich ist. Natürlich kompensieren wir das durch die Heizung anfallende CO_2 zusätzlich. Zufällig haben wir die Heizung auf Ebay-Kleinanzeigen gefunden, direkt in einem kleinen Dorf am Main. Der Einbau eines solchen Systems ist allerdings nichts, was man auf die leichte Schulter nehmen darf. Fehler in der Abgasleitung oder auch der Ansaugung können tödlich sein, wenn zum Beispiel nachts unbemerkt der gesamte Sauerstoff verbrannt wird. Entsprechend sorgfältig mussten wir alles verlegen. Aber es hat sich so gelohnt: Die Heizung schafft es, *Ulla* innerhalb von Minuten aufzuwärmen. Jetzt ist es schön warm und trocken im Boot, die Bettwäsche ist nicht mehr feucht, und nachts muss niemand frieren.

»Wir sind auf der Dooooonaaaauuuuu«, jubelt Hansen vom Bug und kommt in den Steuerstand. Wir fallen uns in die Arme, Momo sitzt auf dem Krabbelplatz und fängt an zu lachen. Auch sie spürt die Euphorie, auch wenn sie ganz sicher nicht weiß, um was es geht. Wir haben eines unserer größten Etappenziele erreicht. Ich hebe sie hoch. »Schau mal, meine Kleine, das ist die Donau! Donau – Momo, Momo – Donau«, stelle ich die beiden einander vor. Jetzt kommt auch Ronny aus Hansens Kajüte gepoltert. Sein Blick scheint zu sagen: Was gibt's? Hab ich was verpasst? Gibt es was zu essen? Er ist so ulkig in seiner tollpatschigen Art.

Die Donau kurz hinter Kelheim in Niederbayern ist hier wunderschön. Als sich die Sonne hinter uns senkt, sitze ich auf Deck und schaue verträumt in die Landschaft. Kleine Sandstrände, gesäumt von buntem Laubwald, dahinter erheben sich kleine Berge mit Kalksteinklippen. Wie sehr ich mir diesen Moment herbeigesehnt habe, und jetzt ist er da. Ich bekomme Gänsehaut und feuchte Augen vor Freude. »Sie schläft«, höre ich Anna direkt hinter mir sagen. Sie setzt sich neben mich und legt ihren Kopf auf meine Schulter. »Huiiiiii«, sagt sie leise und macht eine rutschende Handbewegung dazu, »die längste Wasserrutsche Europas! Jetzt sind wir mittendrauf.«

Anna

Ein weiteres Projekt steht an, und zwar unser Besuch bei den Waldkindern in Regensburg. Der Waldkindergarten Regensburg ist ein Kindergarten des Trägers littleBigFuture, einem Unternehmen der BBN, unter dessen Flagge wir unterwegs sind. Über BBN haben wir schon länger Kontakt zu dem Kindergarten und sind durch Videos und Sprachnachrichten mit den Kindern und ihren Erzieherinnen im Gespräch. Und wie wir wissen, freuen sie sich ganz besonders auf unsere heutige Ankunft. Schon von Weitem erkenne ich die bunten Regenjacken und Matschhosen, die am Ufer entlangspringen. Die Kinder erwarten uns bereits und winken aufgeregt. Heute dürfen alle an Bord und sich das Boot von innen anschauen. Zum krönenden Abschluss darf jedes Kind einmal *Ullas* laute Hupe betätigen. Draußen spielen wir noch ein paar Spiele, und zum Abschied überreichen uns die Kinder selbst gemalte Flaggen, die wir für die restliche Tour benötigen. Richtig schön sind die geworden, und wir befestigen direkt gemeinsam die Deutschlandflagge.

Heute erreichten wir endlich Österreich. Ich sitze vorne auf dem Bug und steuere das Boot mit unserer Fernbedienung, die wir neu installiert haben. Eigentlich eine Garagentor-Fernbedienung, über die Hansen einen Motor angeschlossen hat, mit dem das Ruder nach links oder rechts bewegt werden kann. Einfach, aber sehr hilfreich! Vor mir erstreckt sich eine wunderschöne Kulisse aus Wasser, Himmel und Wald. Das ganze Bild wird in der Donau widergespiegelt, und so sieht es aus, als würden wir zwischen diesen beiden Welten hindurchfliegen.

Ich genieße es gerade, dass Doris an Bord ist. Es fühlt sich wahnsinnig gut an, eine andere Frau dabeizuhaben. Hansen ist ausgeglichener, und ich glaube, er ist richtig verknallt in sie. Zu sechst ist es zwar noch enger, aber die Stimmung dafür umso besser.

Abends fahren wir aus der für heute letzten Schleuse. Etwa 300 Meter weiter soll laut Google ein kleiner Anleger sein, an dem wir die Nacht verbringen wollen. Paul fährt, Doris hat auf Hansens Schoß Platz genommen, und ich sitze mit Momo auf mir daneben. »Bereit zum Anlegen?«, ruft Paul in die Runde. »Ich fahre ganz langsam ran, hoffen wir, dass es tief genug ist.«

Keine Minute später stecken wir wieder fest. »Ich fahr rückwärts raus!«, sagt Paul. Problemlos gleiten wir zurück in tieferes Wasser. »Okay, sollen wir weiterfahren und probieren zu ankern?«, frage ich.

»Ja, eine andere Möglichkeit haben wir nicht«, antwortet Hansen, der schon die Landschaft absucht.

»Scheiße, was ist denn hier los?« Paul ruckelt wild am Gashebel.

»Ich bin im Vorwärtsgang, aber *Ulla* fährt trotzdem rückwärts!«

»Das kann nicht sein!« Hansen legt das Fernglas zur Seite. Auch er probiert, den Hebel hin und her zu bewegen. Aber *Ulla* fährt stur weiter rückwärts.

»Motor aus«, sagt Hansen und zieht den Stopphebel. Es wird ruhig. Schnell öffnet er den Motorraum und findet das Problem innerhalb von Minuten. »Der Schaltzug ist gerissen. Er ist so gebaut, dass er im gerissenen Zustand noch in den Rückwärtsgang geht. Im Grunde clever. Aber rückwärts kommen wir jetzt nirgends hin.« Ich schaue Doris mit hochgezogenen Augenbrauen an. »*Welcome to our world.*«

Anna, Paul und Momo auf der Donau

Călărași, 27. April 2023, Tag 265

Paul

Noch immer liegen wir an der Zollstation in Călărași an dem Seelenverkäufer. Momo hat sich mittlerweile wieder beruhigt. Endlich kommt der Zöllner wieder, diesmal ohne seinen Schrank von Kollegen. Er schaut auf unsere Papiere, und ohne aufzusehen, fängt er an: »*Who is the captain of this ship?*« Dann schaut er erst zu mir, dann zu Anna. Sein Blick bleibt auf Momo haften. Die lacht ihn einfach an.

»Nuiii«, ruft sie dann voller Inbrunst, sie hat Hunger und will Nudeln. Der Beamte muss lachen. »*She speaks Romanian? She just said ›strange‹ in Romanian.*« Jetzt lachen wir alle, das Eis scheint gebrochen.

»*I am the captain, by the way*«, beantworte ich noch die letzte Frage.

»*Please come with me!*«, gibt er mir zu verstehen und reicht mir die Hand, um auf das Zollboot zu steigen.

Während er mit mir zu seinem Auto läuft, erklärt er mir: »*You are very lucky, my friend! I talked to the judge in Turnu Severin. We just need to do an interview here in the border office, and you will need to sign a lot of papers.*« Er erklärt mir weiter, dass der

Richter uns gegoogelt hätte und er ihn überzeugen konnte, dass wir die Stempel nicht mit Absicht vergessen hatten und auch keine Schmuggler*innen waren. »*He believed me that it was just stupidity*«, beendet er seinen Bericht und lacht wieder.

Nach fünf Stunden bin ich wieder an Bord, und alles ist geklärt. Der Beamte hat sich als ein wirklicher Schatz erwiesen und mir zum Abschied sogar auf eigene Kosten einen Kaffee und ein Sandwich aus einem Automaten gelassen.

Als wir endlich wieder ablegen, ist es schon früher Nachmittag. »Wir können uns eigentlich direkt wieder einen Ankerplatz suchen, oder?«, fragt mich Anna. Ich suche auf der Karten-App die Gegend ab. »Da vorne teilt sich die Donau in zwei Arme, vielleicht können wir in dem Seitenarm ankern?«, schlage ich vor. Der Plan scheitert, weil der Seitenarm eine Schifffahrtsstraße ist. Resigniert fahren wir weiter. »Schau mal, da drüben!« Anna zeigt auf eine winzige Durchfahrt am Ufer, hinter der sich ein kleiner See eröffnet. »Das wäre sehr gewagt«, antworte ich unsicher. »Das ist höchstens sechs Meter breit und sicher nicht besonders tief.« Wir beschließen, es ganz langsam zu versuchen. Als wir im Schneckentempo lautlos und elektrisch durch die von Wald gesäumte Lücke fahren, eröffnet sich uns dahinter eine Landschaft, die schöner nicht sein könnte. Wie ein Tor in eine andere Welt. Sanft geschwungene Grashügel, umsäumt von kleinen Wäldchen und vereinzelten Bäumen. Durch das Hochwasser gehen die saftigen Wiesen bis ins Wasser, ohne schlammigen Saum oder Abbruchkanten. Eine Schafherde und ein Schäfer, wahrscheinlich verantwortlich für das perfekt auf Rasenlänge gestutzte Gras, bewegen sich langsam, umringt von ein paar Schäferhunden, durch die Szenerie. Die tief stehende Sonne wirft lange Schatten über die Hügel und lässt das vom Wind gekräuselte, glasklare Wasser glitzern. Weiter hinten auf dem See schwimmen, ich traue meinen Augen nicht, schneeweiße Pelikane, die nun, aufgeschreckt von den Neuankömmlingen, in alle Richtungen starten und sich weiter hinten, vor einer Insel, die aus der Krombacher Werbung stammen könnte, wieder neu gruppieren. Und als ob das nicht genug wäre, setzt sich in diesem Moment ein Eisvogel auf unsere Reling. Momo, Anna und ich sind wie in Trance. »Jetzt fehlt nur noch der Delfin, der vor einer Sonnenfinsternis über eine Meerjungfrau springt, die, auf einem Einhorn reitend, Seifenblasen pustet«, sage ich andächtig.

»Du alter Romantik-Killer«, lacht Anna, »aber okay, wenn du es so willst: Raus mit dir, Anker werfen! Sonnensegel setzen! Aber zackig!« Übertrieben unterwürfig gehe ich nach draußen, setze den Anker und fahre die Sonnensegel aus.

Wir bleiben fast fünf Tage in diesem Paradies. Wie paradox es doch ist: Hätten wir den Fehler mit der Ausreise nicht gemacht, wären wir sicher an diesem Kleinod vorbeigeschippert. Das ist auch ein Grund, warum ich die Krisen, die ein Abenteuer mit sich bringt, liebe: weil sie einen vom Plan abbringen und dazu führen, dass man Dinge erlebt, die man nicht planen kann, weil man sie nicht kennt. Natürlich wünsche ich mir im Voraus genau diese Momente, aber sie lassen sich eben unmöglich durch Planung herbeiführen. Ich habe gelernt, dass ein Abenteuer immer ein sehr erwartbares Ergebnis hat: das wunderschöne Unerwartete!

Die fünf Tage vergehen im Flug. Momo hat sich mit dem Schäfer dieser Oase, der Felix heißt, angefreundet und läuft jetzt auch immer mit einem Stock in der Hand herum. Wir machen ausgedehnte Spaziergänge, grillen Stockbrot am Ufer, schwimmen nackt im See und schlafen mit Momo zum ersten Mal unter offenem Sternenhimmel. Es ist die perfekte Jahreszeit: Überall sprießen Blumen, aber es ist noch zu früh im Jahr für Mücken, die

Todfeinde der meisten schönen Orte dieser Welt. »Das Paradies« nennen wir diese Oase, und es wird mir für immer in Erinnerung bleiben. Ob ich jemals hierhin zurückkommen werde?

Anna

Marinas gibt es seit Wochen keine mehr. Paul, Momo und ich ankern fast jeden Abend seit Belgrad an einer anderen wilden Stelle im Fluss. Geduscht wird selten, dafür gibt's gelegentlich eine Katzenwäsche, wann war noch mal die letzte? Egal. Einmal die Woche wasche ich meine Haare kompliziert am Waschbecken in der Küche.

Paul telefoniert mit Hansen. Jetzt ist es final klar: Er und Ronny werden es leider nicht pünktlich zur Meeresankunft zurückschaffen, auch wenn wir uns im Paradies extra Zeit gelassen hatten. Für Paul und mich wird erst in Konstanza diese viel länger als erwartete Episode allein auf der Donau enden. Sechs Monate sind wir mittlerweile mit Momo zu dritt unterwegs und haben das gut gemeistert. Ich bin echt stolz auf uns.

In Cernavodă geht der Donau-Schwarzmeer-Kanal ab, den wir Richtung Konstanza nehmen werden. Einerseits eine Abkürzung ans Meer, andererseits eine Möglichkeit, die immer wieder erwähnten Piraten im Donau-Delta zu vermeiden. Der Kanal ist eine militärisch-strategisch wichtige Schifffahrtsstraße. Weil es sehr schwer ist, herauszufinden, wie genau das Prozedere ist, wenn man dort einfahren will, haben wir wie so oft beschlossen, es einfach zu probieren.

»*Motoryacht entering Cernavodă Ecluze Area, please turn around immediately*«, schallt es aus dem Funkgerät und direkt danach über ein Lautsprechersystem, als wir gerade in den Kanal einfahren. Ich stoppe *Ulla* und nehme Funkkontakt auf. »Ihr könnt nicht einfach in den Kanal fahren«, erklärt mir ein verärgerter Beamter, »legt bitte an, und dann brauche ich eure Dokumente und die Papiere vom Boot.«

Die Aufforderung fühlt sich an, als würden wir in ein anderes Land einreisen. Wenige Minuten später stürmen zwei Beamte auf *Ulla* zu. Unsere Dokumente werden akribisch durchgegangen. Ein endlos langes Prozedere, Telefonate, Stempelgänge. Nach Stunden bekommen wir endlich das Go: »Direkt hinter der *Nadina*, dem großen Schubverband, könnt ihr in die Schleuse fahren. An den haltet ihr euch dann auch im Kanal. Ihr müsst mit der *Nadina* in Konstanza ankommen, sonst gibt es Probleme.«

Paul steuert *Ulla* in einem chaotischen Anlegemanöver neben den Schuber und macht uns mithilfe der Crew an der Schubmaschine fest. »Komm mal rüber«, gibt ihm jetzt einer der Männer zu verstehen. Paul klettert kompliziert auf die *Nadina* und bespricht irgendwas. Er schaut ungläubig, zeigt auf die Leinen, die *Ulla* halten, nickt und klopft dem Mann dann dankend und lachend auf die Schulter.

»Witzig, die haben vorgeschlagen, dass wir uns einfach von ihnen bis Konstanza mitziehen lassen. Irgendwie ist mir etwas mulmig bei dem Gefühl, aber die wissen sicher, was sie tun«, erzählt Paul, als er wieder an Bord ist. Im Hintergrund macht sich einer der Männer gerade daran, zusätzliche Leinen an *Ulla* zu befestigen. »Und …«, fügt Paul grinsend hinzu, »ich soll gleich mal in den Steuerstand hochkommen, sie wollen gerne unsere Geschichte hören … und … mit mir anstoßen.«

»Na komm, lauf, lauf«, sage ich aufmunternd zu Paul, als wäre er Ronny, »hol das Bierchen, hol's!«

»Soll ich es zu dir bringen?«, fragt Paul mit einem Hecheln.

»Nein, dein Frauchen bringt jetzt Momo ins Körbchen und

versucht, selbst ein bisschen zu schlafen«, antworte ich und streiche ihm den Kopf. »Und ab!« Paul stürmt los.

Eine Stunde später, als Momo schläft, kommt Paul grinsend zurück. »Was für eine krasse Maschine!!«, erzählt er begeistert und leicht lallend. »Die sitzen da oben einfach im Steuerstand und trinken Bier und Schnaps«, sagt er. »Außer dem Kapitän, der natürlich nicht!«, fügt er hinzu, als ob das die Sache ganz normal machen würde. »Sind ja auch nur sechstausend Tonnen Stahl und Gas, was die da geladen haben, was soll da schon schiefgehen, wenn die Crew ein paar Bier trinkt.« Dann wird er sentimental: »Ich saß mit denen da oben auf der Brücke und konnte über den ganzen Kanal blicken. Anna, nur noch zwei Stunden, und wir sind am Meer! Die Landschaft ist schon richtig sandig, Dünen und Dünengras, Möwen überall. Und dann der Geruch von dem Schiff, Diesel, warmer Lack, Teer, das alles erinnert mich immer an den Hafen der Heimatinsel meiner Mutter, Norderney ...« Er macht eine Pause. »Ich glaube, das hab ich von ihr, diese Liebe zu Schiffen, zu Häfen, zum Meer. Für mich ist das nicht in erster Linie ein Urlaubsziel, wie für viele anderen Menschen, für mich fühlt es sich eher an wie Heimat.« Er hat plötzlich Tränen in den Augen, Tränen der Sehnsucht. »Ooohhh«, kommentiere ich seine feuchten Hundeaugen, nehme ihn in den Arm und schaue über seine Schulter, wie der Kanal an uns vorbeizieht. »Irgendwie schön, zu fahren und dabei mal ausnahmsweise nichts tun zu müssen«, flüstere ich Paul zu.

Kurz vor der letzten Schleuse, die uns ins Meer bringen wird, machen wir uns von der netten Mitfahrgelegenheit wieder los, und dann geht plötzlich alles ganz schnell. Per Funkspruch kommt die Anweisung: »Bitte sofort mit dem Schiff, das gerade kommt, in die Schleuse einfahren.« Eigentlich wollten wir noch alles seefertig machen, noch mal alles prüfen, aber es bleibt keine

Zeit. Wir fahren in die Schleuse ein, und ich räume dort noch weiter auf, nur das Nötigste. Wir wollten sichergehen, dass wir für hohe Wellen gewappnet sind, aber nach der Schleuse trennt uns nur noch ein Hafenbecken vom Meer, und da dürfen wir uns nicht aufhalten. »*No stops, straight to the pilot buoy*«, hatte der Hafenmeister per Funk gesagt und uns damit angewiesen, das Hafengebiet, in dem der Schubverband von eben aussieht wie ein kleines Rettungsboot, so schnell wie möglich zu durchfahren. Alle paar Minuten sollen wir unsere Position und den Status durchgeben. Er muss wissen, wo genau wir uns befinden.

»Richtigen Funkkanal einstellen«, denke ich laut. »Unseren Fahrplan durchgeben: Wie viele Personen sind an Bord, in welche Richtung fahren wir, wie durchqueren wir das Hafenbecken«, ergänzt Paul.

Ich bin angespannt. Paul ist angespannt. Momo sitzt fröhlich zwischen uns und baut einen Turm aus ihren bunten Holzwürfeln.

Das Meer ist eine andere Hausnummer als die Kanäle und Flüsse zuvor, denke ich ehrfürchtig und schaue auf die Containerschiffe, die Pilotboote, die eifrig umherfahren, die riesigen Kräne, 20 Meter hohe Kaimauern und Zigtausende von Containern, die sich wie Momos bunte Holzsteine überall zu Hochhäusern stapeln.

Noch bevor wir überhaupt auf die Hafeneinfahrt einbiegen, wird *Ulla* heftig von einer Welle gepackt. »Es geht los«, sagt Paul nervös. Die Wellen kommen jetzt regelmäßig. Es sind die größten Wellen, die wir auf *Ulla* bisher hatten. Das Schwarze Meer ist berühmt für eine heftige Dünung, aber es ist etwas anderes, darüber nachzudenken, als es zu erleben. »Ostwind, es ist Ostwind«, höre ich Paul sagen, »vor Ostwind wurden wir gewarnt. Die Wellen bauen sich dann über das gesamte Schwarze Meer auf.«

Eine einsame Bucht auf Gyaros in der Ägäis. Hier haben wir zum letzten Mal auf unserer Reise die Sonnenflügel aufgeklappt, in der Hoffnung, es mit der Energie bis Athen zu schaffen.

↑ Der „Salon" (Wohnzimmer und Küche) mit viel Stauraum für allerlei Sachen. Paul und Anna schlafen hier abwechselnd.

Anna und Momo am Steuer. Die ersten Zähnchen wachsen gerade und Momo ist am liebsten den ganzen Tag auf Mamas Arm.

Der Steuerstand und Ess- und Arbeitsbereich. Der Tisch lässt sich hochklappen. Zu Anfang der Tour war hier Momos Krabbelplatz.

Die Küche mit Gasherd und zwei Wasserhähnen – einen für Süßwasser aus dem Tank und einen für Seewasser zum Abspülen

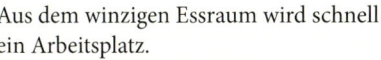

↑ Blick aus der Dachluke in Hansens Kajüte.

Aus dem winzigen Essraum wird schnell ein Arbeitsplatz.

↑ Meistens ankern wir nachts in Buchten. Eine Aluleiter aus dem Baumarkt hilft uns aus dem Wasser.

Kurz vor der Abreise – erschöpft, aber voller Vorfreude auf das Abenteuer.
(© Caroline Mackintosh)

Paul kommt vom Einkaufen zurück, der Supermarkt war wie so oft weiter entfernt und nur mit dem Klapprad erreichbar.

➜ Landgang mit Baby Momo – auch auf Stegen immer nur mit Sicherheitsleine.

➜ Momo auf Deck, mit Schwimmveste und an einer Sicherheitsleine.

↓ Momo badet in Annas alter Babywanne. Paul hat sie auf der Tour mehrfach geflickt.

↑ Kapitänin Anna: sicher durch Wind und Wellen in Rumänien auf dem schwarzen Meer.

→ Die letzte Schleuse auf dem Weg über die Europäische Wasserscheide.

Von oben ist erkennbar: Die Solar-Fläche ist größer als die Grundfläche von *Ulla*.

In Istanbul hatten wir zum letzten Mal für zwei Monate Regen.

Tiefer Winter an der Donau, in Novi Sad/Serbien.

Ankunft in Athen und das letzte gemeinsame Bild mit *Ulla*.

Paul (links) und Hansen (rechts) bestücken unseren Boots-Garten.

Reparaturarbeiten nach einer der unzähligen Motorpannen.

Wir genießen den Tag an einer wunderschönen Bucht in Bulgarien.

↑ Einer der längsten Segeltage kurz vor Athen: Momo hält die Stimmung hoch.

→ Wir sind in Athen und haben es hoch zur Akropolis geschafft.

Momo kann jetzt schon auf Felsen klettern.

Anna und Hansen erkunden ein verlassenes Gefängnis auf Gyaros.

Unser Liegeplatz in Athen: Hier räumen wir alles von Bord, bevor *Ulla* auf das Trockendock kommt.

↑ Ein wilder Strand in Rumänien

Weihnachten in Bratislava/Slowakei.

Ronny passt auf Momo auf.

Auf der Donau: Momo hat gerade einen Spielplatz gesichtet.

Kurz nach der Abreise: Noch essen wir mit Tellern auf den Knien.

Aus einem Einkaufstrip auf Tinos wird einer der schönsten gemeinsamen Ausflüge.

↑ Kurz vor der Abfahrt:
Noch ist *Ulla* leer.
(© Caroline Mackintosh)

Schmetterling vor dem
Wind: einer von *Ullas*
Lieblingskursen.

Im Hafen ist die Hitze oft nicht auszuhalten. Mit Tüchern und Planen halten wir die Sonne fern.

...tudio Steuerstand: Live-Call mit den [K]indern, mit denen wir zusammenarbeiten.

Momo bringt Anna das Malen bei.

In der Ägäis haben wir abends und morgens fast immer die Sonnensegel draußen, um unsere Batterie zu laden.

Als wir *Ulla* aus der Einfahrt in Richtung Meer drehen, kommen die Wellen von vorne und schmeißen den Bug hoch und runter. Die Gischt spritzt über das Deck, und alles, was nicht niet- und nagelfest ist, macht sich selbstständig und fliegt durch die Gegend. Momo gluckst vor Freude, ich fasse es nicht. »Sollen wir umkehren?«, frage ich Paul.

»Nein, *Ulla* kann das. Das ist nur neu für uns.«

Vor der Abreise

Berlin, 1. August 2022, 4 Tage vor Abfahrt

Paul

»Hast du dich verletzt?«, rufe ich aufgeregt zu Hansen hinunter und denke gleichzeitig, dass die Frage wohl überflüssig ist, wenn jemand nach einem Sprung aus zwei Metern Höhe durch eine Terrasse kracht. Hansen hängt noch immer in dem Loch, das er gerissen hat. Er versucht, sich hochzudrücken, aber er schafft es nicht. Er schaut an sich runter, ungläubig.

»N-n-nein, g-glaube nicht«, sagt er zitternd und stockend.

»Warte, ich helfe dir!« Ich klettere vorsichtig auf das Boot.

»Beug dich nach vorne, dann zieh ich dich am Gürtel hoch«, sage ich zu ihm. So kommt er raus. Er steht vor mir und schaut an sich runter. »Nur der Kratzer hier«, sagt er und zeigt auf einen 30 Zentimeter langen, aber oberflächlichen Schnitt an der Wade. Er schaut in das Loch. »Das Drahtseil da, die Want vom Mast, das hab ich zwischen die Beine bekommen, und das hat mich gestoppt.« Ich verziehe das Gesicht. »Zwischen die Beine?«, frage ich mitleidig.

»Ja, aber ich habe keine Schmerzen. Alter, was hab ich denn gerade für ein krasses Glück gehabt?« Er fängt an zu lachen. Mir ist weniger nach Lachen zumute. »Warum bist du gesprungen? Hast du vergessen, dass wir die Lastverteilung noch nicht unter den Dielen haben? Das war doch klar, dass das nicht hält.«

Hansen schließt die Augen und legt den Kopf in den Nacken. »Ja, hab's verpeilt«, sagt er. Wir sitzen auf *Ulla* und schauen auf die Spree. Eine Weile sagt keiner etwas. Ein Dielenstück der Terrasse treibt langsam vom Boot weg. »Immerhin, Stück für Stück kommen wir los«, sagt Hansen grinsend und zeigt auf das Holz. Jetzt muss auch ich lachen.

Hansen

»Krass, wir sind fertig, oder?« Ich schaue auf unsere Liste. »Na ja, ›fertig‹ ist ein sehr dehnbarer Begriff«, antwortet Paul in seiner Rolle als Projektmanager. »Die großen Umbauten sind fertig, aber bis drinnen alles abgehakt ist, sind wir sicher schon ein paar Wochen unterwegs. Und der Elektroantrieb und die Ladeelektronik der Solarpaneele sind auch noch nicht erledigt.«

»Ja, ich weiß«, sage ich, etwas genervt von seiner Kleinkariertheit, »aber ich meine, wir können theoretisch los. Wir brauchen kein Schweißgerät mehr, keine CNC-Fräse, keine großen Maschinen. Alles andere können wir unterwegs machen, oder?« Paul gibt mir recht. Eigentlich ist das ein Erfolgsmoment. Sobald alles an Bord ist, können wir los, es gibt keinen Grund mehr, hierzubleiben. Was wir hier noch zu erledigen hätten, können wir genauso gut unterwegs machen.

Wir haben die Sonnensegel die ganze Nacht ausgefahren gelassen, um einen ersten Dauertest zu machen. »Ich hol die mal rein«, sagt Paul und zeigt auf die riesigen Flügel. Das sind mehr Quadratmeter Solarzellen, als *Ulla* Fläche hat, geht es mir durch den Kopf. Von oben betrachtet, beträgt *Ullas* Fläche gerade mal 22 Quadratmeter. Die Solarflügel haben 28 Quadratmeter. »Ja, mach«, bestätige ich kurz und filme ihn dabei. »Hansen, schau dir das bitte mal an«, ruft Paul jetzt aufgeregt von der Heckterrasse. »Das linke Stehrohr, an welchem die Solarsegel befestigt sind, ist, glaube ich, verbogen.« Als ich das Rohr mit einem anderen, senkrechten Teil an *Ulla* vergleiche, sehe ich es auch. Die gesamte Solaranlage ist sicher um drei Zentimeter nach außen gekippt. In mir fängt es an, zu arbeiten: Ich will nicht zurück an die Maschinen, will das nicht noch mal bauen. Das muss so funktionieren. Alles in mir sträubt sich, das Problem anzuerkennen. Aber es ist da. »Ist das Rohr verbogen oder die Befestigung in der Terrasse zu schwach?«, fragt Paul. Wieder vergleiche ich die Kante des Rohres mit einer anderen, geraden Linie. »Es ist die Verankerung in der Terrasse«, antworte ich. Und dann mache ich etwas, das uns später derbe auf die Füße fallen wird, ich rede das Problem klein. »Ich glaube, das ist nur die Flexibilität in dem gesamten System. Im Grunde gar nicht schlecht, wenn das etwas flexibel ist. Flexible Dinge brechen nicht so schnell«, höre ich mich sagen. Paul springt dankbar auf die Vorlage an. »Ja, wahrscheinlich hast du recht. Das ist alles so stabil gebaut, warum sollte sich da was verbiegen?«

Wir klopfen uns gegenseitig auf die Schulter und machen uns daran, die Werkstatt aufzuräumen und alles Mögliche an Werkzeug einzupacken, um für den Ernstfall gewappnet zu sein. Sicher ist sicher, denke ich und fange zufrieden an, mir selbst zu glauben.

Berlin bis Wien

Obernzell, 23. Oktober 2022, Tag 79

Anna

Mit den letzten Prozent der Batterie haben wir es noch zurück zur Schleuse geschafft und dort übernachtet. Wie gut, dass wir einen zweiten Antrieb haben. Der Schaltzug ließ sich auf die Schnelle nicht reparieren. Am nächsten Tag zerschneiden ihn Hansen und Paul und löten ihn etwas kürzer wieder zusammen. Das Ganze dauert nur zwei Stunden, und wir sind wieder unterwegs. Solche Situationen zeigen mir eindrucksvoll, dass die beiden sogar potenziell unkontrollierbare Situationen mit ihrem Improvisationstalent lösen können. Die Sorgen, die sich vor allem der Vater der beiden vor der Reise gemacht hat, kann ich einerseits nachvollziehen; aber ich lerne auch immer mehr, darauf zu vertrauen, dass die beiden auch in unerwarteten und gefährlichen Situationen die richtigen Entscheidungen treffen und am Ende alles gut geht – ohne dass es zur Katastrophe kommt. Und das sage ich als Mutter eines kleinen, verletzlichen Wesens, die die Sicherheit immer als oberste Priorität sehen wird.

»Habt ihr Bock auf einen neuen Look?«, frage ich die Jungs mit leuchtenden Augen und einer Haarschere in der Hand. »Ach, nee, ich bin megafertig«, muffelt Paul. »Jaa, ich will schon ewig einen neuen Haarschnitt!«, jubelt Hansen dagegen. Hansen und ich wechseln einen Blick, eins steht fest: So einfach kommt uns

Paul heute nicht davon. Wir sind ausgelassen und albern, Paul grummelt vor sich hin. »Okay, lass 'nen Beauty-Abend machen, ich habe auch noch Gesichtsmasken!«, motiviere ich ihn weiter. Paul verdreht die Augen. »Ich mag nicht, bin müde.«

»Mitgehangen, mitgefangen«, sagt Hansen grinsend. »Da kommst du nicht raus. Paul, Paul, Paul!« Wenn einer der beiden nach einer Aufforderung den Namen des anderen dreimal sagt, ist das ein Zwillingsbefehl: Er darf nicht ignoriert werden. Ein Relikt aus alter Zeit, aber es ist beiden heilig, so sehr, dass sie es nur sehr bedacht einsetzen. Das Beste an dem Befehl: Er beinhaltet, dass der Befohlene sich darüber freuen muss. Und es klappt immer!

Eine Stunde später haben wir alle eine dicke Maske aufgetragen, die unseren Gesichtern Feuchtigkeit schenken soll. Hansen schmückt mittlerweile ein Pagenschnitt, und Paul trägt einen sexy Vokuhila. »Ich werde jetzt die Bordfriseuse«, bestaune ich mein Werk. Rattenscharf sehen die beiden mit ihrem neuen Haarschnitt aus.

Der Abend hat eine lang ersehnte Leichtigkeit. Wir scherzen, machen wilde Fotos, schauen voller Vorfreude auf die nächsten Monate und nehmen uns fest vor, genau solche Abende mehr stattfinden zu lassen. Einfach mal nicht das »Projekt« im Kopf, sondern Spaß.

Am nächsten Mittag sitze ich vorne auf dem Bug und steuere *Ulla* mit der Fernbedienung durch die hier wunderschön geschwungenen Donautäler. Ich korrigiere so *Ullas* Route immer wieder leicht, und dabei bläst der Wind angenehm um meine Nase. Momo schläft unten in ihrer Kabine.

Plötzlich reagiert die Fernbedienung nicht mehr. Auch nach mehrmaligem Klicken ändert sich *Ullas* Kurs nicht. Ich blicke mich um, puh – weit und breit ist kein anderes Boot zu sehen, und die Donau ist an dieser Stelle ziemlich breit.

Ich drehe mich zum Steuerstand um. Vielleicht ist einer der beiden an den Schalter der Bedienung gekommen? Ich sehe, dass Paul und Hansen in einer heftigen Diskussion sind. Die Stimmung zwischen ihnen ist schon den ganzen Vormittag angespannt. Deshalb bin ich vor einer Stunde nach draußen geflüchtet, um etwas Ruhe vom Streit zu bekommen.

Ulla treibt mittlerweile aus der Fahrrinne. Ich muss jetzt wirklich handeln, springe auf und klettere nach hinten. Mit einem festen Ruck öffne ich die Schiebetür und unterbreche die Jungs bei ihrem Geschimpfe.

»Habt ihr die Fernbedienung ausgemacht? Die reagiert nicht mehr, und wir driften gerade ziemlich ab.«

Beide schauen mich entnervt an. Paul checkt direkt den Schalter der Fernbedienung. Nichts tut sich. Erst jetzt merken wir, dass der Elektromotor komplett ausgefallen ist.

»Wir treiben gerade manövrierunfähig auf der Donau!«, schnauzt Paul Hansen an, der nicht aufhört, lauthals auf ihn einzureden.

Paul bückt sich, unter ihm liegt Ronny, der friedlich auf seinem Lieblingsplatz direkt auf der Luke zum Motor schlummert. Mein Blick schweift für kurze Zeit nach draußen, und so sehe ich ihn nicht, den Auslöser für den wohl größten Streit der Brüder in ihrem bisherigen Leben.

Alles geht ganz schnell. Wie aus dem Nichts stürzt Hansen sich nach vorne über Paul und schlägt ihm mit geballter Faust in den Rücken und brüllt: »Du schlägst nicht meinen Hund!«

Paul schreckt sofort hoch und schubst Hansen weg.

»Bist du verrückt, ich habe ihn nicht geschlagen!«, erwidert er stocksauer.

Ich springe auf und versuche zu deeskalieren.

»Ey! Stopp, das ist zu viel! Atmet alle mal kurz durch.«

Hansen schreit weiter. »DU HAST RONNY GESCHLAGEN! DAS WAR'S FÜR MICH, ICH BRECHE DIE TOUR AB!«

»Hansen, Paul würde Ronny niemals schlagen«, versuche ich, ihn zu beruhigen.

»Du hast es doch selbst nicht gesehen! Das war klar, dass du dich wieder auf seine Seite stellst«, brüllt Hansen jetzt auch mich an.

»Ja, du hast recht, ich habe es nicht gesehen, aber Paul würde doch niemals Ronny schlagen«, rede ich weiter beruhigend auf ihn ein.

»Hansen, ich habe Ronny zur Seite geschoben, vielleicht etwas zu grob, okay! Aber das muss jetzt schnell gehen. Ich muss an den Motor kommen! Was denkst du denn von mir? Ich würde Ronny niemals schlagen!« Paul ist stocksauer.

»LÜGNER«, schreit Hansen.

So habe ich die beiden noch nie gesehen.

Hansen ist mittlerweile an Deck gerannt und schreit in einer Tour weiter. Paul flucht ebenfalls, während er das Getriebe auf Dieselantrieb umlegt.

Ich sitze überfordert daneben. Paul startet den Diesel. Ich habe ihn noch nie so sauer erlebt, und dabei wirkt er im Vergleich zu Hansen wie Buddha in Person. Wie konnte das passieren? Was hat zu dieser Eskalation geführt? Da muss mehr dahinterstecken. Diese Explosion kann nur das Resultat von lange angestauten Themen sein. Ich sehe einen kleinen Anleger, unsere Rettung. Schnell steuere ich darauf zu. Er ist privat? Scheiß drauf. Wir brauchen jetzt alle Platz. Unter diesen Bedingungen können wir keinen weiteren Meter zusammen fahren. Es ist das erste Mal, dass ich mir sicher bin, dass unsere gemeinsame Reise hier endet.

Hansen

Es ist einer der Tage, an dem ich, egal wie schön er ist, nichts Positives finden kann. Die Sonne ist noch nicht hinter den Hügeln aufgegangen, die die Donau umgeben. Ihre Strahlen sieht man aber schon wie einen Fächer in der dunstigen Luft über uns. Auf dem fast spiegelglatten Wasser schwebt eine dünne Schicht Nebel. Alles ist friedlich und still. Dennoch freue ich mich nicht. Ich kann den Moment zwar wahrnehmen, aber er löst keine Emotionen aus. Ich fühle mich ausgelaugt, und statt mich auf eine der schönsten Strecken auf der Donau zu freuen, bin ich genervt. Genervt von allem, was mich umgibt.

»Wir müssen heute unbedingt die Tabellen fertig machen, der Typ benötigt dringend den maximal möglichen Ertrag aus den verschiedenen Fotovoltaik-Systemen«, sagt Paul als ersten Satz zu mir – statt »Guten Morgen«. Es geht um die Arbeit bei BBN. Er ist müde. Momo hat in der Nacht immer wieder geweint, und Paul und Anna haben daher kaum geschlafen. Eine explosive Mischung, denke ich und hoffe, dass die Arbeit mit Paul heute schnell geschafft ist. Aber das Gegenteil ist der Fall. Wir fangen an, über die Tabelle zu diskutieren, und streiten uns, ob bestimmte Einheiten in dieser wichtig oder unwichtig sind. Den ganzen Morgen schaukelt sich die Stimmung hoch. Als Momo Mittagsschlaf macht, haben wir uns so festgefahren in unserer Diskussion, dass wir uns nur noch beleidigen. Anna steuert *Ulla* mit der Fernbedienung vom Bug aus. So bekommen wir nicht mit, wie das Summen des E-Antriebs verstummt. Ich glaube aber, selbst wenn es der Dieselmotor gewesen wäre, hätten wir das nicht mitbekommen. Denn wir sind jeder auf seine Art kurz vor der Explosion.

»Jungs, was ist los? Ich kann nicht mehr steuern«, sagt Anna, die ihren Kopf durch die Schiebetür streckt und gestresst wirkt.

Obwohl keine konkrete Gefahr in Form eines Schiffes, starker Strömung oder Felsen besteht, scheint Paul das als Grund zu sehen, zum E-Antrieb an den Motorraum zu gelangen – koste es, was es wolle. Dabei packt er Ronny in seiner Wut so hart an, um ihn zur Seite zu schieben, dass es aus meiner Perspektive aussieht, als hätte er ihn geschlagen. Als ich Ronny jaulen höre, flippe ich aus. In meinem Kopf brechen sämtliche Dämme auf einmal und fluten mein Gehirn mit Adrenalin. Ich verliere die Kontrolle über meinen Körper und tue etwas, was ich noch nie in meinem Leben getan habe, bei niemandem: Ich schlage dem gebückt über Ronny stehenden Paul mit der Faust auf den Rücken. Ich merke noch, wie ein kurzes Zögern meinen Arm durchfährt, aber dann knallt meine Faust ungebremst auf den Körper meines Bruders. In mir mischen sich Wut über Paul und Wut über mich selbst.

Anna, die nur den Schlag von mir mitbekommen hat, stellt sich auf Pauls Seite. Für mich die finale Kriegserklärung. Ich lasse los, lasse meiner Wut freien Lauf, und alles in mir galoppiert mit. Ich schreie die beiden an, so laut, dass meine Stimme sich überschlägt.

Ich gehe an Deck, schreie die beiden weiter an, stehe so neben mir, dass ich den Poltergeist, der in mir wütet, sogar von außen beobachten kann. Ich weiß, dass mein Verhalten erstens komplett falsch ist und zweitens Konsequenzen haben wird. Paul hat mittlerweile auf Dieselantrieb umgestellt, und wir fahren zum nächstgelegenen Steg. Dort gehe ich mit Ronny von Bord. Auf einer kleinen, österreichischen Landstraße, die sich ruhig am wunderschönen Ufer der Donau durch grüne Wiesen schlängelt, will ich nur eins: schreien. Aber es bleibt still, denn meine Stimme versagt.

In mir ist gerade etwas unwiederbringlich in viele Stücke zerbrochen. Ich habe etwas getan, was mir Angst vor mir selbst macht. Ich will das nicht, aber kann es anscheinend auch nicht verhindern. So kann es nicht weitergehen.

Paul

Wir sind in Grein an der Donau und gehen uns aus dem Weg, soweit es auf einem so kleinen Boot möglich ist, und versuchen, das Geschehene zu sortieren. Anna, Momo und ich machen eine Wanderung. Die wunderschöne Landschaft, durch die wir laufen, besänftigt unsere Gemüter: Kleine geschlungene Pfade führen uns durch bunte Laubwälder, vorbei an Lichtungen mit saftigen Wiesen. Wir steigen durch enge Schluchten und kommen an vielen beinahe märchenhaften Bauernhöfen vorbei. »Ich glaube, es ist wirklich das Beste, wenn wir erst mal getrennte Wege gehen und wir und Hansen getrennt nach Wien weiterreisen«, sagt Anna, als wir auf einer Lichtung in der Sonne sitzen. Ich stochere mit einem Ast im Gras, Momo klettert auf Anna herum. »Wenn wir diese Reise und unsere Beziehungen retten wollen, dann müssen wir diesen Schritt machen, und wir dürfen es nicht als Anfang vom Ende sehen, sondern als einen Neuanfang.«

Sie hat ja recht, aber etwas in mir weigert sich, diesen Schritt zu gehen. Ich kenne dieses Gefühl, ich habe es seit Jahren. Zum Beispiel, wenn Hansen ähnliche Vorschläge gemacht hat. Ich weiß, dass es Sinn macht, und wenn ich ehrlich bin, dann klammere ich mich viel zu sehr an die Idee, dass wir die gesamte Strecke zu dritt schaffen müssen. Genau wie ich viel zu krampfhaft daran festhalte, dass Hansen und ich ein perfektes Team sein müssen. Warum, weiß ich nicht. Schweren Herzens stimme ich Anna zu.

»Und wir brauchen da professionelle Hilfe«, denkt Anna weiter. »Lass uns versuchen, in Wien eine*n Mediator*in zu finden. Wir brauchen jemanden, der unsere Situation von außen betrachtet.« Die Idee finde ich richtig gut. Als wir nach unserer Rückkehr abends mit Hansen sprechen, ist auch er direkt einverstanden. Ich bin erleichtert, weil es mir zeigt: Wir alle haben ein Interesse daran, die Tour fortzuführen und unsere Beziehung untereinander zu retten. Ich glaube nicht, dass wir mit einem Mediationsgespräch alles lösen werden, aber es ist ein Anfang, ein Signal.

Als ich am nächsten Tag das Boot langsam aus der Marina fahre, ohne dass Hansen an Bord ist, habe ich Tränen in den Augen. Ich sehe, wie er und Ronny auf dem Deich stehen, mit Rucksack und startklar für ihren Weg. Mit der Bahn wollen die beiden weiter nach Wien fahren. Ich weiß, dass ich Hansen sehr bald wiedersehen werde, darum geht es nicht. Aber ich spüre, dass dieser Moment ein Ende ist: Er ist das Ende der Zeiten, in denen Hansen und ich alles zusammen durchgehalten haben, in denen wir vor allem zueinandergehalten haben. Ich spüre auch, dass dieser Schritt längst überfällig ist, dass viel Streit daher kommt, dass wir zu sehr miteinander verknotet sind, und dass alles, was der eine macht, den anderen in irgendeiner Weise betrifft. Und genau deswegen spüre ich auch eine große Erleichterung. Ein bisschen wie der Tod eines Lebewesens, das zuletzt nur noch gelitten hat. Ich schaue auf die kleine Momo, auf Anna, die vorne auf dem Bug sitzen und winken. Das ist meine kleine Familie, und da ist Hansen eben »nur« der Onkel. Die Zukunft mit Anna und Momo ist offenbar nicht kompatibel mit der Vergangenheit, die ich mit Hansen teile. Es wird Zeit, weiterzugehen, für mich und für Hansen. Aber nicht aneinandergebunden im verstolperten Gleichschritt, sondern jeder in seinem Tempo und vielleicht auch jeder in seine Richtung.

Die Strömung packt uns. Schnell ist Hansen außer Sicht, nur Ronny kann ich noch als kleinen weißen Punkt erahnen. Nicht nur die zwischenmenschliche Trennung zu Hansen beschäftigt mich und Anna, sondern auch die Tatsache, dass wir jetzt ohne ihn mit *Ulla* klarkommen müssen. Es ist das erste Mal, dass wir in dieser Konstellation fahren – und es fühlt sich gut an! Anna hat auf einmal mehr Raum, sich auch bei Entscheidungen einzubringen, die sonst oft zwischen Hansen und mir verhandelt wurden, und wird in nur wenigen Tagen viel selbstbewusster in Bezug auf Navigation und Planung. Einmal kommen wir auf dem Weg nach Wien in die immer ungünstige Situation, nachts fahren zu müssen, und Anna hat gleich die rettende Idee, das Boot mit der Fernbedienung zu steuern. So kann die steuernde Person selbst vorne auf Deck stehen. Bei den vorherigen Malen stand immer einer mit dem Suchstrahler auf Deck und hat die Tonnen im Wasser abgeleuchtet und an den oder die Steuernde weitergegeben, die selbst aber im Steuerstand nichts sehen konnte. Das war mühselig, oft gab es Missverständnisse. Mit Annas Lösung war die Nachtfahrt nicht nur ungefährlicher, es war sogar richtig schön, durch das pechschwarze Nichts zu fliegen, vorne auf dem Bug sogar ganz ohne Motorenlärm, und das Beste: Kein Strahler war notwendig, weil kein Restlicht aus der Kajüte oder von Positionslichtern die Augen blendete.

Wien ist, wie die Einfahrt in die Donau, immer ein wichtiges Etappenziel gewesen. Und auch wenn die noch relativ neue Marina kalt, verlassen und ungemütlich wirkt und der Stadtteil im zweiten Bezirk hauptsächlich aus Block- und Hochhäusern, Hotels, Betonbrücken, Autobahn und Trassen besteht, sind Anna und ich in euphorischer Erfolgsstimmung. Und wenn wir uns feiern, ist das so leicht nicht zu trüben. Wir wissen jetzt, dass es im schlimmsten Fall auch eine Weile ohne Hansen funktionieren kann. Und wir haben die Aussicht, ein paar Wochen Pause zu machen und mal wieder etwas Großstadtluft zu schnuppern. In einer echten Weltmetropole: Servus, Wien!

Anna

Um die Stimmung zwischen uns zu retten, haben wir uns gemeinsam entschieden, eine Mediatorin in Wien aufzusuchen. Das Haus der Therapeutin liegt außerhalb der Stadt und ich fühlte mich direkt wohl und sicher dort. Nach einem kurzen Kennenlernen und dem Setzen der Rahmenbedingungen für die nächsten 2,5 Stunden der heutigen Session eröffnet Hansen das Gespräch mit seinen Gedanken und Problemen. Kurz darauf muss er weinen. Ich schätze, seine Dringlichkeit, sich mitzuteilen, ist hoch. Es geht hauptsächlich um die Brüderbeziehung und kurz vor Ende sprechen wir noch über die Konflikte zwischen Hansen und mir. Dann ist die Zeit schon zu Ende. Die Mediatorin gibt uns einiges an Feedback und Tipps für den zukünftigen Umgang mit auf den Weg. Immerhin schaffen wir es, ruhig miteinander zu sprechen. Das war vorher nur bedingt möglich. Jetzt verbringen wir ein paar Tage getrennt voneinander. Paul und ich bleiben auf dem Boot in Wien, Hansen sucht sich eine Unterkunft. Vielleicht führt uns eine Kombination aus allem zum Ziel. Der große Streit, die Mediation, der Abstand.

Die Marina in Wien hat alles, was wir brauchen, und der Waschbereich liegt in dem abgeschlossenen Areal, das überall von einem hohen Zaun umgeben ist, in das wir nur mit einem Schlüssel reinkommen. Es ist zehn Uhr abends, dunkel und neblig, aber ich fühle mich irgendwie mutig: Es macht mir, auch als Frau, keine Angst, allein hier herumzulaufen. Alltag für mich, denke ich stolz. Aber als ich die Marina verlassen will, passt der Schlüssel plötzlich nicht mehr ins Schloss. Von außen hatte er gepasst, von innen funktioniert es nicht. Ich dackle also summend und gut gelaunt zum nächsten Tor, doch auch hier funktioniert es nicht. Die Situation wird langsam unangenehmer. Wie komme ich denn jetzt wieder zum Boot? Der Zaun ist zu hoch, um mit meinem riesigen Sack Wäsche darüberzuklettern. Mein Handy liegt im Boot. Na super, denke ich. Paul anzurufen, ist also keine Option. Ich mache mich auf den Weg zum dritten und letzten Tor, vielleicht habe ich dort ja Glück, schlendere um eine Ecke und zucke zusammen: Vor mir steht ein riesiger, übergewichtiger Typ. Ah, okay, nur die Hafen-Security. Ich lache erleichtert.

»Hey, weißt du, wie man hier rauskommt?«, frage ich ihn.

»Nee, keine Ahnung. Mir geht es wie dir«, erwidert er. Oh, doch nicht die Security. Jetzt wird mir mulmig. Ich laufe an ihm vorbei zum letzten Tor, versuche, den Schlüssel reinzustecken – Fehlanzeige. Schnaufend folgt mir der Typ, allerdings ist er durch sein starkes Übergewicht deutlich langsamer. Ich überlege nicht lange, werfe den Sack über den Zaun. Die Wäsche verteilt sich auf der anderen Seite im Dreck. Egal. Zitternd und fahrig klettere ich hinterher. Mir ist nicht wohl bei diesem Typen. Geschafft! Gerade sammle ich die Wäsche ein, da ruft er von der anderen Seite zu mir rüber: »Hey, was ist denn jetzt mit mir? Ich schaffe es nicht, hier rüberzuklettern!«

Ich halte inne. Irgendwie habe ich ein schlechtes Gewissen, ihn hier so zurückzulassen. Wahrscheinlich ist er ja wirklich wie ich hier gefangen. Ich reiße mich zusammen: »Wo musst du denn hin? Ich könnte jemanden anrufen.« Er zögert, dann fragt er: »Bist du mit dem Boot da?«

Was sollte denn diese Frage auf einmal? »Ja, ich bin mit dem Boot da«, antworte ich, stopfe die letzte Socke in die Tüte und stehe auf. Was er dann sagt, wirft mich völlig aus der Bahn. »Ich will mit auf dein Boot.«

Was hat er da gesagt? Er will mit auf mein Boot? Ich gehe einen Schritt rückwärts, perplex und irgendwie viel zu freundlich verneine ich, drehe mich um und gehe weg.

»Hey? Okay, okay, aber ich muss irgendwie zur U-Bahn«, ruft er mir hinterher. »Heyyyyy! Warte!«

Über die Schulter rufe ich ihm zu: »Ich suche jemanden, der dich da rausholt. Bleib da!«

Um die Ecke fange ich an zu rennen. So schnell ich kann! Und erzähle Paul, was passiert ist. »Wie bitte? Was hat der Mann zu dir gesagt?« Paul ist fassungslos, als ich ihm völlig außer Atem erzähle, was ich gerade erlebt habe.

»Der kann bleiben, wo der Pfeffer wächst. Selbst schuld, wenn der so was zu dir sagt. Wir holen ihn da nicht raus!«

Später am Abend ist Paul noch mit einem alten Schulfreund in einer Bar verabredet. »Ich kann wirklich hierbleiben, wenn du dich unwohl fühlst«, bietet er mir immer wieder an. »Nein, passt schon, geh. Du freust dich seit Ewigkeiten auf den Abend. Ich lass mich nicht von so einem Typen einschüchtern«, ermutige ich ihn. Aber als Paul weg ist, fühle ich mich ängstlich und schaue immer wieder aus den Fenstern. Draußen ist nichts als drückende Dunkelheit. Mir fällt ein, dass unser Schloss seit einiger Zeit defekt ist. Ich kuschele mich neben Momo, die ruhig und entspannt atmet, aber erst als Paul zurückkommt, kann ich auch endlich einschlafen.

Am nächsten Morgen gehe ich mit Momo spazieren. Als wir an einem obdachlosen Mann vorbeilaufen, erschrecke ich mich ziemlich. Fuck, das ist der Typ von gestern, denke ich angespannt. Ach nee, doch nicht, merke ich beim Weiterlaufen. Kurz darauf kommt mir ein anderer Mann entgegen, und ich fühle mich wahnsinnig unsicher. Wie wird es für mich sein, allein im Wald spazieren zu gehen, wenn wir weiter aus großen Städten und aufs Land kommen, in Gegenden, wo kaum jemand mich verstehen wird? Seit dem Vorfall gestern habe ich viel von meinem Gefühl von Mut und Empowerment verloren. Mir ist bewusst, dass es nur eine bescheuerte Aussage eines einzigen Typen war. Doch allein das genügt, um mich aus dem Gleichgewicht zu bringen.

Nora, Pauls und Hansens Mutter, und Allan, ihr Stiefvater, kommen uns besuchen. Sie wohnen im Hotel, nur wenige Gehminuten vom Boot entfernt – ein Vorteil der Lage der Marina. Ich freue mich sehr auf die beiden, endlich mal wieder ein bisschen soziale Heimat. Auch für Paul und Hansen ist der Besuch wichtig. Sie haben eine gute Beziehung zu ihrer Mutter und Allan. Ich weiß, wie sehr Paul die Meinung seiner Mutter schätzt und sie und ihre offene, wertfreie Art liebt. Aber er ist sich ihrer Liebe so sicher, dass er sich meiner Meinung nach etwas zu sehr zurücklehnt, sie viel zu selten anruft und besucht. In meiner Wahrnehmung ist sie, wie auch Allan, die Art von Person, die allein durch ihre Anwesenheit, durch Zuhören und durch Liebe Probleme lösen kann. Ich spüre förmlich, wie die Gespräche auf Spaziergängen entlang der Donau bei Paul Knoten lösen und ihm Mut geben in dieser schweren Situation.

Der Besuch von nachhaltigen Projekten nimmt hier in Wien richtig Fahrt auf. Wir führen ein Interview mit Miri-TV, einem nachhaltigen Kinder-TV-Start-up, besuchen das Team des Vereins YEP, das sich dafür einsetzt, dass Kinder und Jugendliche bei wichtigen Entscheidungen eingebunden werden und schon früh echte Empowerment-Erfahrungen machen. Wir besuchen die Gründer*innen des Restaurants Mader, das versucht, ausschließlich mit regionalen Produkten zu kochen, und halten in

Zusammenarbeit mit unserem Projektpartner »Forum Via« einen kleinen Vortrag über unserer Reise im Rahmen eines Storytelling-Workshops an einer Schule. Werner, der Lehrer der Schulklasse, ist supersympathisch und sehr motiviert und hat Lust, die Zusammenarbeit mit uns auszuweiten. Mithilfe einer Universität möchte er uns die Gerätschaften zur Verfügung stellen, um Wasserproben während der weiteren Tour entlang der Donau zu sammeln und sie in regelmäßigen Abständen an die Schule oder an die Universität zu schicken. So kann er mit seinen Schüler*innen die Wasserqualität der einzelnen Donauabschnitte prüfen lassen. Zudem werden wir während unserer Reise Bilder von Müllansammlungen und verschmutzten Orten entlang des Flusses machen und ihm die Standorte nennen. Daraus soll eine große Cleaning-Aktion entstehen. Die Schule und hoffentlich weitere Partner*innen-Schulen entlang unserer Route werden Reinigungsgruppen vor Ort organisieren und die verschmutzten Abschnitte säubern.

Die beste Nachricht ist allerdings, dass die Schulklasse von nun an die Recherche für alle Projekte entlang der Donau übernehmen wird, die wir besuchen wollen. Für uns eine wahnsinnige Entlastung und Bereicherung, nicht zuletzt deshalb, weil die Klasse eine unglaubliche Sprachenvielfalt bietet. Den Schüler*innen ist es also möglich, in den jeweiligen Landessprachen mit den Projekten zu kommunizieren, und sie könnten sogar auch die Übersetzung von Interviews übernehmen. Was für ein Geschenk!

Hansen

»Wir müssen dringend reden, bevor du nach Berlin zurückfährst«, sagt Paul zu mir, als ich einen Tag vor meiner Abreise den

Kopf aus meiner Kajüte strecke und das immer noch graue Wetter in der immer noch grauen Marina in Wien bedrückt begutachte. Er versucht, mir in die Augen zu schauen, aber ich senke meinen Blick, denn ich weiß, worum es gehen wird. Ich weiß, dass das, was in den letzten Wochen passiert ist, der Anfang einer viel zu lang vor uns hergeschobenen Veränderung in unserer Beziehung sein wird.

Nach dem heftigen Streit auf der Donau, nach unserer temporären Trennung in Grein, der Mediation und den relativ stillen und erdrückenden, nur teilweise zusammen verbrachten Wochen in der Marina in Wien ist klar geworden, dass es so nicht weitergeht. Das schmerzt, denn es zerreißt das dicke Band zwischen Paul und mir. Aber es ist auch gut, denn dieses Band hat uns beide in den letzten Jahren eher gefesselt als verbunden, hat uns stolpern lassen und aus dem Takt gebracht.

Jede Pause, die ich von ihm bekomme, lässt mich aufatmen. Aber auch wenn wir wissen, dass es für uns beide besser ist, eigene Wege zu gehen, so haben wir uns doch noch nie die Zeit genommen, offen darüber zu sprechen. Natürlich haben wir in Streits schon oft damit gedroht, aber ernsthaft darüber nachgedacht haben wir nie. Jetzt schon.

»Weißt du, Hansen, wir müssen uns ändern«, sagt Paul, als wir wenige Stunden später bedrückt auf den wohl wichtigsten Spaziergang in unserer Brudergeschichte aufbrechen. »Ich hatte da früher immer Angst vor, aber wenn ich dich jetzt so sehe, weiß ich, dass es sein muss.«

Wir laufen auf der Donauinsel in Wien am Strand nebeneinander her, und jeder schaut in die Ferne, als läge dort am Ende des Strandes die Zukunft. Ein Mix aus Sand, Kieseln und Treibholz bedeckt den dünnen Streifen, an dessen einer Seite die »Schöne braune Donau« fließt und an der anderen junge Birken und

Pappeln, die ihre Äste übers Wasser strecken, versuchen, in der steilen Böschung mit ihren Wurzeln Halt zu finden. Immer wieder kicke ich einen kleinen Stein vor mir her, während Paul gemächlich und regelmäßig einen Schritt nach dem anderen macht. »Vielleicht ist es genau das«, sage ich zu Paul. Vielleicht ist das die Art, wie wir weitermachen müssen. Paul schaut mich fragend an. »Na ja, jetzt gerade reden wir sehr ernst und fokussiert, keiner ist sauer, keiner fühlt sich benachteiligt. Vielleicht müssen wir im übertragenen Sinne beide, so wie wir es jetzt im Moment machen, nach vorne schauen und in unserem eigenen Rhythmus nebeneinander herlaufen. Jeder macht das, was er will, und wenn wir etwas gemeinsam wollen, machen wir es zusammen.«

Ich merke, wie diese Aussage weh-, aber auch guttut.

Wir beide wissen es ja schon seit Langem. Wissen, dass sich unsere Wege trennen müssen. Aber es wirklich auszusprechen in einem friedlichen Moment, ist vermutlich heftiger, als es dem anderen im Streit an den Kopf zu werfen.

Paul schnappt sich jetzt den Stein, der gerade vor seinen Füßen liegen geblieben ist, und spielt ihn zu mir zurück. Er grinst. Ich glaube, er merkt, wie sich gerade das Band, an dem er mich jahrelang hinter sich hergezogen hat, löst und ich auf wundersame Weise nicht zurückbleibe. Wie ich auf einmal neben ihm laufe und wir auf Augenhöhe miteinander reden können.

»Mein Leben ist jetzt ganz anders als deins, Hansen. Ich habe Familie, meine Priorität ist Momo. Und was wir zusammen erlebt und gemacht haben, wird so nie wieder kommen.« Paul schweigt einen Moment, und ich sehe, wie ihm, der im Gegensatz zu mir fast nie weint, eine Träne über die Wange rollt. »Vielleicht ist diese Tour die letzte, die wir zusammen machen. Wir verabschieden uns mit dieser voneinander. Gebührend und abenteuerlich, wie wir zusammen waren.« Mein Blick in die Ferne, ans Ende vom Strand am südlichen Ende der Donauinsel, verschwimmt. Langsam laufe ich weiter. Den Stein sehe ich nicht mehr. Als ich mich zu Paul rüberdrehen will, merke ich, dass er stehen geblieben ist. Er weint jetzt bitterlich. Ich gehe auf ihn zu, umarme ihn. »Es tut sehr weh, aber es fühlt sich genau richtig an«, sagt er schluchzend zu mir. Er kann nicht sehen, dass ich nicke, kann es nur durch die Umarmung spüren. Dann lösen wir uns voneinander und laufen schweigend weiter.

»Es ist schon seltsam«, sage ich zu ihm. »Wir haben bei unseren Vorträgen immer erzählt, wie wichtig Offenheit für Veränderung ist. Und selbst haben wir die offensichtlichste aller nötigen Änderungen nicht gesehen.« Jetzt grinsen wir uns beide wieder an, verheult, aber glücklicher.

Wie schön es ist, dass ich mit meinem Bruder so offen reden kann, denke ich. Wenn man selbst eine harte Trennung freundschaftlich und liebevoll machen kann. Was kann einen dann noch aufhalten? Ich stelle mir vor, wie jeder die nächsten Jahre sein eigenes Ding machen wird, und ich freue mich drauf, unabhängig und frei zu sein. Dann sprechen Paul und ich darüber, was wir schon immer machen wollten, ohne den Plan an den anderen anzupassen. Wir reden über unsere eigenen Träume und nicht über unsere gemeinsamen. Das haben wir sehr lange nicht gemacht.

Als wir zurück bei *Ulla* sind, schaue ich Paul tief in die Augen. »Dann ist es jetzt offiziell?«, frage ich ihn. Er nickt. »Aber erst machen wir diese Tour zu Ende. Wir alle zusammen. Alle an Bord.«

Anna, Paul und Momo auf der Donau

Konstanza, 2. Mai 2023, Tag 270

Anna

Paul steht am Steuer, sein Blick scannt unablässig alle Richtungen. Er muss sich festhalten, um auf den Beinen zu bleiben. Paul hat Segeln auf der Nordsee gelernt, ich weiß, dass er es grundsätzlich kann, aber das ist 25 Jahre her. Erst nach 15 Minuten spüre ich, wie meine Anspannung abfällt. Wir sind auf dem Meer! Ich spüre eine Mischung aus Freude, Stolz und Angst. Und dann, nach weiteren 15 Minuten, ist mir kotzübel. Na toll!

»Iss mal eine Scheibe Brot, das hilft meistens.« Paul streckt mir lächelnd ein Stück Brot hin.

»Trockenes Brot – mpff!« Trotzdem nehme ich es brav entgegen und beginne, lustlos darauf herumzukauen. Momo ist derweil durch das Geschaukel auf meinem Arm eingeschlafen.

»Sie scheint eine wahre Seemannsbraut zu sein«, sage ich, schon etwas besser gelaunt, zu Paul.

»Was für ein tolles Kind!«, lacht er. Das war eine unserer größten Sorgen, dass Momo die Wellen nicht mag. Das hätte einen sofortigen Abbruch der Tour bedeutet. Die Übelkeit ist tatsächlich durch das Essen weniger geworden, und 45 Minuten später erreichen wir ohne Zwischenfall Konstanza.

»So geil, dass die Solaranlagen alles ausgehalten haben. Die sind nicht mal ein bisschen verrutscht«, sagt Paul stolz, nachdem er alles geprüft hat. Wir liegen an der großen Kaimauer, über uns kreischen Möwen, und im Wasser tummeln sich Milliarden kleine, durchsichtige Quallen.

»Verrückt. Angekommen! Wir haben es einfach ans Meer geschafft!« Lachend springe ich zu Paul, die kleine Momo sitzt auf meiner Hüfte, und ich stabilisiere sie mit meinem Arm. Die Freude ist jetzt ungetrübt und mischt sich statt mit Angst mit Erleichterung – eine deutlich bessere Kombination von Gefühlen.

Paul

Wir sind nun schon einige Wochen hier in Konstanza und nutzen die Zeit, um etwas Abstand von *Ulla* zu bekommen. Das tut unendlich gut. Mit unserer Ankunft ist die Stadt aus dem Winterschlaf erwacht, und ein bisschen fühlt es sich an wie Urlaub, wohlverdienter Urlaub. Gestern traf ich eine Schülergruppe mit ihrer Lehrerin auf der Straße. Sie machten eine Umfrage mit den Passanten, wie Konstanza nachhaltiger und schöner werden kann. Was für ein Zufall! »Weißt du«, sagte mir die Lehrerin jedoch resigniert, »dieses Projekt ist eigentlich nur eine Attrappe. Es tut mir in der Seele weh. Am Freitag treffen wir den Bürgermeister und stellen ihm unsere Ergebnisse vor, und ich weiß schon jetzt, dass er die Arbeit meiner Schüler*innen nicht ernst nehmen wird. Er wird lachen. Wirklich! Ich weiß nicht, ob es sie mutiger machen wird oder resignierter.« Als ich ihr von unserem Projekt erzählte, war sie einerseits begeistert, andererseits machte sie mir auch deutlich, dass hier in Rumänien und auch Bulgarien das Thema Nachhaltigkeit und Bildung noch viel grundlegender angegangen werden muss.« »Ich glaube nicht, dass ihr hier auf viel Verständnis für euer Vorhaben treffen werdet, noch nicht mal bei den Organisationen, die sich hier ernsthaft mit Nachhaltigkeit und Bildung beschäftigen. Die kämpfen mit Korruption, Drohungen, Lobbyismus. Die machen keine Aufräumaktionen am Strand, die kämpfen dafür, überhaupt eine Meinung haben zu dürfen.« Als ich sie einlud, mit ihrer Schulklasse bei *Ulla* vorbeizukommen, trat ich offenbar in ein Fettnäpfchen. »Weißt du, was wir hier als Lehrkraft verdienen?«, fragte sie mich traurig und schaute zu Boden. Ihre Antwort schockierte mich: 380 Euro im Monat für einen Fulltime-Job an einer Schule. »Wir werden am Montag in einen unbefristeten Streik gehen, alle Lehrkräfte im ganzen Land, unbefristet! Weißt du, was das bedeutet? Bitte nimm es mir nicht übel, aber für unsere Schüler und Kollegen gibt es grade Wichtigeres als ein nachhaltiges Weltreiseabenteuer. Unser Bildungssystem ist am Boden, wir müssen erst mal sicherstellen, dass wir hier überhaupt das Essenziellste von unserem Job machen können, bevor wir Raum haben für solche Sahnehäubchen. Ich finde es großartig, was ihr macht, aber ich wünschte, unser Land wäre bereit dafür.« All das sagte sie ohne Vorwurf, aber sehr eindeutig. Ich war einerseits beeindruckt von ihrer Schärfe und Klarheit, aber auch ziemlich resigniert nach diesem Austausch. Was hatten wir uns denn gedacht? Irgendwie kam ich mir unendlich dumm und naiv vor.

Hansens Ankunft verzögert sich weiter. Wieder mal wird es also so sein, dass ich mir allein die Nächte um die Ohren haue, um *Ulla* seefertig zu machen. Aber die Dynamik zwischen mir und Anna verkraftet das gerade super. Wir haben einen Ort, an dem wir Freunde haben, alles, was Momo braucht, und eine gewisse Routine und Alltag. Aber am wichtigsten: Zwischen Anna und mir läuft es seit dem gemeinsamen Donau-Erfolg unglaublich gut, Momo ist glücklich und ausgeglichen, und wir sind zwei stolze Eltern. Stolz auf uns und stolz auf Momo.

»Vielen Dank, dass du das machst«, antwortet sie verständnisvoll, »aber das Streichen überlässt du mir, ja?«

Tagsüber teilen wir uns Momo, so gut es geht, und abends verkrümele ich mich auf *Ulla*. Die Masten müssen gestellt werden, allein ist das auch mit Jütanlage eine ziemliche Herausforderung. Wir brauchen einen neuen »Verklicker«, das ist ein Gerät zur Messung der Windrichtung. Es steht ein Großputz an, die Beleuchtung muss repariert und die Notfallausrüstung für das Meer installiert werden. Aber das Wichtigste, auch wenn es eher wie Luxus klingt: Wir brauchen einen Autopiloten. Aus vielen Foren und von erfahrenen Seglern weiß ich, dass ein Autopilot auf dem Meer aus einem einfachen Grund mit zur wesentlichsten Ausrüstung gehört. Warum? Auf den langen Strecken, ohne Möglichkeit, eine Pause zu machen, verliert man unglaublich viel Energie nur für das Geradeausfahren. Es ist teilweise eintöniger als eine Autobahn. Wenn dann ein Sturm kommt, eine Nachtfahrt oder eine Panne, ist man ausgezehrt, unkonzentriert, fällt schlechte Entscheidungen. Mit einem Autopiloten kann man Energie auf einfachen Abschnitten sparen und sie dann einsetzen, wenn man sie wirklich braucht. Natürlich kostet so was ein kleines Vermögen, also habe ich mich dazu entschieden, selbst einen zu bauen. Mit einem programmierbaren Microcomputer namens Arduino lese ich Daten aus GPS-, Kompass- und Neigungssensoren aus. Ein kleines, selbst geschriebenes Programm stellt dann Abweichungen vom eingestellten Kurs fest und kann über den Motor, den Hansen für die Garagentor-Fernbedienung eingebaut hat, den Kurs korrigieren. Im Prinzip kopiere ich eine Systematik, die bei beinahe allen Autopiloten gleich ist. Mit verschiedenen Reglern kann ich z. B. Kurskorrekturen durchführen, das Ruder trimmen, die

Sensibilität des Systems und seine Reaktionsintensität einstellen. So einfach das Konzept klingt, in der Umsetzung habe ich mich gewaltig überschätzt. Nächtelang löte ich, verlege Kabel und programmiere, und am Ende habe ich statt drei Tagen beinahe eine Woche nur für den Autopiloten gebraucht. Aber: Er funktioniert, zumindest im Hafenbecken. Ich bin sehr gespannt, ob er uns auch auf dem Meer die gewünschte Erleichterung bringen wird.

Und dann kommt endlich Hansen wieder. Fünf Monate habe ich ihn nicht gesehen. Ich glaube, eine so lange Auszeit gab es das letzte Mal, als ich in Australien war und er Zivildienst gemacht hat. Das ist mehr als 20 Jahre her. Damals habe ich ihn, ohne dass wir es geplant hatten, zufällig in Kuala Lumpur getroffen, kein Scherz! Auf der großen, weiten Welt hatten wir ausgerechnet in Kuala Lumpur im gleichen Hostel eingecheckt. Sein Zivildienst war beendet, und auch er wollte eine Weltreise machen. Als ich gerade zum Essen aufbrechen wollte, stand er auf einmal vor mir. Es war ein Feuerwerk, wir waren richtig betrunken vor Glück. Doch noch am selben Abend hatten wir einen der heftigsten Streite unseres Lebens. Ich habe nie verstanden, wie es dazu gekommen ist, bis zu dieser Reise. Wir sind damals getrennte Wege gegangen, jeder hat sein Ding gemacht. Aber wir hatten noch immer den unausgesprochenen Deal, Zwillinge zu sein. Das schon beschriebene Zwillingsdilemma war auch damals schon Programm. An diesem Abend stritten wir so heftig, weil wir feststellen mussten, dass wir unterschiedlich geworden waren. Wir waren nicht mehr Paul *und* Hansen, wir waren Paul *oder* Hansen. Und auch wenn wir uns genau das immer gewünscht hatten, eine eigene Identität, als Individuum wahrgenommen zu werden, war es für uns doch unerträglich, zu erfahren, dass der andere gerade dabei war, seinen eigenen Weg zu gehen und dabei manches besser zu machen, manches schlechter oder einfach nur anders.

Diesmal habe ich keine Angst, dass sich das wiederholt. Die Trennung nach dem Abitur war eine Trennung, von der wir beide uns insgeheim und naiverweise erhofft hatten, dass sie ohne Veränderung einherging. Klar, dass wir enttäuscht wurden. Der Abschied in Wien war eine Trennung, die eine Veränderung als Ziel hatte. Diesmal habe ich Angst davor, dass Hansen der Gleiche ist, der er war, als wir uns zum letzten Mal gesehen haben.

Hansens Auszeit

Timisoara, 27. Mai 2023, Tag 295

Hansen

»Ronny, komm!«, schreie ich ihn an. Ronny gibt nicht auf und rennt noch einmal in langen Sprüngen los über die Kiesel im Gleisbett. Er schafft es tatsächlich, aufzuholen. Als er auf Höhe der Tür ist, bekomme ich sein Nackenfell zu packen. Er jault, ich schreie und ziehe ihn in den Zug. Ich drücke ihn an mich, und ich lehne mich mit ihm auf die Stufen zurück. In den Türen des Abteils stehen gaffende Passagiere, vermutlich selbst ratlos und schockiert von der Abfolge der Ereignisse.

Ronny wedelt wild mit dem Schwanz, leckt mir das Gesicht ab, ich lass ihn lecken. Ich bin so froh, dass er im Zug ist. So froh, dass er nicht ohne sein Halsband am Bahnhof geblieben ist. Denn an diesem hängen alle Informationen, die man braucht, um mich zu kontaktieren, wenn man Ronny findet. Ohne dieses kann es Monate dauern, bis man über seinen Chip meinen Namen herausfindet. Und in Rumänien, wo es unzählige Straßenhunde gibt, würde das vielleicht auch nie passieren. Was hätte er gemacht, wäre er dageblieben? Wäre er dem Zug hinterhergelaufen? Ich fange an zu heulen und drücke ihn noch fester an mich. Ich könnte mich ohrfeigen, dass ich in der Hektik die Frage »Rucksack oder Ronny« gestellt habe, denn die Antwort darauf ist so einfach: »Notbremse ziehen.« Wie dumm eine Panik doch machen kann.

Schlussendlich habe ich zwar beides wieder, weil wir riesiges Glück hatten. Aber wenn das schiefgegangen wäre – ich will es mir gar nicht weiter ausmalen.

Vorsichtig entferne ich mich von der immer noch offen stehenden Tür. Als ich das Abteil betrete, starren mich alle an. Ein Passagier legt im Vorbeigehen seine Hand auf meine Schulter und sagt in gebrochenem Englisch: »*You love really dog.*« Ich erwidere seinen Blick und sage: »*He is my best friend*«, dann schaue ich zum immer noch verängstigten Ronny, der jetzt nicht mehr von meiner Seite weichen will. Wir laufen zusammen zu meinem Platz zurück. Das Pärchen, das mir seit Stunden in der Vierersitzgruppe gegenübersitzt, schläft tief und fest. Deswegen haben sie nichts gesagt, als der Mann meinen Rucksack nahm, denke ich. Ich hatte ihn auf meinen Sitzplatz gestellt, als ich »nur kurz« zur Toilette gehen wollte. Ich hätte nicht Ronny und den Rucksack mitnehmen können, dafür sind die Toiletten zu klein. Ronny allein in einem Zug mit vielen Menschen lassen, keine Option. Daher hatte ich mich mit einem kurzen Blickkontakt mit dem Pärchen verständigt und ihnen mein Vorhaben klargemacht. Sie hatten genickt, sind aber dann wohl eingenickt.

Natürlich trifft die beiden keine Schuld.

Vielleicht noch nicht mal den Dieb, wer weiß, aus welchen Gründen er das machen musste. Was weiß ich schon vom Leben der Rumän*innen. Ich bin gerade mal seit gestern in diesem Land, zum ersten Mal in meinem Leben.

Vor zwei Tagen war ich in Berlin aufgebrochen. Endlich. Es hat fast drei Monate länger gedauert als geplant. Der Morgen, an dem ich die Haustür meiner Kommune hinter mir schloss, Reisetasche, Rollkoffer, Rucksack und Ronny zum Bahnhof bugsierte, war für mich wie ein neuer Lebensabschnitt. Ab hier ließ ich Bürokratie und Frust hinter mir. Ich war wieder auf ein Abenteuer aufgebrochen mit dem Ziel, in fünf Tagen in Konstanza am Meer zu sein. Meine Therapie hat mir geholfen, neuen Mut zu schöpfen. Mut, wieder einer von »Allen an Bord« zu werden. Mut, mich meinen Ängsten zu stellen und dadurch vielleicht auch reflektierter mit Anna und Paul diskutieren zu können. Ich werde sie ab jetzt online weiterführen können, was mir sicher auch in den nächsten Monaten unter die Arme greifen wird.

Der aus dem letzten Jahrtausend stammende »Railjet«, der mich von Berlin das erste Stück nach Brno in Tschechien bringen sollte, war fast leer. Und so schauten ich und Ronny die meiste Zeit entspannt aus dem Fenster, Musik auf meinen Ohren. Die Playlist »Heilung« hatte schon einige Titel angesammelt. Abends schliefen wir im Zelt auf einer Wiese, die in einem »Gleisdreieck« lag, machten ein kleines Lagerfeuer und aßen Käsebrot. Wie romantisch. Na ja, es war affenheiß gewesen heute. Das Lagerfeuer machte ich nur, um die Mücken zu vertreiben. Ich saß schwitzend im Hoodie und langer Hose an der Glut und war jedes Mal froh, wenn das Dröhnen eines Güterzuges das Jagdgeheul der Blutsauger übertönte.

Es gab am nächsten Tag zwei Gründe, warum ich mich gegen eine weitere Nacht im Freien entschied: die Mücken und die Straßenhunde. Ich war in Timisoara angekommen, und auf der Suche nach einem Schlafplatz auf einem alten Industriegelände wurde mir klar, dass Ronny in der Nacht kein Auge zutun würde. Es wimmelte von abgemagerten Fellnasen, die mich und Ronny zum Teil neugierig und freundlich bettelnd, aber zum Teil auch aggressiv und sehr territorial begrüßten. Zum Glück fand ich ein kleines Hostel, welches unweit des Bahnhofes lag und mir und Ronny zu einer guten Mütze Schlaf verhalf.

Jetzt wird mein Blick auf die vorbeiziehende Landschaft von dem alten, von Rissen durchzogenen Fenster im Waggon getrübt.

Der alte Zug ruckelt an jeder Weiche und riecht wie ein Schrottplatz im Hochsommer, nach Öl auf rostigem Stahl, nach in der Hitze aus den Polstern kriechendem, kaltem Rauch.

Das Quietschen der Bremsen mischt sich mit dem Fiepen von Ronny und lenkt meine Aufmerksamkeit auf seine Bedürfnisse.

Ich kann mit ihm keinen ganzen Tag im Zug sitzen. Erstens sind diese hier sehr heiß, weil es keine Klimaanlage gibt. Zweitens kann er nicht wie ich im Zug aufs Klo gehen. Ich nutze die Gelegenheit und steige mit ihm und meinem gesamten Gepäck aus dem Zug. Natürlich muss ich hier dann auf den nächsten warten, der weiter Richtung Bukarest fährt. Einer von zwei, die jeden Tag fahren. Aber ich habe das so mit Ronny ausgemacht. Wenn er zu viel hat, steigen wir aus. Also kralle ich mich an meinem Gepäck fest und gehe Richtung Ausgang. Nach dem versuchten Diebstahl im Zug bin ich vorsichtig geworden. Das Schlimmste an solchen Situationen ist immer, dass ich mein Vertrauen verliere. Es geht für mich weniger um die Wertsachen, die geklaut werden, als darum, dass in mir Misstrauen gesät wird. Ein »Unkraut«, das zäh und kräftig seine Wurzeln tief in mein Herz gräbt und viel Zeit und Geduld braucht, um es zu jäten.

Das Aussteigen ist hier eher ein Absteigen. Der Bahnhof hat keinen wirklichen Bahnsteig, und die Stufen hören hoch über dem Boden schon auf. Alle, die den Zug hier verlassen, gehen über die schmalen Betonplatten, unter denen wie in einem Tunnel Rohre, Leitungen und Straßentiere verlaufen. Es ist der einfachste, wenn auch nicht einfache Weg zum Bahnhofsgebäude.

Die Betonplatten sind zum Teil eingebrochen, und große Löcher gähnen einen wie Mäuler mit Zähnen aus rostigem Bewehrungsstahl an. Niemand läuft hier, wie in Berlin, mit einem Handy vor der Nase, obwohl die meisten, wie man im Zug gesehen hat, eines haben. Man weiß, hier ist man für sich selbst verantwortlich. Hier sorgt nicht die Bahn für Sicherheit, hier tut man das selbst.

Durch die Löcher der Platten hört man das Fauchen von Katzen. Hier und da sieht man sie kurz geduckt und schnell schleichend auftauchen, um dann woanders wieder abzutauchen. Ronny ist aufgeregt. Er hatte, solange ich ihn habe, noch nicht wirklich Kontakt mit Katzen und nutzt jetzt meine durch das Gepäck eingeschränkte Handlungsfreiheit aus. Seine mit Schwanzwedeln gestellte Frage an eine direkt vor ihm auftauchende Katze ist: »Hallo du, was bist du denn, wollen wir spielen?« Die Antwort ist ein von einem Tatzenhieb unmissverständlich unterstrichenes, kurzes »NEIN«.

Sobald ich den Bahnhof verlassen habe, stelle ich Rollkoffer und Reisetasche an eine Stelle, die ich gut überschauen kann, und laufe in großen Kreisen, Ronny an der Leine. Aufgrund der vielen neuen Eindrücke kann ich ihn nicht losmachen. Ich hätte Angst, dass er einer interessanten Hundedame hinterherrennt, vielleicht in eines der Löcher tappt oder sich mit einem Rüden ernsthaft anlegt. Immer wieder rasen Güterzüge ungebremst und ohne Ankündigung durch das kleine Dorf an uns vorbei. Am Rande der Gleise sehe ich den Kadaver eines Hundes, der diese Züge wohl nicht als Gefahr gesehen hat. Dann sehe ich etwas, was mich sehr berührt.

Ein Mann geht in die Mitte der Gleise und schüttet dort Lebensmittelreste aus. Noch bevor er damit fertig ist, hat sich eine Schar Hunde um ihn gesammelt, die aber alle in respektvollem Abstand bleiben. Erst als er weg ist, stürzen sie sich raufend auf die Reste. Zunächst denke ich noch, wie lieb von ihm, doch dann frage ich mich: Warum macht er das in der Mitte der Gleise? Die Antwort wäre wohl der nächste Güterzug gewesen – wäre da nicht ein anderer Mann gekommen, der die Hunde verscheucht und das Essen fluchend und schimpfend so gut wie möglich wieder eingesammelt hätte. Der Zug rast vorbei.

Ich bin schockiert. War das eine Falle?

Eine jüngere Frau, die über ihren an die Gleise angrenzenden Gartenzaun bei alldem zugeschaut hat, winkt mich zu sich. Sie sieht mir wohl an, dass ich hoffe, die Situation falsch verstanden zu haben.

»*Dog hate, dog love*«, sagt sie in gebrochenem Englisch und zuckt dazu mit den Schultern. Sie lehnt sich über den Zaun und gibt Ronny mit ruhiger Stimme zu verstehen: Bei mir bist du willkommen.

Rumänien hat ein großes Problem mit Straßenhunden. Das merken Ronny und ich immer wieder. Ronny ist riesig im Vergleich zu den meisten Hunden hier, und mit einem solch großen Hund im Zug zu fahren, löst keine Freude aus. Schaffner geben mir zu verstehen, ich solle aus dem Abteil rausgehen, und selbst wenn die Züge voll sind, haben Ronny und ich im Grunde immer Platz um uns, weil keiner uns zu nahe kommen will.

Manche Passagiere sind sogar regelrecht sauer.

So stehen wir meist zwischen den Abteilen bei den Türen. Und das ist dummerweise der Bereich, in dem alle gerne rauchen gehen. Einer der Passagiere hat wohl Mitleid mit dem im Rauch stehenden Ronny und findet eine sehr interessante Lösung: Es wird kurzerhand bei voller Fahrt die Zugtür geöffnet. Der Mann dreht dazu, als ob wir im Bahnhof stehen würden, einfach den roten Türknauf. Das über den Stufen liegende rote Trittbrett faltet sich nach oben, und der Fahrtwind übernimmt den Rest. »Bääääm«, die Tür knallt auf. Ich schaue ungläubig und halte mich verkrampft an einem Griff fest. Der Mann nimmt nur ein paar schnelle Züge und schnippt die Kippe dann aus der Tür, zwinkert mir zu und geht. Die Tür bleibt offen.

Ich gehe ganz langsam auf sie zu und schließe sie. Es klackt, das rote Trittbrett faltet sich zurück über die Stufen im Boden und entblößt das aus zwei durchgestrichenen Füßen bestehende, weiß umrandete Zeichen »Hier nicht hinstellen«. Aber statt dass die Tür geschlossen bleibt, springt sie vom Fahrtwind und dem Stoß einer Unebenheit im Gleis einfach wieder auf, nach außen, diesmal ohne dass das Trittbrett sich hebt.

Vermutlich würde sich hier in Rumänien niemand auf eine Tür verlassen, denke ich und stelle die vage Vermutung in den Raum, dass hier trotz mangelhafter Technik weniger Unfälle passieren, weil die Menschen für sich selbst Verantwortung übernehmen. Sie erwarten nicht, dass jemand anderes das für sie tut. In Deutschland werden immerhin mehr Menschen überfahren, die bei Grün über eine Ampel laufen, als Menschen, die bei Rot laufen. *Think about it.*

Augen auf, sonst gehst du drauf, denk ich also und nehme mir vor, dem im Grunde schönen Vorbild der Rumän*innen zu folgen.

Zwei Tage später sitzen wir im Zug, dessen Endziel Konstanza ist. Es war eine abenteuerliche Reise bis hierher. Wir haben noch einmal auf einem kleinen Berg gezeltet. Hoch über einer Bucht an der Donau, in der auch Anna und Paul vor Monaten geankert hatten. Dort hatten wir einen einzigartigen, von einem traumhaften Sonnenuntergang unterstrichenen »Ronny-Hansen«-Moment. Ronny hat sein Essen mit Straßenhunden geteilt, hat ein wenig gelernt, mit ihnen zu kommunizieren. Wir wurden aus einem Zug rausgeschmissen, weil Ronny »zu groß« war, und andererseits wurde er gestreichelt und mit Snacks gefüttert. Ich habe noch nie in einem Land eine solche Differenz zwischen Hass und Liebe zu Tieren erlebt wie hier und bin verdammt froh, dass wir beide wohl unversehrt ankommen werden.

Wir fahren langsam an einem kleinen Bahnhof vorbei. Auf einmal höre ich wütendes Geschrei aus dem Abteil neben mir. Ein Mann reißt wiederholt an etwas an der Wand am anderen Ende des Waggons, was ich nicht erkennen kann. Dann stampft er verärgert auf uns zu und gibt mit wilden Gesten seinen Unmut zu verstehen. Da begreife ich, was er will: an der Notbremse ziehen. Ich halte mich instinktiv fest, doch nichts passiert. Dann werden mir zwei Dinge klar: Erstens, der Mann wollte aussteigen, doch der Zug hält hier nicht. Zweitens, wenn ich versucht hätte, die Notbremse zu ziehen, als Ronny neben dem Zug hergerannt ist, hätte das nichts genützt. Denn anscheinend sind die Notbremsen deaktiviert. Ronny und ich hätten uns vielleicht nie wiedergesehen.

Sosehr ich mich darüber freue, dass ich Ronny wiederhabe, so sehr habe ich auch mittlerweile Angst vor der Reunion der drei Hitzköpfe Paul, Anna und Hansen. Das letzte Mal, dass wir uns gegenüberstanden, ist lange her, aber es war kein schöner Moment. Wer weiß, wie das jetzt wird. Wer weiß, ob es nicht genauso weitergeht, wie es war.

Noch ein paar Stunden, und ich werde aus dem Zug steigen, Richtung Hafen laufen und die beiden, wie verabredet, am Strand mit Pizza und Bier wiedersehen.

Der entspannte Plan macht mir Hoffnung. Hoffnung auf einen guten Einstieg in den Rest unseres gemeinsamen Abenteuers. Vielleicht lässt die frische Brise des Meeres unsere Gemüter abkühlen, und uns nimmt die Weite des Blicks über die offene See das Gefühl der Enge auf *Ulla*.

Mein Blick schweift über die wunderschöne Landschaft. Kleine Gehöfte schmiegen sich vereinzelt an Waldränder, die Donau schlängelt sich breit und braun in dunstiger Ferne durch ein flaches Tal. Rumänien hat landschaftlich wirklich viel zu bieten, und ich nehme mir vor, mit mehr Zeit zurückzukehren und das Land zu bereisen. Ein rhythmisches Ruckeln geht durch den Zug, er bremst und fährt nur langsam weiter. Die Vorstadt von Konstanza hat angefangen. Sie besteht aus Wellblech und Schornsteinen. Neben den Gleisen wühlen Hunde im Müll. Ich versuche, einen Blick aufs Meer zu erhaschen, aber die Fahrtrichtung lässt dies nicht zu. Eine für mich unverständliche Durchsage, in der ich nur das Wort »Konstanza« erkenne, krächzt über die Lautsprecher durchs Abteil. Ein paar Mal ruckelt es noch, ein paar Mal quietscht irgendwas, dann kommt der Zug zum Stehen. Kurzer Check: Ronny, Rucksack, Reisetasche, Rollkoffer. Die vier »R« sind alle da. Ich bin der Erste, der den Zug verlässt. Für einen Moment stehe ich still da und genieße die Ruhe, bis die Leute hinter mir sich an mir vorbeidrängeln, der Bahnsteig sich füllt und der Strom von Menschen mich durch die Unterführung, durch die Bahnhofshalle nach draußen treibt.

Es ist heiß, die Sonne steht hoch am Himmel. Noch wenige Kilometer trennen mich von Paul, Anna und Momo. Kilometer, die ich trotz Hitze bewusst zu Fuß gehen will. Ich will meinem Kopf Zeit geben, hier anzukommen, will Ronny, der vielleicht das erste Mal in seinem Leben das Meer sehen wird, die Luft schnuppern lassen und den Moment, wenn wir den Strand sehen, nicht in einem Taxi mit ihm erleben. Ich will kein Teil der Hektik des Verkehrs sein, sondern mich Schritt für Schritt dem Ziel nähern, Schritt für Schritt die letzten Meter bis zum Strand laufen. Ich will ins Wasser springen, will dem Meer Hallo sagen. Will endlich wieder an Bord von *Ulla* gehen. Gerade bin ich mir sicher, dass alles ab jetzt super laufen wird.

Wir laufen vorbei an Parks, in denen Kinder spielen und Eis essen, vorbei an Restaurants und Bars, die mit lachenden Gesichtern gefüllt sind. Sehen die Möwen, die das Meer ankündigen wie kein anderes Tier, hoch über uns fliegen. Und dann ist es auf einmal so weit.

Die letzten Häuser weichen dem blauen Himmel am Horizont, eine letzte Straße, die wir überqueren, und auf einmal erhebt sich in der Ferne ein in Farbe fast mit dem Himmel identischer Streifen. Als ich sehe, wie die Wellen über die Kuppe des vor mir liegenden Abhangs auf den Strand brechen, sich ihr Rauschen mit dem des Windes mischt, die Grenze zwischen Wasser und Land deutlich vor mir liegt, habe ich das Gefühl, anzukommen.

Ich laufe den Abhang hinunter durch den Sand, lasse mein Gepäck mit meinen Schuhen zurück und renne mit Ronny ins Wasser. Aber ich tauche nicht ein. Ich stehe in den Wellen. Schaue in die Ferne, die kein anderes Ufer erahnen lässt. Ich fühle mich frei und genau richtig hier. Auf einmal bin ich nicht mehr überflüssig, kein Versager. Ich bin zurück, obwohl ich genau hier noch nie war.

»Hansen, ist es okay, wenn Ronny Salzwasser trinkt?«, höre ich eine bekannte Stimme hinter mir. Ich drehe mich um und schaue das erste Mal seit Langem wieder in Pauls lachendes Gesicht. Momo, die das letzte Mal, als ich sie sah, nur krabbeln konnte, läuft selbstständig neben ihm her und auf mich zu. Ronny wiederum springt, nachdem er gemerkt hat, wie eklig Salzwasser schmeckt, an Paul hoch und leckt sein Gesicht ab. Ich umarme Momo und Paul, der auf eine Liege zeigt, auf der Anna sitzt. »Sie passt auf, dass die Möwen unsere Pizza nicht klauen«, sagt er lachend. Ich schaue rüber zu ihr und merke, wie ich mich gerade das erste Mal so richtig von Herzen freue, sie zu sehen. Ich frage mich, welchen witzigen Spruch sie mir wohl in Anna-Manier »drücken« wird, statt einfach nur »Hallo, schön, dich zu sehen« zu sagen. Wir laufen gemeinsam rüber, und ich habe das Gefühl, dass Anna und ich uns in diesem Moment nicht nur umarmen, sondern auch in unsere Herzen schließen. Vielleicht mussten wir beide erst mal verschnaufen und Anlauf nehmen, um die Hürden zwischen uns zu überwinden. Ich sitze im Sand, lehne mit dem Rücken an der Liege und schaue Pizza kauend aufs Meer. Ich nehme einen Schluck Bier, sehe, wie Ronny ein paar Meter vor mir liegt und auch aufs Meer schaut, während Momo neben ihm hockt und ihn streichelt. Anna, Paul und ich sitzen nebeneinander. Alle scheinen zufrieden.

Ich glaube, in meinem ganzen Leben hat keine Pizza mit Sand je so gut geschmeckt wie in diesem Moment.

Teil II

Konstanza

Konstanza, Juli 2023, Tag 339

Hansen

Um uns herum ist es stockdunkel. Wolken verdecken den Mond und die Sterne. In der Ferne am Ufer, hinter den anderen Schiffen verborgen, schimmern die Stadtlichter Konstanzas. Paul sitzt mir gegenüber auf dem Boden von *Ulli*, in dem kaltes Salzwasser unsere Hosen tränkt. Aber die Luft ist warm – und unsere Gespräche auch.

»Lass uns zusammen was Verrücktes machen, so als Wiedersehensaktion«, habe ich Paul vor einer Stunde vorgeschlagen. »Lass uns beide einfach mit dem Beiboot aufs Meer fahren und reden.« Ich musste ihn nicht lange überzeugen.

Jetzt sitzen wir hier mit einem mittlerweile warmen Bier in der Hand und reden: über unsere Beziehung, über unsere Trennung nach der Tour, über das, was mal war, und das, was kommt. Wir sind beide sehr emotional, nostalgisch, und versuchen uns immer wieder zu umarmen. Aber die Wellen, die uns schaukeln, lassen diese Umarmungen nicht gelingen. Es ist einer der Abende, der in unserer Freundschaft nie vergessen werden wird. Ein Abend, der richtungsweisend für unser Leben wird.

»Ich habe mich verändert«, sage ich. »Ich bin nicht mehr frei und unbesorgt wie als Kind. Aber meine Seele will das sein. Die schreit und meckert die ganze Zeit, und das so laut, dass das meine Mitmenschen zu spüren bekommen. Ich will wieder glücklich sein. Und dazu brauche ich einen Neuanfang.« Paul sagt nichts. Er hört nur zu. Und dann schaffen wir es doch, uns fest und lange zu umarmen. Die Wellen und der Wind machen die Umarmung zu einem kleinen Tanz. Auf dem Rückweg erzählt er mir von der Zeit mit Anna und Momo, seiner Veränderung und seiner Liebe. Es macht mich glücklich, aber es schmerzt auch. Aber es ist ein guter Schmerz, es ist ein Schmerz der Sehnsucht. »Paul, ich wünsche mir, dass ein Teil von uns immer verbunden bleibt, auch wenn wir eigene Wege gehen müssen«, sage ich zu ihm, als wir uns vor *Ulla* für die Nacht verabschieden.

Anna

Wir stehen auf der breiten Kaimauer. Ich höre eine Fahrradklingel, drehe mich um und werde von einem Mann begrüßt, der übers ganze Gesicht lacht. Es ist Adrian, mit dem ich seit einigen Wochen per SMS in Kontakt bin. Um in der Zeit, in der wir auf Hansen und Ronny warten, etwas Segeln zu lernen, habe ich online nach einer passenden Segelschule gesucht und Adrian gefunden. Er hat uns netterweise, ohne uns zu kennen, seine private Adresse gegeben, sodass wir uns wichtige Pakete zuschicken lassen konnten. Adrian bietet auf seinem Segelboot Kurse an, und da ich keinerlei Erfahrung im Segeln habe, möchte ich bei ihm einige Stunden nehmen. Adrian stellt sich als supersympathisch heraus. Früher hat er als Containerschiffkapitän gearbeitet, ähnlich wie Pauls Onkel Horst. Adrian erinnert mich an ihn: schneeweißes Haar, ein vom Seewetter gegerbtes und gebräuntes Gesicht und eine seemännische Gelassenheit. Mittlerweile ist er pensioniert und bessert sich seine Rente auf, indem er Ausfahrten auf seinem Boot anbietet. Tolle Touren weit raus aufs Meer, auch mehrere Tage, wenn man möchte. »Black Sea Naturist Sailing« ist der Name seines Charterunternehmens: Nackt-Segeln als Marktnische.

Die Marina, in der wir hier liegen, wirkt mediterran. Es gibt ein paar kleine Fischer- und jede Menge Sportboote, Restaurants säumen das Hafenbecken. Dahinter erhebt sich eine Böschung von etwa 25 Höhenmetern, an der eine alte, mit Efeu berankte Hotelruine steht. Es sieht spektakulär aus. Oberhalb der Böschung beginnt die Altstadt. Konstanza ist nicht die hübscheste Stadt. Man sieht ihr an, dass viele Menschen abgewandert sind. Ursprünglich lebten hier etwa 700 000 Einwohner, jetzt sind es gerade noch 350 000. Viele verlassene Häuser, Ruinen oder Neubauten, die nie fertiggestellt wurden. Spuren des politischen Wandels in diesem Land. Es gibt einen weiteren Adrian hier im Hafen. Wir nennen ihn Adrian 2. Ein witziger, ebenfalls sympathischer Kerl, der sehr gerne und sehr viel redet, aber dabei unfassbar nett und hilfsbereit ist. »Hey, mein Boot liegt gerade an Land, weil ich daran arbeiten muss. Ich gehe damit frühestens in drei Monaten wieder ins Wasser. Warum nehmt ihr nicht einfach meinen Liegeplatz? Ihr habt dort Strom und Wasser, und ihr müsst mir nichts zahlen.« Was für ein Angebot! Unser Liegeplatz in der Marina ist nämlich, na ja, sagen wir: gewöhnungsbedürftig. Wir liegen direkt an der Kaimauer. Abends laufen hier Touristen entlang, um Fotos vom Sonnenuntergang zu machen. Verständlich, denn die Sonnenuntergänge über der Stadt sind spektakulär, aber so haben wir auf dem Boot quasi keine Privatsphäre. Die Menschen schießen ohne Ende Fotos von *Ulla* und somit auch von uns – ob wir oben auf dem Boot sitzen und Momo wickeln, in der Nase bohren oder gerade aufgestanden sind und in Unterhose mit der Zahnbürste im Mund über Deck huschen. Kurzum: Wir nehmen das Angebot von Adrian 2 sehr gern an und tauschen unseren Zoo-Liegeplatz gegen einen richtig tollen ein.

Adrian 1, der Nudisten-Segler, kommt regelmäßig an unserem Boot vorbei und lädt uns auf ein Bier ein.

»Ich bin Rentner, ich habe Zeit«, sagt er lachend.

Wir haben es wirklich gut.

Wir mieten uns eine kleine Ferienwohnung in der Nähe des Hafens. Die Wochen verschmelzen, ich genieße die Auszeit vom Boot. Konstanza macht Spaß, Momo lernt ihren ersten Freund Tudor kennen, den wir regelmäßig auf den Spielplätzen treffen. Wir gehen viel essen und genießen den ungewohnten Platz in der Wohnung. Mittlerweile ist der Sommer gekommen, es ist richtig heiß, und ich bin froh, gerade nicht im Boot in der prallen Hitze schlafen zu müssen. Wir sind nun schon mehrere Wochen in Konstanza und fühlen uns richtig zu Hause. Ich fahre regelmäßig mit Adrian 1 aufs Meer. Oft endet das in zu viel Bier und viel zu wenig Segeln. Trotzdem lerne ich einige Basics.

Ich genieße die Gespräche mit ihm, er hat einen offenen Geist, und wir teilen den gleichen Humor. Zudem bedeutet Segeln für mich eine kleine Auszeit vom Muttersein. Momentan ist Momo sehr anhänglich. Paul hat meistens keine Chance, sie mir abzunehmen – außer die beiden unternehmen etwas allein, dann funktioniert alles reibungslos.

Adrian 1 hat uns ein Fahrrad mit Kindersitz besorgt, und so sind wir ungewohnt mobil an Land, ich auf unserem Klapprad und Paul mit Momo hintendrauf. Heute früh hat er uns den Weg zu seinem geheimen Lieblingsstrand beschrieben. Nach einer 40-minütigen Radtour entdecken wir die kleine Oase am Meer. Die Bäume haben hier wunderschöne, kleine lila Blüten, sie sehen fast tropisch aus. Die Sonne scheint den ganzen Tag, und es ist angenehm warm. Wir haben alles dabei, was wir für einen

Tag am Strand benötigen. Momo ist dick mit Sonnencreme eingeschmiert, zusätzlich trägt sie einen Sonnenhut und einen Langarm-Body, der sie vor der Sonne schützt. Wir laufen zu dritt ans Wasser, der Sand kribbelt angenehm unter den Füßen und ist schneeweiß, vermutlich von den kleinen Muschelpartikeln darin. Momo liebt es, sie gluckst und quiekt vor Freude und springt durch den Sand ans Ufer. Dort bleibt sie ehrfürchtig stehen und schaut aufs Meer. Paul stellt sich zu ihr und nimmt sie an der Hand, gemeinsam machen sie mehrere Schritte hinein. Es ist das erste Mal, dass ihre kleinen Füße vom Salzwasser umspült werden. Wie die Zeit fliegt, plötzlich haben wir kein Baby mehr, sondern ein Kleinkind, das ins Meer baden geht. In mir löst sich gerade so einiges. Ich fühle mich ganz bei mir, die Zeit mit Paul und Momo allein hat gutgetan. Ich grübele nicht mehr so viel und habe sogar von dem einen Tag auf den anderen das Fingernägelkauen sein lassen, was seit Jahren meine nervigste Marotte war. Das Bootsleben scheint trotz aller Anstrengungen eine positive Auswirkung auf meinen Gemütszustand zu haben.

Paul

Hier in Konstanza haben wir laut Berechnungen etwas mehr als ein Drittel unserer geplanten Route geschafft. Allerdings sind wir schon fast ein Jahr unterwegs. Man muss kein mathematisches Genie sein, um sich auszurechnen, wie lange wir in dem Tempo brauchen würden, um es bis Berlin zurückzuschaffen: Übers Schwarze Meer, das Mittelmeer bis Marseille, über die Rhône bis in den Rhein und zurück nach Berlin würden wir weitere zwei Jahre brauchen. Aber wir sind auch Genies in Schönmalerei und Optimismus: Vielleicht kommen wir ja auf dem Meer schneller voran als auf den Flüssen? Vielleicht geht es die Rhône schneller hoch als die Donau runter? Zumindest den Rhein hätten wir nur flussabwärts vor uns. Und wir wollen die Tour so gern zu Ende bringen. Mitte 2024 könnten wir zurück sein. Vielleicht kommt unser Optimismus aber auch nur daher, dass wir keine Ahnung haben, was wir machen, wenn wir es nicht schaffen. Wo lassen wir *Ulla*? Was passiert dann mit ihr? Wie bringen wir all unser Zeugs nach Hause? Vielleicht wollen wir aber auch jetzt, wo wir das wunderschöne, lang ersehnte Meer vor uns haben, nicht gleich die nächste gedankliche Baustelle eröffnen.

Alle Umbauten am Boot sind fertig, die Masten errichtet, die Segel liegen bereit. Außerdem haben wir uns Ventilatoren gekauft, gegen die Hitze. Ohne wäre es mittlerweile nicht mehr auszuhalten an Bord. Was jetzt ansteht, ist: die erste Testfahrt auf dem Meer. Hansen und ich haben auf extra widrige Bedingungen gewartet, deswegen werden Momo und Anna so lange am Ufer bleiben. Wir wollen *Ulla* ans Maximum treiben, sie mehr belasten als jemals zuvor, testen, ob das Material mitmacht und die Ausrüstung funktioniert. Die Solaranlagen sind ein kritischer Punkt: Mit ihrem Gesamtgewicht von fast 300 Kilo sollten sie nach unseren Berechnungen zwar keinen allzu großen Einfluss auf die Stabilität von *Ulla* haben, der Kiel wiegt mehr als das Zehnfache. Aber testen müssen wir es trotzdem. Wir machen das nicht, weil wir den Kick suchen, sondern weil wir verhindern wollen, dass wir auf dem offenen Meer mit unangenehmen Überraschungen konfrontiert werden.

Es sind vier bis fünf Beaufort. Bisher gehen wir davon aus, dass Windstärke 4 unser persönliches Limit sein wird – ziemlich naiv, wie sich noch herausstellen wird. Seit Tagen herrscht Ostwind, das bedeutet, dass die Wellen besonders hoch sind. Perfekte Bedingungen, denken wir – bis wir die Hafeneinfahrt verlassen.

Die Wellen schleudern *Ullas* Bug in die Höhe und lassen sie in das anschließende Wellental krachen.

»Sollen wir abbrechen?«, frage ich Hansen ängstlich.

»Nein, auf keinen Fall, *Ulla* kann das, wir müssen die Gelegenheit nutzen, um mal alles zu checken«, antwortet Hansen und zieht sich einen der Helme an, die wir für heftiges Wetter mit an Bord haben. »Wir machen alles wie besprochen, Brüderchen. Erst mal Abstand zum Land gewinnen. Wenn wir mindestens dreihundert Meter raus sind, setzen wir die Segel. Und dann müsste das Geschaukel auch gleich viel weniger werden.« Ich bin in solchen Situationen oft eher der Schisser, Hansen zieht sie durch. Ich bin ihm gerade sehr dankbar für seinen Mut.

»Alles klar zum Segelsetzen?«, ruft Hansen, der mittlerweile draußen auf Deck steht. Alles klar, gebe ich ihm zu verstehen. »Dann in den Wind schießen!«, leitet er die Prozedur ein. Ich drehe *Ulla* mit der Nase in den Wind, sodass die Segel beim Hochziehen erst mal nur flattern und keinen Druck bekommen. Hansen steht neben dem Mast und hantiert mit dem Großfall, dem Seil, das das Großsegel hochzieht. Ich behalte das Meer im Blick. »Waaaarschauuu«, rufe ich in unregelmäßigen Abständen, das Signal für eine besonders große Welle. »Groß ist gehisst«, meldet Hansen und fragt: »Die anderen Segel auch hissen?« Jetzt offensichtlich wird er selbst etwas unsicher. Ich nehme allen Mut zusammen. Es herrscht jetzt gerade Windstärke 5, die Wellen sind sicher zwei Meter hoch. »Ja, lass machen«, bestätige ich, und Hansen klettert wieder raus. Nach etwa fünf Minuten ist der Rest der Segel oben. Hansen kommt klatschnass wieder rein und wischt sich die Gischt aus dem Gesicht. »So, abfallen und Kurs hundertsiebzig Grad, Richtung Süden!«

Ich schalte den Motor ab und drehe *Ulla* langsam aus dem Wind, Hansen holt währenddessen die Segel dichter. Die Wellen kommen jetzt von der Seite. »Waarsschaaaauu«, schreit Hansen jetzt. Ich sehe, wie eine riesige Welle auf uns zukommt. Ich kann hinter ihr den Horizont nicht mehr sehen. In diesem Moment greift der Wind in die Segel und drückt *Ulla* noch weiter zur Seite. Jetzt habe ich richtig Schiss. Ob *Ulla* dem Aufprall der Welle und dem gleichzeitigen Druck des Windes standhält? Ich kralle mich am Steuer fest und höre noch, wie Hansen die Tür zuknallt. »Aaachtung, jeeeetzt!«, ruft er.

Eigentlich habe ich einen heftigen Einschlag erwartet. Aber es passiert ... nichts! Ulla wird von der Welle nur sanft nach oben gehoben, behält aber ihre Neigung durch den Wind bei. »Der Wind in den Segeln hat sie so krass stabilisiert?«, fragt auch Hansen ungläubig. Auf einmal wird alles sehr ruhig. Das Flattern der Segel und das Stampfen durch die Wellen sind weg, *Ulla* nimmt Fahrt auf. Sanft zieht sie über die Wellenkämme dahin. Es ist ein unbeschreibliches Gefühl. *Ulla* hat die Prüfung bestanden, mit Auszeichnung. Wir sind bereit. Bereit, um verdammt noch mal durchs Schwarze Meer und Mittelmeer zu fahren. Wahnsinn!

Zwei Tage später brechen wir Richtung Süden auf. Das Wetter ist optimal, sanfte drei Beaufort. Sonnenschein am Himmel und in den Köpfen der Crew. Nach einer Stunde auf dem Meer aktiviere ich zum ersten Mal den Autopiloten außerhalb des Hafens – und er funktioniert. Wenn man selbst so ein komplexes Gerät gebaut hat, fühlt sich das an wie ein Wunder.

Wie anders es ist, mit *Ulla* auf dem Meer zu sein. Unweigerlich stellt sich eine Art Urlaubsgefühl ein, der Geruch, der Wind, die Wellen, das klare Wasser. In einiger Entfernung tauchen immer wieder Delfine auf, die Küste mit ihren Felsen und kleinen Stränden erstreckt sich in einem leichten Dunst. Nur die Kräne des Industriehafens von Konstanza sind gerade noch zu sehen.

»Da ist schon Mangalia«, ruft Hansen vom Deck, der gerade

mit dem Fernglas die Küste gescannt hatte. »Puh«, seufzt Anna gespielt, »wenn die Tage alle so entspannt laufen, dann wird mir ziemlich bald ziemlich langweilig.« Ich muss lachen, aber natürlich hat das einen wahren Kern. Wir haben noch Tausende Kilometer auf dem Meer vor uns. Anders als auf einem Fluss gibt es meistens keine Möglichkeit, mal eben zu ankern und an Land zu gehen. Das könnte vor allem für Ronny und für Momo schwierig werden. Aber das Meer ist ein neues Kapitel.

Hansen

Ich sitze mit Paul und Momo am Strand von Mangalia, 40 Kilometer südlich von Konstanza. Anna macht einen Spaziergang. Der erste Segeltag auf dem Meer war sehr entspannt: mit dem Fuß am Steuerrad auf der Reling sitzend Kaffee trinken und geräuschlos im Sonnenschein über die kleinen Wellen gleiten. Es war schön, aber für mich dürfte es nächstes Mal ruhig etwas »mehr« sein. Das Vertrauen in *Ulla* ist seit der Testfahrt enorm gewachsen.

Mangalia besteht aus Fressständen und Chinashops. Ich schaue Momo zu, wie sie schon richtig sicher über den Strand läuft. Immer mal wieder stolpert sie zwar, weil sie vergisst, nach vorn zu schauen, und in »voller Fahrt« ihr Köpfchen nach hinten dreht. Aber sie rappelt sich immer wieder auf. Seitdem ich wieder hier bin, habe ich mich ihr sehr angenähert, Spaziergänge mit ihr gemacht, die Gegend erkundet, sie gefüttert und mit ihr gespielt, sie ins Bett gebracht. Ich hatte mir fest vorgenommen, hier mehr zu tun und Paul und Anna zu entlasten. Bisher scheint das super zu funktionieren. »Weißt du, Hansen«, sagte Anna vor ein paar Tagen zu mir, nachdem ich Momo in einem Restaurant zu einer kleinen Erkundungstour entführt hatte. »Das war das erste Mal, seit Paul und ich Eltern sind, dass wir zu zweit ohne Kind in einem Restaurant saßen.« Das gibt mir das Gefühl, ein guter Onkel zu sein.

»Hansen, kannst du mal kurz mitkommen?« Anna ist von ihrem Spaziergang zurück. »Da hinten ist eine Möwe angespült worden. Ich glaube, die hat einen gebrochenen Flügel.« Ich springe auf und gehe mit Anna zu dem verletzten Tier. Der Flügel der Möwe ist leider mehr als gebrochen. Im Grunde hängt er komplett verdreht nur noch an einer Sehne. Es ist Sonntag, spätabends. Jetzt einen Tierarzt hier finden ist fast unmöglich. Und dann noch einen, der eine Not-OP an einer Möwe durchführen würde? Um keine Möglichkeiten zu übersehen oder die Situation falsch einzuschätzen, rufe ich zur Sicherheit Ronnys Tierärztin in Berlin an. Frau Bertram geht sofort ans Telefon. Ich schildere ihr die Lage, und sie bestätigt mir den zwar grausamen, aber nötigen Schritt, die Möwe zu erlösen. Sie erklärt mir, wie ich es möglichst schmerzfrei mache. Langsam gehe ich zur Möwe. Die Menschen, die um uns herumstehen und nichts vom Gespräch verstanden haben, aber Tränen in meinen Augen erkennen, wissen, was ich jetzt tun werde. Ich nehme die schon deutlich geschwächte Möwe sehr vorsichtig hoch. Ich laufe mit ihr zum Wasser runter, noch einmal ein Stück am Strand entlang. Ich setze mich auf den Boden, streichele langsam ihren Kopf und sage ihr, dass alles gut wird. Ich halte sie behutsam fest, lasse sie aufs Meer schauen und beende mit einer schnellen Handbewegung ihr Leid. Und dann heule ich los wie ein Schlosshund.

Wieso nimmt es mich so sehr mit, wenn ich ein Tier von seinem Leid befreie, und wieso gar nicht, wenn ich aus Lust eines verspeise? Ich komme zum Schluss, dass die Möwe nicht umsonst gestorben sein soll. Ich will nie wieder am Tod eines Tieres beteiligt sein, nur damit ich Fleisch essen kann. Die Möwe war warm, hatte angsterfüllte Augen. Ich habe ihren Wunsch, zu leben, gespürt, sie atmen gefühlt. Das werde ich nie vergessen. Ab sofort möchte ich mich zu 100 Prozent vegetarisch ernähren.

Als wir am nächsten Tag zum Kaliakra-Kap im bulgarischen Baltschik aufbrechen, ist es stürmisch. Die Wellen haben zugenommen, und der Wind hat in Böen bis zu sieben Beaufort. Das könnte unangenehm werden, weil wir eine Strecke von fast 90 km vor uns haben und es zwischendrin keinen Hafen gibt, an dem wir einen Zwischenstopp einlegen könnten. Insgesamt wird die Fahrt zehn bis zwölf Stunden dauern. Wie wird Ronny damit umgehen? Er kann sich ja an Deck erleichtern, aber wird er das bei dem unruhigen Wetter auch tun? Als die ersten Wellen so heftig auf *Ulla* prallen, dass unser Bugspriet, der ja sehr hoch liegt, in diese eintaucht, fühlen wir uns aber alle sehr sicher. Die Stimmung ist gut. Vielleicht, weil man die schöne Gewalt des Meeres so hautnah, aber dennoch sicher erleben kann.

Als wir abends in Baltschik ankommen, klopft mein Herz. Für genau diesen Moment habe ich, da Bulgarien zum Schengen-Raum gehört, all die Papiere für Ronny benötigt. Habe ich alles richtig gemacht? Fehlen Stempel? Ist irgendwas ungültig? Aber es kommt genau so, wie ich es online gelesen habe. Es ist den Grenzbeamten »scheißegal«. Der Zöllner gibt mir nur kurz zu verstehen, dass ich den Hund nicht auf seine Katzen loslassen soll, die überall um das Zollgebäude herumflitzen. Aber an den Papieren hat er kein Interesse.

Als wir nach einem Spaziergang zurück zum Boot kommen und zu Abend essen, schläft Ronny direkt auf dem Boden des Steuerstands ein. Auch wir sind todmüde, es war ein anstrengender Tag. Da wirft plötzlich Momo, wie schon sehr oft davor, ihren vollen Trinkbecher auf Ronny. Er fiept laut und springt verwirrt auf, schaut mich fragend an. »Momo, lass das, ich will nicht, dass du Sachen auf Ronny schmeißt«, sage ich laut. Das gefällt Paul und Anna gar nicht. Sie geben mir zu verstehen, dass es ihre Sache sei, wie sie Momo so etwas sagen, und dass ich mich raushalten soll. Es ist der erste Streit seit Langem.

Anna

Paul und ich fanden beide, dass Hansen sich gewaltig im Ton vergriffen hatte. Man muss wissen, dass Momo derzeit ständig ihr Spielzeug quer durchs Boot wirft. Das ist normal für ein Kind in ihrem Alter. Sie testet die Schwerkraft und ihre Grenzen. Aber Hansen verstand nicht, warum sein Verhalten übergriffig sein sollte. Er blieb der Meinung, Paul und ich würden viel zu wenig durchgreifen und es sei sein Recht, Ronny vor Momo zu schützen. Aber ich denke nicht, dass man ein Kind anfahren muss. Wenn Paul oder ich gegenüber Momo mal laut werden, dann nicht, weil wir es für eine gute Maßnahme halten. Es geschieht im Affekt, und wir sind nicht stolz darauf. Natürlich kann auch das Hansen passieren, aber dann sollte er es nicht als Erziehungsmaßnahme darstellen, sondern sich bei Momo entschuldigen. »Ich bin mit euch auf diesem Boot, und ihr wollt doch, dass ich mich um Momo kümmere. Also darf ich auch in der Erziehung mitbestimmen«, entgegnete er mir.

Schon seit Wochen ähneln sich die Häfen, in denen wir übernachten. Gerade liegen Warna und Nessebar hinter uns, beide stark vom Tourismus geprägt. Ich denke oft an die Zeit auf der Donau zurück, in der wir meistens das einzige private Boot an den Anlegern waren. Wir haben in der Zeit viele Menschen kennengelernt und sie ins Herz geschlossen. Seit wir Konstanza verlassen haben, ist alles anonymer geworden. Die Orte sind gefüllt mit anderen Touristen, in deren Masse wir meistens untergehen oder nur mit Hintergedanken angesprochen werden: »Hallo, schöne Familie. Wollt ihr in meinem Restaurant essen?« Ich vermisse die Restaurants an der Donau, wo der Kellner erst mal seine Zigarette fertig geraucht hat, bevor er sich gemütlich zu einem auf den Weg gemacht hat. Dagegen ist das hier Massenabfertigung.

Heute Morgen sind wir in Burgas angekommen. Wieder mal säumen unzählige Restaurants und Bars den Hafen. Alles ist bunt beleuchtet, und am Ufer tummeln sich die Menschen. Es ist mein zweiter Sommer an Bord, und im Vergleich zum Winter ist vieles leichter. Wir haben mehr Platz, weil wir den Großteil des Tages draußen verbringen können. Wie immer gehe ich auch hier in Burgas zunächst mit Momo an Land, um die umliegenden Spielplätze auszukundschaften. Meisten teilen Paul und ich uns die Tage mit Momo, einer hat sie vormittags, der andere nachmittags. Die Wochenenden verbringen wir gemeinsam. Momo steckt gerade mitten in der Autonomiephase, und das kann ganz schön anstrengend sein. Paul und ich müssen ganz besonders aufpassen, um sie nicht zu verärgern: Nicht genug Zahnpasta? Geschrei! Zu viel Zahnpasta? Geschrei! Nein, Mama soll nicht aufs Klo. Das Auto da soll weg. Die Windel nicht in den Mülleimer. Ronny soll auch mitessen. Und am besten sowieso nichts anderes mehr als Eis, das soll dann aber bitte sofort aufhören zu schmelzen. Dicke Tränen kullern. Wir hangeln uns durch den Tag und versuchen unser Bestes, Momo in ihrer neuen Gefühlswelt zu begleiten. Nebenbei ist dann plötzlich immer alles so wunderschön, dass mein Herz fast zerspringt. Neue Wörter werden entdeckt, und wir können immer mehr miteinander kommunizieren.

Was sich weiterhin schwierig gestaltet, ist, nachhaltige Projekte zu finden. Die Lehrerin in Konstanza, die Paul getroffen hatte, scheint recht zu behalten. Sosehr wir uns gewünscht hätten, dem Osten Europas zu helfen, das Image des »Umweltignoranten« loszuwerden, die Realität zeigt leider ein anderes Bild. Nachhaltigkeit ist hier allenfalls eine unpopuläre Randerscheinung, eine Nische für Nerds und Freaks.

Vorhin im Supermarkt etwa: Ich ging durch die Obst- und Gemüseabteilung, schnappte mir ein paar Bananen und legte sie in meinen Wagen. Als ich nach einem Abstecher zu den Äpfeln wieder zum Wagen kam, waren die Bananen in eine Plastiktüte gepackt. Oh, dachte ich, das ist wohl nicht mein Wagen. Suchend sah ich mich danach um, als eine Verkäuferin auf mich zukam. »Ich habe Ihnen die Bananen mal eingepackt«, sagte sie lächelnd zu mir, mit einem Blick, der sagte: Kann man ja mal vergessen, aber keine Sorge, dafür sind wir da.

Auch wir tun uns schwer, unsere persönlichen Ziele einzuhalten. Paul und ich essen viel öfter Fleisch als zu Hause, statt den geplanten Stoffwindeln für Momo nutzen wir den Standard, und der Einfachheit halber kaufen wir im Supermarkt ein statt auf lokalen Märkten. Auf unserem Schiff stapeln sich die pfandlosen Plastikflaschen. *Ulla* sieht aus wie der letzte Müllberg. Das zumindest denke ich mir jedes Mal, wenn andere Menschen unser Boot besuchen. Einkäufe, Müllbeutel, Seile, Holzreste und Planen, Hundefutter und alles Mögliche an Krimskrams, den wir irgendwann noch brauchen könnten. Dagegen anzuputzen, ist eine Sisyphusarbeit. Ein gutes Gefühl ist das nicht: Ich tue, als würde ich auf einem nachhaltig umgerüsteten Motorsegler durch Europa fahren, und setze mir superhohe Ziele – und scheitere dann daran, Prioritäten richtig zu setzen.

Ich sitze auf dem Krabbelplatz neben Momo und Ronny. Momo streichelt Ronny zugegebenermaßen grobmotorisch, aber er genießt es und legt sich auf den Rücken: Los, weiter, schaut er Momo auffordernd an. Die beiden sind gerade unfassbar süß. Paul kommt gerade vom Einkaufen zurück. »Kannst du mir mit den Tüten helfen?«, fragt er von draußen und reicht mir die Einkaufstaschen über die Reling. Ich greife nach ihnen, doch als ich mich gerade in den Steuerstand zurückdrehe, sehe ich nur noch, wie Momo das Gleichgewicht verliert und aus dem Stand nach vorne kippt – und über die Kante des Krabbelplatzes auf den Boden des Steuerstandes fällt. Ich will nach ihr greifen, aber habe beide Hände voll und bin zu langsam. Sie kracht mit einem lauten Knall mit dem Gesicht zuerst auf den Boden und liegt für eine Sekunde lautlos und verdreht da. Ich lasse die Tüten fallen und will sie aufheben, da fängt sie an zu schreien! Ein gutes Zeichen, das ist ein gutes Zeichen, geht es mir durch den Kopf. Als ich sie vorsichtig hochhebe, sehe ich ihr kleines Gesicht, blutüberströmt. »Wo kommt das Blut her? Was blutet? Die Nase! Nur die Nase!« Paul ist jetzt auch da und schaut sie sich an. »O nein, o nein«, sagt er panisch immer wieder. »Wie konnte das passieren?« Er schaut mich verzweifelt an. Auch Momos Lippe ist aufgeplatzt und blutet. Hat sie eine Gehirnerschütterung? Sollen wir einen Krankenwagen rufen? Sprechen die überhaupt Englisch oder Deutsch? Wo sind wir hier noch mal genau?

Bulgarien und die türkische Grenze

Burgas, 6. bis 18. Juli 2023, Tag 335

Hansen

Burgas ist die letzte große Stadt in Bulgarien, bevor wir in die Türkei einreisen. Ich bin von einem lauten Knall wach geworden. Was war das? Ich steige aus meiner Kajüte. Momo heult blutüberströmt auf Annas Arm. »Ich rufe meinen Vater an«, sagt Paul gerade und zückt das Handy. Er ist Kinderarzt. »Was ist denn passiert?«, frage ich in die Runde. Anna schaut mich weinend an. »Sie ist da runtergefallen«, sagt sie und zeigt auf den Boden. Momo kriegt kaum Luft, so doll muss sie weinen. Paul erklärt seinem Vater alles am Telefon. Als er auflegt, berichtet er: »Also: Weil sie weder ohnmächtig war noch irgendwie benommen wirkt, kann es wohl nicht so schlimm gewesen sein.« Anna atmet auf, Paul fährt fort: »Der Boden ist eher flexibel, hat wahrscheinlich viel von dem Schlag rausgenommen. Wenn das Stein gewesen wäre, wäre das ein Fall für den Notarzt gewesen. Wir sollen schauen, ob die Zähne wackeln, und ihr erst mal nichts Festes zu essen geben. Sogar wenn sie sich in den nächsten Stunden übergeben müsste, wäre das noch im Rahmen. Sie darf nur nicht ohnmächtig werden oder irgendwie besonders ruhig oder benommen wirken.«

»Schau mal, was ist das denn?«, fragt Anna jetzt besorgt in die Runde. Auf der Stirn von Momo zeichnet sich langsam ein Muster ab. »Krass, das ist das Karomuster von dem Rutschprofil auf dem Boden«, sagt Paul. Es sieht skurril aus, als würden Momo Schuppen auf der Stirn wachsen. »So dolle bist du runtergefallen?«, sagt Anna liebevoll zu Momo, die sich langsam wieder beruhigt. Mit ihrer dicken Lippe, blutigen Nase, dem Muster auf der Stirn und verheulten Augen sieht sie richtig mitgenommen aus. »Wir haben so ein Glück gehabt«, sagt Paul. »Das darf nie wieder passieren!«

Burgas ist mal wieder keine besondere Schönheit. Zumindest wenn man, wie wir, eher die abgelegenen, kleinen Fischerorte schätzt und der kirmesartige Trubel der Großstadt uns eher verschreckt. Wir sind ein wenig zu Einsiedler*innen geworden. Keiner von uns hat Lust auf Metropolen, Ronny sicher am wenigsten. Aber: Wenn man schon mal hier ist, kann man ja wenigstens etwas Leckeres, Lokales essen gehen. So tingeln wir gegen Abend zu fünft durch den Hafen und suchen nach einem Restaurant. Momo mit Abdruck im Gesicht und dicker Lippe, Ronny gestresst und wir drei Erwachsenen in unseren vom Abenteuer gezeichneten Look: braun gebrannt, abgewetzte Kleidung, verzotteltes Haar.

»*We are sorry, but we are completely full*«, ist die Aussage einer Kellnerin, als wir ein Restaurant betreten wollen. Ich schaue mich um. Im hinteren Eck der Terrasse sitzt ein Pärchen und trinkt Wein, an der Bar die übrigen Kellner*innen, versunken über ihren Handys. Ansonsten ist der Laden leer. Die Aussage der Kellnerin ist so widersprüchlich zu dem, was wir sehen, dass wir alle sofort verstehen, was los ist. Anna dreht sich theatralisch um und sagt mit ihrem sehr direkten Humor: »*Okay, byeeee*«, der Kinderwagen wird gewendet und Ronny gerade noch daran gehindert, sein Beinchen an einer Plastikpalme zu heben. Sein Statement hätte ich aber gefeiert. Wir schauen uns an. Wurden wir gerade in einem fast leeren Hafenrestaurant mit Plastikpflanzen abgewiesen? Ist es wirklich so schlimm? Nun ja. Die meisten sind hier eben sehr gestylt unterwegs. Frauen in High Heels und schicken Kleidern, Männer mit gegelten Haaren, Hemden und Lackschuhen. Da können wir mit unserem Berlin-Look, der zusätzlich abgetragen ist, nicht punkten. Auch bei anderen Restaurants scheint man nicht über unsere Anwesenheit beglückt. Also entscheidet sich die Gollum-Gang, in das »Loch«, aus dem sie wohl gekrochen kam, zurückzukehren, und kocht sich mal wieder Nudeln mit körnigem Frischkäse und Tomaten. Lecker!

Geschlagen von der »High Society«, die sich hier im Hafen tummelt, entscheiden wir, schnellstmöglich weiterzufahren. Leider müssen wir noch in einem kleinen Segelshop eine Schlagdämpfung fürs »Muring« einkaufen. Muring ist eine Art des Anlegens, bei der nur der Bug oder das Heck des Schiffes an der Kaimauer befestigt wird und die jeweils andere Seite im Hafenbecken verankert wird. Da es in großen Häfen durch die schnell fahrenden Schlepper und Pilotboote, die die gigantischen Kähne leiten und bei Bedarf »rumschubsen«, manchmal zu großen Wellen kommt, ist es wichtig, dass die Leinen gedämpft sind. Sonst können Klampen abreißen, und vor allem ist es unmöglich, zu schlafen, wenn sich die Seile immer wieder ruckartig anspannen und man davon wach gerüttelt wird. Wie immer ist ein solcher Einkauf extrem teuer. Für vier »Gummiwürste mit Löchern«, welche die Seile dämpfen sollen, bezahlt man um die 200 Euro. Ich schaue auf den Einkauf, der bequem in beiden Händen ohne Tüte zu transportieren ist, und denke: Ich steige in das »Gummiwurst-mit-Löchern«-Business ein. Dann kann ich nächstes Jahr in Rente.

Anna

Schon wieder waren meine Kontaktversuche zu nachhaltigen Projekten ergebnislos. Seit Belgrad haben wir kein nachhaltiges oder pädagogisches Projekt besucht. Es fühlt sich an wie verlorene Zeit. Mein Frust wächst, und mittlerweile spiele ich mit dem Gedanken, die ganze Idee an den Nagel zu hängen – eine Baustelle weniger.

Wir ankern gerade in einer wilden bulgarischen Bucht, einer richtigen Lagune. Nach dem »Paradies«, das Paul und ich auf der Donau entdeckt hatten, ist sie einer der schönsten Orte auf der bisherigen Tour. Die Bucht ist durch einen schmalen Felsstreifen vom Meer abgeschirmt, hat glasklares Wasser und einen wilden, endlos langen Strand mit umgefallenen Bäumen. Man könnte meinen, wir wären in der Karibik gelandet. Die Bucht ist gesäumt von steilen, überwucherten Felsklippen. In ihrer Mitte mündet ein Fluss, der sich windend in das Hinterland zieht. Um diesen Ort gebührend zu feiern, haben wir uns spontan entschieden, eine Nacht gemeinsam am Strand zu zelten – mit Stockbrot und Lagerfeuer.

Mit *Ulli* transportieren wir Ladung für Ladung an Land. Momo ist ganz begeistert von diesem besonderen Landgang und will vor Aufregung gar nicht ins Zeltbett. Sie springt freudig in ihrem gestreiften Schlafanzug durch den Sand. Nach unzähligen Kletteraktionen und Buddellöchern kuschelt sie sich müde an ihren »Ron Don«, wie sie Ronny liebevoll nennt, wie sie eigentlich alle Hunde nennt. Der gutmütige Ronny lässt sich geduldig fast alles von den kleinen Speckhänden gefallen.

Nachdem die kleine König endlich ins Land der Träume geschritten ist, nach mehrmaligem Vorlesen und abendlichem

Singen, »Schlaf Moooomo, schlaaaaaf nur ein«, setzen wir drei uns gemeinsam jeder mit einer Emailletasse voll Wein ans Lagerfeuer. Wir starren in die Flammen, über uns der Sternenhimmel, vor uns das Schwarze Meer.

»Anfangs, auf der Donau, habe ich eure Beziehung echt verurteilt, ich hab nur das Negative gesehen. Das lag auch sicherlich an meiner emotionalen Verfassung«, öffnet Hansen sich dann. Er stochert mit einem Stock in der Glut.

»Mittlerweile sehe ich das anders. Ich habe größten Respekt davor, wie ihr das zusammen meistert, wie ihr euch immer unterstützt. Ich sehe jetzt auch, wie verliebt ihr ineinander seid. Manchmal macht mich das ein bisschen neidisch, weil ich mir auch so was für mein Leben wünsche.« Ich bin überrascht über das, was Hansen sagt. Er schweigt kurz.

»Ab und an schmerzt es richtig, euch so zu sehen, weil es mir einen Spiegel vorhält, der sagt: Das hast du nicht. Und ich sehe Paul, meinen Bruder, und sehe, dass er mir einen Schritt voraus ist und dass es ihm gut dabei geht. Weißt du eigentlich, Anna, dass ich schon mit vierundzwanzig Kinder wollte? Ich war ready. Und dann hat die Beziehung nicht funktioniert. Jetzt bin ich einundvierzig, depressiv und Single. Aber ich weiß, dass das, was ihr habt, etwas ganz Besonderes ist.« Er schluckt. Im Schein des Feuers kann ich sehen, dass er Tränen in den Augen hat.

»Ich bin mir sicher, du wirst auch deine Liebe finden, verlier nicht den Mut. Du bist so ein liebenswerter Mensch, du bist ein Jackpot für Frauen!«, ermutige ich ihn. Ich merke, dass dieses Gespräch etwas Besonderes ist. Noch nie hat Hansen sich so geöffnet, wenn ich dabei war.

»Ja, aber das Problem in Beziehungen bin ja oft ich. Ich kann mich nicht richtig einlassen und sabotiere mich unterbewusst selbst«, spricht Hansen weiter. »In meiner Therapie ist so viel

Unbewusstes hochgekommen, was ich nicht mehr leugnen kann, habe aber leider noch keine Lösungen dafür. Warum schaffe ich es nicht, mich länger als zwei oder drei Monate zu binden?« Ich merke, dass Hansen sich etwas lange Angestautes von der Seele redet. »Ich bin echt immer mehr am Zweifeln, ob ich jemals jemanden finde, manchmal habe ich richtig Angst davor, für immer allein zu bleiben.« Tränen kullern ihm übers Gesicht. Ich rutsche näher an ihn heran und lege meinen Arm um seine Schultern. So starren wir drei eine Weile ins Feuer.

Paul bricht das Schweigen. »Was mir auf dieser Reise aufgefallen ist, ist, dass du ein krasser Romantiker bist. Du suchst nach der Traumfrau, der Frau fürs Leben. Ich habe dich ehrlicherweise am Anfang dafür belächelt. Aber ich habe gemerkt, dass du nicht einem Klischee folgst, sondern einem inneren Ruf. Und weißt du was? Mittlerweile glaube ich daran, dass du sie finden wirst. Und ich habe das Gefühl, dass es nicht mehr lange dauert.« Paul macht eine Pause, dann fügt er ironisch hinzu: »Ganz so romantisch und glatt, wie es bei mir und Anna war, kann es natürlich niemals sein.« Er grinst mich an, wohl wissend, dass unsere Kennenlerngeschichte sogar bei mir und Paul umstritten ist.

Paul beteuert bis heute, dass wir ein Tinder-Match hatten und er mich dann gelöscht hat, weil ich irgendetwas Unpassendes gesagt hätte. Daran kann ich mich beim besten Willen nicht erinnern. Meine Version ist: Ich kam gerade von einem Festival, wo ich einem anhänglichen Typen den Laufpass gegeben hatte, und scrollte verkatert auf Facebook herum. Da wurde mir plötzlich Paul als Freund vorgeschlagen. So einen Mann sollte ich mal daten, dachte ich, abenteuerlich, selbstbewusst und mitten im Leben. Spontan schickte ich ihm eine Freundschaftsanfrage. So was mache ich eigentlich nie. Doch es scheint ein guter Move gewesen zu sein – lebensverändernd. Paul antwortete mir direkt und bat mich um ein Date. Dann ging alles ziemlich schnell, und – hupsi – jetzt sind wir schon seit fünf Jahren ein Paar.

»Überleg mal, ich hätte diese Anfrage nicht geschickt, dann wäre alles anders«, sage ich gedankenverloren.

»Und ich ein glücklicher Junggeselle und mit Hansen gerade in Alaska ...«, neckt Paul.

»Und was lehrt dich diese Geschichte?«, raunt er Hansen mit Werbestimme ins Ohr, »deine potenzielle Traumfrau liegt vielleicht nur einen Klick entfernt.«

Wir müssen alle lachen. Zwischen uns ist gerade ein Eisberg geschmolzen. Und ich habe das Gefühl, zum ersten Mal zu verstehen, warum Paul und Hansen Lagerfeuer so lieben.

Paul

Ich schaue über das Lagerfeuer auf die Bucht. *Ulla* liegt etwa 100 Meter von uns entfernt im Mondschein in der Lagune. Die Sonnenflügel sind ausgefahren und schauen noch der bereits vor Stunden untergegangenen Sonne hinterher. Ihre Silhouette ist so surreal. Wüsste ich nicht, was sie ist, würde meine Fantasie niemals auf einen elektrisch umgerüsteten Motorsegler kommen. Die Grillen zirpen. Wie unglaublich schön dieser Moment ist. Vor ein paar Stunden hat meine Mutter geschrieben, dass unser Onkel Horst im Krankenhaus ist und dass es nicht gut aussieht. Horst war jahrzehntelang Kapitän auf hoher See, hat riesige Containerschiffe durch die Weltmeere gesteuert. Ich habe ihn in den letzten Jahren selten gesehen, aber er ist mir dennoch sehr ans Herz gewachsen. Vielleicht war es seine wilde Art? Die Seemannsgeschichten, die er erzählen konnte? Von Piraten, Frachtern, Weltumrundungen, fremden Ländern? Zuletzt hatte er unsere Reise voller Stolz verfolgt. Immer wieder hat er sich bei unserer Mutter erkundigt, wie es uns geht, wo wir sind. Im Telefonat, als Anna und ich auf der Donau waren, zeigte er sich auch besorgt: »Pass mir gut auf Frau und Kind auf«, hatte er mit seinem nordischen Lispeln gesagt, »*safety first!*« Ich wünsche mir sehr, ihn noch einmal wiederzusehen. Ihm auch meine Seemannsgeschichten zu erzählen.

»Dein Stockbrot, Paul!« Hansen reißt mich aus den Gedanken. Zu spät: Mein Stockbrot sieht aus wie die Stöcke, die schon seit einiger Zeit im Feuer liegen. Egal, ich lege es zur Seite und sage dann nachdenklich: »Irgendwie kommt hier gerade alles zusammen. Unsere Gespräche, der Ort, die Atmosphäre …« Ich mache eine Pause und sage dann etwas Riskantes. Etwas, das das Potenzial hat, die Stimmung zu trüben. »Wir müssen uns entscheiden: Wollen wir die Strecke bis nach Berlin schaffen? Das bedeutet, jedes Mal, wenn wir einen so schönen Ort finden, mit einem Auge auf der Uhr sein. Oder wollen wir solche Orte genießen? Natürlich kommen noch viele tolle Abschnitte, aber nach dem Meer auch wieder Flüsse, Schleusen, Kanäle, der Rhein. Auf der Donau haben wir uns auf das Meer gefreut. Freuen wir uns auf dem Meer auf die Kanäle in Frankreich?«

Hansen nimmt sein Stockbrot zum Prüfen aus dem Feuer. Es ist perfekt braun, Käse tropft aus den Enden heraus. »Nein«, sagt er, »wir würden uns auf Berlin freuen.«

»Eben«, sage ich. »Das hier ist unser Highlight, warum wir hier sind. Aber wenn wir die ganze Route nach Berlin mit *Ulla* schaffen wollen, müssen wir uns schon jetzt beeilen und brauchen dann immer noch ein bis zwei Jahre.«

Am Ende beschließen wir: Bis Oktober wollen wir Athen erreichen. Und ob und wann es danach weitergeht, steht in den Sternen.

Als kurz nach Mitternacht der Wein alle ist und die Feuerstelle nur noch glimmt, löschen wir sie mit Sand und klettern angenehm erheitert in unsere Zelte. »Ich freu mich so, dass Hansen wieder mit dabei ist«, flüstert Anna mir kurz vor dem Einschlafen zu. »Ja, ich auch. Ich kann förmlich fühlen, wie er gerade aufblüht, wie es ihm langsam besser geht. Ich kann mich nicht erinnern, jemals einen Abend wie diesen mit Hansen und meiner Freundin gehabt zu haben.« Ich rücke ganz nah an sie heran und lege den Arm um ihre Taille.

Momo liegt wie ein Seestern neben uns und nimmt mehr als die Hälfte der Matratze ein. »Das habe ich auch erst beim Elternwerden gelernt«, flüstere ich zu Anna. »Auf einem Zehn-Zentimeter-Streifen in ein und derselben Position verharrend die ganze Nacht schlafen.«

Am nächsten Tag erkunden wir den Fluss und seine Sandbänke. Ich mache mit Momo eine Tour auf ihrem heiß geliebten Schlauch-»Boo«, und Hansen bringt Ronny bei, auf dem Standup-Paddle-Bord zu fahren. Wir klettern auf die Klippen und tauchen in der surreal-schönen Unterwasserwelt voller Baumstämme und Felsen. Als ich nach dem Holzsuchen für das Lagerfeuer abends wieder zu unserer Lagerstätte komme, hält Hansen Anna gerade sein Handy hin. Krachend lasse ich das Holz neben das Feuer fallen. »Was gibt's? Hab ich was verpasst?« Auf Hansens Handy sehe ich ein Video. Eine wunderschöne Frau singt ein Lied. Hansen schaut mich verliebt an: »Das ist Lou, ich hab sie vor ein paar Tagen noch auf Instagram kennengelernt. Deine Worte, Bruder! Nur einen Klick entfernt! Ich weiß, das klingt jetzt zu gut, um wahr zu sein, und sicher auch naiv. Aber ich glaub, das ist sie! Das ist die Frau, die du mir gestern angekündigt hast!« Ich muss schmunzeln. Das ist Hansen, wie ich ihn kenne. Ich weiß nicht, wie oft er das schon gesagt hat.

»Habt ihr sie sicher nicht gesehen?«, rufe ich genervt von unten in den Steuerstand. Ich habe gerade das halbe Boot auf den Kopf gestellt, vor mir liegen alle Klamotten, gemischt mit Krimskrams, auf dem Bett im Salon. Ich suche die türkische Flagge. Es sind nur noch zehn Kilometer bis zur Grenze, und wir sind verpflichtet, die Gastlandflagge an *Ulla* zu hissen, sonst kann es Probleme bei der Einreise geben.

»Ach, die türkische?«, fragt Hansen mich erstaunt, er steht am Steuer. »Ja, Mann, was denkst du denn? Die chilenische oder was?«

»Mann, Paul, entspann dich mal, ich hab dich nur veräppelt. Ich weiß, welche du suchst, und nein, ich habe sie nicht gesehen, zum fünften Mal!« Ich schaue ihn böse an. »Ach, warte!«, erinnere ich mich plötzlich. »Ich glaube ... Ja, Mist, hier ist sie!«, sage ich und ziehe sie aus einem Loch in der Decke des Steuerstands.

»Dann fehlt uns nur noch die gelbe Quarantäneflagge!«, erinnert uns Hansen. »Dein Job«, erwidere ich und mache mich dran, die Flagge an der Saling zu hissen. Als ich wieder reinkomme, klebt Hansen gerade ein Stück des gelben PVC-Bodenbelags zu einer Flagge zusammen. »Dein Ernst?«, frage ich ihn belustigt. »Besser als nichts!«, reagiert er patzig. Die Flaggenregeln sind in der Tat nicht zu unterschätzen. Ich finde das persönlich ziemlich lächerlich, auch weil sie wohl noch aus Zeiten kommen, in denen es keine anderen Möglichkeiten zur Identifikation gab. Das ist ein sehr kontroverses Thema unter Segler*innen. Aber wenn wir ohne gelbe Flagge die Grenze überqueren, könnten wir laut Auswärtigem Amt für ein Schmuggelschiff gehalten werden, und das hätte unangenehme und langwierige Prozeduren zur Folge. Ich frage mich natürlich, welcher Schmuggler so dumm wäre, keine gelbe Flagge zu hissen? Vielleicht könnte man dem nicht schmuggelnden Rest der Menschheit den Gefallen tun und einfach eine Schmugglerflagge einführen?

Zehn Minuten später haben wir alles montiert und segeln »ordnungsgemäß« in türkische Hoheitsgewässer, zumindest so halb. Denn eine große Frage stellt sich uns nach wie vor: Zur Einreise in die Türkei brauchen wir ein sogenanntes Transit Log. Das erlaubt uns, mit dem Boot in Häfen anzulegen und das Boot zu verlassen. Das Transit Log bekommt man leider nur in Istanbul über dafür lizenzierte Agenten. Aber Istanbul ist sicher zwei bis drei Tage entfernt, und so lange können wir nicht durchfahren. Wie immer, wenn es keine offensichtliche Lösung für das Problem gibt, beschließen wir, es einfach zu versuchen. So nach dem Motto: Man wird ja mal kurz mit Ronny und Momo Gassi gehen dürfen. Als wir am frühen Abend in der Grenzstadt İğneada ankommen, müssen wir jedoch feststellen: Die Regeln sind nicht besonders dehnbar. Kaum haben wir an der Kaimauer festgemacht, kommen zwei Grenzsoldaten zu unserem Boot geeilt. »Transit Log und Papiere bitte« ist das Erste, wonach sie fragen. Ronny versucht, sie mit intensivem Schwanzwedeln zu bestechen, Momo mit Geschrei. Beide wollen JETZT an Land. Beide waren seit heute Morgen nicht mehr draußen, und Ronny hat sicher ein dringendes Geschäft. Aber ich darf noch nicht mal zum Anreichen der Papiere einen Fuß auf das Hafengelände stellen.

»Ihr könnt im Hafen ankern, oder ihr müsst weiter nach Istanbul, dort könnt ihr ein Transit Log bekommen«, erklären uns die Beamten. Und als ich einen ratlosen Blick auf Ronny und Momo werfe und ihnen klarmache, dass Ankern keine Option ist und wir nach Istanbul mehrere Tage brauchen, geben sie uns einen eindeutig uneindeutigen Rat: »Ja, Istanbul ist sehr weit. Aber es ist eine sehr schöne Küste.« Er zwinkert und fügt dann hinzu: »Braucht ihr Wasser? Oder was zu essen? Wir können für euch einkaufen gehen.« Es dauert eine Sekunde, bis ich verstehe, was er da gesagt hat. Die Grenzpolizei bietet uns an, einkaufen zu gehen? »Ähm, jaa, das ist eine gute Idee!«, sage ich zögerlich. »Wir brauchen tatsächlich Wasser. Essen haben wir genug! Aaaaber ... wir sind gerade erst angekommen, wir haben keine Lira. Können wir auch in Euro oder in Lew bezahlen?«

»Nein, nein«, sagt der Beamte energisch abwehrend. Erst denke ich, er meinte das Bezahlen in Fremdwährung. Aber er sagt: »Ich darf kein Geld von euch annehmen. Wir kaufen euch Wasser, das schenken wir euch.«

Gesagt, getan. Als sie zurückkommen, reichen sie uns zwei Sixpacks Wasser: »Willkommen in der Türkei! Jetzt müsst ihr leider ablegen, sonst bekommen wir Ärger.« Auch ein Glas des weltbesten Honigs aus Bratislava müssen sie leider ablehnen.

»Was machen wir jetzt?«, fragt Anna, als wir aus dem Hafen fahren. Die Sonne geht gerade unter. »Meinten sie damit, wir sollen einfach in einer Bucht anlegen? Oder in einem Dorf? Aber was, wenn wir dann wegen illegaler Einreise Probleme bekommen? Andererseits: Er hat mit zugezwinkert, und ich nehme nicht an, dass er ein Date wollte.«

Auch ich bin mir unsicher. Hansen starrt auf sein Handy. »Wir könnten ...«, fängt er überlegend an, »... wir könnten versuchen durchzufahren. Es sind noch etwa hundertzwanzig Kilometer. Das wären etwa zwölf Stunden. Morgen früh um acht Uhr wären wir vielleicht in Istanbul.«

Nein, unmöglich, will ich sagen. Aber dann lasse ich die Idee wirken, und sie packt mich: »Wir könnten Schichten machen. Doppelschichten. Einer von uns schläft, die anderen beiden haben überschneidende Schichten. Für Ronny müssten wir ein Plätzchen schaffen, wo er sich erleichtern kann. Irgendwann wird auch er es nicht mehr zurückhalten. Momo wird die Nacht durchschlafen.« Nach einer kurzen Prüfung der Wetterlage scheint auch das kein Problem darzustellen. »Und was, wenn wir es nicht durchhalten?«, fragt Anna besorgt. »Dann sind wir mitten in der pechschwarzen Nacht auf dem Schwarzen Meer?«

»Das sind wir so oder so!«, merke ich an. »In dreißig Minuten ist es dunkel, und der Mond geht in etwa drei Stunden auf. Je später es wird, desto mehr Licht werden wir haben.«

Wir versuchen es. Hansen und ich machen die erste Schicht, Anna bringt Momo ins Bett. Nur die Positionslichter von *Ulla* sind noch an, um so wenig wie möglich zu blenden. Dennoch muss ich angespannt in die Nacht starren. Leider haben die Wellen zugenommen. Grundsätzlich noch keine problematische Höhe, aber ich kann sie nicht kommen sehen. Das führt dazu, dass mir leicht übel wird und es außerdem sehr anstrengend ist, *Ulla* auf Kurs zu halten und die Wellen auszugleichen. Auch der Wind hat zugenommen, und er hat gedreht: Er kommt jetzt von Nordosten. Diese verdammte Vorhersage, davon war nichts in den Daten zu sehen.

»War das ein Blitz?«, fragt Hansen mich plötzlich. Ich schaue mich um, aber bevor ich antworten kann, höre ich den Donner. »Fuck!« Das erklärt die falsche Vorhersage, den stärkeren Wind, die Windrichtung, die Wellen. Gewitter können immer auch sehr spontan entstehen und sind nur schwer vorhersagbar. Dafür sind sie meistens auch schnell vorbei. Trotzdem ist mir nicht wohl bei dem Gefühl. Anna streckt den Kopf durch den Niedergang nach oben. »Habt ihr das gehört?« Wir nicken. Wieder ein Blitz. »Einundzwanzig, zweiundzwanzig ...« Hansen zählt die Sekunden bis zum Donner. »2,4 Kilometer etwa«, meldet er, »es kommt aus Westnordwest, vielleicht hat es sich über dem Land gebildet, dann haben wir eventuell Glück, und es bleibt auch dort?« Der nächste Blitz, diesmal sind es nur noch 1,8 Kilometer. »Es kommt näher«, stellt Hansen fest. »Was machen wir? Was können wir überhaupt machen?« Der Wind hat nachgelassen, aber es fängt heftig an zu regnen. »Kommt der Wind vor dem Regen, kannst du dich ruhig schlafen legen. Kommt der Regen vor dem Wind, hol die Segel ein geschwind!«, zitiert Hansen eine alte Seglerweisheit. Keine drei Minuten später geht es richtig los. Unser Anemometer zeigt sieben Beaufort. Die Gischt spritzt auf die Scheiben, und durch den Regen ist die Sicht auf null geschrumpft. »Am besten steuern wir direkt aufs Meer raus, wenn wir jetzt einen Motorschaden haben, werden wir von Wind und Wellen auf die Klippen getrieben.« Er hat recht. Ohne zu antworten, ändere ich den Kurs auf 30 Grad Richtung Nordnordost. Die Wellen kommen jetzt von vorne, *Ulla* stampft heftig durch die Dünung. Es ist das Gruseligste, was ich bisher auf der Tour erlebt habe. Momo schläft wie immer, wenn es unangenehm wird, aber Ronny ist in heller Aufregung. Gewitter lösen bei ihm blinde Panik aus, und so erleichtert er sich mitten im Steuerstand. Die Eskalation der Lage nimmt ihren Lauf.

Backflash

Wie meine Mama starb

Anna

Es gibt viele Dinge, auf die man sich vorbereiten kann. Der Tod gehört nicht dazu. Ich war 18, als meine Mutter nach sechs Jahren Pause erneut die Diagnose Krebs erhielt. Ich kann mich daran erinnern, als sei es gestern gewesen. Mein Vater sammelte mich von der Schule ein, und zu Hause warteten meine drei Geschwister mit meiner schon bettlägerigen Mutter. Wir dachten damals, sie hätte einen Bandscheibenvorfall. Dann erzählte sie uns, was der Arzt gesagt hatte: Der Krebs war zurück. Ich weiß noch, was ich dachte: Diesmal schafft sie es nicht. Schon als ich zwölf war, hatte meine Mutter mit einem großen Tumor zu kämpfen gehabt. Apfelsinengroß, sagte der Arzt, der ihn mitsamt einer Niere entfernte. Ich habe die Erkrankung damals als nicht so bedrohlich wahrgenommen. Für mich stand mit zwölf außer Frage: Mama schafft das!

Nach der zweiten Diagnose folgte ein Jahr Krankheit. Zuerst Chemotherapie im Krankenhaus, dann pflegten wir sie zu Hause. Meine Mutter war die ganze Zeit bettlägerig. Weil ein unvorsichtiger Pfleger ihr den Oberschenkel gebrochen hatte, konnte sie nur schwer laufen und die letzten Monate gar nicht mehr. Weil ich damals noch zu Hause wohnte, hatte ich keine Rückzugsmöglichkeit von alledem. Mein Vater kam in dieser Zeit, denke ich, an seine Grenzen. Richtig darüber gesprochen haben wir nie. Einmal war ich auf einer Party, und irgend so ein Typ, mit dem ich nicht mal befreundet war, meinte zu mir: »Du hast hier nichts zu suchen, du solltest bei deiner Mutter sein.« Als ob er meine Situation nur ansatzweise verstehen würde, dachte ich wütend. Mein Umfeld war überfordert. Auch mit meinen engsten Freundinnen konnte ich nur schwer über die Situation sprechen. Ich erinnere mich, dass keine zu der Beerdigung meiner Mutter kam. Sie meinten, sie wollten mir dort meinen Raum lassen. Ich war am Boden zerstört. Mittlerweile kann ich das verstehen, wir waren 18 oder 19, mitten in der Pubertät, hatten den Kopf voll mit Verliebtsein und anderen aufregenden Themen. Eine Beerdigung war einfach zu düster, zu dramatisch.

Den Tod der eigenen Mutter in so jungen Jahren zu erleben, hat mich geprägt. Der Verlust hat mir gezeigt, was wirklich wichtig ist im Leben. Ich bin selbstständiger, selbstbewusster, sensibler und auch freier geworden. Ich wollte so schnell wie möglich weg aus meiner Heimatstadt und bin nach einem Zwischenstopp in Stuttgart in Berlin gelandet, wo ich Paul kennengelernt habe. Und dann wurde auch schon Momo geboren. Wäre meine Mutter nicht gestorben, hätte mein Leben einen anderen Verlauf genommen. So denke ich zumindest. Außerdem hoffe ich bis heute, dass ihre Seele im Wind weiterfliegt, dass sie im Rauschen der Blätter steckt und über das Meer pfeift. Ich glaube, nein, ich bin mir sicher, dass sie heute unglaublich stolz auf mich wäre. Sie fehlt, jeden Tag. Mittlerweile sind schon 14 Jahre seit ihrem Tod vergangen, und das Gefühl der Traurigkeit ist immer noch überwältigend, wenn ich es zulasse. Früher habe ich mir das verboten. Heute weiß ich, dass die Trauer nie weggehen wird, und das ist okay so. Wenn ich weine, bin ich ihr ganz nah, sie lebt in mir und den Geschichten über sie weiter, für immer.

Ahoi Türkei

Bosporus und Istanbul, 19. bis 25. Juli 2023, Tag 348

Paul

Würgend entfernt Hansen die Scheiße von Ronny, die leider nicht besonders fest ist. Natürlich wird ihm bei dem Geschaukel und der Putzarbeit selbst kotzübel. Wie schnell so eine Lage in Richtung Havarie eskalieren kann.

»Drei Kilometer«, sagt Hansen jetzt, der trotz seiner Übelkeit die Blitze weiter auszählt. »Das Gewitter entfernt sich!« Wir atmen auf. Der Regen ist so schnell gegangen, wie er gekommen ist. Der Wind hat abgeflaut auf drei Beaufort, nur die Wellen bleiben unverändert. Unseren Kurs haben wir parallel zur Küste geändert. »Siehst du die Lichter da vorne?«, fragt Anna, sie hat die Navigation übernommen. »Das ist … keine Ahnung, wie ich das aussprechen soll … Kijiköi oder so. Egal, das ist ein Fischerhafen. Lass uns da bitte festmachen. Wir haben jetzt ja die beste Ausrede bei der Grenzpolizei. Die werden uns bei den Wellen sicher nicht nachts aufs Meer rausschicken.«

Als wir mit unserem Suchstrahler im Hafen nach einem freien Platz suchen, sehen wir, wie erst die Felsen um den Hafen mit diffusem Blaulicht erleuchtet werden. Dann kommen zwei große Geländewagen der Grenzpolizei um die Ecke und halten genau an der Stelle, die wir als Schlafplatz auserkoren haben. Zwei

Beamte springen aus dem Wagen, stellen sich an die Kaimauer und winken uns zu ihnen rüber. »Fuck, das sieht nach Stress aus«, sagt Anna resigniert.

Anna

»*Merhaba*«, begrüßen wir die Beamten. Wenn man in Berlin lebt, ist es immer gut, etwas Türkisch zu sprechen. Meine Kenntnisse werden regelmäßig durch den Besuch im Kiosk bei Kenan aufgefrischt, dem Mann unseres Vertrauens in Sachen Kaltgetränke, Süßes und Raki. »*Merhaba*«, grüßen die beiden Zöllner zurück. Auch wenn die beiden mit ihren großen Autos aussehen wie ein Sondereinsatzkommando, stellt sich schnell heraus, dass das eher eine Routinekontrolle ist. Die Beamten erlauben uns sogar, von Bord zu gehen, nur das »Hafengebiet«, wie auch immer sie das definieren, dürfen wir nicht verlassen. Mal wieder ist alles gut gegangen. Aber seit wir auf dem Meer unterwegs sind und immer näher an Flüchtlingsrouten kommen, haben solche Situationen einen faden Beigeschmack.

»Ob die auch so nett zu uns gewesen wären, wenn wir nicht weiß und deutsch wären?«, sage ich zu Paul, wohl wissend, was die Antwort ist. Dieses Privileg ermöglicht uns diese Reise. Bald werden wir auf dem Mittelmeer sein und eine der Hauptrouten queren, die Menschen auf Schlauchbooten nutzen, um zu fliehen. Auch Familien mit Kindern so alt wie Momo. Tausende sterben dabei, sie haben keine andere Wahl, es gibt nur den einen Weg. Dieser Gedanke macht mich wütend. Es ist so furchtbar, was passiert, wie die Politik damit umgeht. Wir beschäftigen uns auch mit der Frage: Was, wenn wir einem Flüchtlingsboot begegnen? Auf *Ulla* bestünde die Gefahr, dass sie kentert oder sinkt, wenn wir zu viele Menschen evakuieren würden. Aber nur ein paar geht natürlich auch nicht. Wo genau ziehen wir die Grenze? Ich bin froh, dass wir bei diesem Thema schnell einer Meinung sind: Alles, was schwimmt, werfen wir von Bord, als Rettungsmittel. Rettungsinsel, Luftmatratzen, Schwimmwesten. *Ulli* lassen wir zurück, als Ersatzboot. Dann würden wir Hilfe anfunken, den Standort durchgeben und in der Nähe, aber mit Abstand warten, bis die Hilfe eingetroffen ist. So zumindest der Plan.

Es sind jetzt nur noch 90 Kilometer von Kıyıköy nach Istanbul, eine Stadt, auf die ich mich schon lange freue. Eigentlich würden wir das easy an einem Tag schaffen, eigentlich. Aber Momo bekommt über Nacht hohes Fieber. Und die Strecke mit einem kranken Kind zu fahren und im Notfall nicht ins Krankenhaus zu kommen, ist für mich ausgeschlossen. Wir telefonieren mit Hans, Pauls Vater. Wie immer berät er uns, wenn irgendwas Medizinisches ansteht oder einer von uns krank ist. Seine Devise: warten, bis es Momo besser geht. Und so warten wir. Und tatsächlich, gegen Mittag ist das Fieber ohne Medikamente so weit zurückgegangen, dass wir aufbrechen. Aber wir sind gerade eine Stunde unterwegs, da kommt das Fieber zurück, diesmal höher. Wieder rufen wir Pauls Vater an, der uns rät, ihr ein Fieberzäpfchen zu geben und die Stellung zu halten. Wenn ihr Fieber nicht innerhalb von 30 Minuten sinkt, sollen wir zurück nach Kıyıköy, denn bis zum nächsten Hafen sind es mindestens vier Stunden. Das allerdings wird für Hansen zum Problem. Denn seit heute früh geht es Ronny auch nicht gut. »Er hatte Blut im Urin«, sagt Hansen besorgt, »ich muss so schnell wie möglich zum Tierarzt, und den gibt's nur in Istanbul.«

»Und?«, fragt Hansen ungeduldig, als ich 30 Minuten später Fieber messe. »Immer noch über neununddreißig Grad«, antworte ich. Was für eine Zwickmühle. Natürlich sehen alle ein, dass Momos Gesundheit Priorität hat, aber für Hansen ist es dennoch ein schwerer Schritt. Also kehren wir um. Doch nur wenige Kilometer vor Kıyıköy fängt Momo auf einmal wieder an zu spielen. Keine Anzeichen mehr von Fieber, sie ist ausgelassen und energetisch wie immer. Der Eiertanz hört nicht auf. Wieder rufen wir Pauls Vater an, der uns nun angesichts der Situation mit Ronny und der Tatsache, dass Momos Fieber mit einem Fieberzäpfchen weggegangen ist, wiederum das Go gibt, nach Istanbul zu fahren. Durch das Hin und Her und das Warten mitten auf dem Meer haben wir sicher drei Stunden verloren und sind trotzdem genau da, wo wir heute losgefahren sind. Und bis Istanbul sind es weitere fünf Stunden.

Paul

Unsere Sonnensegel sind eigentlich für Binnengewässer konzipiert. Großen Wellen und heftigen Winden wie auf dem Meer würden sie auf Dauer nicht standhalten. Aber je mehr Erfahrung wir sammeln, desto deutlicher wird ein Vorteil: Wenn der Wind zum Segeln reicht, gibt es fast immer auch Wellen. In diesem Fall sind die Sonnensegel nutzlos. Aber wenn es wenig Wind gibt, gibt es meistens auch kaum Wellen. Und genau dann können wir auf unsere Sonnensegel zurückgreifen und mit Solarkraft fahren. Das machen wir auch heute wieder, auf dem Weg nach Istanbul: Bei angenehmen drei Beaufort Südwind und ohne Wellen segeln wir die türkische Küste entlang. »Reinigung abgeschlossen«, meldet Hansen gut gelaunt. Er hat die Solaranlagen mit unserem Besenabzieher von der Salzschicht befreit, die sich immer wieder darauf bildet, und so bekommen wir in diesen Breitengraden knappe 4800 Watt. Bei einer theoretischen Maximalleistung von

5800 Watt ist das sensationell! Auch der Autopilot läuft zuverlässig.

Mit voll ausgefahrenen Sonnensegeln und voller Euphorie fahren wir in den Bosporus hinein – und die Dinge nehmen ihren Lauf. Ihr kennt die Geschichte vom Anfang des Buches: Ich bin auf *Ulli*, um die Szene zu filmen. Der Frachter erscheint und hinter ihm der riesige Schlepper. In den heftigen Wellen reißt sich die Solaranlagenkonstruktion los und kracht in die Wanten. Und dann verschwindet *Ulla* hinter einer Fähre.

Als ich nach den Schrecksekunden um die Fähre herumkomme, treibt *Ulla* quer zur Strömung den Bosporus runter. Der Mast steht noch, aber die Sonnensegel sind verdreht und schwingen teilweise im Wasser hin und her. Ich kann das Knarzen und Krachen, wenn sie gegen Rumpf oder Steuerstand schlagen, bis hierhin hören. Hansen knotet die Befestigungsseile zusammen, um das Pendeln zu stoppen. Als ich *Ulla* erreiche, schaut er mich geschockt an: »Das war echt knapp, Paul.«

Ich klettere an Bord und gehe in den Steuerstand. Anna zittert. »Maaaamaaaa«, tönt es da von unten. Momo ist aufgewacht. »Ich kann übernehmen«, sage ich zu ihr, lege den Gashebel nach vorne und drehe *Ulla* wieder auf Kurs. »Ist was kaputtgegangen?«, fragt Anna mich noch beim Runtergehen. »Hansen meint nein, ich kann es noch nicht so ganz glauben. Aber wenn, dann nichts Grundlegendes.«

»Wir müssen die Solaranlagen so schnell wie möglich reinholen«, schlägt Hansen vor, als er in den Steuerstand kommt. »Erstens kommen da sicher noch mehr Wellen, und wir müssen auch alle Schweißnähte und tragende Konstruktionsteile prüfen.« Ich nicke nur. »Schaffst du das allein?«, frage ich Hansen. »Ja, aber halte dich bitte bereit, falls ich deine Hilfe brauche«, antwortet er. »Wie soll das gehen?«, entgegne ich, »ich kann hier keine

Sekunde vom Steuer weg, schau dich mal um!« Der Bosporus ist im südlichen Teil noch wuseliger. Fähren ohne Ende fahren qualmend und hupend hin und her. Ein brauner Smog liegt über der Stadt. Das Wasser ist kabbelig. »Okay, dann müssen wir einen Ort finden, wo du zur Not auch mal kurz vom Steuer kannst. Erst mal aus der Strömung raus!« Bei der Mündung des Goldenen Horns ergibt sich die Gelegenheit. Ich steuere *Ulla* neben ein riesiges, angedocktes Kreuzfahrtschiff. Hier herrscht kein Verkehr, und es gibt kaum Wellen. Hansen versucht, die Sonnensegel einzufahren. »Scheiße«, flucht er. »Was denn?«

»Die vorderen beiden Solaranlagen sind verzogen! Ich krieg die Schubladen nicht ganz eingefahren!«

Das sind keine guten Nachrichten. Auf dem Kreuzfahrtschiff haben sich schon Schaulustige versammelt und machen fleißig Fotos und Videos. Wie Hansen auf Deck umhereilt, ist es ziemlich offensichtlich, dass etwas nicht in Ordnung ist. Endlich mal was Spannendes für die Aasgeier, denke ich und sage dann zu Hansen: »Scheiß auf die Schubladen. Dreh sie einfach nur rein.« Hauptsache, sie sind aus dem Weg. Zehn Minuten später sind sie sicher verstaut, und Hansen kommt wieder in den Steuerstand. »Die Hauptrahmen haben sich wohl bei dem Aufprall auf die Wanten verzogen. Das muss eine unglaubliche Wucht gewesen sein. Unfassbar, dass die Wanten das überstanden haben!«, sagt er frustriert und begeistert zugleich.

Nach wie vor haben wir kein Transit Log und dürfen in keine Marina einfahren. Wir haben aber bereits Kontakt zu einem Agenten, der uns in Aussicht gestellt hat, das bis morgen Mittag zu erledigen. Bis dahin wollen wir neben der Atakoy Marina ankern. Der Ort wurde uns von einem Pärchen empfohlen, das wir in Warna kennengelernt hatten. »Sind wir hier richtig?«, fragt mich Anna ungläubig, als ich gerade den Anker werfen will. Das

Wasser um uns herum ist braun, es stinkt wie eine Kläranlage. »Selbst wenn nicht, es ist nur für eine Nacht.« Unser wohl größtes Problem ist gerade, dass wir aufgrund der defekten Solaranlagen keinen Strom erzeugen können. Auf *Ulla* herrschen mindestens 45 Grad. Ohne die Ventilatoren wird das eine grenzwertige Nacht. Und den Dieselmotor zur Stromerzeugung zu nutzen, ist eine Milchmädchenrechnung, weil die Abwärme *Ulla* nur weiter aufheizen würde. Das stinkende Wasser und die fehlende Möglichkeit, sich zu waschen oder zu baden, machen die Situation beinahe unerträglich.

Weil wir also dringend Wasser brauchen und Ronny Auslauf, beschließen wir, ohne Transit Log an Land zu shuttlen. »Deswegen stinkt das hier so«, stellt Anna fest, als wir mit dem Beiboot am Ufer ankommen. »Hier ist ein Abwasserkanal.« Sie zeigt auf einen Auslass in der Promenade, aus dem die braune Suppe sprudelt. »Kein Wunder, dass die hier Probleme haben mit ›Meeresschleim‹«, zitiert Hansen einen Zeitungsartikel, der uns vor Kurzem von einem Freund zugeschickt wurde. Seit 2021 bilden sich im Marmarameer immer wieder riesige Schleimbänke, die auf Umweltzerstörung zurückzuführen sind. Das Ausmaß ist wohl so besorgniserregend, dass es sogar in Deutschland Schlagzeilen machte.

Als wir, bisher unentdeckt von unserem illegalen Einkauf, zurückkommen und *Ulli* starten wollen, springt er nicht an. Ich probiere alles, was bisher immer funktioniert hat, aber Fehlanzeige. Jetzt fange ich an zu schwitzen: einmal wegen der körperlichen Anstrengung, aber auch wegen der Tatsache, dass wir nun aufmerksam von einem Security-Mann beobachtet werden. »Der muss ja nur eins und eins zusammenzählen«, raune ich Anna zu. »Warum sind wir wohl nicht in der Marina? Weil wir kein Transit Log haben.« Ohne Motor zu *Ulla* zurückzurudern, würde Ewigkeiten dauern, vor allem da wir wegen der Einkäufe und Ronny mehrfach hin und her müssten. Zu allem Überfluss geht der Security jetzt in sein Häuschen, schaut mit einem Fernglas nach *Ulla* und telefoniert dann, während er uns weiter beobachtet. Ich könnte heulen. Warum muss das jetzt schiefgehen? Der Tag war anstrengend genug, die Nacht wird die Hölle, und als Sahnehäubchen sind wir jetzt auch noch mit illegaler Einreise in die Türkei konfrontiert. Drei Minuten später kommt ein Geländewagen zum Security-Häuschen gefahren, und ein uniformierter Mann steigt aus. Der Security zeigt auf uns, und sie machen sich beide auf den Weg. Einer hat eine Spraydose in der Hand. Ist das Pfefferspray?

Ich beschließe, freundlich auf die beiden zuzugehen und zu zeigen, dass wir nichts zu verbergen haben. »Wo kommt ihr her?«, fragt der eine als Erstes in gebrochenem Deutsch. Allerdings etwas zu freundlich. »Wir sind aus Berlin«, antworte ich, immer noch etwas misstrauisch. »Berlin!!! Berlin??«, antwortet der andere staunend. Er hält mir die Dose unter die Nase. »Versuch's mal damit.« Ich schaue auf das Label: »StartFix« steht da, also Starthilfespray. Ich atme erleichtert auf. Der Security muss lachen. »Ihr habt kein Transit Log, oder?«, sagt er jetzt, und ich werde wieder nervös. »Wir ... wir mussten Wasser einkaufen«, entgegne ich entschuldigend. »Keine Sorge, wir sind keine Polizei, das hier ist eine Freund, er kennt sich mit Motore aus«, beruhigt er mich. »Aber es ist besser, wenn ihr schnell zurück auf euren Schiff kommt, sonst bekommt ihr Problem!« Ich bin diesem Mann so unendlich dankbar. Er hat die missliche Situation erkannt, seinen Freund angerufen, der wiederum sofort losgefahren ist, sich wenige Minuten später über unseren Motor beugt und ihn tatsächlich gestartet bekommt. Er bietet uns sogar noch an, weitere Einkäufe zu machen, falls wir etwas brauchen. Zwei wahre Alltagshelden. Auf dem Rückweg durch die braune Suppe taucht eine Gruppe Delfine auf. Wir hatten auf dem Weg bis hierher schon einige gesehen, aber dass diese Tiere sich in dermaßen dreckiges Wasser begeben, hätte ich niemals geglaubt. »Großstadtdelfine« taufen wir sie.

Hansen

»*No! Next one, I said*«, sagt der türkische Zöllner verärgert. Ich schaue Paul und Anna an, die neben mir stehen, und muss grinsen. Das sieht der Zöllner und wird jetzt richtig sauer. Aus dem kleinen Lautsprecher neben dem Fenster seines Kabuffs, vor dem ich an einer Linie stehe, um über eine Kamera identifiziert zu werden, dringen wütend klingende türkische Worte in mein Ohr.

Paul hat den Prozess schon durchgemacht. Er musste sich bücken, weil die Kamera nicht für große Menschen eingestellt ist. Das fanden wir schon lustig, die Zöllner aber nicht.

Als sie dann den Nächsten aufriefen und ich ins Bild kam, müssen sie gedacht haben, wir nehmen sie nicht ernst, und Paul ist wieder da.

»*Mr. Hansen Hoepner has to come now*«, sagt der Zöllner, der die Situation immer noch nicht verstanden hat, sehr bestimmt.

»*I am Hansen Hoepner*«, gebe ich zurück. »*And this is my twin brother.*« Paul kommt in diesem Moment auch vor das schmale Blickfeld des Fensters. »*Mashallah*«, krächzt es nun durch den kleinen Lautsprecher. Die beiden Zöllner im Terminal schauen sich ungläubig an und fangen laut an zu lachen. Die übrigen Menschen im Wartebereich bekommen das mit und grinsen. Jetzt kommt der Zöllner durch eine kleine Tür an der Seite herausgeflitzt, stellt Paul und mich genau nebeneinander, nimmt unsere Kinne und dreht die Köpfe hin und her. Dann ruft er etwas zu seinem Kollegen im Kabuff, von dem ich nur ein Wort kenne. *Baklava!* Wenige Sekunden später werden alle Wartenden gebeten, sich aus einer kleinen Pappschachtel zu bedienen, die randvoll mit diesem süßen, leckeren Gebäck ist. Dazu wird Wasser verteilt, Momo wird auf dem Arm des Zöllners ins Kabuff »entführt«, darf sich alles von innen mal anschauen, dann folgt natürlich noch das obligatorische Gruppenfoto. Die Stimmung ist wunderschön in diesem Moment. Ein so herzliches Willkommen hätte ich noch vor Minuten niemals erwartet. Zumal der ganze Einreiseprozess in der Türkei für uns sehr aufwendig war, sowohl finanziell als auch zeitlich. Und jetzt stehen wir hier, die Zöllner verteilen Süßigkeiten, und mal wieder kräht kein Hahn nach Ronnys Papieren. Auf dem Weg zurück zu *Ulla* ist die Stimmung heiter, in der Hand halte ich die Pappschachtel mit der übrigen Baklava, die uns die Zöllner unbedingt mitgeben wollten. Endlich können wir in einer Marina in Istanbul anlegen, endlich sind wir legal in der Türkei und können uns diese sehr spezielle Metropole anschauen. Eigentlich mag ich diese Art des Tourismus, in der es um Sightseeing in fremden Städten geht, gar nicht, und Ronny ist dafür sicher auch nicht zu begeistern. Dennoch freue ich mich gerade sehr, mal wieder in einer Metropole zu sein.

In der Marina angekommen, gehe ich als Erstes zu einem Tierarzt. Seit Tagen hat Ronny nun schon Probleme beim Wasserlassen, und wegen des Hin und Hers bei der Einreise ging das nicht früher. Anscheinend hat er eine heftige Blasenentzündung, aber der Doktor meint, dass er mit Antibiotikum bald wieder komplett gesund wird. Danach machen wir zusammen Großeinkauf. Um alles transportieren zu können, nehmen wir meinen Rollkoffer und mehrere stabile Taschen mit. Wir fühlen uns frei, die

Begeisterung, es mit *Ulla* bis nach Istanbul geschafft zu haben, ist bei uns allen zu spüren. Nur Ronny ist deutlich verunsichert angesichts der Menge an Straßenhunden. Als wir gerade wieder die Marina betreten wollen, schießt ein Rudel Straßenhunde zwischen parkenden Autos hervor. Wie Wölfe verteilen sie sich um uns herum und nähern sich mit gefletschten Zähnen. Wir rücken näher zusammen. Ronny, der deutlich größer ist als die anderen Hunde, ist mutig und gibt den Angreifern zu verstehen, dass sie hier nur einstecken werden. Dennoch schießt einer aus der Gruppe auf einmal blitzschnell hervor und beißt Ronny in den Hintern. Als er zum zweiten Angriff übergehen will, hat Paul die Schnauze voll. Er rennt auf ihn zu und schwingt den Rollkoffer um sich wie eine Keule. Das scheint dem Rudel so zu imponieren, dass es jaulend das Weite sucht. »Hast du gerade ein Rudel Straßenhunde mit einem Rollkoffer vertrieben?«, fragt Anna, sichtlich beeindruckt von den Fähigkeiten ihres »Maden-Mannes«. »Na ja, was anderes hatte ich ja nicht. Und hier ist nur Gemüse drin. Die Tüte mit den Süßigkeiten hätte ich niemals dafür genommen.«

Wir verkrümeln uns schnell an Bord und genießen den ersten Tag seit Langem, an dem wir nichts mehr zu tun haben.

Gegen Abend frage ich Paul und Anna, ob sie an einem Tausch interessiert sind. »Ihre nehmt eine Nacht Ronny, und ich gehe aus, und dafür nehme ich dann Momo, und ihr geht aus.« Beide sind begeistert, denn in Istanbul scheint das Nachtleben spektakulär zu sein.

Wenige Stunden später stehe ich also in einer kleinen Bar, die mir empfohlen wurde, wo richtig guter Techno gespielt wird. Es tut so gut, endlich mal wieder loszulassen, und ehrlich gesagt auch, mal wieder komplett allein unterwegs zu sein. Ich tanze bis spät in die Nacht und freue mich über diesen sehr nötigen Szenenwechsel.

Als ich die Bar gegen drei Uhr verlasse und Richtung Taxistand laufe, kommen mir drei Jugendliche entgegen und fragen mich, ob ich etwas brauche. Erst denke ich, oh, wie aufmerksam, und gebe ihnen zu verstehen, dass ich einen Taxistand suche. Sie zeigen mir den Weg und fragen mich nebenher, ob ich Drogen kaufen will. Ich lehne natürlich ab und will weitergehen, als ich merke, dass mein neues iPhone, das ich erst vor wenigen Wochen gekauft hatte, aus meiner Tasche gezogen wird.

Die drei fangen an zu rennen, und ich sprinte hinterher. Dann teilen sie sich auf, und ich muss mich entscheiden. Natürlich hoffe ich, dass der, der mein Telefon gestohlen hat, es noch immer hat, und renne ihm hinterher. Und ich hole auf. Er läuft um eine Mauer herum, und ich denke, ich krieg dich, und springe drüber. Leider ist es dahinter wesentlich tiefer als erwartet, und so stürze ich unsanft in die Einfahrt eines Parkhauses. Aber ich stehe jetzt vor dem jungen Mann, der sichtlich perplex ist. Er lässt mein Handy auf den Boden fallen und rennt weg. Schnell nehme ich es. Ich kann es nicht glauben. Habe ich gerade wirklich einer Gang in Istanbul mein Handy wieder abgenommen? Da wir ja alles dokumentieren, will ich auch diesen Moment festhalten. Doch als ich mich filme und erzähle, was gerade passiert ist, knallt es auf einmal. Ich habe eine heftige Ohrfeige bekommen. Vor mir steht der Jugendliche wieder, schnappt sich mein Handy, springt auf einen Roller und saust davon. Ich bin platt. Wie? Was? Ich breche zusammen. Wie unglaublich dumm von mir.

Völlig fertig und aufgelöst, komm ich im Morgengrauen bei *Ulla* an. Ich erzähle Paul und Anna von der Scheiße, die mir passiert ist. Auf diesem Handy waren so viele wichtige Videos und Fotos unserer Reise, natürlich alles noch nicht in der Cloud. Als ich am nächsten Tag aufstehe, hat Paul gute News. »Dein Handy wurde geortet, hier«, sagt er und zeigt auf einer Karte auf einen roten Punkt. Ich schnappe mir etwas Bargeld, mein altes Handy und sprinte Richtung Taxis. Eine knappe Stunde später stehe ich in einem Wohngebiet Istanbuls. Um mich herum lauter Handyläden und kleine Restaurants. Na warte, denke ich. Ich krieg euch. Ich setze mich in eines der Restaurants, und Sammy, der Betreiber, fragt mich in fließendem Deutsch, was ich gerne zu essen hätte und was mich in diese Gegend verschlägt. Verblüfft über seine Sprachkenntnisse, aber auch froh, einfach Deutsch reden zu können, erzähle ich ihm, was passiert ist. Sammy ist schockiert. »Weißt du, Hansen, das passiert hier leider sehr oft. Aber vielleicht kann ich dir helfen.« Nachdem ich aufgegessen habe, gehen wir gemeinsam von Laden zu Laden. Sammy ruft Freunde an, beschreibt die Situation. Ich habe mittlerweile einen Finderlohn auf das Telefon ausgesetzt, sodass der Anreiz, es mir zurückzugeben, recht groß sein müsste. Auf einmal bekomme ich die Nachricht: »Ihr Handy wurde geortet.« Direkt in einer Nebenstraße scheint es jemand wieder eingeschaltet zu haben. Als Sammy und ich dort ankommen, steht da ein weißer Roller, auf ihm ein junger Mann.

Als er mich sieht, wird er merklich nervös. Ich versuche, über Sammy mit ihm zu reden. Ihm zu sagen, dass ich nur mein Telefon wieder will und bereit bin, dafür so viel zu zahlen, wie es neu gekostet hat. Aber er lässt sich nicht darauf ein. Vielleicht weil er es nicht war und ich ihn verwechsele, vielleicht aber auch, weil ich den Moment, in dem ich eine Ohrfeige bekam, gefilmt habe und somit vermutlich den Roller und den Jungen auf Video habe. Nach langer Verhandlung gibt Sammy mir zu verstehen, dass es keinen Sinn mehr macht. Mein Handy ist weg. Er entschuldigt sich vielmals für das, wofür er gar nichts kann, gibt mir noch etwas zu essen aus, und dann verabschieden wir uns. Ich bin ihm dankbar für seine Hilfe. Wir tauschen Kontakte aus, und ich versichere ihm, dass er mich immer anrufen kann, wenn er mal in Berlin sein sollte und Hilfe braucht.

So bin ich in Istanbul in die Welt der gestohlenen Handys eingetaucht, habe lecker gegessen, aber zu mehr bin ich nicht gekommen. Ich muss hier noch mal herkommen und mir Zeit nehmen, denke ich. Ich will diese Stadt nicht so in Erinnerung behalten.

Über das Marmarameer ins Mittelmeer

Istanbul, 23. Juli 2023, Tag 352

Anna

»Es ist so heiß, mir läuft den ganzen Tag die Suppe runter«, stöhne ich schon morgens zu Paul. Die momentane Hitzewelle ist kaum auszuhalten. Jeden Tag 40 Grad und mehr. Aber ich liebe es hier trotzdem: das Gewusel, die Gerüche, die Sprache, die Menschen, den Basar, das Essen, einfach alles.

Unsere Marina liegt etwas außerhalb vom Stadtzentrum, und doch machen Paul, Momo und ich uns jeden Tag aufs Neue auf, ein anderes Viertel von Istanbul zu erkunden. Heute habe ich Paul überredet, mit mir in einen besonderen Secondhandladen zu gehen. Paul hasst shoppen. Er ist immer schon nach wenigen Minuten unruhig, so auch dieses Mal. Der Laden ist ein Raum mit sich stapelnden Klamottenbergen.

»Ich gebe dir dreißig Minuten«, sagt Paul, wohl wissend, dass das nicht ausreichen wird. Meine Augen leuchten. Paul muss lachen. »Du bist hier wirklich in deinem Element.« Momo stiehlt wieder mal die Herzen der anwesenden Frauen. »*Her eyes – so beautiful*«, sagt die Ladenbesitzerin zu mir. Momo versteht nur »Eis« und zieht an Pauls Hose. Diese Wortverwechslung ist uns schon öfter passiert, weil Momo gefühlt mehrmals pro Tag

Komplimente für ihre Augen bekommt. So wird aus nett gemeinten Worten schnell ein kleiner Schreikrampf. Aber weil ich ohnehin Zeit brauche, um mich zu orientieren und die wahren Schätze zu finden, gehen Paul und Momo eben ein Eis essen.

Am frühen Abend hauen wir uns den Bauch im Restaurant mit Leckereien voll. Momo wird abermals wie eine kleine Prinzessin behandelt, der Kellner nimmt sie sogar auf dem Arm mit in die Küche, und sie kommt mit strahlenden Augen und den Händen voll Gebäck zurück. Die Menschen hier sind so kinderfreundlich. Es ist ganz normal, dass Kinder überall dabei sind, auch spätabends mit im Restaurant. Alle freuen sich so beim Anblick von Momo und überhäufen uns mit Komplimenten.

Auch die Nächte mit ihr sind mittlerweile entspannt, meistens schläft sie durch, und wenn sie doch aufwacht, schläft sie von allein wieder ein. Das ist eine große Erleichterung. Hansen bekommen wir dagegen nur schwer zu gemeinsamen Aktivitäten motiviert, er ist meistens am Boot oder zumindest in der Nähe der Marina. Der Diebstahl seines Handys macht ihn fertig. Außerdem macht er sich Sorgen um Ronny, dem es noch immer nicht gut geht. Deswegen besteht unsere Crew gerade wieder aus zwei Lagern: Paul, Momo und ich – und Hansen und Ronny. Ich bin aber mittlerweile entspannter und versuche, das nicht zu bewerten. Ich lade Hansen weiter ein, mit uns zu essen oder mit auf Ausflüge zu gehen, und er kann dann entscheiden, ob er sich anschließt. So fahren wir gerade ganz gut, ohne dass sich jemand auf den Fuß getreten fühlt.

Und dann gibt es eine Premiere für mich und Paul. Hansen hatte ja angeboten, dass er einmal die Nachtschicht mit Momo übernimmt. Ins Bett hat er sie schon zweimal problemlos gebracht. So werden Paul und ich, zum ersten Mal seit Momos Geburt, ein Date zu zweit haben, an dem wir ausgehen können.

Ich ziehe meine neuesten Errungenschaften aus dem Secondhandladen an, Paul Jeans und Jeansweste. Er sieht richtig gut darin aus, finde ich. Wir fühlen uns jung und frei, als wir gemeinsam durch die von Lichterketten erleuchteten Gassen im Stadtzentrum schlendern. Es ist der perfekte Sommerabend, die Hitze ist einer angenehmen Wärme gewichen. Langsam schlendern wir eine kleine Gasse entlang.

An diesem Abend sprechen wir sehr offen über unsere Gefühle. Über unsere Ängste und Sorgen, die wir in der letzten Zeit entwickelt haben, über unsere Lebensträume und welche wir davon bald angehen wollen. Für uns beide steht fest, dass das hier nicht das letzte gemeinsame Abenteuer sein wird. Zwei Dinge, die ich an Paul besonders liebe, sind sein freier Geist und seine Unerschrockenheit. Für ihn ist nichts unmöglich, alles machbar, und damit inspiriert er mich immer wieder, über den Tellerrand zu blicken. Ich kann mir vorstellen, nein, eigentlich bin ich mir sicher, dass es uns nie langweilig miteinander werden wird. Er ist mein Lieblingsmensch, und ich genieße diesen ersten Abend zu zweit in vollen Zügen. Hansen ruft nicht an, und so kommen wir etwas betrunken um zwei Uhr morgens zurück zu *Ulla* und kuscheln uns in das dafür doch viel zu enge Bett im Salon. Vor Müdigkeit schlafen wir direkt ein. Unser Sexleben, wenn ich ganz ehrlich bin, hat sich seit Momos Geburt um 180 Grad gewendet. Die brennende Leidenschaft zwischen uns ist einer tiefen Vertrautheit gewichen, und nicht immer bekommen wir Zeit und Lust unter einen Hut. Doch ich bin voller Zuversicht, dass sich diese Probleme mit der Zeit und ohne Druck lösen werden. Aber ich weiß auch, dass es Pflege und Arbeit bedeutet. Ich schlafe in dieser Nacht sehr tief, bis mich kurz nach fünf ein »Mammmaaa« aus der vorderen Kabine weckt.

Nach zehn Tagen in Istanbul brechen wir wieder auf. Raus aus dem Stadtleben, das wir einerseits genossen haben, das sich aber auch ziemlich konträr zu unserem Abenteuer anfühlt. Es war eine Art Kurzurlaub vom Abenteuer, aber eben nicht das Abenteuer an sich.

Paul

Das Marmarameer ist ein sehr kleines Meer, das das Schwarze Meer mit der Ägäis verbindet. Vor dieser Reise kannte ich es nicht einmal. Aber hier wollen wir zum ersten Mal eine insgesamt 40 Kilometer lange Strecke übers offene Meer fahren. Das bedeutet, dass wir am entferntesten Punkt ganze 20 Kilometer von dem nächsten Ufer entfernt sein werden.

Die Route geht von Marmara Ereğlisi auf die Marmara-Insel. Natürlich sind wir aufgeregt, auch wenn es rational betrachtet wahrscheinlich ungefährlicher ist, als entlang einer Steilküste zu segeln. Erst beim zweiten Versuch schaffen wir es. Der erste war daran gescheitert, dass die Wellen für diese Premiere zu hoch waren. Bei unserem zweiten Versuch ist das Wetter leider zu gut: Windstille und brennender Sonnenschein. Da wir die vorderen Solaranlagen noch nicht repariert haben und die verzogenen Rahmen theoretisch auch eine Schwachstelle bedeuten können, sind wir aktuell mit weniger als der Hälfte an Solarkraft unterwegs. Das reicht nicht, um schnell genug vorwärtszukommen. Also müssen wir leider den Dieselmotor dazuschalten. Das wiederum macht die Hitze hier an Bord noch unerträglicher. Die kleine Momo liegt nackt vorne im Bett und schläft mit süßen Schweißperlen auf der Stirn.

»Kann man auf offenem Meer einfach schwimmen?«, fragt Anna mich etwas gequält. Die Idee kam mir bisher nicht. Ich überlege kurz. »Eigentlich spricht nichts dagegen. Verkehr ist hier so gut wie keiner, und gefährliche Tiere gibt es hier auch nicht. Kein Meeresschleim weit und breit.« Auch Hansen findet die Idee gut. »Okay, dann Baden mitten auf dem Meeeeeeeer«, ruft Anna laut. »Schhhttt«, ermahne ich sie, »Momo schläft doch!« Diese seltene Gelegenheit musste ich nutzen. »Siehst du? Passiert nicht nur mir oder Hansen!«

Anna ist mittlerweile nackt. »Nein, aber Ausnahmen bestätigen die Regel«, sagt sie, steigt auf die Terrasse und macht einen Köpfer ins Meer. Frech taucht sie wieder auf. »Na kommt, ihr Schisser, worauf wartet ihr noch?« »Ich will mein erstes Mal baden auf offenem Meer nicht einfach mit einem langweiligen Kopfsprung begehen«, kontert Hansen und steigt auf die vorderen Solaranlagen. »AAARSCHBOMBEEEE«, ruft er und springt direkt neben Anna ins Wasser. Prustend taucht er wieder auf. »Na komm, du Weichei!«, ruft er mir fordernd zu. »Lass dir was einfallen!«

Als ich aus der Tür komme, kriegen die beiden einen Lachanfall. Ich posiere in einem Ganzkörpertanga, wie Borat ihn zum Baden zu tragen pflegt, nur dass meiner getigert ist. Der Tanga ist ein Geschenk meines besten Kumpels aus Berlin, Koni. Bierernst hatte er mir eine Schachtel in die Hand gedrückt, auf der stand: »Notfallausrüstung«. »Falls ihr in Seenot geratet, dann gibt es eine Sache, die dürft ihr nie vergessen! Bei mir hat das immer, ausnahmslos zur Rettung geführt. Egal wie schlimm die Situation ist, egal wie verzweifelt ihr seid, egal wo ihr seid und egal wie aussichtslos es scheint. Das Allerwichtigste ist …«, er machte die Schachtel auf und zog andächtig den Tanga heraus, »dass ihr dabei gut ausseht. Versprich mir das bitte!« Ich musste prusten vor Lachen, aber Koni fuhr ernst fort: »Ich erwarte von dir, dass du damit verantwortungsvoll umgehst. Jede Art von Missbrauch werde ich in Erfahrung bringen!« Wie gut, dass er meine Zweckentfremdung niemals erfahren wird.

Als wir Stunden später in Marmara Ada anlegen, müssen wir feststellen, dass der Fischerhafen keinen Platz für ein Segelboot hat. Etwas ziellos fahren wir herum. Unser größter Horror, der ab dem Mittelmeer wohl Standard sein soll, ist Muring – also die Anlegeart, bei der die Schiffe mit einem Anker oder fest installierten Leine mit dem Bug zur Hafenmitte und dem Heck an der Kaimauer liegen. Warum? Um in den meistens sehr schmalen Parklücken anzulegen, muss man rückwärts hineinfahren. Leider lässt sich *Ulla* rückwärts nur sehr träge steuern. Sie braucht meist qualvolle Sekunden, um überhaupt zu reagieren, und wenn sie sich auf eine Richtung festgefahren hat, lässt sie sich meist gar nicht mehr umstimmen und fährt einfach im Kreis.

Als mir nach einigen Minuten endlich ein netter Fischer vom Ufer zuwinkt, ahne ich, was kommt. Er will, dass wir rückwärts zwischen den beiden Hochglanzyachten anlegen. Zu allem Überfluss ist es nun auch noch windig geworden. Wenn schon normale Anlegemanöver bei uns oft zu Streit führen, wie soll das gut gehen? Glücklicherweise hat Hansen eine brillante Idee. »Wie wäre es, wenn wir *Ulli* nehmen und ihn quasi als kleinen Schlepper verwenden? Mit dem Gummirumpf können wir bedenkenlos überall an *Ulla* schieben. Und *Ulli* ist flink genug, um die Lage zu kontrollieren.« Gesagt, getan. Das Einzige, was ich am Steuer noch machen muss, ist, dafür zu sorgen, dass *Ulla* langsam rückwärtsfährt. Hansen nutzt die Tatsache, dass der Wind *Ulla* ohnehin in nur eine Richtung treibt, und drückt mit *Ulli* auf der windabgewandten Seite mal am Heck, mal am Bug gegen *Ulla* und balanciert sie so perfekt in die Lücke. Ausgerechnet das sicher komplizierteste Anlegemanöver verläuft komplett ohne Streit und Reibereien.

Überhaupt scheint Hansen seit seinem »Match« mit Lou wie ausgewechselt. Die beiden schreiben sich mittlerweile seitenlange Nachrichten, schicken sich Videos und Fotos.

»Warum fahren wir eigentlich nicht doch bis Berlin zurück?«, fragt Hansen. »Irgendwie fühlt sich das alles gerade so schön an. Es wäre einfach eine runde Sache, *Ulla* wäre wieder im Heimathafen …« Wir alle hatten diesen Gedanken in letzter Zeit ein paarmal. Aber auch wenn es sich gerade richtig anfühlt, es gibt eine Sache, über die können Anna und ich nicht hinweg. »Ich wäre dabei, wenn Momo nicht wäre!«, sagt Anna. »Sie wird bald zwei Jahre und braucht feste Beziehungen zu Freunden. Sie soll in eine Kita gehen, nicht jeden Tag woanders aufwachen.« Das ist leider immer das Totschlagargument, aber es ist auch sehr wahr. Wenn diese Reise einen Haken hat, dann dass Momo Freunde und Verwandte nur selten sieht. Die Omas, die Opas. Oma Nora, meine Mutter, schickt ihr zwar immer Videos, aber das ist natürlich kein Ersatz. Wir wiederum schicken dann meiner Mutter Videos davon, wie Momo das Video unserer Mutter schaut. Bis jetzt war das ein geringer Preis. Aber das wird sich bald ändern.

Hansen

Seit Stunden laufe ich bergauf. Um mich herum sind Felsen, gelbes Gras, kleine Steinhütten und ab und zu eine Kuh, die einsam am Hang vor sich hin kaut. Die Sonne ist kurz davor, ins Meer zu tauchen. Ich drehe mich um und schaue auf Marmara runter, die »Hauptstadt« der gleichnamigen Insel, auf der wir heute Mittag angekommen sind. »Schaffe ich das noch?«, frage ich mich und schaue hoch zu dem Felsen, auf den ich klettern will und von dem ich mir einen Weitblick über die Welt erhoffe.

Ronny läuft vor mir her. Er genießt die abendliche Kühle und die Freiheit. Immer wieder dreht er sich um, als wollte er sagen: Hier geht's lang, Papa, gleich da. Ich checke mein altes Handy, 15 Prozent Akku. Das wird knapp. Noch ein paar Schritte, dann bin ich da. Dann sehe ich den schönsten Sonnenuntergang seit Langem und kann ihn hoffentlich mit Lou teilen. Ich bin aufgeregt. Sie weiß nicht, dass ich sie gleich anrufen will. Wir hatten heute Mittag schon einmal telefoniert, zum ersten Mal überhaupt, und ich war wie vom Blitz getroffen. Wir kennen uns nicht wirklich, haben uns noch nie im echten Leben gesehen, aber seit Wochen schreiben wir uns gegenseitig lange Nachrichten, und es fühlt sich an, als würden wir uns schon ewig kennen.

Ronny hat sich schon den besten Platz auf dem Felsen gesichert. Ich gieße ihm Wasser in eine Kuhle. Er trinkt, leckt sich zufrieden die Schnauze und schaut mit entspannt zusammengekniffenen Augen in die Ferne. Grillen zirpen, im Tal hört man Mofas und Kühe im Kanon singen. Darunter mischt sich jetzt das Freizeichen meines Telefons. Ich bin nervös. Ich weiß nicht, wieso ich mich so verbunden fühle. Aber spätestens nach dem ersten Telefonat heute Mittag weiß ich, dass ich das herausfinden will. Als Lou den Videocall annimmt, drehe ich meine Kamera Richtung Sonne und sage nichts. Auch sie schweigt. Erst nach endlos wirkenden Sekunden kommt nicht ein fragendes, sondern ein sehr bewusstes »Hallo«. Sie hat ohne Worte alles verstanden.

»Im Grunde wäre dies ein Ort, an dem ich mein Handy wegpacken würde«, sage ich und starre die unvermeidlich sinkende Sonne an. »Im Grunde finde ich es aber gut, dass du das nicht tust«, kommt es seltsamerweise glasklar an diesem der modernen Welt so fernen Ort aus meinem Handy zurück. Ich schmunzle, bin hin- und hergerissen zwischen Sonne und Handy. Nein. Zwischen Sonne und Lou.

Zehn Prozent Akku noch. Eigentlich sollte ich den Rest bewahren, um nachher im Dunkeln wieder ins Tal zu finden. Aber ich ignoriere die Meldung des »schlauen Telefons«, denn diesen Moment will ich genießen, ohne an später zu denken.

»Kann ich das ganze Lied von dir irgendwo hören?« Das waren meine ersten Worte, die ich an Lou auf Instagram vor circa einem Monat schrieb. Sie hatte das Lied »Wie soll ein Mensch das ertragen« von Philipp Poisel gecovert, davon aber nur einen kleinen »Teaser« hochgeladen. Irgendwie hatte der Algorithmus sie mir vorgeschlagen, weil sie, wie viele Freunde von mir, aus Maastricht kommt. »Mehr gibt es davon nicht, aber was nicht ist, kann ja noch werden :)«, war ihre knappe Antwort und der Anfang eines langen, intensiven Chats, der unser beider Leben bis in die dunkelsten, aber auch buntesten Ecken beleuchtete. Ich weiß nicht, was mich an ihr so sehr fesselt. Ich habe sie noch nie gesehen, sie noch nie umarmt, aber genau das wünschte ich mir. Und heute haben wir uns endlich getraut, uns anzurufen. Ich hatte richtig Schiss. Ich hatte Angst, wir hätten uns ein Kartenhaus gebaut, welches jetzt zusammenfällt. Aber nein. Der Wunsch, sie zu treffen, wuchs mit jedem Wort, das sie sagte, mit jedem Detail, das ich sah. Und jetzt telefonieren wir das zweite Mal, und es fühlt sich schon so vertraut an.

»Also kommst du mich in Chios besuchen?«, ist der letzte Satz, den ich zu ihr sage. Dann wird das Display meines Handys schwarz, und ich merke, dass auch alles um mich herum schon in Dunkelheit und Stille getaucht ist. Auch ich bleibe jetzt still. Ronny dreht sich zu mir, legt seinen Kopf auf den Felsen, atmet tief ein und schnauft. Ich war gerade ganz weit weg. Irgendwo zwischen Maastricht und Marmara.

Anna

Für mich ist die Überfahrt auf die Dardanellen der bisher beste Segelteil der Tour. Zum ersten Mal spüre ich absolute Freude, Euphorie und Freiheit. *Ulla* liegt perfekt im Wasser, gleitet charmant durch die Wellen. Die Zeit vergeht wie im Flug.

Als wir abends bei Troja ankommen, in Çanakkale, stellen wir fest, dass, anders als angekündigt, auch die Ausreise aus der Türkei nur mit einem Agenten möglich ist. Wieder zahlen wir 300 Euro. Als wir am nächsten Tag die Papiere in der Hand halten, wird der Agent überraschend deutlich. »Ihr müsst jetzt sofort ablegen. Nein, der Hund darf nicht mehr an Land.« Überhastet brechen wir auf. Erst in Griechenland dürfen wir wieder an Land, in dem Hafen, in dem die Einreisebehörde ist. »Erst in Mytilini? Auf Lesbos?«, fragt Hansen ungläubig, als wir aus dem Hafen auf die Dardanellen-Straße fahren. »Das sind mit *Ulla* mindestens zwei bis drei Tage! Wie soll das gehen?«

»Wir müssen das machen wie bei der Einreise«, sagt Anna knapp. »Einfach illegal an Land. Weder Momo noch Ronny können drei Tage auf dem Boot sein. Und ich glaube, wir auch nicht.«

Als wir aus den Dardanellen auf das Mittelmeer fahren, ist es kurz vor Sonnenuntergang. Das Meer ist ruhig und beinahe ölig-sanft, ein leichter Wind und die Strömung der Dardanellen trägt uns auf das offene Wasser hinaus. Den Dieselmotor haben wir abgeschaltet. Auch dieser Moment ist ein Etappenziel. Wir stehen alle vorne auf Deck, ich habe Momo auf dem Arm, Paul und Hansen links und rechts neben mir. Die im Meer versinkende Sonne habe ich noch nie so intensiv wahrgenommen. Kein Smog, kein Dunst von brechenden Wellen verhüllt sie. Sie wirkt zum Greifen nahe und doch unendlich weit entfernt. Noch nie habe ich einen Sonnenuntergang mitten auf dem Meer erlebt. Sogar Momo schaut andächtig. Was diese kleine Maus alles erlebt, worauf ich 31 Jahre warten musste, ob sie sich jemals an irgendetwas davon erinnern wird? Wird sie vielleicht mit ihrer eigenen Familie auch eine solche Reise machen?

Wir ändern den Kurs entlang der türkischen Küste Richtung Lesbos. Wir beschließen, für heute in einem türkischen Hafen zu ankern, in dem Hansen wenigstens kurz mit Ronny unbemerkt an Land gehen kann. Am nächsten Morgen geht es vor Sonnenaufgang weiter, denn an diesem Tag wollen wir es bis Lesbos schaffen. Leider kommt der Wind jetzt ziemlich direkt von vorne, und wir müssen alles unter Diesel fahren. Trotzdem sind wir zuversichtlich. »Ist das da vorne die Küstenwache?« Ich zeige auf ein Boot, das gerade aus einem kleinen Hafen fährt. Tatsächlich hält es direkt auf uns zu. »Also, wenn sie fragen: Wir haben zwar in dem Hafen übernachtet, aber keiner war an Land, klar?«, sagt Hansen. »Segelyacht *Ulla*!«, schallt es aus dem Lautsprecher. »Es herrschen schlimme Wetterbedingungen. Brauchen Sie Hilfe?« Wir sind baff. Sehen wir aus, als wären wir in Seenot? Gut, es sind mittlerweile sechs Beaufort, aber das ist auch nicht mehr als auf den Dardanellen. Und die Wellen … okay, die Wellen haben zugenommen, aber wir sind doch weit weg von Seenot, oder? »Küstenwache, wir haben alles unter Kontrolle, vielen Dank für die Nachfrage«, funken wir zurück. Die Küstenwache dreht ab und verabschiedet sich freundlich. Als wir kurze Zeit später an Kalpli Göl vorbeikommen, ändert sich unsere Meinung. Der Wind bläst jetzt mit bis zu acht Beaufort, und die Wellen sind zu Bergen herangewachsen.

»Wir müssen umdrehen, der nächste Hafen ist zu weit«, fordere ich. »Das wird ein Horror-Ride«, sagt Paul ernst, der auch merkt, dass die Situation nicht ganz so entspannt ist wie gedacht.

Durch den Gegenwind können wir nicht segeln. Der einzig mögliche Kurs wäre aufs offene Meer. »Schaut mal da vorne, da ist ein kleiner Hafen«, sagt Hansen. Wir beschließen, ihn anzusteuern. Aber leider ist auch das nicht möglich. Die Wellen kommen schief von vorne, und zum Segeln wären wir zu hoch am Wind. Dann hat Paul eine Idee: Statt den Hafen direkt anzusteuern, könnten wir den Kurs leicht nach Osten ändern und zunächst am Hafen vorbeifahren. Dann kämen wir in etwa drei Kilometern hinter die Landzunge. Sobald die Wellen nachlassen, könnten wir zurück. Wir würden quasi einen Haken schlagen.

Der Plan geht auf, fast. Denn als wir auf den Hafen zufahren, stellen wir fest, dass wir vergessen haben, die Tiefe zu prüfen. »Mist, nur zwischen ein bis zwei Meter. Wenn wir Pech haben, passen wir da nicht rein«, sagt Paul resigniert. Außerdem nehmen die Wellen auf dem Rückweg zum Hafen wieder zu. Ich ziehe meine Schwimmweste an, packe Momo in ihre und drücke sie fest an mich. Mein Herz schlägt. Was, wenn wir nicht in den Hafen reinkommen? Schon öfter hatten wir Probleme mit unserem Tiefgang, vor allem bei kleinen Fischerhäfen, die nicht auf Segelboote ausgelegt sind. Das Ufer ist so nah und doch so fern. Warum machen wir das überhaupt, mit einem Kleinkind übers offene Meer segeln, was für eine Schnapsidee, denke ich wütend auf mich selbst. Schon ein paarmal habe ich mich unsicher auf dem Wasser gefühlt, aber noch nie so wie heute. Ich würde alles dafür geben, gerade sicher auf Land zu sein und meine Füße in den Sand zu stecken. Aber uns trennen bestimmt noch 200 Meter Luftlinie vom Ufer. Der Himmel ist mittlerweile bedrohlich grau, und ich habe keine Lust, auch nur eine Sekunde länger auf diesem wackligen Schiff zu bleiben.

»Verdammt!« Paul zeigt auf die Hafeneinfahrt. Die Wellen brechen gegen die Hafenmole und im Bereich vor der Einfahrt teilweise an ihr vorbei. »Selbst wenn es hier zwei Meter tiefer wäre als kartografiert, wären wir in den Wellentälern ganz sicher zu tief. Und wenn uns dann eine brechende Welle von der Seite erwischt ...« Er macht eine umkippende Bewegung mit der Hand. »Hansen, du musst mit dem Beiboot rausfahren und die Tiefe messen! Du musst dir merken, wo wir langkönnen. Miss immer in den Wellentälern!«

»Mach ich. Ihr müsst auf Ronny aufpassen, dass der mir nicht hinterherkommt!«

Er schiebt die Tür auf, und der Wind bläst wild zu uns hinein. Mit einem festen Ruck schiebe ich sie hinter ihm zu. »Ronny, du bleibst bei uns, der kommt gleich wieder«, beruhige ich ihn. Sekunden später höre ich *Ulli* brummen. Hansen flitzt über die Wellen, bestückt mit unserem mobilen Echolot – in Form einer Malerstange.

Paul

Als er von seiner Vermessungstour zurückkommt, ist er nicht begeistert. »Die gute Nachricht: Im Hafenbecken ist es locker tief genug, nur die Einfahrt macht mir Sorgen. Im Wellental ist es nur etwa einen Meter tief. Wenn wir reinfahren, müssen wir den Moment perfekt abpassen. Ich schlage vor, wir machen es so: Ich fahre mit dem Beiboot vor und messe direkt vor *Ulla* immer wieder. Wenn ich pfeife, bedeutet das Abbruch! Wenn wir noch vierzig Meter von der Hafeneinfahrt entfernt sind, musst du versuchen, so lange die Stellung zu halten, bis eine Phase mit kleineren Wellen kommt. Wir dürfen auf keinen Fall in eine brechende Welle kommen, das würde uns viel zu weit in Richtung Ufer versetzen, verstehst du?« Ich bestätige es ihm. »Und: Du musst auf einem Wellenkamm durch die Hafeneinfahrt. Wenn du in einem Wellental da durchfährst, sitzen wir auf.« Das sind so viele Faktoren, die schiefgehen können. *Ulla* ist kein wendiges Schlauchboot, es ist unfassbar schwer, so etwas wie einen Wellenkamm perfekt abzupassen. »Ich glaube, das geht nicht«, sage ich zu Hansen. »Das Risiko ist zu hoch.« Er schaut mich an, nickt und überlegt. »Okay, wir machen es anders: Du fährst mit den Wellen auf die Hafeneinfahrt zu. Also noch mal ein Stück aufs Meer raus, und dann passt du die Geschwindigkeit so an, dass du mit den Wellen fährst.«

»Du willst, dass ich mit *Ulla* auf einem Wellenkamm quer zur Einfahrt auf den Hafen zufahre und dann im richtigen Moment in den Hafen abdrehe?«

»Genau«, bestätigt Hansen. »Und ich bringe Anna und Momo jetzt erst mal mit dem Beiboot an Land.« Ich stimme zu. Wenn ich allein an Bord bin, kann ich das verantworten.

15 Minuten später fahre ich auf die Hafeneinfahrt zu. Mein großes Glück: Genau in diesem Moment sind die Wellen sehr klein, und so komme ich ziemlich unspektakulär und ohne Gefahr um die Ecke der Hafenmole.

Die lokalen Fischer haben unser Manöver beobachtet. Sie klatschen, als wir den Anker im Hafenbecken werfen, anlegen dürfen wir nicht, weil wir nach wie vor in der Türkei sind.

»Mist, ich hab den Kinderwagen auf dem Boot vergessen«, ruft mir Anna herüber, als Hansen sie illegal ans Ufer shuttelt. Ich öffne die Luke, in der er normalerweise liegt: nichts. Da schwant es mir schon. Wir haben ihn in Canakkale vergessen, durch den hektischen Aufbruch, getrieben von dem Agenten. Weil wir viel zu Fuß unterwegs sind, ist der sehr klein faltbare Reisekinderwagen unser Ein und Alles! Wir setzen uns in das einzige Hafenrestaurant des winzigen Ortes und essen erst mal. Als wir dem

Kellner die Geschichte mit dem Kinderwagen erzählen, löst sich das Problem von selbst: »Ein Freund von mir ist Taxifahrer. Ich sage ihm, er soll den Kinderwagen abholen. Er muss ohnehin später hierher, um meine Mutter nach Canakkale zu bringen.« Wir freuen uns riesig.

In diesem Moment wird der Tag perfekt: Wir sind angeheitert vom abfallenden Adrenalin und dem guten Ausgang. Wir sitzen im Halbschatten unter Olivenbäumen, der Restaurantbesitzer gibt uns ein Bier nach dem anderen aus, wir essen viel und lecker, lachen und fühlen uns frei. Ronny übernimmt für einen kleinen Babyhund die temporäre Vaterschaft, und wir beenden den Tag, auf der Hafenmole sitzend, mit einem weiteren sensationellen Sonnenuntergang über dem Meer.

Das Mittelmeer

Dalyan, 7. bis 22. August 2023, Tag 367

Paul

Am nächsten Tag herrschen optimale Bedingungen. Während uns der Wind mit vollen Segeln neben Lesbos hertreibt, sitze ich vorne auf Deck und schaue zu, wie die Sonne über Lesbos untergeht. Heiligenscheinähnliche Strahlen bilden ein Dach über mir, auf dem man schon die ersten Sterne sieht. Zwischen uns und der Insel kommen in regelmäßigen Abständen Delfine hoch und begleiten uns einige Minuten. Die Dörfer an der Küste sind hell erleuchtet, und ihre Lichter spiegeln sich in den dunklen Wellen. Und das alles in einer annähernd lautlosen, nur durch das Rauschen der Wellen und des Windes ergänzten Klangatmosphäre. Anna hat sich mittlerweile zu mir gesellt. Es ist angenehm kühl, und wir kuscheln uns dicht aneinander. Geredet wird kaum. Noch lange nach Sonnenuntergang sitzen wir da, bis die Lichter von Mytilini in der Ferne erscheinen. Um Mitternacht herum kommen wir an. Eigentlich wäre als Erstes der Check-in beim Zoll fällig, aber hier ist niemand, der uns Auskunft geben könnte, also beschließen wir, das auf morgen zu vertagen.

Am nächsten Morgen klopft es an die Scheibe. Schnell springe ich auf und sehe nach. Es ist der Hafenmeister. »Habt ihr schon eure Einreise gemacht?«, fragt er nervös. »Nein, war niemand da gestern«, antworte ich. Er schaut erst verzweifelt, dann sehr bestimmt. »Ihr müsst sofort nach da drüben zu dem großen Fähranleger, da ist die Einreise! Wenn die euch fragen, seid ihr eben erst angekommen. Ihr wart nicht hier in meiner Marina! Ich kriege so viel Ärger.« Er tut mir leid, auch wenn ich nicht nachvollziehen kann, welche Schuld genau ihn dabei trifft. Schnell legen wir ab und fahren zu besagtem »Fähranleger«. Als wir gerade die Leinen festmachen wollen, hören wir eine Trillerpfeife. Ich schaue auf, und wenn ich nicht wüsste, dass Frau Knüppelkuh eine Figur aus dem Buch und gleichnamigen Film *Matilda* ist, hätte ich gesagt: Das ist sie! Die Uniformhose bis unter die Brust hochgeschnallt, bläst die Zollbeamtin voller Inbrunst in ihre Trillerpfeife und wird dabei knallrot. Mit strammem Schritt kommt sie auf uns zu. Mit der freien Hand macht sie die unmissverständliche Geste: weg hier! Nur zehn Meter von mir entfernt hält sie an und bläst erneut mit voller Kraft in die Pfeife. Offensichtlich sind wir am falschen Anleger. Zu einer Auskunft ist die Frau allerdings auch nicht zu bewegen, also legen wir wieder ab. Nach drei Versuchen, bei denen wir jedes Mal von einer anderen Trillerpfeifenfigur verscheucht werden, finden wir endlich den richtigen Platz. Beim Zoll und in der Port Authority können wir die Einreise erledigen und sind keine 20 Minuten später zurück am Boot. Wieder einmal zeigt kein Mensch auch nur das entfernteste Interesse an Ronnys Papieren, obwohl Hansen sie den Beamten förmlich aufgedrängt hatte. Er tat mir leid. Die ganzen Monate, die er in Berlin gewartet hatte, umsonst? »Sieh es mal so«, versuche ich, ihn zu beruhigen. »Hättest du die Papiere nicht gemacht, wärst du seit Bulgarien durchgehend gestresst gewesen, weil es ja hätte sein können, dass sie benötigt werden. Vielleicht war es gut, ein paar Monate zu investieren, um jetzt Ruhe zu haben?«

»Lilli ruft an«, sage ich in die Runde, als wir gerade den Hafen verlassen. Lilli ist meine und Hansens Schwester. Seit Wochen planen wir einen Besuch von ihr und ihrem zehn Jahre alten Sohn Gustav. »Siehst du mich?«, fragt sie. »Ich sehe euch!« Ich schaue mich um, dann verstehe ich: Auf der Fähre, die gerade in den Hafen fährt, sind Gustav und Lilli! »Na, dann können wir euch ja gleich mitnehmen!«, sage ich und drehe das Ruder, um hinter der Fähre herzufahren.

20 Minuten später helfe ich den beiden an Bord. Meine Schwester habe ich seit Berlin nicht mehr gesehen, Gustav auch nicht. Es ist für mich ein Stück Heimat, das uns besuchen kommt. Wir umarmen uns herzlich, ich gebe den beiden eine Führung durch das Boot, kläre sie über die Sicherheitsprozesse auf, und dann fahren wir zusammen weiter nach Thermis. Dort werden wir auch unseren Vater treffen.

Auf dem Weg kommen wir an einem schwer bewaffneten Militärboot vorbei. Das Geflüchtetenlager Moria ist nicht weit. Das Thema lässt uns weiterhin nicht los. Um der vielen Menschen zu gedenken, die ihr Leben im Mittelmeer verloren haben, soll deshalb die nächste Seite eine »Schweigeseite« sein.

Lillis und Gustavs Ankunft auf dem Boot wird gleich richtig abenteuerlich. Bei der Hafeneinfahrt zu dem kleinen Fischerhafen von Thermis bleiben wir im Sand stecken. Hansen, den wir mittlerweile unser »menschliches Echolot« nennen, fährt wieder mit Malerstange und *Ulli* um uns herum und kartografiert die Tiefe. Weil es körperlich sehr anstrengend ist, die Stange während der Fahrt immer wieder bis auf den Grund zu stoßen und hochzuholen, kommt er schwitzend und außer Atem zurück. »Du musst direkt auf die Kaimauer neben uns fahren, da ist es am tiefsten. Genau da, würde ich auch sagen, machen wir uns fest.«

Während es für uns mittlerweile Alltag ist, auf einem Boot zu leben und zu fahren, und derartige Zwischenfälle normal sind, ist es für Lilli und Gustav sehr aufregend, was hier passiert. Aber wenige Minuten später liegen wir direkt neben einem Restaurant. Der Restaurantbesitzer hat extra für uns die Tische zur Seite geräumt, sodass wir unsere Solaranlagen ausfahren können, denn Landstrom gibt es hier nicht. »Willkommen auf Lesbos und willkommen in Griechenland«, sage er und breitet die Arme aus.

Einen Tag später kommt auch unser Vater angereist. Ich freue mich so sehr, ihn zu sehen, dass meine Umarmung beinahe etwas zu überschwänglich ist. Ich weiß nicht, wie lange es her ist, dass ich mit meinem Vater zuletzt gemeinsam in Griechenland war, aber ich war noch ein Kind. Sein Besuch hier löst eine Menge wunderschöner Erinnerungen aus. Der Besuch meines Vaters änderte erneut meinen Blick auf ihn. Lange Zeit war ich der Meinung, er hätte kein großes Interesse an uns Kindern, ich merke aber mehr und mehr, dass ich damit falschlag.

Je länger ich auf Lesbos bin, desto stärker wird der Wunsch, in der Flüchtlingshilfe aktiver zu werden. Die Menschen kommen nicht zu uns, um in unserem Wohlstand zu leben, sondern weil sie vor dem Tod flüchten, und natürlich suchen sie sich dafür ein

Land wie unseres aus, in dem es ihnen gut gehen kann. Unser Wohlstand, der Wohlstand der Nordhalbkugel, basiert zu großen Teilen auf der Ausbeutung der Südhalbkugel, und das ist etwas, was ich in meinem Leben nicht mehr ignorieren kann.

Anna

Vor mir liegt der Strand, und ich schaue auf einen kleinen, alten Steinturm, vor dem eine Horde Gänse entlangwatschelt. Die kniehohe Kaimauer ist überwuchert von trockenem Grün, als hätte sie eine Frisur. Wir sind im Hotel Votsala auf Lesbos, ich sitze auf einer Liege, und es ist wunderschön hier.

Paul und ich leben seit ein paar Tagen im Hotel, wie auch sein Vater, seine Schwester und sein Neffe. Hansen und Ronny sind auf *Ulla* geblieben. Heute fahre ich mit Lina, einer der Betreiberinnen des Hotels Votsala, zu ihrem Inselfriseur. Sie möchte Brautfrisuren für ihre Hochzeit diesen Sommer ausprobieren. In einem knallgelben alten Käfer sammelt sie mich ein. Wir fahren durch die endlosen Olivenplantagen, die Straße schlängelt sich den Berg hinauf, bis wir ein kleines Dorf erreichen. Hier herrscht kein Tourismus, kaum Menschen sind in den Gassen zu sehen, nur ein paar Ziegen kreuzen unseren Weg. Der Friseursalon ist winzig, hat aber eine atemberaubende Sicht aufs türkisfarbene Meer. Wir Frauen bleiben unter uns. Neben Lina sind ihre Mutter und noch zwei weitere Kundinnen im Salon. Die Stimmung ist laut und ausgelassen. Es wird gelacht und geplaudert. Ich verstehe natürlich kein Wort, aber Lina übersetzt mir Bruchteile. Zu gern würde ich tiefer in die Geschichten eintauchen, die erzählt werden. Zumindest eins erfahre ich: Es geht um Männer – wer hätte es geahnt! Als Lina dann noch spontan die Zukunft aus ihrem

Kaffeesatz gelesen wird, kann ich es kaum glauben. Dabei verzieht die alte Dame, die sich selbst als Wahrsagerin betitelt und zufällig auch im Salon ist, wild das Gesicht und spricht betont leise mit aufgerissenen Augen: Lina soll laut Kaffeesatz eine Fehlgeburt erleiden, aber danach zwei gesunde Kinder, Zwillinge, gebären. Die, so scheint mir, nimmt die Prophezeiung nicht sehr ernst. Auf dem Rückweg erzählt sie mir lachend, was noch alles erzählt wurde.

Uns interessiert, wie die Menschen auf Lesbos mit den vielen Geflüchteten umgehen. Paul und ich interviewen für unseren YouTube-Kanal sechs Menschen, die alle auf andere Weise mit dem Thema »Flucht« verbunden sind. Menschen, die nach Lesbos geflohen sind, Einheimische und eine Sprecherin eines lokalen Vereins, der kulturellen Austausch zwischen Geflüchteten und Locals fördert. Dadurch bekommen wir authentische Einblicke und unterschiedliche Perspektiven auf die Situation auf der Insel. Ein Interview führen wir mit Amin. Ich begleite ihn ein paar Stunden bei seiner Arbeit. Er ist aus Afghanistan und arbeitet als Gärtner in Votsala. 2018 kam er allein nach Lesbos, musste Frau und Kinder zurücklassen. Seitdem lebt er auf der Insel und schickt ihnen regelmäßig Geld. Amin fühlt sich sehr wohl hier und möchte auf Lesbos bleiben. Er erzählt mir, dass er keine Wünsche für die Zukunft hat und versucht, im Moment zu leben.

Am nächsten Tag zeigen wir wieder einer Kindergruppe hier vor Ort unsere *Ulla*. Die Kids sind aus dem Häuschen und wollen gar nicht mehr von Bord gehen. »So ein Boot will ich auch mal haben! Darf ich noch mal hupen? Wofür ist das hier da? Wie viel hat das gekostet?« Die Fragen überschlagen sich. Ihre Euphorie steckt mich an. Momo ist bei dem ganzen Gewusel dabei, und ich habe beinahe das Gefühl, sie ist stolz. Sie entwickelt sich so schnell in letzter Zeit, vom Baby zum Kleinkind, das läuft, rennt und immer mehr redet. Sie ist offen, geht ohne Berührungsängste auf fremde Menschen zu – ist das schon ein Resultat der Reise? Ich liebe das an ihr. Ich merke aber auch, dass unserer Entscheidung, nur bis Athen zu fahren, immer noch richtig ist: Hier in Votsala sind viele andere Kinder aus ganz Europa. Momo spielt den ganzen Tag mit ihnen, es ist beinahe eine kleine Clique geworden. Sie muss bald feste Freunde haben. Beziehungen außerhalb der Familie sind für sie so wichtig geworden.

Lina hat Paul und mir angeboten, so lange im Hotel zu entspannen, wie wir wollen. An einigen Abenden sitzen wir fröhlich zusammen, besprechen die neue Routenplanung und das Ende in Athen, was noch alles bis dahin zu erledigen ist. Wie wollen wir die Rückreise machen? Wo lassen wir *Ulla*? Holen wir sie später zurück? Und wann? Schnell wird klar, dass wir nun zwar nicht mehr den Druck haben, es bis nach Berlin schaffen zu müssen, dafür in der Kürze der Zeit bis Athen noch eine Menge ansteht. Auch wenn diese Themen das Potenzial hätten, zu Streit zu führen, finden wir schnell Konsens, Lösungen, und stellen einen Plan auf, mit dem alle einverstanden sind.

Hansen

Nachdem Lilli und Gustav abgereist sind und wir ein paar Tage später aufbrechen wollen, liegt die längste Überfahrt übers offene Meer vor uns, die wir je gefahren sind. Fast 120 Kilometer sind es von Lesbos bis nach Chios und davon fast 60 Kilometer übers offene Meer. Und die Zeit sitzt uns im Nacken. Denn unser Vater muss morgen sehr früh von dort mit der Fähre nach Izmir abreisen.

Der Wind und die Sonne spielen uns glücklicherweise in die

Karten, und so fahren wir bei moderatem Seegang circa zwölf Stunden bis Chios. Zum ersten Mal sind wir so weit draußen. Selbst als Lesbos lange am Horizont verschwunden war, konnte man Chios noch nicht erahnen. »Land in Sicht«, ruft Paul übertrieben seemännisch, mit einem Bein auf dem Bugspriet stehend, ein imaginäres Fernglas in den Händen. Noch bei Tageslicht schaffen wir es in den Hafen. Hohe Häuser versperren die Sicht aufs Hinterland; das einzig Besondere ist hier das Türkis des Wassers im Hafenbecken. Für unseren Vater ist es der letzte Abend, und so gehen wir gemeinsam zum Abschied in ein Restaurant. Für mich gibt es wie so oft »griechischen Salat«, weil alles andere mit Fleisch ist. Denn jedes Mal, wenn ich daran denke, eine Ausnahme zu machen, schreit die Möwe in meinem Kopf laut auf und schaut mich mit ihren Äuglein an. Ich stochere also in meinem Salat. Zwar ist er lecker, aber ich habe auf einmal nicht mehr wirklich Appetit. »So schlimm, dass ich morgen abreise?«, scherzt mein Vater, der das mitbekommt. »Oder ist es eher das, was morgen Abend passiert?« Ich nicke grinsend. Alle hier am Tisch wissen, was morgen Abend passiert. Und jeder weiß, wie wichtig mir das ist. Momo meldet sich zu Wort und gibt mir mit dem Wort »Dodo«, was in ihrer Sprache Musik heißt, zu verstehen, dass sie gerne das Video von Lou noch einmal sehen will. Ich tue ihr den Gefallen, na ja, und natürlich auch mir. Immer wieder versinke ich in dem Video, in Lous Art, zu singen, den Emotionen. Ich freue mich so sehr darauf, sie kennenzulernen.

Die Nacht wird für mich kurz. Vor Sonnenaufgang bin ich hellwach. Ich will noch eine Sitzbank vorne auf dem Bug bauen, auf der wir bequem sitzen und die Zweisamkeit genießen können. Dazu will ich eine Gitarre für Lou und mich besorgen, das Boot aufräumen und putzen und auch nicht zu knapp damit fertig werden, damit ich nicht total gestresst bin, wenn Lou kommt.

Natürlich dauert aber alles länger, und erst kurz bevor es Zeit ist, zum Fähranleger aufzubrechen, schnüre ich den letzten Müllbeutel zusammen und setze mich auf die neue Bank am Bug. Auf einmal zweifele ich an der Idee, dass Lou zu Besuch kommt. Was, wenn wir uns nicht verstehen? Wenn ich sie nicht riechen kann? Der Geruch eines Menschen ist mir extrem wichtig. Ich springe noch einmal kurz ins Wasser, atme tief ein, schnappe meine rosa Clogs und laufe mit Ronny zum Anleger. Am Horizont kann ich die Fähre schon sehen, wie sie vor der tief stehenden Sonne durch das rötlich schimmernde Wasser auf mich zugefahren kommt.

Ich warte am Ausgang des Fähranlegers an der Mauer, die das Meer vom Hafen trennt, und blicke über die Straße in den schmalen Korridor. Mein Herz schlägt bis zum Hals. Ronny tingelt aufgeregt hin und her. Er merkt, dass ich angespannt bin, dass gleich etwas Wichtiges passiert. Ich schaue kurz zu ihm runter, versuche ihn und mich zu beruhigen. Als ich meinen Blick hebe, sehe ich nur noch ein grün-schwarzes Kleid auf mich zurennen. Ich werde von Lou an die Mauer gedrückt und umarmt, überfallen von Wärme, die trotz der Hitze des Tages schöner nicht sein könnte. Die Umarmung lockert sich erst nach Minuten, erst dann sehe ich sie das erste Mal vor mir stehen. Schaue in ihre Augen, meine Arme noch immer um sie geschlungen. Der Moment, den wir beide so gefürchtet und gleichzeitig herbeigesehnt haben, ist da. In meinem Kopf herrscht Chaos. Ihr Geruch und ihre Wärme lassen das Bild, das ich seit Wochen von ihr male, Wirklichkeit werden. Die Leinwand verschwindet, und nur sie bleibt vor mir stehen.

Es dauert eine Weile, bis wir die Standardfloskeln ausgetauscht haben. »Wie war die Reise, ganz schön heiß heute, hast du Hunger?« In unserem Chat waren wir so viel tiefer in die Welt des jeweilig anderen eingedrungen. Und auf einmal reden wir über das Essen und das Wetter? Wir entscheiden uns, ohne es wirklich zu entscheiden, in ein Restaurant zu gehen. Die Kellnerin schmunzelt, wir schmunzeln. Das Essen ist super – toller Moment. Der Strand danach ist super – toller Moment. »Schau mal, die Sterne« – toller Moment.

»Moment!« Lou schaut mich an und ich sie. Auf einmal merken wir beide, dass wir nur versuchen, dem gerecht zu werden, was wir voneinander und diesem Abend erwartet haben. »Weißt du, Hansen, wir sind hier an einem nicht besonders schönen Strand und tun so, als ob er paradiesisch wäre. Wir sitzen auf Steinen und tun so, als ob es bequem wäre. Wir versuchen den Moment zu biegen, dass er genau so ist, wie wir ihn uns vorgestellt haben. Dabei ist er anders, ganz anders, und auf seine Art wunderschön.« Ich spüre, wie recht sie hat. Wir fangen beide laut an zu lachen. Und das ist der Moment, an dem ich sie wirklich das erste Mal sehe.

Still grinsend, laufen wir nebeneinander her zu *Ulla*. Ronny, der unseren eigenartigen Tanz beobachtet hat, liegt als Erster auf seinem Platz in meiner Kajüte. Lou und ich kuscheln uns dazu. Der kleine Raum bietet auf einmal genug Platz für uns drei.

Samos, Fournoi und Ikaria

Chios, 20. August bis 10. September 2023, Tag 380

Paul

Während Hansen und Lou ihren ersten gemeinsamen Tag verbringen, wandern Anna und ich mit Kinderwagen und Momo in der Trage durch die kleine Altstadt von Chios und die Küste entlang zu einem kleinen Strand. Momo redet mittlerweile schon so viel, dass sie sich gut mitteilen kann. Mich faszinieren vor allem ihre Wortneuschöpfungen und -abwandlungen. Trauben heißen bei ihr zum Beispiel jetzt Bamm.

Auf dem Rückweg versuchen wir zu trampen, aber mit dem Kinderwagen voller Strandzeug, Momo in der Trage und generell ziemlich zottelig machen wir wohl keinen besonders guten Eindruck. Das einzige Auto, das für uns hält, ist ein komplett überladener, alter und rostiger R5 – und der hält nur, um uns mitzuteilen, dass er voll sei. »Erinnerst du dich an die niedliche, kleine Plaza auf dem Hinweg?«, fragt Anna, als sie mal wieder versucht, Momo in den Kinderwagen umzutopfen. »Lass uns doch da in das Restaurant gehen und den Abend gemütlich ausklingen lassen.« Sie braucht nicht viel Überzeugungskraft. Kurz darauf sitzen wir im Restaurant Kefenes, einen wunderbaren Retsina in der Hand, und schauen Momo zu, wie sie neugierig die Plaza erkundet und den Katzen aka »Mau« nachstellt. Anna und ich sprechen über unsere Zukunft, über Träume, Ziele. »Also, dauerhaft auf einem Boot wohnen kann ich mir nicht mehr vorstellen«, sagt Anna. »Geht mir ähnlich, aber ein mobiles Zuhause bleibt irgendwie ein Traum von mir«, antworte ich. »Wie wäre es, wenn wir uns einen alten großen Bus kaufen, den elektrisch umrüsten? Auch mit einer großen Solaranlage. Du kannst da deine Töpferwerkstatt reinbauen, ich eine kleine Werkstatt, und im Sommer touren wir dann damit durch die Welt?«

»Jaaaa!« Anna ist begeistert. Auch wenn die Idee, in einem Bus zu wohnen, nicht neu ist: Das Wesentliche ist, dass wir es uns zusammen vorstellen können. »Wenn wir das machen, dann sind alle meine Träume erfüllt …«, sagt Anna lachend, »… bis auf einen!« Sie schaut mich auffordernd an. »Ich muss mir die Haare blau färben?«, witzle ich. »*Nooo!* Heirate, heirate«, sagt Anna in ihrem gespielt debilen Tonfall und grinst über beide Ohren. »Ah ja, da war doch was.« Mal wieder ist das Thema auf dem Tisch. Genau wie das Essen, das in diesem Moment kommt. Anna fängt an zu argumentieren: »Wovor hast du Angst? Die engste Verbindung, die wir jemals eingehen konnten, sind wir doch schon eingegangen: Wir haben ein Kind zusammen. Eine Hochzeit kann man rückgängig machen, ein Kind nicht!« Ich muss lachen. Sie versucht doch tatsächlich, mich mit meinen eigenen Waffen zu schlagen. Und es funktioniert. »Und …«, fügt sie hinzu, »ich wünsch mir das doch so. Ich weiß, das ist vielleicht die Märchenprinzessin in mir, aber die gibt es nun mal.« Ich schaue Momo zu, wie sie einer Katze den Rücken streichelt. Sie steht in »sicherem« Abstand und beugt sich unbequem weit vor, um an den Rücken zu kommen, und verliert dabei beinahe das Gleichgewicht. »Du hast recht, es spricht nichts dagegen. Und ehrlich gesagt: Ich könnte mir das auch mittlerweile wirklich vorstellen.« Ich höre mich diese Worte sagen und bin selbst überrascht. Wie komme ich als alter Hochzeitsgegner auf einmal dazu, so etwas zu sagen? Aber es kommt wirklich von mir, und es fühlt sich richtig an. »Heirate?«, fragt Anna wieder und will sich ein Stück Feta greifen. »Achtung!! Wespe«, rufe ich im letzten Moment. »Mist, jetzt haben wir die Viecher am Hals.« Ich erinnere mich an eine Theorie meines Vaters. »Ich glaube, die erste Wespe ist immer eine Art Scout-Wespe. Wenn die nicht zurückkommt, zu den anderen, dann kommen auch keine weiteren. Ich hab's ausprobiert, ich meine, es funktioniert!«, hat er mir vor wenigen Tagen erzählt. Ich nehme ein leeres Wasserglas und setze an, die Wespe zu fangen. »Wenn das beim ersten Mal klappt, dann ist der Deal mit dem Bus besiegelt!«, sage ich zu Anna noch witzelnd. Die Wespe ist schwer zu fangen, weil sie gerade auf einem Stück Lamm sitzt, nicht auf ebenem Boden. Aber – zack – ist sie unter dem Glas. »Dann ist es besiegelt«, grinst Anna und hebt das Weinglas zum Anstoßen. Erst nach einer halben Stunde kommt eine weitere Wespe. Wir sind mittlerweile von der Theorie überzeugt. »Schnell, sie darf nicht entkommen«, sagt Anna und gibt mir ein weiteres Wasserglas in die Hand. Leider sitzt die Wespe diesmal mitten auf dem Salat. Um sie zu fangen, muss ich sie aufscheuchen und dann in der Luft zwischen Bierdeckel und Glas fangen. Es klappt. »Hast du gerade das Gleiche gedacht wie ich?«, fragt sich mich dann. »Ertappt!« Beide hatten wir eine innere Wette abgeschlossen, beide die gleiche: »Wenn es klappt, dann heiraten wir irgendwann?«, fragt Anna noch ungläubig. »Ja«, grinse ich sie an und füge dann ganz unromantisch hinzu: »Irgendwann!«

Mittlerweile hat sich die Plaza gefüllt, Hunderte von Menschen sammeln sich. Irgendetwas findet hier heute statt. Eine Liveband baut ihre Instrumente auf. Der Kellner reißt uns aus den Gedanken. »Wollt ihr noch lange bleiben?«, fragt er. »Warum? Ist der Tisch reserviert?«, frage ich freundlich zurück. »Ähm, die ganze

Plaza ist reserviert. Hier findet heute eine große Hochzeit statt und ... na ja, Sie sehen ja, die Tische sind jetzt alle belegt, und ...«
Ich erlöse ihn von seinem Leid. »Gar kein Problem, wir haben uns verquatscht. Wir können gleich gehen.«

»Nein, nein, nicht sofort«, winkt er erleichtert ab. »Erst bekommt ihr noch einen Ouzo und einen Nachtisch aufs Haus.« Mein Blick schweift über den Tisch. Ich bin so voll, dass ich mir höchstens den Ouzo, aber keinen Nachtisch mehr vorstellen kann. Dann bleibt mein Blick auf den beiden Wassergläsern hängen. »O nein!«, rufe ich. Anna dreht sich um. »Was ist denn?« »Wir haben die Wespen vergessen.« Beide Wespen liegen reglos unter den Gläsern. »O nein«, sagt Anna jetzt auch betrübt und wittert aber gleich die Gelegenheit. »Das kann nur eins heißen«, sagt sie entschlossen, »sie dürfen nicht umsonst gestorben sein!« Wir beschließen, der ganzen Sache einen Namen zu geben, und nennen unseren Deal andächtig: den Zwei-Wespen-Vertrag, gezeichnet mit dem Blut von zwei Scout-Wespen.

Hansen

Langsam öffne ich meine Augen. Nur macht das keinen Unterschied, weil es draußen noch stockdunkel ist. Aber ich muss gerade auch nichts sehen. Ich weiß, dass Lou neben mir liegt, ich rieche sie und spüre ihre Wärme. Sie schläft noch tief und fest, nur Ronny gibt mir mit seinem Tonleitergähnen zu verstehen, dass er wach ist. Ich kuschle mich noch einmal an Lou, schäle mich dann aus der Decke und klettere aus der Heckluke auf die Terrasse. Der Tag kündigt sich ganz entfernt am Horizont mit einem blassen Schimmer an, der über das spiegelglatte Meer streicht und am Ufer imposante weiße Felsen erahnen lässt. Gestern sind wir von

Chios aufgebrochen. Eigentlich wollten wir bis Samos fahren, sind dann aber noch auf Chios in einer kleinen Bucht vor Anker gegangen. Sie war einfach zu schön, zu einladend, um an ihr vorbeizufahren. Das Meer ist hier, wo wir ankern, sicher 15 Meter tief. Dennoch hat man gestern bis auf den Grund schauen können. Und wenn man seinen Blick Richtung Ufer wandern lässt, sieht man, wie sich Felsen unter der Wasseroberfläche wölben, unter einem weißen Kieselstrand hindurchtauchen und dahinter die steile Küste formen. Kleine Büsche hier und da, eine ausgetrockneter Flusslauf. Und weit und breit keine Zivilisation.

»Unglaublich viele schöne Steine liegen hier rum«, hatte Lou gestern gesagt, nachdem wir mit *Ulli* und Ronny am Strand angekommen waren. Sie sammelte einen nach dem anderen ein. »Lou, wusstest du, dass Steine eigentlich die Welt regieren?«, erklärte ich ihr mit wichtiger Miene.

Lou sah mich fragend an. Ich erzählte ihr von meiner Spaßtheorie. »Was wäre, wenn Steine die Gedanken der Menschen kontrollieren könnten? Sie wären die eigentlichen Drahtzieher für alles.« Lachend liefen wir den Strand entlang und überlegten uns Geschichten, die zu dieser wilden Theorie passten. »Wenn ein Stein gerne baden gehen will, sucht er sich jemanden, der ihn reinwirft. Und wenn er fertig ist, sucht er sich einen ambitionierten Schnorchelnden und lässt sich wieder an Land tragen. Ist ja auch klar!«, sagte Lou. »Steine sind schlau. Denn wer hatte die krassesten und revolutionärsten Theorien?« Ich schaute sie fragend an. »Ein-Stein«, schoss es aus ihr heraus. Ich kringelte mich vor Lachen. Das war exakt mein Humor.

Als wir am Ende des Strandes angekommen waren, sahen wir ein kleines, von Salz und Sonne fast unlesbar gewordenes Schild, auf dem etwas in griechischen Buchstaben stand. Wir konnten es nicht lesen, aber das Zeichen darunter erkannten wir: einen

Teller und ein Glas. Anscheinend hatte es hier mal eine Taverne gegeben. Und es gab sie noch! Hinter dem nächsten Felsen sahen wir die Kuppe einer Kapelle und daneben ein kleines, schnuckeliges Restaurant. Wenig später saßen wir mit einem Rosé, Zucchini-Bällchen und Meerblick an einem Tisch unter Olivenbäumen. Der Tag war perfekt. Wir saßen dort, bis die Sonne hinter dem Olivenhain verschwand. Im Dämmerlicht schlenderten wir zurück. Paul holte uns mit dem Beiboot ab, und wir fielen glücklich und müde in die Koje.

Und heute fahren wir nach Samos. Nachdem ich mit Ronny an Land war, lichte ich so leise wie möglich den Anker. Alle anderen schlafen noch, und ich will sie überraschen, schon mal losfahren, sodass wir zum Sonnenaufgang auf dem offenen Meer sind. Der Elektromotor surrt leise, ich stehe am Steuer und warte darauf, dass die ersten Strahlen der Sonne auf meine Netzhaut treffen. Etwas Warmes schmiegt sich von hinten an mich: Lou ist aus der Kajüte gekrochen und umarmt mich sanft. Am Horizont legt sich ein rot glühender Schimmer über die jungen Wellen und umhüllt uns mit Behaglichkeit. Von der Ruhe dieses Momentes zehre ich den ganzen Tag. Die Strecke ist lang, und der Wind frischt ordentlich auf, als wir kurz vor Samos sind. Um uns herum sausen Surfer durch die Wellen und lassen *Ulla* langsam und träge aussehen, obwohl sie für ihre Bauart gerade recht schnell und elegant durchs Wasser prescht. Der Hafen von Kokkari, in dem wir schließlich ankommen, ist der schönste, in dem wir bisher waren. An einer natürlichen Bucht von Felsen umgeben, drängen sich kleine, weiß gekalkte Häuschen, dahinter erheben sich Hügel mit einem blassen, grüngelb schimmernden Gemisch aus Gras und Olivenbäumen. Hier wollen wir ein paar Tage bleiben, bevor wir über die Ägäis nach Athen übersetzen.

Es ist weit nach Mitternacht. In dem kleinen Dorf brennen nur noch vereinzelt schummrige Lichter in kleinen Bars. Ich sitze mit Lou und Ronny auf einem Felsen, der an der Hafeneinfahrt ins Meer hinausragt. Aus einem kleinen Lautsprecher hören wir Musik. Gerade läuft »Jupiter and Teardrop« von Grant Lee Buffalo, ein tragisches Lied, in dem sich ein chaotisches, »Bonnie und Clyde«-ähnliches Duo findet und wieder verliert. »Irgendwie suche ich immer nach genauso einer Beziehung, nur ohne die Gewalt«, erkläre ich Lou meine Gedanken. Ohne dass ich meinen Blick vom Meer löse, spüre ich, wie Lou mich anschaut.

Die nächsten Tage verfliegen, und Lous Abschied kommt näher. Die gesamte Crew verbringt viel Zeit mit Elli und Harry, meinen wohl besten Freunden aus Berlin, die gerade »zufällig« in der Nähe waren. Es ist gerade wunderschön mit allen. Am Morgen von Lous Abreise bin ich niedergeschlagen. Ich will nicht, dass sie geht. Aber ihre Zeit ist begrenzt. Zu Hause wartet ihr kleiner Sohn auf sie, von dem sie mir viel erzählt hat. Auch ihn würden wir alle gerne kennenlernen. Er ist fast genau so alt wie Momo. Die beiden könnten sicher schöne Abenteuer zusammen erleben. Aber nun, nachdem er fast zehn Tage bei seinem Vater war, will der kleine Mensch natürlich auch seine Mutter mal wieder sehen.

Lou wird von der Türkei aus zurückfahren. Zusammen nehmen wir eine Fähre nach Kusadasi, wo sie einen Bus nach Izmir zum Flughafen erwischen will. Jetzt sind es nur noch Minuten, die wir zusammen haben. Ich werde schwermütig und freue mich gleichzeitig so sehr darüber, die Zeit mit ihr verbracht zu haben. Da ich die letzte Fähre zurück nach Samos nehmen muss, reise ich zuerst wieder ab. Lou bringt mich zum Fähranleger, und wir verabschieden uns mit einer sehr langen, warmen Umarmung. Als ich gerade auf der Fähre angekommen bin, spüre ich in meiner Tasche einen Stein, den ich am Strand mit Lou gefunden hatte. Ich hole ihn heraus und werfe ihn, ohne groß nachzudenken, rüber zu Lou. Sie fängt ihn und grinst mich an. »Der will wohl, dass du ihn hast, aber der will auch wieder zurück zu mir. Wir müssen uns also wohl wiedersehen, Bonnie«, rufe ich ihr zu. Wir lachen beide. Dann legt die Fähre ab.

Anna

»Ich kann die Zeit auf dem Boot gerade richtig genießen, und gleichzeitig freue ich mich auf Berlin«, schreibe ich einer Freundin. Aber ist das wirklich so? Klar, einerseits ist ein absehbares Ende etwas, das die verbleibende Zeit intensiver macht. Manchmal werde ich richtig wehmütig, dass es bald vorbei ist. Aber dieses Gefühl freut mich auch. Etwas zu vermissen, ist eben das beste Zeichen dafür, dass es trotz der Anstrengungen auch eine schöne Zeit war. Die Orte, die wir in den letzten Wochen auf dem Mittelmeer bereist haben, könnten nicht unterschiedlicher sein: alle traumhaft schön, aber manche doch unpersönlich. In den größeren Orten hat der Tourismus seine Krallen in das Land gehackt: überfüllte Strände, Souvenirshops mit billiger China-Ware und leicht bekleidete Touristen. Andere Orte wiederum, die man nur mit einem Boot erreichen kann, sind wild und menschenleer. Aber ich vermisse es, in den Bioladen bei mir um die Ecke mit dem Fahrrad zu fahren, ich vermisse mein Bett und den Geruch von zu Hause. Was ich jedoch am meisten vermisse, ist, einen Alltag zu haben und jeden Tag am selben Ort aufzuwachen. Auch wenn ich so oft denke, wow, ist das schön hier, fehlt mir gerade die Abwechslung. Alles fühlt sich gedämpft an.

Auch der Strand auf Samos, an dem Paul, Momo und ich gerade sind, ist wunderschön. Wild bewachsene Felsen umschließen eine kleine Bucht, das Wasser ist glasklar, ein Traum zum Tauchen. Aber ich liege zitternd und weinend in Pauls Armen. Meine Tagträumerei hat mir gerade den Schreck meines Lebens verpasst: Als Paul auf einen der Felsen geklettert war, habe ich mit Momo abseits vom Wasser gespielt. Hier stehen, typisch für diese Gegend, Sonnenliegen zur Vermietung. Ich setzte mich kurz auf eine davon, während Momo den mitgebrachten Eimer mit Kieseln vom Strand befüllte, ihn wieder leerte, füllte ... Als ich hochschreckte, war Momo verschwunden. Ich sprang auf, drehte mich um. Nichts. Ich schrie ihren Namen. Nichts. Da hörte ich eine Stimme hinter mir rufen. Ein Pärchen stand mit Momo an der Treppe, die vom Strand hoch zu einem Restaurant führt, und winkte mir freundlich zu. Ich rannte zu ihnen, am ganzen Körper bebend, nahm Momo auf den Arm, bedankte mich und lief, so schnell ich konnte, zu Paul, der von seiner Erkundungstour zurückgekommen war.

»Ich habe versagt, habe nicht gut genug aufgepasst«, schluchze ich.

»Anna, alles gut, das hätte mir auch passieren können. Mach dir keine Vorwürfe«, versucht mich Paul zu beruhigen. Aber der Schreck sitzt mir tief in den Knochen.

Dieser Gefühlsausbruch hilft mir, mich wieder zu spüren. »Es fühlt sich an, als hätte er den Nebel in meinem Kopf weggeblasen«, flüstere ich Paul am Abend zu. Wir liegen mal wieder zu zweit auf dem viel zu schmalen Bett im Salon. »Danke, dass ich so irre bei dir sein darf und du mich trotzdem lieb hast. Wir sind einfach das beste Team. Made bleibt Made«, sage ich zu ihm. »Und das Mädchen nicht vergessen! Also Momo, die ist ja eine kleine Made, also ein Mädchen? Oder?« Paul muss sich ein lautes Lachen verkneifen. Unser »Mädchen« schnarcht lauthals in der Bugkajüte, wir wollen sie nicht wecken.

Am nächsten Tag fühle ich mich wie ausgewechselt. Ich mache mich daran, einen Kaffee zu kochen. Dafür muss ich zunächst das Trinkwasser aus dem Steuerstand kramen und in unserer Emaillewasserkanne zum Kochen bringen. Das Waschbecken quillt mal wieder über, voll vom schmutzigen Geschirr des Vorabends. Ein Grund, sich zu ärgern? Nö: Ich genieße sogar das Abwaschen. Als ich eine knappe halbe Stunde später mit meinem dampfenden Kaffee auf der Kaimauer in der noch angenehmen Sonne sitze, freue ich mich richtig auf die heutige Abfahrt. Gestern Morgen saß ich hier noch mit Lou, die mittlerweile abgereist ist. Sie hat mir viel Mut gemacht während ihrer Zeit an Bord. Wie selbstverständlich hat sie sich andauernd rührend um Momo gekümmert. Sie ist selbst Mama. Ihr Sohn und Momo sind fast gleich alt, deswegen konnte sie viele meiner Sorgen nachvollziehen. »Muttersein ist eins der verrücktesten Dinge auf der Welt. Du machst das so gut, Anna. Momo kann so stolz sein, so mutige und tolle Eltern zu haben«, hatte sie zum Abschied gesagt. Immer wieder fand sie die passenden, aufmunternden Worte. Sie hat eine empathische Art und ist eine aufmerksame Zuhörerin. Ich würde mich von Herzen freuen, wenn sie und Hansen zusammenkämen. Wer weiß, vielleicht verreisen wir ja das nächste Mal zu viert, äh, nein, zu siebt?

Heute fahren wir von Samos aus zur nächsten Insel: Fournoi. Zum Abschied haben wir für den netten Fischer Jacopini eine Überraschung vorbereitet. Er lag die ganzen Tage hier auf Samos mit seinem winzigen Boot direkt neben uns und hat uns fast täglich mit frisch gefangenem Fisch überrascht. Seine Lieblingstiere sind, das hatten wir aus vielen Gesprächen erfahren, Elefanten, Haie und Schwertfische. Stolz hatte er uns erzählt, dass er einmal einen fast 200 Kilo schweren Schwertfisch geangelt hatte. Also hat Hansen ihm aus einem Stück Baustahl mit Handsäge und

Hammer in stundenlanger Arbeit einen Anhänger geschmiedet, der wie eine Mischung aus den drei Tieren aussieht. Er soll ihm für die Zukunft Glück und viele Fische bringen. Als wir ihm das Geschenk überreichen, ist er sichtlich gerührt, um nicht zu sagen: überfordert. Er weiß nicht, was er sagen soll, und sagt am Ende nichts, nickt noch einmal in die Runde, dreht sich um und geht. Hansen, der mehr Zeit mit ihm verbracht hatte, erklärte mir: »Ich glaube, er ist kein Mensch, der gerne Gefühle zeigt, und das hat ihn einfach überrumpelt.«

Nach Fournoi sind es 56 Kilometer, deshalb machen wir uns schon morgens, gut gelaunt und voll beladen, mit griechischen Leckereien auf den Weg. Jacopini hat uns nach seinem plötzlichen Abschied noch eine Fünf-Liter-Flasche selbst gepresstes Olivenöl vorbeigebracht. Für mich ein Traum, heute Abend werden wir etwas Leckeres damit kochen!

»Vier bis fünf Beaufort, in Böen sieben, Windrichtung Nordnordwest«, gibt Paul die Wetterlage durch. Während ich vor einigen Wochen bei der Ansage, dass wir bei bis zu sieben Beaufort aufs Meer rausfahren, noch zusammengezuckt wäre, freut sie mich heute. Längst haben wir *Ulla* besser einzuschätzen gelernt, und die beste Windstärke für volle Besegelung ist definitiv zwischen fünf und sieben Beaufort. Glücklicherweise genau das, was der Meltemi, der vorherrschende Wind in der Ägäis, zuverlässig liefert.

Als wir den Hafen verlassen, sehen wir Jacopini mit seinem winzigen Fischerboot zurückkommen. Er winkt und hupt wild. Als er nah genug herangekommen ist, bückt er sich und hebt mit einem Schlachterhaken den Kopf eines sicher einen Meter langen Schwertfischs hoch. »Da hat der Glücksbringer ja sein Versprechen direkt gehalten«, freut sich Hansen und grinst über das ganze Gesicht.

Gegen Mittag passieren wir die Nordskap von Samos. Von hier aus sind es noch etwa 25 Kilometer nach Fournoi. Der Wind kommt jetzt mit konstant sechs Beaufort genau von der Seite – perfekte Bedingungen für *Ulla*. Paul klettert auf Deck und hisst die Segel. Bis hierhin waren wir elektrisch gefahren. Als *Ulla* dadurch, sehr erwartbar, ordentlich Krängung bekommt, gibt es einen lauten Knall. Ronny, der auf dem Boden des Steuerstands liegt, springt auf. »Scheiße«, fluche ich. Der Fünf-Liter-Kanister Olivenöl stand ungesichert auf *Ullas* Luvseite. Durch die Krängung ist er von der Stufe vor der Tür gerutscht, vor Ronny auf den Boden geknallt und zersplittert. Es ist ein absoluter Albtraum. Ronny ist getränkt in Olivenöl, und was sein Fell nicht aufnehmen konnte, schwappt jetzt über den Boden und verteilt sich überall: in den Motorraum, in die Luke mit Rettungsausrüstung, die Treppen hinunter in die Küche, in Hansens Kajüte. Wo das Olivenöl nicht durch die Schwerkraft hinkommt, bringt Ronny es hin. Mit einem Satz springt er in die Küche runter und aufs Bett, schüttelt sich ausgiebig und bespritzt alle Wände und Flächen. Hansen wirft alles, was er an Handtüchern und Stoffen finden kann, auf den Boden. Es ist unmöglich, Halt zu finden. Durch die Krängung und das Olivenöl haben sich alle Böden und Flächen in spiegelglatte Rutschbahnen verwandelt. »Wo ist Paul?«, ruft er. Der hat von unserem Unglück bisher nichts mitbekommen und seelenruhig die Segel weitergesetzt. »Verdammte Scheiße, neeeeeiiin«, ruft er, als er endlich den Kopf durch die Tür streckt. Auch er unterschätzt die Gleitfähigkeit des Öls und rutscht aus, kann sich aber gerade noch am Türgriff festhalten. »Ich schieße *Ulla* in den Wind, du musst sofort die Segel wieder runterholen«, ruft Hansen ihm zu. Der erste Teil des Plans funktioniert, aber der zweite nicht. Paul trägt das Olivenöl mit seinen Schuhen auf Deck, das sich nun ebenfalls in eine Rutschbahn verwandelt. *Ulla* steht jetzt zwar im Wind, aber dafür gegen die Wellen und schaukelt unglaublich.

»Planänderung«, sagt Paul. Er schaut auf den Anemometer. »Sechs, in Böen acht Beaufort, alles im grünen Bereich. Wir verteilen alle Handtücher auf dem Boden, dann können wir besser stehen. Und dann gehen wir wieder auf Kurs. Sauber machen können wir das erst, wenn wir im Hafen sind.«

Hansen liegt mit dem Bauch auf dem Krabbelplatz, der Kopf hängt herunter, und schiebt mit einem Handtuch die gröbsten Scherben zusammen. »Mir ist kotzübel«, flucht er, als er sich wieder aufrichtet. »Ich …«, er würgt, »… muss raus, Luft holen!« Dann übergibt er sich über die Reling. Paul steht jetzt am Steuer, ich sitze mit Momo auf dem Arm daneben, die mal wieder, wie so oft, kurz bevor es wild wurde, eingeschlafen ist.

»Ich muss Momo unten ablegen, damit ich helfen kann«, erkläre ich ihm. Vorsichtig hangele ich mich nach unten. Vorsichtig lege ich Momo auf das mittlere Bett und baue ihr ein sicheres Nest, in dem sie sicher auch bei der starken Krängung weiterschlafen kann.

»Wie viele Kilometer sind es noch bis Fournoi?«, frage ich Paul, der angespannt am Steuer steht. »Knappe zwanzig, also sind wir noch zwei Stunden unterwegs, wenn wir die Geschwindigkeit beibehalten.« Wie es aussieht, haben wir jetzt alles im Griff. Zwar ist der Boden weiter rutschig, aber die Scherben sind geräumt, und auch der Wind scheint nicht stärker zu werden. Ich atme durch. Nur mein Plan, heute Abend mit diesem wunderbaren Olivenöl zu kochen, hat sich gerade auf den Boden und in die Bilge von *Ulla* verabschiedet.

Fournoi ist eine kleine Insel, ein Geheimtipp. Hier herrscht kein Tourismus. Wir sind das einzige Reiseboot im Hafen von Chrisomilias. Die Kaimauer ist mit in der Sonne trocknenden

Fischernetzen ausgelegt. Kurz dahinter befindet sich eine typisch griechische Taverne. Bei unserer Ankunft werden wir mit misstrauischen Blicken empfangen. Hier scheinen sich nur selten Touristen hinzuverirren, und die Einwohner machen den Eindruck, als seien sie lieber unter sich. Der Ort ist winzig, es gibt keine Geschäfte, nur die Taverne, kleine Häuschen, und überall riecht es nach Katzenklo. Dafür ist der Strand menschenleer und wunderschön. Unsere olivenölgetränkte Wäsche können wir hier leider nirgends waschen. Theoretisch könnten wir nach der Putzaktion natürlich weiterfahren. Theoretisch! Praktisch hat sich die Wetterlage verschlechtert. Einer der Fischer im Hafen meint, dass wir die Überfahrt nach Ikaria frühestens in drei Tagen probieren können. Also machen wir das Beste draus. Nach einer stundenlangen Putzaktion gehen Momo und ich auf Erkundungstour und begegnen ein paar Hasen und Hühnern, die ihre Ställe im Hinterland haben. Momo ist fasziniert.

Die Taverne bietet leckeres Essen an, und auch die Menschen tauen von Tag zu Tag auf. Wir merken, dass die anfängliche Reserviertheit durch die Sprachbarriere ausgelöst worden war. Niemand kann ein Wort Englisch. So kommunizieren wir mit Hand und Fuß und kommen uns mit viel Humor doch etwas näher. Nach einem Tag kennt uns das ganze Dorf, und alle sind neugierig, aber angenehm zurückhaltend. Am Abend vor unserer geplanten Abfahrt verbringen Paul und Hansen einen Brüderabend in der Taverne. Als sie um zwei Uhr morgens noch nicht zurück sind, beschleicht mich ein Gefühl der Eifersucht. Warum nutzt Paul seinen freien Abend eigentlich dazu, sich mit Hansen zu betrinken, anstatt mit mir etwas Zeit zu genießen? Ich bin neidisch auf den Spaß, den die beiden vermutlich gerade miteinander haben, während ich wie eine Oma um halb zehn ins Bett gegangen bin. Dann merke ich, was mich wirklich stört: Paul hat seinen besten Freund Hansen und mich, seine Liebste, bei dieser Reise dabei. Er hat nie Heimweh, weil er uns hat. Ich vermisse meine Freunde.

Am nächsten Morgen bekommt Momo hohes Fieber. Unsere geplante Abreise müssen wir ein weiteres Mal verschieben, weil die Wetterlage sich wieder verschlechtert. Neun Beaufort und bis zu vier Meter hohe Wellen, das ist zu riskant. »Aber hier auf der Insel gibt es keine gute medizinische Versorgung. Was, wenn Momo jetzt richtig krank wird?«, frage ich Paul, der, noch deutlich verkatert, gerade wach wird. »Wir haben doch alles da, es wird schon nicht schlimm werden«, antwortet er. Doch Momo geht es immer schlechter.

Paul

Am nächsten Morgen hat der Wind zwar nachgelassen, im Hafen ist man sich jedoch unsicher. Mithilfe einer Übersetzungsapp sagt uns ein Fischer: »Ich war heute noch nicht draußen, ich weiß nicht, wie es genau aussieht. Aber wenn der Wind geht, dauert es etwa einen Tag, bis auch die Wellen gehen. Ihr könnt es probieren und umkehren, wenn es zu wild ist.« Der Austausch mit den Einheimischen über die Wetterbedingungen hat uns auf dieser Reise schon oft geholfen.

Wir beschließen, die Fahrt nach Ikaria zu wagen. Doch als wir aus der geschützten Bucht herauskommen, sind wir unsicher: Es sind hier sechs Beaufort, in Böen sogar acht. Die Wellen sind zwar hoch, aber lang und stellen auf den ersten Blick kein großes Problem dar. Aber klar ist auch: Wenn wir das durchziehen, werden das sehr anstrengende drei Stunden. Aber besser drei anstrengende Stunden als kein Arzt für Momo. Der geht es zwar gerade wieder deutlich besser, aber sie hat auch Fiebermedikamente bekommen.

Mit dem Peilkompass bestimme ich die exakte Windrichtung, trage sie in der Navigation ein und stelle fest: »Wenn wir den kürzesten Weg in den Wind- und Wellenschatten von Ikaria nehmen, sind es zwölf Kilometer bis zur Küste. Ikaria hat sehr hohe Berge, der Windschatten wird lang sein. Ich denke, wir wären auf diese Weise in etwa einer Stunde aus dem Gröbsten raus.« Wir stimmen alle zu. Um noch schneller zu sein, schalten wir den Dieselmotor hinzu. Südlich und leeseits von uns prallen die Wellen an eine Steilküste. Die Gischt fliegt hoch in die Luft.

Tatsächlich kommen wir flott aus der Sturmzone raus. Es sind nur noch etwa drei Kilometer bis zum Hafen Agios Kirykos auf Ikaria. Hansen ist gerade dabei, die Genua zu hissen, unser größtes Segel, das ganz vorne am Bugspriet ausgerollt wird. Ich schaue auf die Berge von Ikaria, die vor mir in die Höhe ragen. Über den Kamm bläst der Wind eine Wolkenwalze. Als ich wieder aufs Wasser blicke, wird mir anders. »Hansen, hol sofort die Segel rein!«, schreie ich so laut nach draußen, dass Momo aufwacht. Egal. Etwa 500 Meter entfernt von uns wird das Wasser von einer heftigen Böe aufgepeitscht, die sich rasend auf uns zubewegt. Jetzt verstehe ich meinen Denkfehler. Die Wolken, die hinter dem Bergkamm in den Abgrund gedrückt wurden, sind Vorboten der Fallböen. Zwar befinden wir uns hier im Windschatten, aber der ist nicht garantiert. Glücklicherweise hat auch Hansen die Lage direkt erkannt, und mit wenigen Handgriffen sind die Segel runtergelassen. Keine Minute später trifft uns die Böe. Ich schaue auf die Windstärke: Zehn Beaufort … elf Beaufort … neun Beaufort. Obwohl weder Sonnen- noch Windsegel gehisst sind, wird *Ulla* von dem Wind ordentlich zur Seite geneigt. Vollkommen ungefährlich zwar, dennoch bin ich beeindruckt von der Kraft dieses Windstoßes.

Die letzten Kilometer zum Hafen dieseln wir. Immer wieder kommen Böen in Stärken zwischen acht und zehn. Als wir endlich ankommen, empfängt uns ein holländisches Seglerpaar. »Da habt ihr aber im letzten Moment geschaltet«, sagen sie beide ermahnend. »Ikaria ist berühmt für diese Fallböen! Wir sind hier jedes Jahr, und sowohl wir als auch viele andere Segler haben hier schon ihre Segel zerfetzt.«

Ironischerweise geht es Momo nun wieder besser. Mein Vater und auch eine befreundete Kinderärztin, die ein auch für Reisende sehr empfehlenswertes Online-Portal und Elterncoaching namens »mykidoc« macht, hatten mir unabhängig voneinander gesagt, dass wir mit dem Fieber dreimal 24 Stunden abwarten sollen, solange Momo trinkt und es ihr gut geht. Nur wenn das Fieber dann noch da ist, müssten wir zum Arzt. Also beschließen wir, die nächsten zwei Tage hier in Agios Kirykos auf Ikaria zu bleiben, weil das Krankenhaus nur zehn Minuten zu Fuß entfernt ist.

Heute will ich schnorcheln gehen. Die Klippen kurz vor der Hafeneinfahrt sehen so aus, als könnte dort eine Höhle oder mindestens eine spannende Felsformation sein. Ich springe von *Ulla* und schnorchle durch das Hafenbecken zur Ausfahrt. Das Wasser ist glasklar, ein Traum. Als ich in Australien vor mehr als 20 Jahren meinen ersten Tauchschein machen wollte, überzeugte mich der Kursanbieter mit einem einzigen Satz: »Wenn du nicht vorhast, Astronaut zu werden, kommt Tauchen am nächsten an Schwerelosigkeit und Fliegen heran.« Wie recht er hatte. Plötzlich sehe ich einen großen Anker auf dem Grund, inklusive Ankerkette. Der muss jemandem vom Schiff gefallen sein! Ich tauche hinunter und hebe ihn leicht an. Auf der Seite steht: 15 Kilo. Perfekt, der Anker von *Ulla* hat nur acht, und schon oft waren wir unsicher, ob er hält. So ein Anker kostet gut und gerne hundert

Euro. Und die Ankerkette liegt in einer Länge von sicher 15 bis 20 Metern über dem Boden. Die Luft geht mir aus, ich tauche auf. Den Anker zu heben, kann ich vergessen, dafür ist er zu schwer. Also befestige ich ein Seil am Ende der Kette und das Seil wiederum an *Ulli*. So kann ich zuerst die Kette und damit den Anker bergen. Die Aktion dauert sicher eine Stunde, aber ist ein voller Erfolg. Mein Abenteuerpensum für den ersten Tag in Ikaria, Kategorie Schatzsuche, ist erfüllt.

Anna

Mehr als drei Tage nach Momos erstem Fieber auf Fournoi schießt es erneut rapide in die Höhe, über 40 Grad. Momo ist schlapp und schwach. Ein Anruf bei Pauls Vater bestätigt unsere Befürchtung: Jetzt wird es allerhöchste Zeit fürs Krankenhaus.

Seit meine Mutter vor 14 Jahren an Krebs gestorben ist, bedeuten Krankenhäuser für mich nichts Gutes. Jedes Mal, wenn ich sie betrete, kommen Erinnerungen an die damalige Zeit hoch. Druck auf der Brust, Taubheitsgefühle, am liebsten würde ich rückwärts rausrennen. Krankenhäuser bedeuten für mich Tod. Leider ist diese Angst schlimmer geworden, seit ich Mutter bin. Schon mehrfach mussten wir mit Momo in die Notaufnahme, jedes Mal bleibt mir fast das Herz stehen, und Paul muss sich um zwei Nervenbündel kümmern.

Momos Gesundheit ist mir trotz allem wichtiger. Schnell werden ein paar Klamotten, Kuscheltiere, Bücher und anderes Zeugs für eine mögliche Übernachtung in den Rucksack gestopft. Was hat sie bloß, denke ich, hoffentlich nichts Schlimmes?

Wir klettern aus dem Boot, ich nehme Momo in den Arm und schnauze Paul an, dass er sich beeilen soll, entschuldige mich aber direkt. Paul packt alle Sachen in den Kinderwagen und kommt hinterher. Er kennt das schon, in solchen Situationen werde ich zum Gifttiger.

Google sagt, neun Minuten Fußweg bis zum Krankenhaus. Wir hasten im Laufschritt über den Marktplatz, rechts die Straße hoch und weiter den steilen Hang hinauf, bis wir das Krankenhaus sehen. Angekommen! Die Stimmung ist angespannt. Momo liegt mittlerweile im Kinderwagen, ist aber noch wach. Auf dem Boot hatte sie 40,6 Grad Fieber. Sie schaut mich aus ihren runden Augen an und sieht ziemlich fertig aus. Wir hetzen in die Notaufnahme. Paul nimmt mich noch mal in den Arm und flüstert mir ins Ohr: »Beruhig dich, alles wird gut. Wir sind jetzt bei Profis, die wissen, was sie tun.« Momo wird Blut abgenommen, ich kann es kaum aushalten. Pauls Vater, der ja Kinderarzt ist, hatte uns gesagt, wir sollten alles mitmachen, die wüssten schon, was sie tun. Aber mein Mutterherz bricht, als ich Momo so dort liegen sehe. Drei Frauen halten sie fest, damit ihr Blut abgenommen werden kann. Sie brauchen mehre Anläufe, jedes Mal stochern sie mit der Nadel in dem kleinen Arm herum, und Momo schreit, wie ich sie noch nie habe schreien hören. »Piiiiks«, ruft sie immer wieder, bis es endlich klappt.

»Wir machen jetzt die Bluttests«, sagt die Ärztin zu mir. »Aber wir müssen auch ihr Fieber senken. Bitte geben Sie ihr das.« Sie hält mir eine kleine Flasche hin. Ibuprofen-Saft. »Haben Sie vielleicht ein Zäpfchen?«, frage ich unsicher. Wir hatten schon mal versucht, Momo Saft zu verabreichen, aber sie hatte ihn ausgespuckt und sich gewehrt. »Wir haben nur das«, sagt sie knapp und geht. Ich versuche es, zusammen mit Paul, aber das meiste geht daneben. Als die Ärzte eine halbe Stunde später wieder Fieber messen, ist es sogar weiter gestiegen. Warum kommen diese verdammten Blutergebnisse nicht?

Die Ärztin kommt wieder. »Wir müssen Ihr Kind an einen Tropf legen, es braucht Flüssigkeit und Antibiotikum.« Ich verstehe nicht. Sollten wir nicht erst mal auf die Blutergebnisse warten? Was, wenn es nichts Bakterielles ist? Wozu dann Antibiotika? Wieder rufen wir Pauls Papa an. Er findet das Vorgehen auch seltsam, bleibt aber bei seiner Meinung. »Tut das, was sie euch empfehlen, ich bin nicht vor Ort, ich kann das nicht so gut einschätzen.« Aber auch er macht sich jetzt große Sorgen.

Wir beschließen, noch mal nach den Blutergebnissen zu fragen. »Die haben wir doch schon längst!«, sagt die Schwester überrascht. »Hat euch das noch keiner gesagt? Deswegen wollen wir doch Antibiotika geben. Ihre Entzündungswerte sind sehr hoch.« Ich fühle eine Mischung aus Erleichterung, Wut und Trauer. Gut: Wir wissen, was es ist. Nicht gut: Warum haben sie uns das mit den Blutergebnissen nicht gesagt? Und die kleine Momo soll drei Tage an den Tropf? Dieser kleine Freigeist, gefesselt an einen piksenden Schlauch?

»Was für ein Glück wir haben«, sagt Paul am nächsten Morgen. Er steht in der offenen Balkontür. Ein leichter Wind weht durch das Krankenzimmer. »Das ist sicher das schönste Krankenzimmer, in dem ich je war«, fügt er hinzu. Was für ein Optimist er doch ist, aber er hat recht. Wir müssen das Zimmer nicht teilen und dürfen hier zu dritt bleiben. Momo schläft am Tropf neben mir. Der Balkon vor dem Zimmer ist überwuchert von knallroten Drillingsblumen. Sogar vom Bett aus können wir über die Dächer des Dorfes Agios Kirykos aufs Meer schauen. An den Wänden hängen Kinderbilder. »Dimitri«, kann ich entziffern, war wohl gestern noch da. Was er wohl hatte? Direkt daneben Bilder von Jesus und Maria.

Wir teilen uns auf: Ich bleibe bei Momo, und Paul bringt uns Leckereien und Spielzeug vom Boot. Aber Momo will nichts essen und sieht weiterhin sehr blass aus. Ich glaube, ich war selten so am Limit, aber egal, wir müssen weitermachen, durchhalten und stark für Momo sein.

Immer wieder will sie sich den Topf abziehen. »Piiiks«, sagt sie dabei weinend. Wir versuchen, sie abzulenken, so gut es geht. In der Zimmerecke steht eine Kiste mit abgewetzten Kinderbüchern, alle auf Griechisch natürlich. Wir erfinden passende Geschichten zu den Bildern. Ich halte Momo im Arm, bis ich meinen Po nicht mehr spüre und Paul mich zwingt, einige Minuten vor die Tür zu gehen. Draußen muss ich direkt weinen. Bringt nichts, durchatmen, Tränen wegwischen und zurück aufs Zimmer.

Endlich! Am dritten Tag gehen die Entzündungswerte runter. Momo lacht wieder ein bisschen und bekommt ihre kleine Persönlichkeit langsam zurück. Der Tropf wird gezogen, und wir müssen ihr jetzt »nur« weitere sieben Tage das Antibiotikum verabreichen. Egal, ich bin erleichtert, dass wir bald wieder aufs Boot dürfen, und vor allem, dass es Momo besser geht.

Am letzten Tag im Krankenhaus liege ich morgens neben Paul im Bett. Wir haben zwei Betten zusammengeschoben und so eine große Liegewiese gebaut. Schon seit unserem letzten Tag auf Fournoi tippt er die ganze Zeit auf seinem Handy herum. Ich stoße ihn in die Seite und frage mit einem Grinsen: »Ey, was machst du da die ganze Zeit?« Seine Antwort ist nicht überzeugend: »Ähm, ich schreibe Tagebuch.« Ich kaufe es ihm nicht ab, aber ahne etwas. »Planst du etwa einen Hochzeitsantrag für mich?«, frage ich vorfreudig. Er lacht verhalten und sagt: »Nein, wäre ja auch nicht besonders romantisch hier im Krankenhaus, oder?« Verräterisch. Irgendetwas führt er im Schilde. Dann grinst er sein breites Lächeln, das ich so liebe. Denn dann strahlt Pauls ganzes Gesicht, und seine süße Zahnlücke kommt zum Vorschein.

Nachmittags dürfen wir los. Wir packen unsere Sachen und sind schnell wie der Blitz ausgezogen aus unserem Familienzimmer. Draußen ist es heiß, und ich merke, dass ich mich doch ein kleines bisschen an die Klimaanlage gewöhnt habe. Hansen begrüßt uns herzlich. Als ich mit Momo im Steuerstand sitze, sagt Paul: »Okay, dann jetzt die Überraschung?« Ich wusste es! Er plant irgendwas. »Jaaa«, rufe ich, immer noch insgeheim hoffend, dass es ein Antrag ist. Hansen klettert in seine Kabine und kommt mit einem Strauß roter Rosen und kleiner weißer Blümchen zurück, überreicht ihn mir lächelnd und gibt mir zusätzlich noch einen silbernen Armreif: selbst geschmiedet aus dem Navigationszirkel von *Ulla*. Ich finde ihn megaschön und bin beeindruckt, wie er das so filigran hier an Bord ohne eine richtige Werkstatt hinbekommen hat. Paul räuspert sich, zückt sein Handy und beginnt zu lesen. Er trägt ein Gedicht vor.

Anna, youthful mother, on a voyage long,
»Alle an Bord«, *their ship, where she did belong.*
From Berlin's embrace, through rivers and seas,
In fourteen months of challenges and mysteries.
Moments of beauty, but also pain and strain,
Anna faced it all, through sunshine and rain.
With Paul and with Hansen, by her side so strong,
And Ronny, the white shepherd, where they all belong.
»The iron Mom« *they'd call her, with pride and glee,*
For their friendship was the treasure in this maritime spree.

Ich versuche, mich zu freuen. Ein Dichter wird aus Paul wohl nicht, es ist ihm offensichtlich auch etwas peinlich, aber na gut, der Wille zählt. Ich umarme beide. Süß, dass sie sich so eine Mühe gemacht haben.

Hansen

Als wir Richtung Mykonos ablegen wollen, kommt der Hafenmeister noch mal zu uns. »Leute, ganz wichtig heute: Ihr müsst mindestens drei Kilometer von Ikaria Abstand halten. Die Fallböen sind extrem. Ihr müsst so weit raus, bis ihr den vollen Wind habt! Das ist echt trügerisch hier.« Wir bedanken uns und legen ab. Es ist eine lange Strecke, die wir heute vor uns haben. Fast 80 Kilometer insgesamt, davon 50 Kilometer auf dem offenen Meer. Zwischen Ikaria und Mykonos kann der Meltemi die Wellen über die ganze Ägäis aufbauen. »Wir können jederzeit umkehren und am Ende der Insel in diesem Dorf hier anlegen«, sage ich beruhigend zu Anna, die sichtlich nervös ist, und zeige auf der Karte auf Karkinagri. Es geht mir mittlerweile richtig nah, wenn sie sich Sorgen macht. Ich merke immer mehr, dass es mir wichtig ist, dass auch sie sich gut fühlt.

Drei Stunden später nähern wir uns dem Kap. »Das sieht schon wild aus da draußen«, sagt Paul, der das Meer mit dem Fernglas scannt. »Aber nicht wilder als auf der Überfahrt nach Ikaria.« Der große Unterschied ist nur: Für die nun vor uns liegende Strecke werden wir mindestens fünf Stunden brauchen und nicht nur eine.

Die Wellen nehmen deutlich zu, als wir um das Kap kommen. Wir haben zur Sicherheit nur das Großsegel oben und das kleine Besansegel eingeholt. Plötzlich knallt eine Wucht von einer Böe in das Segel. Es pfeift, *Ulla* erzittert und neigt sich so weit zur Seite, dass das Wasser über das Schanzkleid läuft. Es ist wie der Aufprall eines anderen Schiffes. »Zehn Beaufort«, schreit Paul mir zu, »schieß in den Wind!« Das Manöver hatte ich bereits eingeleitet, aber *Ulla* reagiert nicht. Ich habe das Steuer auf Anschlag, aber der Bug kommt nicht in den Wind. Was ist los? »Das Großsegel, verdammt, das Großsegel«, rufe ich, und Paul versteht sofort. *Ulla* hat zwei Masten und ist am Wind nur dann in Balance, wenn auch das hintere Segel oben ist. Der Wind drückt über das Großsegel zu weit vorne gegen das Boot und arbeitet dadurch gegen das Ruder. Der Wind peitscht die Gischt der Wellen über *Ulla* hinweg. Das Wasser im Umlauf steht beinahe bis zur Türschwelle. Schnell schiebe ich die Tür zu.

Backflash

Nordsee 1998, 8718 Tage vor der Abreise

Paul

Seit einigen Wochen machen Hansen und ich unseren Segelschein. Wir sind 16 Jahre alt. Den Segelschein haben wir von unseren Großeltern zu Weihnachten bekommen. Wir waren nicht begeistert, hatten allen Mut zusammengenommen und sie gefragt: »Können wir nicht statt dem Gutschein lieber das Geld haben?« Die Antwort war das, was wir befürchtet hatten: »Nein, Segeln ist eine tolle Sache, ihr lernt das nächsten Sommer.«

Mal wieder segeln wir also mit unserem Lehrer Hinni auf das Wattenmeer. Mittlerweile sind auch wir begeistert von dem Sport und können es kaum erwarten, den Schein in den Händen zu halten. Es ist nicht nur das Segeln, sondern die Welt, in die man damit taucht, das Abenteuer. Es ist zunächst eine durchschnittliche Segelstunde: mittlere Windstärke, klarer Himmel ohne Wolken. Die Gezeiten stehen aktuell still, ein paar andere Segler tummeln sich vor der Hafeneinfahrt von Norderney. Wir machen die üblichen Manöver, Segelknoten, Wenden, Halsen, Mann über Bord, und dann wie immer: das freie Segeln. Einfach fahren, wohin man will. Ich sitze an der Pinne der etwa sieben Meter langen Dufour, Hinni entspannt auf der Luvseite und raucht seine Pfeife. Ein alter Zweimaster kreuzt etwas weiter windaufwärts. Hansen beobachtet ihn. »Krass, dem ist grad ein Segel abgerissen«, sagt er, ohne zu ahnen, was er gerade beobachtet hat. Tatsächlich liegt das Boot weit zur Seite geneigt im Wasser, und eines der Segel flattert, nur noch an einem Stück hängend, am Hauptmast. Hinni lässt seine Pfeife fallen. »Schoten auf, Segel runter, sofort!« Er springt auf, um das Großfall zu lösen. Aber es ist schon zu spät. Mit voller Wucht trifft uns die Böe und drückt die Dufour weit zur Seite. Die Schoten können wir noch öffnen, aber die Segel sind so verklemmt, dass wir sie nicht runterbekommen. Durch die Krängung haben wir keine Kontrolle über das Boot. Hinni startet den Außenborder und versucht, es mit der Nase in den Wind zu drehen. Aber durch die Krängung kommt der Außenborder nur sporadisch ins Wasser. Wir treiben auf einen felsigen Buhnenvorsprung zu. »Anker werfen«, ruft Hinni. Todesmutig klettert Hansen in den Bug und wirft den Anker. Ich sitze nur stocksteif da, sehe, wie sich die Ankerleine aus dem Korb wickelt und … mitsamt dem offenen Ende der Leine, das eigentlich am Boot hätte befestigt sein sollen, im Meer verschwindet. Jetzt sind uns die Optionen ausgegangen. Die Buhne ist keine 50 Meter entfernt. »Die Seenotrettung kommt.« Hinni zeigt erleichtert auf das kleine Tochterboot, das der große Kreuzer normalerweise hinten auf dem Heck mit sich führt. Es kommt aus der Hafeneinfahrt geschossen und legt Kurs auf uns an. Keine Minute später wirft uns die Crew eine Leine rüber, um uns aus der Gefahrensituation zu ziehen. Auf den allerletzten Drücker.

»Verdammt«, sagt Hinni, als wir wieder im Hafenbecken sind und Hansen und ich beide heulen. »Ich hab meine Pfeife verloren.« Und dann grinst er uns an. Erleichtert lachen auch wir. Seit diesem Moment wissen wir, dass Segeln immer das Unerwartete, das Unvorhersehbare beinhaltet. Nicht nur wir, keines der anderen Boote hatte den Sturm vorhergesehen. »Was hätten wir gemacht, wenn die uns nicht rausgeholt hätten?«, fragt

Hansen noch, als wir von Bord gehen. »Das wäre das Ende unseres Bootes gewesen, aber wir hätten uns ins Wasser retten können«, antwortet Hinni. Er hatte wohl noch einen Plan B.

Ikaria und Mykonos

Ikaria, 10. bis 18. September 2023, Tag 401

Hansen

»Ich geh das Großsegel auffieren«, sagt Paul, »starte du den Motor.« Mit Vollgas schaffe ich es, *Ulla* in den Wind und die Wellen zu drehen. Paul holt jetzt das Segel ganz ein. »Also brechen wir ab?«, fragt Anna überraschend gefasst, als ob es auch eine Option wäre, weiterzufahren. Aber ist es das vielleicht? Paul hat eine Idee. »Vielleicht bläst es nur um das Kap so heftig. Alle Vorhersagen haben ja etwas ganz anderes gesagt, keine einzige hat zehn Beaufort angekündigt. Wir könnten unter Motor wenigstens noch drei bis vier Kilometer weiterfahren und dann die Lage neu einschätzen.« Wir stimmen zu. Aber nach etwa 30 Minuten sind die Wellen so groß, dass wir es für unverantwortlich halten, auch nur einen Meter weiter aufs Meer zu fahren. Wir drehen um. Etwa zwei Stunden später kommen wir zu dem Hafen bei Karkinagri und sehen uns mit dem nächsten Problem konfrontiert: Er ist zu flach, um in das geschützte Hafenbecken einzufahren. Was die Situation verschärft: Der Motor von *Ulli*, auf dem ich, das menschliche Echolot, die Tiefe kartografiere, geht nun immer wieder aus. Entnervt komme ich zu *Ulla* zurück, die in sicherem Abstand Position gehalten hat. Eine Menge Leute haben sich bereits am Hafen versammelt und beobachten uns. »Wir können uns nur da an die Kaimauer legen«, sage ich und zeige auf eine Betonhalbinsel, die neben dem Hafen aufs Meer hinausgeht. »Aber da gibt es nur wenig Platz, riesige Felsen unter Wasser, und wie ihr seht, kommen die Wellen da ungebremst an.« Ich habe viele Videos von Yachten gesehen, die bei Wellen in Stücke zermahlen wurden. Aber es bleibt uns nichts anders übrig, als es zu probieren. Wir bringen alles an Fendern aus, was wir haben, und Paul fährt *Ulla* vorsichtig an den Liegeplatz. Es ist Zentimeterarbeit und durch die anrollenden Wellen eine echte Herausforderung. Stundenlang versuchen wir alles Mögliche, bis wir eine Lösung gefunden haben, die einige Tage halten sollte. Zig Leinen sind kreuz und quer gespannt und legen unsere *Ulla* wie ein Ungeheuer in Ketten, das sich immer wieder aufbäumt und versucht, sich loszureißen. Als wir nachts schlafen wollen, werden wir in den Betten umhergeschmissen. Außer Momo kann niemand ein Auge zumachen. »Wir müssen ins Hotel gehen«, beschließt Anna am nächsten Morgen, »hier können wir die Tage, bis der Sturm vorbei ist, nicht bleiben.« Wir stimmen zu.

Karkinagri hat kaum Touristen, wunderschöne Tavernen, ins Meer fließende Steinformationen, Steilklippen und dazu einen schnuckeligen Fischerhafen. Das Hotel kostet nur 35 Euro pro Nacht. Paul und Anna haben einen Balkon, der über den Klippen direkt aufs Meer rausgeht, und können *Ulla* beobachten. Ich mache gerade einen Spaziergang mit Ronny, als Paul anruft. »*Ulla* hat sich losgerissen!«, ruft er panisch ins Telefon. »Komm bitte sofort zurück. Sie hängt nur noch an einem Seil fest!« Als wir vor ihr stehen, spülen die Wellen teilweise über den Anleger. Sie haben weiter zugenommen, der Sturm ist jetzt wohl zwischen Ikaria und Mykonos angekommen. Provisorisch befestigen wir eine weitere Leine und verhindern fürs Erste, dass *Ulla* sich ganz losreißt. »Wir brauchen eine andere Lösung«, flucht Paul. Ich wage einen Versuch. »Wir haben ja schon oft in Wellen geankert, da hatten wir das Problem nicht. Die Ankerkette dämpft die Schläge durch die Wellen. Wie wäre es, wenn wir quasi direkt neben der Kaimauer ankern?« Die Idee ist nicht ausgereift, aber Paul versteht den Grundgedanken und greift ihn auf. »Wir müssten zwei Anker ausbringen, um zu verhindern, dass *Ulla* sich drehen kann: einen vorne, einen hinten. Wir nehmen unseren alten Anker und hängen ihn vom Bug auf die Promenade. Den neuen mit der langen Ankerkette hängen wir nach hinten raus und legen ihn hinter einen der großen Steine unter Wasser. So können sich beide unmöglich lösen, und die Ketten dämpfen die Schläge.« Eine Stunde und zahllose Tauchminuten später ist die Idee umgesetzt. *Ulla* schwingt mit den Wellen mit und kann sich parallel zur Kaimauer frei bewegen. »Im Grunde ist das jetzt wie Muring, nur dass wir parallel zur Kaimauer liegen«, sagt Paul zufrieden. »So kann der Sturm kommen«, sage ich und schaue zum Kap. Ich sehe eine Fähre, die gerade Richtung Mykonos fährt. Die Wellen brechen gegen sie, und die Gischt wird vom Wind über die Fähre hinweggetragen. »Gut, dass wir nicht da draußen sind«, sagt Paul, der meinem Blick gefolgt ist.

Anna

Seit gestern redet Paul nur noch vom Schnorcheln. Er liebt das und kann wie ein Seeotter ohne Probleme stundenlang im Wasser bleiben. »Hansen hat uns doch angeboten, dass er auf Momo aufpassen kann, wenn wir gehen«, erinnert er mich.

Also Bikini an, und los geht's. Paul hat seine Schnorchelausrüstung schon an, Taucherbrille, Flossen und sogar den Schnorchel im Mund, er watschelt zum Ende des Stegs und springt in voller Montur ins Wasser. Ich gehe hinterher, drehe mich um und winke noch mal Momo zu, die ein paar Meter entfernt Steine mit Hansen begutachtet.

Paul liegt schon wie ein Otter im Wasser, verschränkt die Arme vorm Bauch und macht die passenden Geräusche dazu, er ruft: »Los, komm endlich rein, das Wasser ist mega.« Es ist hier so klar, dass wir ohne Probleme den Boden sehen können, der teilweise bestimmt acht Meter unter uns liegt.

Ich höre nur noch das regelmäßige Atemgeräusch durch den Schnorchel, fühle Paul neben mir. Ich schaue ihn an und gebe ihm ein Okay-Zeichen. Wir sind beide gute Schwimmer und entfernen uns immer weiter vom Anleger. Die Felsen unter Wasser sind perfekt abgerundet, alles sieht aus wie in einer Traumwelt, am Grund wächst dunkelgrünes Seegras. Ich atme tief ein und tauche hinunter. Beim Schnorcheln ist Paul meistens irgendwo am Grund, er kann lange die Luft anhalten und gleitet wie ein Rochen durchs Seegras. Er dreht sich nur ab und zu um, schaut nach mir oder kommt an die Oberfläche, um Luft zu holen. Mir ist es meistens egal, wie lange ich unter Wasser bleibe, ich mache Purzelbäume und genieße die Schwerelosigkeit. Wir steuern immer weiter auf einen Felsen zu, der mit der oberen Hälfte aus dem Wasser ragt. »Komm, noch ein Stückchen«, sagt Paul, »den möchte ich mir mal genauer anschauen. Los, noch ein bisschen, es wird bestimmt noch vieeeel schöner!« Er muss lachen, weil er diesen Satz ungefähr hundertmal auf dieser Reise gesagt hat und er sich zu einem Running Gag zwischen uns entwickelt hat. Also geht's weiter, der Fels sieht wirklich beeindruckend aus.

Wir tauchen um ihn herum, und ich knutsche Paul unter Wasser. Seit Marmara Ada ist das unser erstes Date ohne Momo. Paul schwimmt an einer kleinen Höhle vorbei und hält plötzlich inne. Dann dreht er sich um und winkt mich aufgeregt zu sich. In der Höhle hat sich wohl irgendwas versteckt? Als ich unten ankomme, sehe ich eine verrostete Kiste. Wow, typisch für ihn, jetzt finden wir noch irgendeinen alten Schrott, den wir ans Boot bauen können, denke ich.

Paul zieht das Teil aus der Spalte, und wir schwimmen zurück an die Oberfläche. Ich reiße mir die Maske vom Gesicht. »Was ist das denn?« Die Kiste sieht uralt aus, alles ist verrostet, und die Oberfläche ist mit einem breiten Mäandermuster übersät. Auch Paul schaut ungläubig. »Das sieht aus wie eine Truhe!«

Ich nehme sie ihm aus der Hand und merke, wie schwer die Kiste ist. An der Oberseite ist ein Loch, das aussieht wie ein Schlüsselloch. Ich schüttele sie. Es klappert. »Irgendwas ist da drin! Lass uns zurückschwimmen, das müssen wir uns an Land anschauen.«

Der Rückweg gestaltet sich länger als gedacht, die Kiste ist wirklich schwer. Der Steg kommt gefühlt nicht näher, obwohl wir ja sogar Flossen anhaben und eigentlich schnell vorankommen sollten. Ich sehe Hansen am Steg und rufe ihm zu: »Wir haben einen Schatz gefunden!« Paul hebt die Kiste hoch. Hansen ruft zurück: »Sieht eher aus wie eine Batterie oder so.« Für einen kurzen Moment bin ich ernüchtert. Aber eine Batterie mit Schloss und Mäandermuster?

Hansen filmt uns mit seinem Handy. Wir schauen uns die Truhe genauer an, eine Münze fällt heraus. »*Whaaaaat?*«, staune ich. Auch Momo kommt jetzt über die Promenade zu uns gedackelt. »Schau mal, Momo, wir haben einen ...«

Den Satz beende ich nicht. Um Momos Hals hängt eine goldene Kette und daran ... ein eiserner, verrosteter Schlüssel.

Plötzlich wird mir alles klar. Paul hat die ganze Nummer eingefädelt. Ich fange an zu lachen und schaue ihn an, er grinst übers ganze Gesicht. »Nicht dein Ernst«, sage ich. Ich nehme Momo den Schlüssel ab, aber eigentlich weiß ich schon, was in der Kiste ist. Mit einem Klick öffnet sich die Truhe. In ihr liegen unzählige goldene Münzen und ganz oben: ein goldener Ring. Paul dreht mich zu sich und sagt in unserer gespielt debilen Sprache: »Heirate, heirate?« Ich muss lachen, weinen, springen, ich könnte explodieren vor Freude. »Jaaaa«, rufe ich laut, »jaaaa.« Zwei Omas in gestreiften Badeanzügen, die etwas abseits auf einer Bank sitzen, fangen an zu klatschen. Hat Paul die etwa auch da drapiert? Egal, meine Gedanken überschlagen sich. Dieser alte Abenteurer. Hat er mir wirklich einen Antrag gemacht? Wir werden heiraten!

Paul

Diesen Moment werde ich nie vergessen. Wie sehr habe ich darauf hingefiebert! Seit zwei Wochen habe ich den Antrag zusammen mit Hansen in jeder Minute, in der Anna nicht da war, geplant. So vieles hätte schiefgehen können. Angefangen hatte alles in Fournoi, an dem Abend, an dem Anna sauer war, weil ich mit Hansen bis spät in die Nacht in der Taverne gesessen hatte. »Ich will Anna heiraten«, habe ich Hansen gesagt. »Und ich brauche deine Hilfe, es soll ein ganz besonderer Antrag werden!« Stundenlang redeten wir über meinen Wunsch, aber auch über das, was er in Hansen auslöst. Er weinte – vor Freude, aber auch vor Trauer. »Weißt du, Paul, das ist irgendwie wie die Unterschrift unter dem Vertrag, dass wir getrennte Wege gehen wollen«, sagte er. »Du warst immer für mich da und ich für dich. Aber du hast jetzt einen neuen Anker. Wen habe ich?« Ich nahm ihn in den Arm. »Hansen, wir werden immer füreinander da sein. Das wird sich nicht ändern, bis einer von uns stirbt.«

In den folgenden Tagen entwickelten wir die Idee des Schatzes.

Dann wurde Momo krank. Als wir im Krankenhaus waren, verbrachte Hansen Tage und Nächte damit, die perfekte Schatztruhe zu bauen. Erst klapperte er alle Läden auf Ikaria ab, fand aber nur billige Souvenirs. Dann entdeckte er auf dem Müll einen alten, verrosteten Gullydeckel, den er auf magische Weise in die Schatztruhe verwandelte. Aus der Schließschraube eines Bullauges von *Ulla* schmiedete Hansen den Ring. Weil wir nicht messen konnten, ohne Verdacht zu schüren, welche Ringgröße Anna hat, designte Hansen den Ring so, dass er mit einer Madenschraube einstellbar ist. Der Innensechskant der Schraube sieht von außen aus wie ein zum Sechskant geschliffener Diamant, und die Tatsache, dass es eine »Maden«-Schraube ist, die den Ring für immer auf Annas Finger halten soll, ergänzte das Schmuckstück um unseren gegenseitigen Spitznamen. Aber damit nicht genug: Hansen kannte unseren Zwei-Wespen-Vertrag. Die »In-Bus«-Schraube war zusätzlich eine Anspielung auf unseren Bus-Traum! Als Hansen den Ring hochglanzpoliert hatte, sah das Messing aus wie echtes Gold, und auf der Innenseite hatte er mit viel Liebe noch den Satz »Made in Love« eingraviert. Einen besseren Ring hätte ich niemals bekommen können. Ständig schickte er mir Bilder von dem Fortschritt, oft um drei Uhr morgens. Damit Anna nichts mitbekommt, hatten wir vereinbart, uns auf WhatsApp sinnlose Nachrichten zu schicken, die Hinweise waren, auf Telegram zu schauen, was der andere im geheimen Chat geschrieben hat. So bekam ich zum Beispiel das Foto eines stinknormalen Fensters mit dem Text: »Geniale Idee, oder?« Nichts sollte die Überraschung zerstören. Und dann lag ich im Krankenhaus neben Anna, und sie hatte Verdacht geschöpft. Und statt einfach mitzuspielen, haut sie es auch noch direkt raus. »Planst du einen Heiratsantrag?« Ich hätte sie töten können! Die Überraschung war versaut. »Nein, es gibt einen Weg«, schrieb mir Hansen, als ich ihm davon berichtete. »Wir machen ein Täuschungsmanöver. Ich kaufe Blumen, schmiede noch schnell einen Armreif aus dem Navigationszirkel, und du musst auch irgendwas machen.« Ich überlegte fieberhaft, aber ich hatte nur noch vier Stunden, bis wir am Boot sein würden. Basteln konnte ich im Krankenhaus nichts. Dann kam mir die Idee, ChatGPT damit zu beauftragen, mir ein Gedicht für Anna zu schreiben. Ich fütterte das System mit allen Informationen über die Reise, und heraus kam ein Gedicht auf Englisch, das ich niemals ernsthaft hätte vortragen wollen. Aber dadurch war es perfekt. Es würde Anna enttäuschen und gleichzeitig täuschen. Wie peinlich der Moment war, als ich es vorlas! Ich konnte es kein einziges Mal üben, und inhaltlich war es mehr als schwach. Aber die Täuschung funktionierte. Diese Reise hat mich sicher gemacht, dass Anna die Richtige ist. Mit keiner anderen hätte ich sie machen können. Die Leichtigkeit, mit der wir trotz all der Strapazen immer noch miteinander umgehen, das unerschütterliche Vertrauen, das wir ineinander haben, die gemeinsamen Zukunftspläne, Momo, unser gemeinsamer Humor, unsere Spontanität, und nicht zuletzt, die tiefe Verbundenheit, die ich mit ihrer Seele fühle.

Wir werden heiraten, Anna.

Hansen

Ich bin ein schlechter Schauspieler und muss mich konzentrieren, nicht zu grinsen, als die beiden an Land kommen. Ich halte Momo fest und versuche, noch ein wenig den Schlüssel um ihren Hals zu verdecken. Aufgeregt untersucht Anna die Kiste. Eine goldene Münze fällt zu einem Spalt heraus. Sie ist jetzt überzeugt, dass ein Schatz darin ist. Ihr fällt nicht auf, dass es bulgarische

Stotinki sind, die wir noch in Massen von unserem Aufenthalt übrig haben. Ich lasse Momo los. Sie tapst barfuß in Richtung Kiste, und als Anna sie ihr zeigen will, sieht sie den Schlüssel an der goldenen Kette um den Hals ihrer Tochter. Es dauert noch ein paar Sekunden, bis sie diese Information verarbeitet hat. Dann schaltet sie. »Ist das wahr?«, schreit Anna Paul an. Sie nimmt den Schlüssel von Momos Hals, steckt ihn in die Öffnung der Kiste, es klickt, der Deckel öffnet sich, und auf einem Mix aus goldenen Schokoladenherzen und Münzen blinkt sie der Ring an. Sie greift nach ihm, aber Paul schnappt ihn ihr weg, geht auf die Knie und fragt sie in Maden-Manier: »Heirate, heirate?« Anna ist völlig aus dem Häuschen, zieht Paul hoch zu sich, ruft laut »Jaaaaa« und … springt ihn an. Paul versucht noch, sie zu halten, aber der Mix aus Sonnencreme und Wasser bietet keinen Halt, und so rutscht sie ab und knallt hart mit Paul auf den Boden, mit ihrem Hintern auf die offen stehende, rostige und scharfkantige Schatztruhe, in der Momo gerade neugierig die Schokoherzen untersucht. In diesem Moment rechne ich mit dem Schlimmsten. Momo und Anna, schwer verletzt im Moment des Antrages, was für ein Horror. Aber Momo schaut nur verdutzt nach oben. Sie hat mittlerweile eines der Schokoherzen in ihrem Gesicht verteilt. Annas Hintern hat einen langen, tiefen Kratzer. Aber eben »nur« einen Kratzer. »*What the fuck*«, sage ich so kreidebleich, wie man eben, wenn man braun gebrannt ist, nur sein kann. Anna dreht sich jetzt zu mir, umarmt mich heftig und bringt mich damit zurück in den Moment. »Ähm, ja, ähm. Komm mal mit. Ich habe da noch was vorbereitet.« Im letzten Hafen hatte ich eine großen Sack Eis gekauft, Champagner geholt und in der mit Yogamatten isolierten Bilge kalt gestellt. An einem Ort also, der sich Annas Aufmerksamkeit bisher immer entzogen hatte. Als die beiden schnorcheln waren, habe ich eine Decke unter einem Strohschirm ausgebreitet, Gläser mit Eis gefüllt und den Champagner in Momos Töpfchen kalt gestellt. Dazu eine Menge Snacks, »Bamms« und einen bequemen Liegestuhl für die Braut. Wir setzen uns in den kühlen Schatten und lassen die Korken knallen. Anna erkennt jetzt, wie viel Mühe Paul und ich uns in den letzten Wochen gegeben haben, weint, lacht, jubelt immer und immer wieder. Dann umarmt sie mich noch mal sehr lange. »Das Eis schmilzt«, sage ich zu ihr und deute auf die drei neben uns stehenden Gläser. Anna entgegnet: »Das Eis ist schon geschmolzen.« Und ich weiß, was sie damit meint.

Der Tag wird zum wohl schönsten auf der Tour, den wir zu dritt verbringen. Die neugierige Dorfgemeinschaft bekommt natürlich alles mit, und immer wieder kommen Menschen, um Paul und Anna zu gratulieren. Wir leben wie die Maden im Speck, trinken, essen, lachen. Momo darf alle Schokoherzen essen und ist überglücklich, Ronny liegt inmitten des Geschehens und wird von allen durchgekrault. Noch bevor die Sonne untergeht, verabschieden sich Momo, Paul und Anna ins Hotel. Ich sitze noch eine Weile mit Ronny am Ufer und grinse tief in mich hinein und aufs Meer hinaus. Paul und Anna sind ein so besonderes Paar. Und ich freue mich zutiefst für die beiden. Was sie mir vorgelebt haben, wie sie sich immer wieder zusammenraufen, wie liebevoll chaotisch sie miteinander sind, hat mein Bild von einer Beziehung verändert. Bonnie ..., denke ich und schau der sinkenden Sonne hinterher.

Der letzte Teil unserer Fahrt nach Mykonos ist vermutlich der beste Segeltörn, den ich je erlebt habe. Bei regelmäßigen acht Beaufort segeln wir mit abenteuerlicher Krängung der sinkenden Sonne entgegen. Die Gischt der kleinen Wellen spritzt über den Bug von *Ulla* und leuchtet wie ein goldener Regen im Abendlicht. Pünktlich zum Einbruch der Nacht erreichen wir die Bucht Agia

Anna. »Poseidon war mal wieder auf unsrer Seite heute«, sagt Paul mit müdem, aber sehr zufriedenem Gesicht.

Paul

Die Tage hier in Agia Anna sind zäh. Irgendwie fühlen wir uns fehl am Platz. Um uns herum ankern Luxusyachten. Aber wir kommen nicht weg, denn es stürmt, und sogar in dieser leicht geschützten Bucht kommt der Wind auf bis zu zehn Beaufort. Für die Touris auf ihren Motorbooten bedeutet das lediglich, unter Deck zu gehen und noch eine Flasche Schampus aufzumachen. Wie wird es wohl, wenn wir zurück in Berlin sind? Werde ich erleichtert sein? Werde ich wehmütig an die Tour zurückdenken? Ich kann es nicht sagen. Vorhin lief ich eine Straße entlang und atmete den warmen Duft der Sträucher ein. Ich hielt inne und bemerkte, wie wenig ich den Moment wahrnehmen und genießen konnte. Mein Kopf trieb mich: einkaufen, zurückgehen, Momo ins Bett bringen. Wie sehr hatte ich mich auf das Schwarze Meer und aufs Mittelmeer gefreut, auf schöne Buchten, weiße Strände, Sonnenuntergänge über dem Wasser. Nun war ich mittendrin und mit meinem Kopf ganz woanders. Warum?

Ich mache mir Sorgen, weil der Sturm seit Tagen tobt. Wir müssen noch etwa 150 Kilometer weiter nach Athen. Auf dem Weg sind viele Meeresstrecken dabei. Kurz vorm Ziel scheint das Schicksal uns noch einmal fordern zu wollen. Die zwischenmenschlichen Hürden sind genommen, jetzt meldet sich der Wettergott. Wir bündeln also gerade all unsere Kräfte und Energie für das Grande Finale.

Außerdem hat der Motor von *Ulli* komplett den Geist aufgegeben, nach wie vor lässt er sich nur mühevoll starten, wenn man das Tankventil zudreht, und geht dann nach einer Minute wieder aus, weil kein Sprit mehr kommt. Was das Problem verschärft, ist die Tastsache, dass der Wind hier ablandig bläst. Wenn man also auf dem Rückweg zu *Ulla* einen Motorausfall hat, besteht die Gefahr, direkt aufs Meer geweht zu werden. Ohnehin ist es immer ein ziemlicher Akt, zum Beispiel mit Momo von Land an Bord zu kommen. Die Überfahrt an sich ist nicht das Problem, aber sie aus dem kleinen, wackeligen *Ulli* an Bord zu heben, sodass es sicher ist, braucht viel Koordination.

»Lass uns das Scheißding endlich reparieren«, sagt Hansen, als er gerade mit Ronny von Land mit dem Beiboot zurückkommt. »Das ist ein Zweitakter, das kann kein Hexenwerk sein.« Wir sind uns sicher, dass es ein Problem mit dem Vergaser ist. In Onlineforen heißt es, die Symptome könnten auf ein defektes Schwimmerventil hindeuten. Also bauen wir das Ding auseinander und reinigen das Ventil, aber Fehlanzeige. Nach fast drei Stunden Fluchen, Demontieren, Montieren, Testen und Scheitern entdecken wir endlich die Ursache: Ein winziger Riss in einem Dichtungsring sorgt dafür, dass der Sprit durch die Wand des Vergasers und dadurch am Schwimmerventil vorbei direkt im Vergaser landet. Nur leider ist genau dieses Teil nicht leicht zu ersetzen. Mit Pinzette und angehaltener Luft legen wir vorsichtig kleine Bahnen aus Teflon-Tape auf die Stelle, und als wir den Motor wieder zusammengebaut haben, springt er an und läuft wie neu.

Aber das ist nur eins unserer Probleme. Wir haben hier keinen Landstrom, und bei dem Wind können wir die Sonnenflügel nicht ausfahren. Seit diesem Morgen ist der Strom alle, und auch der Dieseltank läuft auf Reserve. »Ich glaube, wir können das Risiko doch eingehen, sie auszufahren«, sagt Hansen nach dem Mittagessen. »Wir brauchen Strom, ohne fließendes Wasser, Licht und Strom für Telefone und Co. ist es hier bald nicht mehr auszuhalten.« Wir machen einen Plan, wie wir die Sonnenflügel so verzurren können, dass sie im Wind wenig Angriffsfläche haben. Zunächst scheint alles zu funktionieren. Als ich mittags gerade Momo ins Bett bringen will, höre ich, wie eine Böe über *Ulla* hinwegzieht. Das ganze Schiff pfeift und bebt. Erst mal nichts Besonderes. Aber dann schreit Hansen: »Scheiiißeeeee«, gefolgt von einem lauten Krachen. Es klingt ernst, sehr ernst. Schnell drücke ich Anna Momo in die Hand und gehe auf Deck. Eine der hinteren Solaranlagen hat sich aus ihren Befestigungsseilen befreit und mit der Böe in voller Breite quer zum Wind gestellt. Dadurch ist sie mit voller Wucht nach hinten geknallt und hängt nun in einer sehr ungesunden Position. Hansen versucht, sie aus dem Wind zu drehen, um den Druck rauszunehmen. »Hilf mir verdammt!«, ruft er, aber es ist zu spät. Mit einem Knarzen und Krachen hebt sich die Verankerung aus der Terrasse, die Dielen splittern, und die komplette Anlage kracht ins Wasser. Ich sehe, wie sie untergeht, langsam, aber unaufhaltsam. Wo eben noch der Fuß in der Terrasse verankert war, ist ein großes Loch gerissen. Die Solarflächen glänzen auf eine ganz besondere Art, wenn sie unter Wasser sind. Beinahe wie Perlmutt. Auch Hansen steht fassungslos da. Einen Moment passiert nichts. Ist das das Ende unseres Elektroantriebs? So kurz vor dem Ziel?

Hansen reißt mich aus der Lähmung. »Sie hängt fest, Paul, die Solaranlage hängt noch an einem Seil«, ruft er. Tatsächlich, die Anlage hat in etwa zwei Metern Tiefe aufgehört zu sinken. Sie hängt nun senkrecht unter Wasser. »Hilf mir, sie rauszuziehen!« Mit vereinten Kräften ziehen wir am Seil, aber die Anlage ist zu schwer, und das Wasser und die Wellen bremsen sie zusätzlich. Die Solarpaneele sind für Hausdächer konzipiert und ganz sicher nicht bis zwei Meter Tiefe wasserfest. Aber können wir wenigstens die Konstruktion retten? »Ich hole *Ulli*«, rufe ich Hansen zu.

»Vielleicht schaffe ich es, sie mit einer Seite auf ihn draufzuziehen.« »Nimm Schnorchel und Taucherbrille mit!«, ruft mir Hansen hinterher. Die Anlage hängt senkrecht im Wasser. Als ich runtertauche, um an dem tief nach unten hängenden Ende ein zweites Seil zu befestigen, sehe ich, wie an einem abgerissenen Kabel der Anlage kleine Bläschen aufsteigen. Sie scheint sogar hier noch etwas Strom zu produzieren. Ist sie vielleicht zu retten?

Über das zweite Seil kann ich die Anlage in die Waagerechte bringen. Mit beiden Seilen heben wir sie bis an die Wasseroberfläche. Auf der einen Seite hängt sie nun nach wie vor an *Ulla*, mit der anderen hängt sie am Bug von *Ulli*. Von hier aus lässt sie sich mithilfe eines Spanngurtes zurück auf die Terrasse ziehen. Anna steht mit Momo in sicherem Abstand und versucht, ihr die Szene zu erklären. »Schau mal, die Jungs haben eine große Solaranlage geangelt. Vielleicht passt die ja dahin, wo vorhin noch die andere war?« Kurz muss ich lachen, aber nur kurz. Die Anlage vor mir ist ein trauriger Anblick. Das Stehrohr, um das sich die Anlage schwingen kann, hat sich aus der Alukonstruktion der Terrasse gerissen. Eine der Schubladen hängt nur noch einseitig an einer verbogenen Führung fest, und das wohl Schlimmste: Ein zentrales, tragendes Stück der Aufhängung hat sich verbogen. »Wie kann das sein?«, wundert sich Hansen. »Das Ding ist fast sieben Zentimeter breit und hat sich der Breite nach verbogen? Das ist speziell gehärtetes Aluminium.« Es ist wirklich kaum zu glauben. Aber der Impuls, den die Anlage aufgebaut hat, als sie vom Wind gepackt und nach hinten geschleudert wurde, war wohl enorm. »Kein Wunder, dass die Halterung abgerissen ist«, fügt Hansen hinzu. »Lass mal kurz die Panels elektrisch durchmessen, vielleicht erzeugen sie ja noch Strom«, schlage ich als ersten Schritt vor. Und tatsächlich erzeugen sie exakt das, was sie erzeugen sollen. Auch unter der Oberfläche des Glases ist keine

Feuchtigkeit zu erkennen. Wir stellen also fest, dass Hausdachanlagen durchaus bis zwei Meter Tiefe wasserfest sind. Auch der Rest des Schadens lässt sich nach einer genaueren Beurteilung reparieren. »Aber wir müssen dazu in einen Hafen, nach Mykonos Stadt«, sagt Hansen. »Morgen soll der Sturm nachlassen. Dann können wir versuchen zu segeln. Aber zur Sicherheit müssten wir noch etwas Diesel holen, der ist ja auch auf Reserve.«

Mykonos, Tinos & Gyaros

Mykonos, 20. bis 24. September 2023, Tag 411

Anna

»Wir müssen abbrechen«, ruft Paul, als wir uns Mykonos nähern, »die Wellen und der Wind sind zu heftig. Aber wir können versuchen, da hinten zu ankern«, fügt er hinzu und zeigt auf die Bucht bei Ornos, in der sich die Luxusyachten aufreihen wie eine Perlenkette. *Ulla* sticht wieder mal raus. Ich finde die ganzen Yachten unpersönlich, eine gleicht der anderen, und sie erinnern mich an überdimensionale Plastikbrotboxen.

Die Suche nach einem passenden Ankerplatz gestaltet sich schwierig. Der Anker muss halten, sonst laufen wir Gefahr, auf eine der anderen Yachten zu treiben. Nicht auszumalen, was das bei diesen hochglanzpolierten Dingern für einen Schaden bedeuten würde. Der Boden ist leider ziemlich sandig und der Wind so stark, dass der Anker einfach nicht halten will.

»Aber das ist die einzige freie Stelle, wo wir genügend Platz zu den riesigen Yachten haben«, stöhnt Paul am Steuer. »Ich muss runtertauchen und schauen, ob dort irgendwo ein Felsen ist, an dem wir ihn festmachen könnten. Anna, übernimmst du das Steuer?«

Wenige Minuten später taucht Paul prustend neben *Ulla* auf, zieht sich die Froschbrille vom Gesicht und lacht triumphierend. »Da vorne ist es perfekt! Hansen, kannst du mir den Anker runterlassen, ich mach ihn an einem Felsen fest.«

Auf der Tour gab es unzählige solche Momente. Erst denken wir, es gibt keine Lösung, und dann gibt's sie eben doch. Ich glaube, dass das eins der vielen Dinge ist, die für mich den Spirit dieser Reise ausmachen: das Vertrauen in Improvisation. Jetzt, wo wir so kurz vor unserem Ziel Athen sind, werde ich wehmütig. Diese Tour gehört zu der anstrengendsten, aber auch gleichzeitig wundervollsten Zeit meines Lebens. Nur noch wenige Wochen, ich will sie komplett genießen.

Paul, Momo und ich machen uns mit *Ulli* auf den Weg zum täglichen Landgang. Momo ist aufgekratzt und braucht unbedingt Auslauf. An Land merken wir, dass es sich bei dem Strand anscheinend um einen Privatstrand handelt, alles ist ziemlich fancy, und es gibt keinen offiziellen Weg zur Straße, sondern nur zu den dahinterliegenden Villen. Nach ewiger Suche finden wir einen schmalen Durchgang, einen Regenwasserkanal. Wir klettern über Rohre und ein hohes Tor und gelangen so zu einem Basketballplatz mit blauem weichem Bodenbelag. Momo ist ganz begeistert und rennt quietschend vor Freude im Kreis. Paul und ich folgen ihrem Vorbild und spielen Wettrennen. Ich lasse mich auf den Boden fallen und liege, alle viere von mir gestreckt, laut lachend auf der Erde. Momo springt zu mir und dann auch Paul. Von außen müssen wir ein lustiges Bild abgeben, wie wir so zusammen daliegen. Wir sind albern, und ich spüre zum ersten Mal deutlich, dass aus unserem kleinen »Moms« immer mehr eine eigenständige Person wird.

Am nächsten Morgen geht es weiter, die Überfahrt nach Mykonos Stadt läuft reibungslos. Nach einem kurzen Einkauf im Baumarkt machen sich Hansen und Paul an die Reparatur der

Solaranlage, während ich mit Momo die Stadt besichtige. Als ich zurückkomme, sehe ich schon von Weitem, wie Paul auf halber Höhe am Mast hängt. »Mehr Seil«, ruft er Hansen zu, seine Stimme klingt angespannt. Gerade versucht er, um die Saling herumzuklettern, während Hansen ihn mit der Ankerwinde hochzieht. Nichts an der improvisierten Konstruktion ist für das Klettern gemacht, weder die Winde noch das Seil. Natürlich hält die Ankerwinde viel mehr Last als Pauls 80 Kilo, aber wenn sie abreißt, ist normalerweise auch nur ein Anker verloren und kein Menschenleben. Die Sache ist mir unheimlich. Immer höher zieht er Paul, der sich zusätzlich ängstlich um den Mast klammert. »Noch ein Stück, und ich komme ran«, ruft er. Dann nimmt er sich das Großfall vom Gürtel zwischen die Zähne und versucht, das offene Ende durch den Mast zu fädeln. Minuten vergehen. »Kannst du es nicht einfach durchstecken?«, ruft Hansen genervt von unten. »Hansen, was denkst du denn? Wenn ich es einfach durchstecken könnte, würde ich ja wohl einfach durchstecken, oder?« Ich muss lächeln und schaue Hansen an. »Hast du noch irgendwelche guten Tipps für ihn?«, frage ich. Auch er muss lachen und ruft dann: »Pass auf, dass du nicht runterfällst!« Paul findet die lustige Stimmung bei uns weniger amüsant. »Könnt ihr bitte einfach darauf achten, dass das Seil hält? Mir ist grad nicht zum Spaßen zumute.« »O ja, stimmt, gut, dass du es sagst«, stichelt Hansen zurück.

Als Paul wieder unten ist, zittern seine Beine. »Mann, ich bin einfach nicht gemacht für solche Sachen!«, und dann, zu Hansen gewandt: »Wieso klettere eigentlich ich da hoch, wenn du das verbockt hast?« »Weil wir auf dich am ehesten verzichten können«, kontert Hansen mit breitem Grinsen.

»Dann sind wir jetzt wieder startklar«, frag ich in die Runde. »Ja, auf nach Athen!«, sagt Hansen. »Na ja, erst mal nach Tinos, dann nach Gyaros, dann Kea und dann Athen«, ergänzt Paul besserwisserisch.

»Paul, eine fehlt noch! Hast du Momos Puppe gesehen?«, frage ich Paul, während wir zusammenpacken. »Popo, Popoooo«, ruft Momo und meint damit ihre Puppe. »Nein, die hatten wir doch gestern noch dabei? Haben wir sie im Restaurant vergessen?« Wir suchen überall, aber die Popo bleibt verschwunden. Momo ist untröstlich. Wie konnten wir die heiß geliebte Puppe nur verlieren? »Momo, die Puppe ist schon nach Berlin vorgereist, die wartet auf uns«, versuche ich, sie zu beruhigen, es hilft. Wir beschließen, ihr so schnell wie möglich eine neue zu besorgen, sobald sich die Gelegenheit ergibt. Aber bis Athen wird das sicher warten müssen.

Hansen

Mit Tinos empfängt uns ein winziges, verschlafenes Örtchen. Ein kompletter Kontrast zu Mykonos – aufatmen. Am Ufer erkenne ich einen wunderschönen Strand mit feinem, fast schwarz aussehendem Sand. Eine Besonderheit, alle Strände in Griechenland sind meist mit Kieseln bestückt. Endlich kann Ronny mal wieder richtig rennen. Wir werfen *Ullas* Anker in der Bucht, der Sandboden bietet wieder mal keinen perfekten Untergrund dafür, aber es ist komplett windstill, und wir sind in der Nähe.

Ich denke zurück an die letzten Wochen. Es ist so viel passiert, und immer waren wir als Team eine Einheit. Als es Ronny schlecht ging und er jede Nacht zigmal an Land musste, hat Paul mit mir Wache gehalten, hat geschaut, dass ich mit *Ulli* sicher an Land und wieder zurück komme. Als ich mich dann entschieden habe, mit Ronny in einer Höhle auf Mykonos direkt an der Bucht zu übernachten, um ihm den Stress mit *Ulli* zu ersparen, hat

Anna mir beim Packen geholfen und sogar Käseschnittchen gemacht. In der Höhle saß ich dann mit Ronny und habe auf den Reichtum von Mykonos herabgeschaut. Ich war glücklich und habe gemerkt, dass ich im Leben kein Geld, sondern Freunde wie Paul und Anna brauche.

»Das einzige Problem ist, dass es hier keinen Laden gibt, in dem wir Wasser und Essen kaufen können. Der nächste liegt fünf Kilometer den Berg rauf«, sage ich zu Anna, die gerade Momo über eine kleine Mauer balancieren lässt.

»Kein Problem. Morgen machen wir eine Wanderung. Und die wird zauberhaft«, ist ihre sehr überzeugende Antwort.

Der Weg zu dem kleinen Laden ist abenteuerlich. Wir laufen durch verlassene, alte Dörfer, die aus Stein erbaut sind. Hier und da gibt es kleine Brunnen, an denen Wasser aus dem Boden sprudelt. Ronny ist begeistert. Aber die Zeit sitzt uns im Nacken, denn der Laden macht an diesem Samstag um 14 Uhr zu und dann erst am Montag wieder auf. Nur wenn wir schnell sind, schaffen wir es noch pünktlich. Wir machen ein Spiel daraus, suchen uns Dinge, die wir sehen, und rufen dann in die Runde: »Wer zuerst bei der Ziege ist, hat gewonnen.« Momo findet das sehr witzig, wir schwitzen und sind außer Atem. »Da könnten wir abkürzen, dann schaffen wir es vielleicht noch«, sagt Paul, der wie so oft die Navigation übernommen hat. »Schlägt Paul uns vor, durch den Abwassertunnel in das Zentrum des kleinen Bergdorfes zu rennen?«, frage ich mit zweifelnder Stimme Anna. »Ja, los geht's«, ist ihre Antwort. Wie Geheimagenten auf der Flucht rennen wir in das Dunkle des Tunnels, an dessen Ende das gleißende Licht des Tages einen Ausgang verspricht. Und tatsächlich: Eine kleine Treppe führt uns direkt auf den zentralen Dorfplatz. Ein paar Menschen, die sich in der Mittagshitze in ihre kühlen Häuser zurückgezogen haben, schauen ungläubig aus den Fenstern, als wir im Gänsemarsch aus der Kanalisation geklettert kommen. Am Ende des Platzes ist der Laden. Es ist 13:56 Uhr, ich renne los. Ich blicke hinein und sehe gerade noch den Rücken einer Frau hinter einem Vorhang verschwinden. Ich drücke die Klinke – geschlossen. »Das kann ja wohl nicht wahr sein«, fluche ich und drehe mich zu Paul und Anna um ... Aber die grinsen. Dann höre ich hinter mir: »*What do you need?*« Ich drehe mich um und blicke ins Gesicht der Frau, die gerade durch den Vorhang verschwunden war und jetzt in der Tür hinter mir steht.

Der Einkauf könnte nicht witziger sein. Die Frau im Laden spricht gut Englisch und hat alles da, was unsere Gaumen begehren. Die Einzige, die still dasteht, als hätte sie Wurzeln geschlagen, ist Momo. Ich folge ihrem Blick und muss lachen: Ganz oben im Regal des kleinen Ladens sitzt eine Puppe, verstaubt und von den Jahren ausgebleicht. Auch die Verkäuferin sieht das und macht etwas, was den Tag für Momo rettet: Sie holt eine Leiter und die Puppe herunter, gibt sie Momo und uns zu verstehen, dass dies ein Geschenk des Hauses sei. Was für eine schöne Geste! Wir erzählen ihr von dem Verlust, den Momo gerade erlitten hat. Sie wendet sich Momo verständnisvoll zu und drückt ihr noch ein Stück Schokolade in die Hand.

»*If you want to have lunch, there is a beautiful restaurant down the street. They have a unique view ofer the bay and incredible food*«, ist der Tipp, den die freundliche Verkäuferin uns beim Verlassen ihres Ladens noch hinterherruft.

Jetzt sitzen wir dort, im Schatten von Weinreben, auf einer Terrasse, deren sie begrenzende Mauer das dahinterliegende Meer offenlegt. In der Ferne, weit unter uns, kann man *Ulla* ruhig im Wasser liegen sehen. Guter Wein kühlt unsere Gemüter und wärmt unsere Herzen. Wie schön kann das Leben doch sein.

Anna

Nach dem entspannten Tag in dem wohl schönsten Restaurant der Welt machen wir uns auf den Weg zurück zum Boot. »Das wird ewig dauern, schaut mal, wie sich die Straße da in Serpentinen runterschlängelt«, bemerkt Paul, als wir uns die Karte anschauen. »So brauchen wir bestimmt vier Stunden zurück zum Boot, dann kommen wir an, wenn es dunkel ist.« Das hatten wir nicht bedacht.

»Lass uns versuchen zu trampen«, schlägt Hansen vor, der damit schon positive Erfahrungen in Griechenland gemacht hat. Die Straße scheint leider ziemlich verlassen zu sein. Wir laufen sie seit sicher einer Stunde im Entenmarsch entlang und haben noch kein einziges Auto gesehen.

Die Landschaft ist typisch griechisch karg, hier und da stehen ein paar Kakteen. Der einzige Baum, der Blätter trägt und sich konsequent durchsetzt, ist der Olivenbaum. Ronny läuft immer ein Stück vor uns, und Momo sitzt zufrieden auf meinem Rücken und plappert vor sich hin.

»Da, da kommt ein Auto, das ist unseres!«, ruft Hansen auf einmal aufgeregt und zeigt die Serpentinen nach oben. Tatsächlich ist gerade ein kleiner Pick-up auf die gewundene Straße eingebogen. Schnell drapieren wir uns möglichst nett am Straßenrand. Ronny soll etwas abseits sitzen, aber hört natürlich nicht auf uns. Wenige Minuten später ist der Pick-up bei uns angekommen und wird von drei fröhlich, hoffentlich nicht zu erwartungsvoll winkenden Daumen in Empfang genommen. Sogar Momo hat das Prinzip schon verstanden und streckt fröhlich ihr winziges Däumchen in die Luft. Ein alter, magerer Mann steigt aus dem Pick-up, mit gegerbtem Gesicht, Käppi und Sonnenbrille.

Er sagt etwas auf Griechisch, schaut in unsere ratlosen Gesichter. Dann geht er zur Heckklappe, macht sie auf und gibt uns lächelnd zu verstehen: »Los, rein mit euch.« Brav klettern wir auf die Ladefläche. Eng aneinandergeschmiegt, sitzen wir mit den Nasen im Wind. Ronny reckt seinen Kopf am Fahrerhäuschen vorbei nach vorne. Ich habe Momo in der Trage fest an meinem Bauch und ein etwas mulmiges Gefühl: Der Pick-up ist ein klappriges, altes Teil, die Straße geht teilweise ohne Leitplanke die Klippen hinunter. Aber wenigstens scheint der Fahrer es nicht eilig zu haben, und so fahren wir entspannt zurück ins Dorf.

»Noch nicht mal zwei Jahre alt und schon getrampt«, ruft Hansen lachend zu Momo, die die ganze Aktion sichtlich erfreut.

Als wir ankommen, springen wir von der Ladefläche und bedanken uns bei dem netten Mann. »*Sigá, sigá*«, gibt er uns zu verstehen, was so viel heißt wie: »Immer mit der Ruhe.« Er greift in eine Kühlbox auf der Ladefläche und holt vier eiskalte Bierdosen heraus. »*Jámas*«, prostet er uns zu. »*Jámas*«, prosten wir zurück. Und so stehen wir da, mit unseren Bierdosen in der Hand. Keiner sagt etwas, weil keiner die Sprache des anderen spricht. Aber das scheint den Mann nicht zu stören. Genüsslich lehnt er an seinem Auto, trinkt sein Bier und grinst auf das Meer hinaus. Ich mache einen Kommunikationsversuch: »*You live here?*« Er schaut mich langsam an, nickt und schaut wieder grinsend aufs Meer. Ich gebe auf, folge seinem Blick. Da liegt *Ulla* in der Bucht, ihre Sonnensegel ausgefahren. Wie friedlich, unser Zuhause seit fast 14 Monaten. Ein paar Kinder schwimmen neugierig um *Ulla* herum. Sanft schwingt sie in den kleinen Wellen, die Nase hoch über dem Wasser. Werde ich jemals wieder eine solche Reise machen? Jetzt hat er mich, der Moment.

Als Paul seine Bierdose zerdrückt, werde ich aus meinen Gedanken gerissen. »Kommt, wir gehen baden!«, ruft Hansen, der schon etwas vorgelaufen ist. Ronny schaut ihn misstrauisch an. »Du natürlich nicht, du kannst ja nicht schwimmen«, sagt er liebevoll, bückt sich und verwuschelt seinen Kopf.

Paul

Die letzten Tage unserer Reise sind angebrochen. Nur noch 140 Kilometer bis nach Athen. Ein letzter, besonderer Zwischenstopp für uns ist die Insel Gyaros, die einst eine Gefängnisinsel war. Die Anlage wurde der Natur überlassen, die Insel ist menschenleer, hier fahren keine Fähren hin. Wir streunen durch die Ruinen, die wohl lange als Ziegenstall gedient haben. Der Boden ist zentimeterhoch bedeckt mit Köteln. Es ist die letzte, einsame Bucht und Insel auf dem Weg nach Athen, und wir wollen hier heute alle zusammen einen Abschied feiern. Abschied von den wilden Stränden, dem türkisblauen Meer, der Einsamkeit und von der Freiheit, mit *Ulla* an diese entlegenen Orte kommen zu können. Unser absolutes Tour-Highlight, das Mittelmeer, neigt sich dem Ende zu. Wie sehr ich es vermissen werde!

Abends sitzen wir auf einem Hügel etwas entfernt vom Strand. Die Sonne geht hinter der Insel unter, und alles ist in ein märchenhaftes Licht und lange Schatten getaucht. Als wir den Korken aus einer Flasche Weißwein ziehen, wollen wir den Moment mit einem Drohnenflug festhalten. »Aber, Paul, bitte lass das Ding da hinten steigen, Ronny stresst das sonst wieder so«, merkt Hansen an und zeigt über einen kleinen Hügel. Ich gehe rüber, mache die Drohne startklar und komme zurück zu unserem Lager. Aber als ich die Fernbedienung einschalte, piepst sie. Ronny kriegt Panik. Nicht nur die Drohne, auch das Piepen der Fernbedienung triggert bei ihm eine Urangst. Hansen versucht noch, ihn festzuhalten, aber er stürmt los, trampelt über die Weinflasche, die zu Bruch geht, und rennt auf das Meer zu. »Ronny, hierher!«, ruft Hansen ihm nach und springt auf, aber Ronny ist schneller. In riesigen Sätzen rennt er den Hügel hinunter zum Meer. Dort wird er anhalten, denke ich, aber in blinder Panik rennt Ronny hinein, immer tiefer. »Verdammt, er kann doch nicht schwimmen«, ruft Hansen und rennt jetzt auch den Hügel hinunter. Ich folge ihm und rufe nach Ronny, aber der schwimmt panisch immer weiter aufs Meer hinaus, zu *Ulla*. Hansen ist jetzt auch im Wasser, hat in der Eile aber seine Klamotten angelassen und kommt nicht hinter Ronny her. »Ihr müsst ihn mit dem *Ulli* holen«, ruft Hansen vollkommen außer Puste, »er schafft das niemals bis zu *Ulla*!« Ich sprinte zu *Ulli*, der einige Meter abseits liegt, und schiebe ihn ins Wasser. Zu *Ulla* sind es mindestens 150 Meter. Ronny konnte sich schon in der Vergangenheit, wenn er mal ins Wasser gefallen war, nicht lange oben halten. Niemals kann er 150 Meter schwimmen. Natürlich springt der Scheißmotor in genau dem Moment nicht an. Ich reiße wie ein Wahnsinniger an dem Seilzugstarter, nichts. Hansen ist mittlerweile wieder an Land und bei mir angekommen. »Wir müssen rudern«, sagt er knapp. Leider haben wir seit einiger Zeit nur noch ein Ruder. Also paddle ich auf einer Seite und Hansen mit den Händen auf der anderen. Ronny ist mittlerweile auf halber Strecke. Langsam holen wir auf, aber nicht schnell genug. »Ronny, hier lang«, ruft Hansen immer wieder. »Hansen, wenn wir den Motor nicht anbekommen, schaffen wir das nicht!«, stelle ich fest. Noch mal prüfe ich alle Schalter und den Not-Aus, ziehe an dem Seilzug, und er springt an. Ronny ist mittlerweile bei *Ulla* angekommen und versucht, an dem glatten Rumpf hochzukommen. Er rutscht ab, fällt zurück ins Wasser und geht unter. »Roooonnyyyy«, ruft Hansen.

Backflash

Berlin, 2022, 130 Tage vor Abfahrt

Hansen

Der Roadtrip kann beginnen! Ich sitze in meinem kleinen fahrbaren Untersatz, einem Peugeot 205, und fahre weg von Berlin durch das winterliche Sachsen in Richtung Süden. Ziel? Unbekannt. Endlich habe ich es mal wieder geschafft, mir Zeit zu nehmen und ohne Plan, frei von Verpflichtungen, ein Abenteuer nur für mich zu erleben.

Wir schreiben das Jahr 2022, ein Raumschiff, seine Crew und eine Mission, denke ich und drehe meine Anlage lauter. Gerade läuft »Another Galaxy« von Mindbenderz, ein Goa-Track, den ich sehr liebe.

Meine Mission? Ich suche nach einem Partner fürs Leben. Einem kaltschnäuzigen Begleiter, mit dem ich die Wälder unsicher machen kann, an den ich mich in kalten Nächten im Zelt kuscheln kann, mit dem ich toben, spielen und raufen kann. Aber ihn zu finden, ist nicht leicht. Ich habe schon lange gesucht, habe viele Telefonnummern angerufen, Dates gehabt, erkennen müssen, dass es nicht passt. Jetzt suche ich ihn auf der Straße und hoffe, dass unsere Wege sich kreuzen, wir uns ineinander verlieben.

Ich wollte schon immer einen Hund, aber nie hat alles gepasst. Als dann meine gute Freundin Julia zu mir sagte, dass auch nie alles passen wird und viele Hunde froh wären, einfach ein Zuhause zu haben, sah ich endlich keinen Grund, länger zu warten. Und jetzt sitze ich hier im Auto, fahre Richtung »Street-Dog-Lands«, um meinen Partner zu finden.

Der Track ist vorbei, und ich schalte für die Verkehrsmeldungen das Radio ein. Russland ist mittlerweile bis nach Kiew vorgedrungen, und anscheinend sind Hunderttausende auf der Flucht nach Polen. Meine eben noch gute Stimmung verpufft. An einer Abfahrt kurz vor Dresden fahre ich ab und stelle mich auf einen Park&Ride-Platz. Ich starre auf mein Lenkrad, dann hebe ich den Blick und sehe ein Schild, auf dem Breslau steht. Kann ich wirklich »in Urlaub« fahren, wenn ich stattdessen Menschen in Not helfen könnte? Sollte ich nicht mein leeres Auto nutzen, um denen, die gerade ihr Zuhause verlieren, zu helfen? Der Gedanke lässt mich nicht mehr los, und so bin ich wenige Tage später an der Grenze, bringe Hilfsgüter hin und Menschen von dort weg nach Warschau. Was ich von den Geflüchteten zu hören bekomme, schockiert mich. Einige mussten ihre Haustiere zurücklassen, denn diese gelten nicht als »Geflüchtete« und müssen den Importregularien entsprechen. Das Thema beschäftigt mich noch, als ich Wochen später mit Julia und ihrem Hund einen Spaziergang mache. Sie erzählt mir, dass es in der Nähe von Leipzig einen Gnadenhof für Pferde gibt, auf dem Tierschützer zurückgelassene Hunde temporär unterbringen. Jetzt weiß ich, wo ich hinmuss.

»Keiner wollte ihn bisher«, besagt ein Post der Hundefreunde »WeCoachYou« auf Instagram. Vor mir sehe ich einen großen, weißen Schäferhund, der mich mit seinem Blick sogar übers Internet berührt. Telefonat, Termin, zack, da bin ich. In derselben Woche noch stehe ich auf dem Hof, und aus einem Pferdestall kommt ein sehr gestresstes, vorsichtiges weißes Bündel auf mich zu und schleicht schnuppernd um mich herum. »Er ist jetzt ziemlich durcheinander und aufgeregt«, sagt Hilde von der Organisation mensch-hund-erleben.de, die zusammen mit anderen Tierschützern die Rettung von Ronny möglich gemacht hat. »Aber er scheint dich zu mögen. Normalerweise würden wir an einen unbekannten ›Frischling‹ wie dich keinen so großen Schäferhund geben. Aber deine Vorstellung hat uns gefallen. Vielleicht geben wir euch eine Chance?« Diese Frage muss ich nicht beantworten, denn »Don«, so heißt er, tut es. Der Kofferraum meines Autos steht offen, und er springt einfach rein, legt sich hin und zeigt mit einem Schwanzwedeln, dass er jetzt bereit für die Abfahrt wäre. Der Papierkram ist schnell erledigt, und so sitze ich ein wenig später mit Don im Auto Richtung Berlin. Es stinkt nach Pferd und Hund. Es stinkt nach Glück. Mein Handy entscheidet, dass jetzt ein Rio-Reiser-Moment sei, und spielt das Lied »Für immer und dich«. Don legt seine Schnauze von hinten auf meine Schulter, schnauft mir zufrieden ins Ohr. Im Rückspiegel sehe ich, wie er einschläft. »Das ist jetzt unser Lied, Ron«, sage ich zu ihm und gebe ihm seinen neuen Namen. So wurde aus Don Ron und Ronny, der Name eines viel zu früh gestorbenen, sich für Tiere aufopfernden Freundes, den Paul und ich auf einer unserer Reisen getroffen haben. Ronny, mein kaltschnäuziger, warmherziger Partner fürs Leben.

Ankunft in Athen

Gyaros, 25. bis 28. September 2023, Tag 416

Paul

»Nein, Ronny«, ruft Hansen panisch. Wir sind jetzt auch bei *Ulla* angekommen. Da taucht er kurz wieder auf, sinkt aber gleich wieder mit dem Kopf unter Wasser. Er gibt dabei keinen Laut von sich, kein Bellen, kein Winseln. Seine Augen sind panisch aufgerissen. Hansen springt zu ihm, und sofort versucht Ronny, auf ihn zu klettern, und drückt ihn unter Wasser. Ich steuere *Ulli* direkt neben die beiden, mache den Motor aus und packe Ronny an den Vorderpfoten. Hansen schiebt von hinten, und endlich liegt Ronny auf dem Boden von *Ulli*. Er rollt sich klein zusammen, schüttelt sich nicht einmal, liegt einfach nur da und zittert am ganzen Körper. Wie dünn er geworden ist, denke ich. Für Ronny ist die Hitze hier in Griechenland eindeutig zu viel gewesen, was auch immer wieder ein Argument war, die Tour vorzeitig in Athen zu beenden. Aber dass er so sehr darunter gelitten hat, war mir nicht bewusst. Er sieht jämmerlich aus und schaut Hansen aus ängstlichen Augen von unten an. Hansen nimmt seinen Kopf in den Arm, er weint: »Was hast du dir dabei gedacht? Warum hast du das gemacht? Bist du wahnsinnig?«, und dann zu mir: »Wir müssen ihn an Land bringen. Er muss sich ausruhen, trocknen.«

Der Abend, wie wir ihn uns vorgestellt hatten, ist gelaufen. Keiner von uns ist in Feierlaune, und der schöne Wein liegt in

Scherben vor uns. »Ich wusste gar nicht, dass du so gut schwimmen kannst«, sagt Hansen zu Ronny, während er ihn streichelt. Die ganze Tour über sind wir davon ausgegangen, dass Ronny sich keine zwei Minuten über Wasser halten kann. Und jetzt am Ende beweist er uns, dass er ganze 150 Meter schafft? Hätten wir das schon vorher gewusst, es hätte uns viel Kopfschmerzen erspart. Später muss Ronny sich immer wieder übergeben und hat heftigen Durchfall, sicher hat er eine Menge Salzwasser geschluckt. Er trinkt Unmengen von unserem Trinkwasser.

Hansen beschließt, mit Ronny über Nacht an Land zu bleiben. »Ich brauche noch mehr Wasser für ihn, kannst du mir noch was bringen?« Doch als ich zu ihm zurückkomme, habe ich schlechte Nachrichten. »Hansen, wir haben nur noch vier Flaschen, sechs Liter. Ronny kann nur eine davon haben, der Rest muss auch morgen noch den ganzen Tag bis zur Insel Kea reichen.« »Und was ist mit der Notreserve in der Rettungstasche?« »Die ist da schon eingerechnet«, antworte ich. Die Situation ist unangenehm. Zwar reichen die drei Flaschen im Normalfall für Erwachsene, aber falls es morgen zum Beispiel überraschend stürmen sollte oder wir eine Panne haben, wären wir aufgeschmissen.

Am nächsten Tag brechen wir früh auf, segeln um das südliche Ende von Gyaros und nehmen Kurs auf Kea. Das Wetter ist bedeckt, und der Wind nimmt den Vormittag über zu. »Nach Kea schaffen wir es heute niemals«, sage ich, als wir den Schutz der Insel Gyaros verlassen haben. Die Wellen kommen beinahe direkt von vorne und bremsen uns dermaßen ab, dass wir kaum vorwärtskommen. »Aber wohin dann?«, fragt Anna nervös, »gibt es denn eine Alternative?« Hansen schaut auf die Navigationsapp. »Wir müssen den Kurs nach Süden ändern, sodass die Wellen von der Seite kommen. Da liegt die Insel Kithnos, das ist ein kleiner Umweg, aber Sicherheit geht vor.« Wir willigen ein. Die

Insel können wir bereits sehen. Sie erhebt sich nicht allzu hoch und ziemlich karg aus dem Meer, ein paar Wolken hängen darüber. Der Hafen von Kithnos hat eine bedrohlich anmutende Einfahrt. Bei der aktuellen Windrichtung presst der Wind passierende Boote in Richtung einer Steilklippe, an der die Wellen bei diesem Wetter mit beeindruckender Wucht zerschellen. Um in die Hafeneinfahrt zu kommen, muss man bis auf 100 Meter an diese Klippen heran. Einen Motorausfall möchte hier keiner haben, nicht bei der Windrichtung.

Abends sitze ich mit Hansen auf einer Bank auf der Kaimauer, und wir schauen auf *Ulla*, wie sie vor uns liegt zwischen den ganzen schicken Yachten. Das kleine, hässliche Entlein. »Weißt du«, fängt Hansen überlegend an, »wir haben uns echt viel vorgenommen.«

»Meinst du, mit der Tour?«

»Nein, ich meine, was uns angeht. Dass wir uns auseinanderknoten wollen. Das ist so leicht gesagt, aber wie sollen wir das schaffen? Ich hab echt Angst davor. Dieses Projekt ist ja nicht vorbei, wenn wir in Berlin sind. Wir werden das Buch schreiben, Filme schneiden, Vorträge machen. Da kommt so viel auf uns zu. Das wird so schnell gehen, dass wir wieder im alten Trott sind. Dass wir all das vergessen, was wir uns vorgenommen haben. Wann fangen wir damit an? Was ist der erste Schritt?« Er hat recht. Während wir hier auf der Reise die Zeit und den Raum haben, uns darüber Gedanken zu machen, wird der Alltag in Berlin uns schnell wiederhaben. Er fährt fort: »Und es gibt ja auch noch so vieles, was wir gemeinsam machen wollen, unser Alaska-Projekt, unser Innovation Lab, die Arbeit bei BBN. Wir müssen uns die Zeit nehmen, das auch in Berlin weiterzudenken. Wir sind die Hoepner-Brüder, die Zwillinge, die Abenteurer. Das meiste davon geht doch gar nicht getrennt.«

»Ich glaube, wir müssen unterscheiden«, überlege ich. »Wir wollen uns ›auseinanderknoten‹, nicht auseinanderschneiden. Wenn wir den Prozess abgeschlossen haben, wird es die Dinge geben, die wir zusammen machen wollen, und Dinge, die jeder für sich machen will. Aber das geht eben nur in der Reihenfolge: erst entheddern, dann entscheiden, wo wir uns wieder verbinden wollen. Manchmal reicht es ja, aus einem Knäuel nur wenige Stränge zu ziehen, und der Rest sortiert sich von selber.«

In der Nacht schlafe ich schlecht. Ich träume von Hansen. Es ist wieder derselbe Traum auf dem Gletscher, mit unserem Alaska-Fahrzeug *Urmel*, das sich zu einem großen Kabelsalat verformt hat. Aber diesmal will Hansen es nicht zerschneiden. Diesmal zerre ich an allen Enden so sehr, dass sich das Knäuel immer mehr verfestigt. Ich will es auseinanderbekommen, aber ich erreiche das Gegenteil. Ich werde immer kraftloser, und das Knäuel gewinnt. Vielleicht, denke ich am nächsten Tag, ist das eine Warnung: Wir müssen uns die Zeit nehmen, das, was wir vorhaben, richtig zu machen. Ansonsten führt es zu Frust und macht alles noch schlimmer.

Am nächsten Tag legen wir ab, bei sieben Beaufort und ordentlich Wellen, unser Ziel: eine Bucht auf der Insel Kea. Doch als wir aus der Hafeneinfahrt kommen, fängt der Elektromotor an zu stottern, genau an der Stelle, an der ich gestern einen Motorausfall für katastrophal gehalten habe. »Was ist das?«, fragt Anna ängstlich. Die Drehzahl des Motors geht runter, wieder hoch, runter, hoch. Hansen räumt alles zur Seite, um zur Not auf Diesel umzuschalten. Aber als er die Luke zum Motorraum aufmacht, erkennt er das Problem sofort: »Olivenöl«, ruft er beinahe erleichtert, auch wenn das Problem dadurch noch nicht gelöst ist. »Olivenöl?«, frage ich ungläubig zurück. »Ja, Mann, auf die elektrischen Kontakte für die Steuereinheit ist Olivenöl gekommen, auf das Kabel, was zum Potentiometer geht, mit dem wir Gas geben.« Ein Blick nach unten zeigt das Desaster. »Das Kabel zum Gashebel trieft regelrecht!« Er zieht den Stecker ab, und ein paar Tropfen Olivenöl kommen heraus. »Hansen, wir haben keine Zeit, das hier alles zu putzen«, sage ich angespannt, »lass mal lieber auf Diesel umschalten!« »Nur eine Sekunde«, sagt Hansen, pustet den Stecker richtig durch und steckt ihn wieder ein. »Probier mal jetzt«, sagt er. Ich gebe vorsichtig Gas, und der Elektromotor surrt regelmäßig wie je zuvor. »Krasser Typ«, sagt Anna staunend und fügt ironisch hinzu: »Aber das wäre jetzt auch meine erste Vermutung gewesen, dass der Stecker zur Steuereinheit mit dem Potentio…dings ganz klar eines dieser bekannten Olivenölprobleme hatte. Klassische Symptomatik!«

Wo wir gestern noch mit oder neben den Wellen fahren konnten, müssen wir jetzt bis zur Nordseite der Insel Kithnos wieder gegen die Wellen und den Wind fahren, der von allen Kursen unangenehmste auf *Ulla*. »Wollen wir die Überfahrt echt machen?«, fragt Anna etwas unsicher. Aber es klappt. Mit Vollgas kommen wir vorwärts, allerdings zu Lasten der Batterie. Erst nachdem wir die Inselspitze hinter uns gelassen haben und den Kurs auf die Insel Kea Richtung Westen ändern, wird *Ulla* von den nun seitlich kommenden Wellen sanft hoch und runter getragen. Nur wenige Stunden später erreichen wir die Bucht, an der wir unsere letzte Übernachtung vor Athen geplant haben: Koundouros.

Anna

Je näher wir der Hauptstadt kommen, desto mehr andere Segelboote mit Ausflugsreisenden treffen wir. Die Bucht bei Koundouros ist also nicht einsam, hat dafür ein schickes Restaurant direkt am Meer, und es gibt sogar eine mit Bojen angelegte »Einfahrtsschneise« für die Beiboote. Alles ist darauf ausgelegt, dass die Bootsbesuchenden möglichst einfach an Land kommen und ihr Geld ausgeben.

An diesem Abend schwelgen wir in Erinnerungen und gönnen uns trotz hochpreisiger Karte ein richtig besonderes Abendessen. Wieder mal liegt unsere kleine *Ulla* ganz tollpatschig zwischen den dicken, makellosen Segelbooten.

Ich fühle mich ein bisschen wie vor der Abgabe einer wichtigen Arbeit, einer Bachelorarbeit, in die ich viel Zeit und Mühe gesteckt und durch die ich viel gelernt habe. Ich bin müde, aber auch voller Vorfreude. Ich weiß nicht, was mich jetzt erwartet, aber ich weiß, dass vieles anders sein wird. Ein Kapitel wird abgeschlossen, und ein neues beginnt. Wird es wirklich ein neues? Oder die Fortsetzung des Kapitels vor der Tour? Was mache ich jetzt mit meinem Abschluss? Baue ich darauf auf? Oder mache ich etwas anderes? Klar ist: Etwas wird entstehen. Ich spüre, wie in mir ein Gefühl die Oberhand gewinnt: Ich bin stolz. Stolz auf mich, stolz auf Momo, stolz auf Paul und Hansen, stolz auf uns als Crew.

Die letzten Monate fühlen sich so kurz an. Gleichzeitig ist so viel passiert. Die Projektbesuche sind ganz anders abgelaufen als geplant. Wir mussten feststellen, dass unser Blick einseitig war und unsere Erwartungen ziemlich naiv. Außerdem hatten wir uns zu viel vorgenommen, unsere Kapazität hat nicht gereicht, alles zu schaffen. Und so haben wir uns dazu entschieden, uns auf die Reise und das Leben an Bord zu konzentrieren. Vieles kam anders, aber vielleicht ist das auch normal? Allein die Dauer der Reise hat sich mehr als verdoppelt.

Der Blick nach innen wurde die Mission der Reise. Anfangs dachten wir, wir bereisen Europa. Nach und nach haben wir gemerkt, dass wir eigentlich uns selbst auf diesem Boot wirklich kennenlernen. Ich habe selten so viel geweint und gleichzeitig so viel gelacht. Ich bin an meine Grenzen gekommen und darüber hinaus geflogen. Dass Paul mich nach dieser intensiven Zeit gefragt hat, ob ich ihn heiraten will, ob ich mein Leben mit ihm verbringen will, macht mich mehr als glücklich.

Nachts auf *Ulla* werde ich von einem Donnergrollen geweckt. Wieder leuchtet der Himmel hell, und wenige Sekunden später ertönt der nächste Donner. Starker Regen setzt ein. Fuck, Gewitter, denke ich und schlüpfe vorsichtig, um Momo nicht zu wecken, aus der Kabine. Ich will prüfen, ob wir alle Fenster richtig geschlossen haben. Paul und Hansen stehen beide auch wach und nur in Unterhose bekleidet im Steuerstand. Um uns herum leuchtet der Himmel in regelmäßigen Abständen.

Tropfen prasseln aufs Wasser und bringen dessen Oberfläche zum Tanzen, es sieht aus, als würde das Wasser kochen. Seit Monaten hatte wir keinen Regen, nicht einen Tropfen. »Als würde der Himmel weinen, weil die Tour bald zu Ende ist«, flüstere ich in die kleine Runde der Schaulustigen.

»Oder er will uns nicht gehen lassen und verhindern, dass wir nach Athen kommen«, raunt Hansen.

Eine halbe Stunde später schlüpfen wir alle wieder in unsere Betten und hoffen auf ruhige See am nächsten Morgen. Aber es scheint, als würde die Wettergöttin es gut mit uns meinen: Und so starten wir unseren letzten Segeltag mit fast blauem Himmel und Sonnenschein.

Aber nach etwa zehn Kilometern, der Hälfte der Strecke zum Festland, zieht es wieder zu, und erneut kommt ein Gewitter. Schnell holen wir die Segel rein und schalten auf Diesel um. Unsere Batterie ist leider immer noch leer. Es schüttet wie aus Eimern, der Wind peitscht gegen das Boot, und überall um uns herum blitzt es. So etwas habe ich noch nie gesehen. Die Blitzradar-App, die ich gestern auf meinem Handy installiert habe, zeigt mir an, dass in diesem Moment die weltweit höchste Dichte an Blitzen genau in der Region zu finden ist. Wahnsinn. Vielleicht ist es doch ein wenig leichtsinnig gewesen, die Überfahrt zu wagen? Egal, jetzt sind wir schon zu weit.

»Hier kreuzen wir jetzt ein Verkehrstrennungsgebiet«, kündigt Paul an. »Es kommen richtig viele Frachter durch. Augen offen halten!« Die Sicht ist durch die Regenschleier richtig schlecht. »Da drüben kommt einer«, höre ich Hansen sagen, »wenn wir Gas geben, schaffen wir es aber locker noch davor rüber.« Aber als wir gerade auf der Höhe seiner Fahrtrichtung sind, fängt der Dieselmotor an zu ruckeln. »Was ist das denn jetzt schon wieder«, flucht Hansen und wackelt am Gashebel hin und her. Kurz ist das Ruckeln weg, dann kommt es wieder. »Mist, der Motor ist nicht das Problem, es ist das Getriebe!«

»Du meinst die Kupplung?«, höre ich Paul fragen. Er ist relativ gelassen. Aber die beiden haben keine Ahnung, was sie damit in mir auslösen. Im Grunde ist das hier der Worst Case: Bei schlechter Sicht mitten in der Fahrtrichtung eines Ozeanriesen, mit einem Antrieb, der Faxen macht, und ohne Möglichkeit, zu segeln, weit weg vom nächsten Hafen. Das Gewitter würde es lebensgefährlich machen, jetzt auf Deck zu sein und am Mast die Segel hochzuziehen.

»Sind wir vor oder hinter seiner Spur?«, fragt Paul und zeigt auf den Dampfer, der gerade in einer Regenschwade verschwindet. »Ich würde sagen dahinter«, sagt Hansen. »Nein, wir sind davor, wir müssen umdrehen«, sagt Paul. Der Dampfer ist nur noch gute fünf Minuten entfernt. Ich fange an, am ganzen Körper zu zittern. Dieses Mal schläft Momo nicht. Sie spürt meine Anspannung und fängt an zu weinen. Paul sieht uns und kommt zu mir. »Anna, das ist nicht so schlimm, wir haben ja noch Schub, nur nicht mehr so viel wie vorher. Die Kupplung scheint nicht richtig zu greifen, aber nur wenn wir zu viel Gas geben. Wenn wir langsam fahren, funktioniert alles«, beruhigt er mich.

Wir drehen zur Sicherheit um und lassen das gigantische Schiff passieren. Der würde es wahrscheinlich nicht mal merken, wenn wir an seinem Bugwulst zerschellen. Ich kriege eine Gänsehaut bei dem Anblick der Stahlwand, die sich an uns vorbeischiebt.

Schon nach kurzer Zeit lichtet sich das Gewitter. Das Problem mit dem Getriebe ist schnell gelöst: In der Tat fehlte nur etwas Getriebeöl. Die letzten 60 Kilometer der Fahrt nach Athen ziehen sich. Wir sind alle müde, haben keinen Elektromotor und können wegen Gegenwind nicht segeln, also brummt der Dieselmotor vor sich hin. Zugleich sind wir aber auch freudig-nervös vor unserem auch lang ersehnten Ziel.

Kurz vor Athen erkennen wir die Akropolis in der Ferne. Sie ragt triumphierend über die Metropole. Morgen wollen wir gemeinsam den Aufstieg machen, um ein allerletztes Gruppenbild davor aufzunehmen. Dann ist die Tour vorbei. Der bis jetzt graue Himmel reißt auf, die Sonne kommt raus und erleuchtet die Stadt. Bis eben war ihr Anblick grau, jetzt bekommt die Stadt etwas Pompöses und Farbenfrohes. Die vor Anker liegenden Ozeanriesen haben etwas Dystopisches. Durch den Wind zeigen sie alle in die gleiche Richtung. Sie scheinen wie wir nach Athen zu schauen, als ob sie auf etwas warten, was dort gleich passiert. Aber was?

Paul

In wenigen Kilometern ist die Reise vorbei, mein drittes großes Abenteuer und das mit Abstand intensivste. Würde ich es wieder machen? Unbedingt. Würde ich Dinge anders machen? Auf jeden Fall! Ich würde es wieder machen, weil es mich den Menschen, die ich liebe, nähergebracht hat als 100 Jahre Leben im Alltag. Weil es auf unsere Beziehungen wie ein Katalysator gewirkt hat. Ja, es war anstrengend, und es war traurig, aber es war auch intensiv und glücksgeladen. Auch wenn das Abenteuer jetzt bald vorbei ist, so hat es viele Weichen in meinem Leben gestellt, Weichen, die mich auf eine Achterbahn geführt haben. Aber wie bei einer Achterbahnfahrt steigen wir am Ende aus, haben eine Sturmfrisur und ein breites Grinsen im Gesicht.

»Leute, wir können doch nicht bei Sonnenschein unter Diesel in unseren Zielhafen einlaufen, oder?«, wirft Hansen in die Runde und reißt mich aus den Gedanken. »Ich fahre jetzt die Solaranlagen aus, und wenn wir die Batterie 'ne Stunde laden, können wir wenigstens die letzten zwei Kilometer noch elektrisch fahren, oder?« Klar, da sind wir dabei. Zehn Minuten später springt Hansen ins Beiboot, um *Ulla* noch mal vor Athen mit ausgefahrenen Sonnensegeln zu filmen. Drohnenflüge sind hier strengstens verboten.

Wieder haben wir Pech, und das Wetter schlägt plötzlich um. Über den Hymettos, ein Berg östlich von Athen, kommen schwarze Gewitterwolken. »Schau mal«, sage ich zu Anna, »das wird gleich wieder richtig krachen, sollen wir Hansen warnen? Oder meinst du, er hat das gesehen?« Hansen lässt sich in etwa einem Kilometer Entfernung auf *Ulli* treiben und filmt uns. Durchgehend schaut er auf das Display der Kamera, aber leider kein einziges Mal zu uns. Durch sein Display kann er natürlich mein Winken nicht sehen, auch mein lautes Pfeifen scheint er, wahrscheinlich wegen des Windes, nicht zu hören. »Verdammt, er hört mich nicht. Er hat das Gewitter doch gesehen, oder?«, sage ich zu Anna. »Hast du mal versucht, ihn anzurufen?« Klar, anrufen! Er hat ja sein Handy dabei. »Hansen, hast du das Gewitter nicht gesehen?«, schieße ich los, als er rangeht. »Was? Gewitter?« Ich sehe, wie er sich umschaut. »Fuck, ich komme zurück.« Wenige Minuten später gehen die ersten Blitze nieder, noch während Hansen wieder an Bord klettert. »Warum habt ihr die Sonnensegel nicht eingefahren?«, flucht Hansen. »War mir zu riskant«, antworte ich. »Irgendwie hatte ich gerade heute keine Lust, als gebratener Paul im Saronischen Golf zu landen.«

Wieder kommt erst der Regen, dann der Wind. Über Athen scheint weiter die Sonne, ein wunderbares Bild, aber wir haben keinen Kopf für Videos und Fotos. Mit bis zu neun Beaufort pfeift der Wind an den Sonnensegeln vorbei. Sie zerren und zurren an den Leinen. »O Mann, jetzt sind es doch wirklich nur noch fünf Kilometer!«, beschwert sich Hansen.

Es gibt einen lauten Knall und grelles Licht. Wir zucken zusammen, Momo fängt an zu weinen. »Da drüben, der Blitz hat in den Frachter eingeschlagen!«, sagt Hansen aufgeregt und zeigt auf ein Containerschiff, das nur 200 Meter entfernt vor Anker liegt. So dicht habe ich noch nie einen Blitzeinschlag erlebt. »Ich glaube, der Wind ist vielleicht unser kleinstes Problem«, sagt Hansen und schaut noch immer auf den Frachter. Wieder knallt es irgendwo, aber diesmal sehen wir nicht, wo. Wie ängstliche Häschen vor der Schlange sitzen wir in unserem Bau, aber es gibt wirklich nichts, was wir tun können, außer zu warten.

Als das Gewitter sich über dem Saronischen Golf aufgelöst hat, haben unsere selbst gebauten Sonnensegel die wohl letzte

Prüfung dieses Abenteuers bestanden. Hansen und ich gehen raus, um sie einzufahren. Wie lange werden sie die Sonne nicht mehr sehen? Es ist ein beinahe andächtiger Prozess. Die Stimmung auf dem Wasser nach dem Gewitter hat etwas Frisches, als hätte die Welt geduscht. Und *Ulla*? Auch sie hat sich frisch gemacht, legt ihre Flügel fein säuberlich zusammen und macht sich hübsch für ihren letzten Hafen.

Hansen

Auf den letzten Metern knallt es noch mal so richtig. Nicht zwischen uns, nein. Dieser Teil unserer Geschichte liegt hinter uns. Zeus veranstaltet ein Feuerwerk vom Feinsten, es blitzt wie eine Armada von Journalisten an einem roten Teppich. Haben wir es geschafft? Oder passiert jetzt noch was? Was haben wir geschafft? Und was ist alles passiert? Meine Gedanken und Gefühle überschlagen sich, während Paul und ich die Sonnensegel einholen: Freude, Trauer, wieder Freude, Stolz. Gleich sind wir in der Hafeneinfahrt.

»Fünf Prozent Akku.« Anna hat ihren Blick auf die Anzeige gerichtet. Der Stand entspricht ziemlich genau unseren inneren Akkus. *Ulla* ist müde, wir sind es auch. Aber es ist eine zufriedene Müdigkeit. Eine, bei der man sich hinlegt und grinsend in einen langen, sorglosen Schlaf fällt.

Drei Prozent Akku. Wir passieren Yachten, für die *Ulla* als Beiboot zu klein wäre. Der Kontrast zu den anderen Schiffen ist riesig, aber jeder Mensch, den wir sehen, winkt uns fröhlich offen zu.

»Zwei Prozent, müssen wir noch einmal den Diesel starten, um anzulegen?«, frage ich.

Wie im Chor kommt von Paul und Anna ein »Nein« zurück. Der Anleger wird uns schon vom Polohemd tragenden Personal zugewiesen. Paul übernimmt das Steuer. Der kleine Platz zwischen den gigantischen Yachten, bei denen ein Kratzer vermutlich Tausende kostet, ist gerade groß genug für *Ulla*. Zielsicher und ohne ein einziges bisschen Stress landen wir rückwärts am Steg.

Ein Prozent. Der Zündschlüssel wird umgedreht, die pedantische Hummel verstummt. Die Klampen sind schnell belegt. Eine sehr laute Stille fällt über *Ulla*. Keiner der Crew sagt etwas. Ich hatte mir eine Rede vorgestellt, hatte gedacht, wir jubeln. Aber nichts. Nur ein Grinsen auf allen Gesichtern.

Ronny zerreißt die Stille mit seinem Tonleitergähnen. Dann kichert Momo los, schnappt sich Ronny und wirft sich kuschelnd auf ihn. Wir übrigen drei schauen uns in die Augen, so gut das eben zu dritt geht. Dann umarmen wir uns, länger und fester als jemals zuvor. Draußen stehen gebückt, um vom höheren Steg in die Kajüte schauen zu können, die Angestellten des Hafens. Und auf einmal klatschen sie. Sie müssen erkannt haben, dass das nicht nur ein Hafen für uns ist. Sondern dass es »der« Hafen für uns ist. Wir sind angekommen. Nicht nur in Athen – auch in unseren Herzen.

Epilog

*Berlin, 2. November 2023,
einen Monat nach Rückkehr*

Hansen

Ich bin zurück in Berlin, und es fühlt sich seltsam an. Wir haben in den letzten Monaten eine unglaublich schöne Geschichte erlebt. Jetzt, wo die Tour vorbei ist, erinnere ich mich vor allem an die guten Dinge. Wenn ich aber in mich gehe, dann weiß ich, dass die Tour zwiegespalten war. Wir hatten uns etwas vorgenommen, womit wir in einer gewissen Weise gescheitert sind. Die Tour sollte ein Beweis dafür sein, dass es möglich ist, mit Kind und Kegel und Hund umweltverträglich durch Europa zu reisen. Wir wollten beweisen, dass unsere Konstellation möglich ist. Und wir wollten unterwegs nachhaltige, pädagogische Projekte besuchen. Doch dann stellten wir fest, dass das zu viel wurde. Wir waren gestresst und machten uns selbst die schönsten Orte teilweise durch Arbeit und Streit kaputt.

Der Gedanke, mit Paul, Anna, Momo und Ronny auf einem Boot herumzureisen, war von mir anfangs schwer romantisiert. Schon als wir in Berlin losfuhren, geriet ich in meine erste Krise und stellte fest: Die Romantik entspricht nicht der Realität.

Nichtsdestotrotz bin ich an diesen Auseinandersetzungen gewachsen. Ich habe wahnsinnig viel über mich gelernt. Manche Dinge hätte ich nie erkannt, wäre ich in Berlin geblieben. Die Tour zwang mich dazu, mich mit mir auseinanderzusetzen.

Technisch betrachtet, haben Paul und ich uns mit diesem Projekt eigentlich übernommen. Wir haben eine krasse Konstruktion auf *Ulla* draufgebaut, haben das allererste Mal ein Fahrzeug elektrisch umgerüstet, das den Kräften von Wind, Wellen, Wasser und Salz standhalten musste. Wir haben geglaubt, mit statischer Berechnung und unserem sehr breit gestreuten technischen Wissen könnten wir dieses Projekt stemmen – was wir auch taten. Immerhin sind wir bis Athen gekommen. Im Endeffekt konnten wir das Projekt erfolgreich abschließen, ohne dass es schwere Verletzungen gab, ohne dass wir in Seenot kamen, ohne dass die Solaranlagen abrissen und für immer im Meer versanken. Es hat funktioniert, doch die Bootstechnik war auch ein Damoklesschwert, das permanent über uns schwebte.

Jetzt, wo ich wieder in Berlin bin, merke ich trotzdem, wie sehr mir diese Tour fehlt. *Ulla* war unser kleines, überschaubares Zuhause. Nichts war weiter als zehn Schritte entfernt, irgendwo versteckt oder verschachtelt fand sich alles, was wir brauchten. Ständig mussten wir umeinander herumrücken, und trotzdem hatte jeder seinen Platz.

Als *Ulla* mitsamt ihrem dicken, muschelbehangenen Rumpf aus dem Wasser gehoben wurde, wurde ich das Gefühl nicht los, dass ein Stück meines Zuhauses trockengelegt wurde. Die Tour war vorbei. Das Boot, die Basis, auf der wir so viele Streits austrugen und es dennoch schafften, uns immer wieder zusammenzuraufen, war plötzlich weg. *Ulla* hat mir ein Gefühl von Geborgenheit vermittelt: Du bist jetzt auf dem Wasser, du musst segeln, du kannst nichts anderes machen. Es gibt kein Internet und keine Möglichkeit, sich anderweitig zu beschäftigen. Dieses Gefühl vermisse ich.

Es war schwer, als Single mit meinem Bruder und seiner Partnerin unterwegs zu sein. Anfangs war ich der Meinung, die beiden würden nicht zueinanderpassen. Als ich feststellte, dass sie sich zwar viel streiten, aber dennoch unzertrennlich sind, verletzte mich das. Die Unzertrennlichkeit von Paul und Anna bedeutete eine Zertrennlichkeit zwischen Paul und mir. Ist Eifersucht ein zu heftiges Wort? Vielleicht. Doch ich empfand extreme Verlustangst. Die Angst vor einer Trennung, die aber ohnehin überfällig war. Das Glück der beiden führte mir auch vor Augen, was ich nicht hatte: eine glückliche Beziehung. Anna sagte irgendwann: »Hansen, du suchst nach etwas, das es nicht gibt. Du wirst immer Zweifel haben. Wenn jeder Zweifel dazu führt, dass du eine Beziehung sofort beendest, wirst du niemals die richtige Partnerin finden.« Das ist etwas, das ich mittlerweile verstanden habe: Den perfekten Menschen, an dem man nie zweifelt, gibt es nicht. In wenigen Tagen werde ich Lou wiedersehen. Sie kommt nach Berlin. Und ich zähle jetzt schon die Stunden.

Eine weitere Erkenntnis: Ich habe keine Lust mehr auf Großstadt, ich will aufs Land. Vielleicht mache ich einen Lkw-Führerschein, baue mir einen großen Bus aus mit einer Werkstatt, einer kleinen Goldschmiede und einer Tischlerwerkstatt, ausgestattet mit allen Werkzeugen, die man so braucht. Vielleicht fahre ich damit zehn Jahre umher, arbeite auf Baustellen, mache Schmuck, und wenn ich genügend Geld gespart habe, setze ich mich an einem Ort nieder, an dem ich bleiben will. Vielleicht finde ich ein Grundstück, ein altes, baufälliges Haus, das ich renovieren und zu einem neuen Zuhause machen kann.

Ich weiß, da draußen ist noch eine Menge, die ich sehen, spüren, schmecken und riechen will. Die Welt wartet, also: volle Kraft voraus.

Anna

Ich habe das Gefühl, die Zeit fließt davon. Wir sind in Berlin in den Alltag hineingesprungen, die Tour liegt hinter uns. Es gab keine Zeit, all die Eindrücke zu verarbeiten. Ich erwische mich dabei, wie ich versuche, das Ganze zu greifen, noch einmal zu durchdenken. Wie absurd war das, was wir in den letzten 14 Monaten erlebt haben?

Ich bin heute nicht mehr die Anna, die vor über einem Jahr in dieses Abenteuer gestartet ist. Ich habe mich verändert. Die Tour hat mich näher zu mir selbst gebracht.

Kurz bevor wir in See stachen, war ich gerade Mutter geworden und noch nicht richtig in dieser Rolle angekommen. Schlagartig veränderte sich alles, meine Bedürfnisse wurden andere, doch es schien, als würde mein Leben der Entwicklung hinterherhinken. Es war eine Zeit des Umbruchs für meine Freundschaften, meinen Beruf, meinen Werdegang, meine Vorstellung vom Leben. Gerade war ich dabei, mich neu zu orientieren, da ging es auch schon aufs Boot. Eigentlich Irrsinn, wenn man es rückblickend betrachtet.

Was mich immer wieder herausforderte, war die Isolation auf dem Boot, die wenigen sozialen Kontakte. Vorher hatte ich viel im Außen gelebt: Ich traf mich mit Freunden, ging essen, shoppte, besuchte Bars und suchte ständig das Halligalli der Großstadt. Es fiel mir schwer, mich mit mir selbst zu beschäftigen. Während des letzten Jahres stieß ich auf Fragen, mit denen ich mich vorher selten bewusst auseinandergesetzt habe. Was ist mir wichtig? Welche Menschen möchte ich um mich haben? Wie möchte ich mit meiner Familie leben? Was für eine Art von Mutter möchte ich sein? Und was für eine Art von Partnerin?

Das Muttersein und die Tour erdeten mich, ließen mich reifen. Es war kein leichter Weg, aber heute kann ich sagen: Ich bin angekommen.

Paul und ich machten als Paar ebenfalls eine extreme Entwicklung durch. Vor der Reise war jeder mit sich und seinen Dingen beschäftigt gewesen. Mit der Geburt von Momo und der anschließenden Tour sprangen wir zusammen ins kalte Wasser. Das hätte für uns als Paar ordentlich schiefgehen können. Stattdessen merkten wir, wie sehr wir uns lieben und dass wir gemeinsam sehr viel schaffen können. Und jetzt werden wir heiraten – verrückt!

Ein weiterer großer Gewinn dieser Tour ist die Beziehung zu Hansen. Was haben wir uns gezofft während der Reise! Das belastete mich extrem, immerhin ist er der Zwillingsbruder meines Freundes, die engste Bezugsperson in seinem Leben. Nach dem letzten Streit dachte ich: Wie sollen wir es jemals wieder auf einen Nenner schaffen?

Am Ende gelang es uns, trotz und vielleicht auch mithilfe unserer Auseinandersetzungen über uns hinauszuwachsen, uns zu versöhnen und eine enge Bindung aufzubauen. Es entstand ein Band zwischen uns dreien, was uns niemand mehr nehmen kann. Hansen ist jetzt meine Familie.

Es ist vorbei, unser intensives Sozialprojekt, das viel länger dauerte als geplant. Und so anstrengend es oft war, merke ich, wie viel wir alle daraus ziehen konnten. Persönlich, als Gruppe, als Familie, als Paar. Ich bin noch immer dabei, das Ganze zu verarbeiten. Berlin ist schön und gut, und ich bin froh, wieder hier zu sein. Aber der Alltag hat mich wieder, Highlights werden zur Seltenheit. Und ich habe Lust auf Highlights! Ich habe Lust, mich erneut herauszufordern. Ich habe Lust auf ein neues Abenteuer. Mit Paul, Momo und vielleicht sogar Hansen. Allerdings mit mehr Platz! Wenn ich eines gelernt habe auf der Tour, dann, dass Raum für Rückzug entscheidend ist.

Erst einmal werden wir drei uns ein Herz mit einem U für *Ulla* tätowieren, in Erinnerung an diese verrückte Achterbahn von Reise, die wir hinter uns haben. Danach können neue Pläne geschmiedet werden. Wer hätte das gedacht?

Paul

Ich sitze auf der Couch in unserem Wohnzimmer, trinke einen Filterkaffee so, wie ich ihn am liebsten mag, sehe mir die Wohnung an und kann nicht glauben, dass wir zurück sind. Berlin überfordert mich gerade. Zu Hause sein überfordert mich. Bin ich wehmütig? Will ich zurück aufs Boot, aufs Meer? Ja und nein.

Viele Ängste, die ich im Vorfeld hatte, haben sich bestätigt. Wir haben uns übernommen und nicht annähernd das geschafft, was wir schaffen wollten. Es war in der berechneten Zeit nicht zu bewältigen, weder technisch noch zwischenmenschlich. In meiner Vorstellung hatte die Tour daraus bestanden, Europa auf dem Wasserweg zu erkunden und dabei Länder, Kulturen und Menschen kennenzulernen. Aber alles ist anders gekommen als geplant. Dass die Reise in ein derartiges Sozialexperiment ausarten würde, damit hat wohl niemand gerechnet. Während wir Europa nur zu einem Bruchteil entdeckten, haben wir uns entdeckt.

Anna und ich fanden uns als Familie. Gemeinsam lernten wir Momo kennen, die mit ihrem Heranwachsen immer weiter in unser Leben hineinwuchs. Mir ist bewusst, dass ich viel zu naiv in die Vaterrolle startete. Bevor Momo auf die Welt kam, ging ich fest davon aus, Anna und ich würden uns die Arbeit mit Momo teilen. Nach der Geburt stellte ich fest, wie sehr ich mich getäuscht hatte. Ein Neugeborenes braucht seine Mutter und kann nicht einfach beim Papa geparkt werden. Ich war viel in der Werkstatt, Anna kümmerte sich fast ausschließlich um Momo. Klar, dass zwischen den beiden eine stärkere Bindung entstand als zwischen Momo und mir. Als wir diese Dynamik erkannten, fingen wir an, sie bewusst zu durchbrechen. Mittlerweile ruft Momo morgens auch nach mir. Es ist viel passiert in unserer kleinen Familie, und das ist vielleicht der größte Wert. Neulich hörte ich ein Interview mit einer Psychologin, die erklärte: Das Wichtigste in einer Beziehung ist Leichtigkeit. Und ich muss sagen: Diese Leichtigkeit haben Anna und ich in all dieser Zeit nicht verloren. Im Gegenteil, sie hat zugenommen. Diese Tour war eine Feuerprobe, die wir bestanden haben. Wir können über alles reden, haben viel zusammen durchgemacht und wissen deshalb sicher, dass uns nichts erschüttern kann. Und genau deshalb wollen wir heiraten.

Hansen und ich entdecken uns als Zwillinge neu. Wir lernen, unsere Beziehung neu zu betrachten. In den letzten Jahren hatte sich eine Dynamik zwischen uns Brüdern entwickelt, die unsere Leben immer dichter miteinander verwob. Wir wurden so abhängig voneinander, dass es unmöglich war, ein eigenes Leben zu gestalten. Wir sind Zwillinge – aber wir sind nicht exakt gleich. Wir sind zwei Individuen mit zwei Charakteren, zwei Persönlichkeiten, zwei Lebenswegen. All die Streits der letzten Monate waren wohl nötig, um genau das zu erkennen und, wichtiger, es zu akzeptieren. Wir werden weiterhin Projekte zusammen machen, aber die Basis wird eine andere, freiere sein.

Ich kann es nicht erwarten, mit ihm in diese neue Phase zu starten. *Let's go,* Bruderherz!

Widmung & Danksagung

Dieses Buch wollen wir zwei ganz besonderen Menschen widmen, die leider nicht mehr leben. Einmal Pauls und Hansens Onkel Horst, der sein Leben lang zur See gefahren ist und immer ein liebenswürdiger und lustiger Kerl war. Er ist kurz nach dem Ende unserer Reise gestorben. Lieber Onkel Horst, wo auch immer du jetzt bist, wir hoffen, du hast mindestens eine Handbreit Wasser unterm Kiel. Außerdem widmen wir dieses Buch Annas Mutter, Olivia Rose, die 2019 starb. Anna hat auf dieser Reise viel von ihr erzählt, und sie hat uns im Herzen alle auf dem ganzen Weg begleitet. Liebe Oli, lach mal, wir sehen dich.

Eine Danksagung an alle, die uns diese Reise auf verschiedenste Art ermöglicht haben, findest du hier:

https://hoepner-hoepner.de/aab-karte/?seite=danke

Alle an Bord